CHANXIU SHENGJING
HAOXI ANQING
Anqing Luyou Jingdian Daoyouci

禅修圣境
好戏安庆
——安庆旅游景点导游词

主　编◎杨厚松
副主编◎何刘杰
　　　　汪　毓

合肥工业大学出版社

图书在版编目（CIP）数据

禅修圣境　好戏安庆：安庆旅游景点导游词/杨厚松等主编 . —合肥：合肥工业大学出版社，2016.12

ISBN 978－7－5650－3208－0

Ⅰ.①禅…　Ⅱ.①杨…　Ⅲ.①导游—解说词—安庆—高等职业教育—教材
Ⅳ.①K928.954.3

中国版本图书馆 CIP 数据核字（2017）第 006021 号

禅修圣境　好戏安庆
——安庆旅游景点导游词

杨厚松　等 主编　　　　　　　责任编辑　王钱超

出　版	合肥工业大学出版社	版　次	2016 年 12 月第 1 版
地　址	合肥市屯溪路 193 号	印　次	2017 年 5 月第 1 次印刷
邮　编	230009	开　本	710 毫米×1010 毫米　1/16
电　话	人文编辑部：0551－62903205	印　张	22
	市场营销部：0551－62903198	字　数	412 千字
网　址	www.hfutpress.com.cn	印　刷	安徽昶颉包装印务有限责任公司
E-mail	hfutpress@163.com	发　行	全国新华书店

ISBN 978－7－5650－3208－0　　　　　　　　定价：49.00 元

如果有影响阅读的印装质量问题，请与出版社市场营销部联系调换。

策　划　安庆职业教育联盟文化旅游类专业群产教融合协作委员会

《禅修圣境　好戏安庆——安庆旅游景点导游词》
编委会名单

主　任　谭维奇

副主任　韩　烽　吴葵阳　吴何珍　高润霞

编　委　（以姓氏笔画为序）

石望东　何刘杰　张　林　李　荣

杨厚松　吴紫英　汪　毓　周传文

前　言

　　安庆是旅游大市，旅游景点众多。但到目前为止，不少景区景点没有一篇成熟规范的导游词，给旅游接待工作带来了诸多不便，同时也给本地各涉旅大中专院校教育教学特别是实习实训教学带来不便。因此，本地旅游企业及涉旅教学单位多年以来一直呼吁组织编写规范的本市风景名胜区导游词，以满足行业发展的需要。安庆职业教育联盟的成立为此搭建了一个良好的平台。根据安庆职教联盟旅游协作委员会2015年工作计划，并借助"卓越旅游管理及服务人才培养计划"（2015zjjh055）和"'导游业务'精品资源共享课程"（2015gxk119）两个省级质量工程项目，旅游协作委员会组织本地业内专家编写了《禅修圣境　好戏安庆——安庆旅游景点导游词》，以满足业界多年的期盼，并填补了图书市场这类书籍的空白。这项工作自2015年3月启动以来，先后完成景区实地考察、编撰初稿、润色加工等工作，最终付梓出版。本书出版后，可供安庆市域各涉旅企业使用，并可作为本地各大专院校涉旅专业实训教材，也可作为不同旅游城市之间旅游文化交流使用。

　　本书共编录了安庆市域32个景区景点。由安庆职业技术学院杨厚松担任主编，负责制订全书的编写计划并提出编写要求，同时负责全书的统稿审稿和文字统一加工、润色工作，安庆职业技术学院何刘杰、石望东、吴紫英、汪毓、李荣等老师分别负责岳西、怀宁、宿松、安庆三区、桐城和国导证面试安庆区域考试景点的编辑工作。另外，何刘杰、汪毓还担负了所有书稿前期分类校勘工作，安庆市旅游局市场开发科周传文科长做了大量组织、协调、联络工作。书稿编辑完成后，职教联盟旅游协作委组织有关专家进行了评审鉴定，大家对文稿的全面性、内容的深度及编辑体例给予了较高的评价，充分肯定了其出版的必要性和对安庆全域旅游发展的意义。

　　本书在编辑过程中，得到了安庆职教联盟秘书处、安庆职教联盟旅游协作委员会的大力支持，市旅游局韩烽副局长亲自指导，各县（市、区）旅游局和各旅游景区景点也积极提供素材并为实地考察提供了极大方便，在此深表谢意！同时，本书在编写过程中，参阅了不少专著、教材、有关刊物和其他文献，并通过互联网，借鉴了众多专家学者的文化研究成果，选用了一些图片，在此对有关作者表示真诚的感谢！需要特别说明的是，在启动编辑工作时，枞阳还属安庆市管辖，编写组成员前往枞阳考察采风，得到了枞阳县旅游局和相关景区的热情接待和大力支持；但当编辑工作进行到后期，枞阳已划归异地，相关景点无法编入本书，对此深表遗憾！但对他们曾经给予的帮助和支持，我们依然表示真诚的感谢！

部分景区景点由于材料欠缺，无法编入本书，在此特作说明并致歉；加之编者水平有限，书中难免有疏漏与不妥之处，敬请读者批评指正。

编　者

2016 年 11 月 20 日

目　录

开篇　安庆风情导游 ……………………………………………… 001

5A 景区

一、天柱山 …………………………………………… 009

4A 景区

二、独秀园 …………………………………………… 067

三、菱湖风景区 ……………………………………… 076

四、巨石山生态文化旅游区 ………………………… 083

五、孔雀东南飞 ……………………………………… 096

六、白马潭 …………………………………………… 105

七、山谷流泉文化园 ………………………………… 113

八、天龙关 …………………………………………… 120

九、石莲洞 …………………………………………… 129

十、黄梅酒业文博园 ………………………………… 138

十一、仙龙湖旅游度假区 …………………………… 145

十二、嬉子湖 ………………………………………… 154

十三、花亭湖 ………………………………………… 162

十四、五千年文博园 ………………………………… 182

十五、大别山彩虹瀑布 ························· 203

十六、妙道山 ································· 211

十七、明堂山 ································· 220

十八、天峡 ·································· 230

十九、天悦湾养生度假区 ······················ 239

国家级文物保护单位

二十、世太史第（赵朴初故居） ··················· 249

二十一、迎江寺-振风塔 ······················ 256

二十二、白崖寨 ······························ 262

二十三、文和园 ······························ 270

二十四、桐城文庙-六尺巷 ····················· 277

知名景区景点

二十五、灵山石树 ···························· 285

二十六、铁砚山房 ···························· 290

二十七、永顺植物园 ·························· 298

二十八、小孤山 ······························ 302

二十九、孔城老街 ···························· 312

三十、大别山烈士陵园 ······················· 323

三十一、大别山映山红生态文化大观园 ·············· 330

三十二、司空山 ······························ 338

开篇　安庆风情导游

市情简介

　　安庆，古称舒州，别称宜城，位于安徽省西南部，长江下游北岸，皖河入江处，史称"万里长江此封喉，吴楚分疆第一州"。安庆现辖桐城市，怀宁、潜山、岳西、太湖、望江、宿松6县及迎江、大观、宜秀3区。全市总面积13590平方公里，其中市区面积821平方公里。2014年全市户籍总人口523.88万，其中市区常住人口80万。作为安徽省历史最悠久的城市之一，安庆自西汉元封五

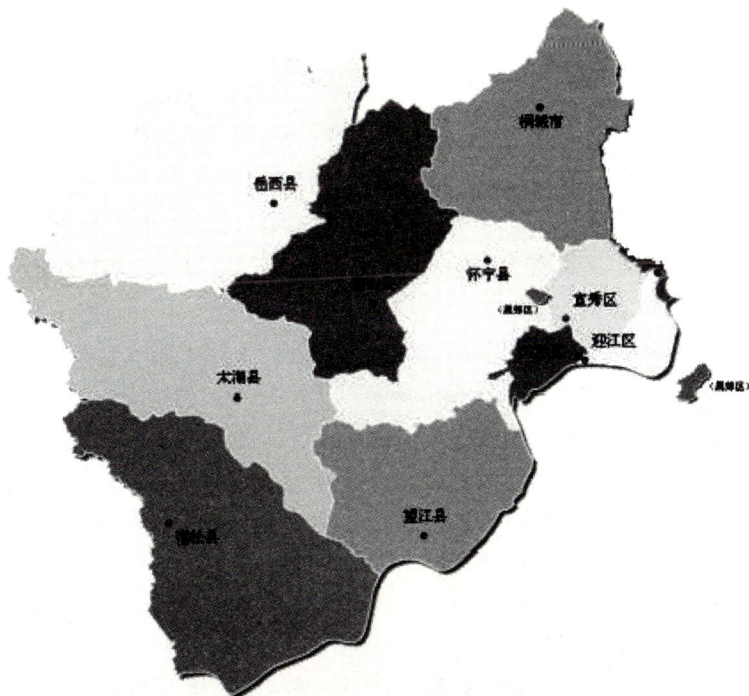

安庆市域地图

禅修圣境　好戏安庆
——安庆旅游景点导游词

年（公元前106年）至今，有文字记载的历史已达2100余年；自南宋嘉定十年（1217年）建城，至今已近800年；自清乾隆二十五年（1760年）至民国二十七年（1938年）的178年间，一直是安徽省省会和全省政治、经济、文化中心。安庆是国家历史文化名城、中国优秀旅游城市、国家园林城市、国家森林城市，2010年被中国城市协会评为中国"最具国际影响力城市"之一。安庆历史悠久，人文荟萃，享有"安徽之源""文化之邦""戏曲之乡""禅宗圣地"的美誉。

各位朋友：

大家好！现在我们来到的是独秀故里、黄梅戏之乡——安徽省安庆市。

安庆位于安徽省西南部，是长江北岸著名的历史文化古城，因公元前106年汉武帝南巡至此作《盛唐枞阳之歌》而得名"盛唐"；东晋诗人郭璞说"此地宜城"，故别称"宜城"。安庆之名始于南宋绍兴十七年（1147年），

安庆谯楼

意思是"平安吉庆"。康熙六年（1660年），康熙皇帝把江南省左布政使司境内的八府五州合并，取"安庆"和"徽州"两府首字的合称得名安徽；又因为安庆境内有座皖山（天柱山），又有皖河绕流其间，春秋时期这里曾有过一个皖国，所以安徽简称"皖"。清乾隆二十五年（1760年）至民国二十六年（1938年），安庆为安徽省会所在地和安徽省政治、经济、文化中心，因此，安庆被称为安徽之源。

安庆人文荟萃。千百年来，在这块人杰地灵的土地上名人辈出。文学史上著名的散文流派——"桐城派"统领中国文坛200余年，其代表人物有方苞、刘大櫆、姚鼐、方东树、姚莹、吴汝纶等。中国新文化运动的先驱、中国共产党创始人陈独秀、京剧鼻祖程长庚、书法篆刻家邓石如、章回小说家张恨水、黄梅戏表演艺术家严凤英、"杂技皇后"夏菊花、两弹元勋邓稼先、佛教领袖赵朴初、当代诗人海子等都生长在这片热土上。

安庆是戏曲之乡。清乾隆年间，安庆的三庆、四喜、春台、和春四大徽班进京演出，深受京城皇族及百姓的喜爱。徽班领袖程长庚融昆曲、汉调等剧种之长，创造了国粹艺术——京剧，被誉为"京剧鼻祖"。也就是在这个时候，发源于皖鄂交界一带的民间采茶调传至安庆，后与本地方言相结合，经黄梅戏表演艺术家严凤英等老一辈艺术家的继承与发扬，逐渐发展成为蜚声海内外的剧种——

黄梅戏。《天仙配》《女驸马》等著名剧目脍炙人口，深受海内外广大戏曲爱好者的喜爱。

安庆还是中华禅宗圣地。东汉初年，佛教传入中国。至唐宋年间，禅宗成为中国佛教的主流。中华禅宗开山鼻祖二祖慧可受达摩心法只身南下司空山，开宗立派；三祖僧璨在天柱山脚下野人寨潜心修炼，完成了禅宗的理论体系。至今安庆境内仍留有二祖禅堂、三祖寺和迎江寺等诸多佛教活动场所。

黄梅戏《天仙配》剧照

安庆是中国较早接受现代文明的城市之一。1861 年，曾国藩在安庆创办的安庆内军械所，云集了诸如徐寿、华衡芳、李善兰等中国一流的科学家，制造了中国第一台蒸汽机和第一艘机动船。安徽的第一座发电厂、第一座自来水厂、第一家电报局、第一个图书馆、第一所大学、第一张报纸都诞生在这里。

安庆不仅有悠久的历史、灿烂的文化，而且境内遍布名山秀水、名胜古迹。有雄奇灵秀的古南岳——天柱山、长江绝岛——小孤山、蜿蜒似龙——大龙山、高山平湖——花亭湖、避暑胜地——妙道山、中华禅宗第一山——司空山和城中翡翠——安庆菱湖风景区等；还有诸如迎江寺-振风塔、独秀园、五千年文博园、孔雀东南飞、桐城文庙-六尺巷、南国古长城白崖寨等多处人文景观。全市现有国家 5A 级风景名胜区 1 处，国家 4A 级风景名胜区 18 处，世界地质公园 1 处，国家森林公园 5 处，国家级自然保护区 1 处。

安庆传统食品和风味小吃自古闻名。鲥鱼、鲚刀鱼、大闸蟹、墨子酥、油酥饼、怀宁贡糕、胡玉美蚕豆辣酱、江毛水饺、鸡汤炒米、大关水碗、山粉圆子烧肉等特色食品让人回味无穷；望江挑花、潜山舒席及桐城小花、天柱剑毫、岳西翠兰茶叶等传统工艺品或土特产品令人爱不释手。

俗话说"十里不同风，百里不同俗"。作为历史名城、文化之邦，千百年来，安庆人民创造了丰富多彩的社会生活，形成了自己独具特色的地方民俗文化。就拿中国最隆重的节日春节来说吧，安庆人将过春节叫作"过年"。这里我不妨给大家介绍一下老安庆的一些过年风俗。比如说吃团圆饭就有很多讲究，开席前，必燃放长长的鞭炮，一方面行"接祖"之礼，另一方面为庆祝亲人团圆营造喜庆气氛。居民不管家境如何，年夜饭的菜肴中鱼是少不得的，有鱼则寓意吉庆有余；除了供当晚食用的鱼之外，还要专门准备一份"听话鱼"。"听话鱼"

可不是吃的哦，你能猜到它用来干什么吗？吃饱时碗里又有意剩余一点，叫"有吃有剩"。正月里，数初一最为讲究，这一天不能扫地，也不能倒垃圾，不能向外泼脏水，否则会扫走运气、破财。

安庆老字号糕点店麦陇香

安庆交通便捷，地理位置十分优越，自古就有"万里长江此咽喉，吴楚分疆第一州"之称。这里曾发生过太平天国"安庆保卫战"、解放战争时期的"渡江战役"等著名战役。今天的安庆已成为皖西南及华东地区的重要交通枢纽。长江流经安庆段达260公里；105、206、318国道和"三纵三横"的高速公路穿境而过，安庆长江大桥已建成通车；合九铁路贯穿全境，宁安高铁正式开通，沿江高铁、合安九高铁已相继动工修建；民航已开通到北京、上海、广州、武汉、厦门、西安、昆明、海口等航线。安庆现已形成水陆空齐备、四通八达的交通网络，为广大旅客、游客提供了极大的方便。

好了，经我这样一说，大家现在应该对我们安庆有了个简单的了解吧。我们现在经过的是安庆经济技术开发区，它可是国家级的哦。这边看到的是安庆光彩大市场，是由安徽南翔集团独家投资开发的全国光彩事业重点项目，目前已成为皖西南地区最大的商贸物流中心。现在我们经过的是湖心中路，这两边分别是市民活动的两个重要场所：左边是皖江公园，也称皖江广场，原称市民公园或市民广场，于2007年5月1日建成。现在我们看到旁边的两座建筑分别是安庆黄梅戏艺术中心和中国黄梅戏博物馆。右边的这个公园叫菱湖公园，它是安庆最老的一个公园，在2006年以前还是收费的，不过现在已免费对外开放了，里面有邓石如碑馆、黄梅阁、动物园、盆景园等。与菱湖公园只有一墙之隔的就是安庆的最高学府——安庆师范大学（原名为安庆师范学院，2015年更名为安庆师范大学）老校区。这里是前安徽大学的旧址。在校园内有安徽省第一所高等学府敬敷书院，它也是清代安徽办学规模最大、时间最长、层次最高的官办学院，始建于清顺治九年（1652 年），后来先后更名安徽大学堂、安徽高等学堂、安徽陆军小学堂等。同在校园内的还有建于二十世纪三四十年代的国立安徽大学的主教学楼，由于它的墙壁是由红砖砌成的，因此名叫"红楼"，是安徽省高等教育的标志性建筑。新中国成立后，老安徽大学校址迁往合肥，"红楼"就留在现在的安庆师范大学的校园内了。著名学者朱光潜、周建人、郁达夫、朱湘以及苏雪林、乌以风等人都在这里执教过。2013 年，安徽大学红楼及敬敷书院旧址成功入选全国重点文物保护单位。除此之外，市区内还保留了大量的文物古迹，如原安徽省立图书馆旧址——谯楼，位于墨子巷的民国安徽邮务管理局大楼旧址，位于任家坡的太平天国英王陈玉成的英王府，德宽路和安庆市人民路第一小学等处由两江总督曾国藩创办的内军械所旧址，位于天台里的世太史第，倒八狮街的古牌坊等，如果大家有兴趣、有时间，也不妨去走走看看。

　　不知不觉我们已经来到了人民路，人民路被认为是横贯安庆城区最漂亮的一条繁华长街，全长七华里。2012 年，古老的人民路进行了综合改造，如今的人民路分为地上与地下步行街两部分，集购物、休闲、餐饮、文化、旅游、展示功能于一体，继续更好地服务于安庆人民。现在的人民路路面宽广，路两边高楼林立，世界上规模最大的快餐店肯德基和麦当劳的分店都在这条路上，全国各地的名牌服装店在这里几乎都可以找得到，黄梅戏会馆、安庆邮电总局、安庆移动公司和安庆新百等大型商场也都坐落在这条路上。每当入夜，华灯初放的时候，这里更是另有一种迷人的景色，这也是我们安庆居民最引以为自豪的一条长街了。

安庆长江大桥

除了繁华的人民路，纵横在老安庆城内的百年老路还有许许多多。这些印证安庆城市发展历程的老路，不少以历史名人命名：如吴越街，这是纪念在1905年为刺杀清朝政府五大臣出国考察而牺牲的桐城革命党人吴越的；还有孝肃路，全国的城市里面有孝肃路的可不少，"孝肃"是包拯的谥号，难道我们安庆的这条孝肃路也与包拯有关吗？事实不是这样的，早在20世纪20年代，安徽省建设厅厅长程振均为安徽公路建设四处奔波，最后积劳成疾而病倒。这条路就是借"孝肃"两个字来赞誉他的政绩的。像这样的路还有玉琳路、德宽路、程良路，它们是为纪念广州黄花岗起义七十二烈士安徽籍的宋玉琳、石德宽和程良命名的。古城安庆街巷还有很多以"头""坡"命名，安庆有著名的"九头十三坡"之说，至今仍留下高井头、拐角头、卫山头、登云坡、朱家坡、司下坡、县下坡、任家坡等地名，极富安庆地方特色。

现在我带大家来到的地方就是蜿蜒数千公里的中国第一大河——长江。长江流经安徽近400公里，俗有"八百里皖江"之说，其中安庆段有260公里，占了一半还多。现在我们站在大堤上，放眼望去，烟波浩渺，江的对面就是九华山所在地池州市地界了。说到安庆港，可以追溯到十九世纪的六七十年代，当时上海为了接运李鸿章的7000淮军，特意雇用了7艘英国轮船，开到安庆老城的江面上，平均每周三次。在相当长的一个时期内，这里是安庆和外界联系的重要纽带。大家看，不远处那座宏伟的大桥，它建于2004年，是安徽的第三座长江大桥——安庆长江大桥，总投资13.25亿元，全长5985米，其中主桥长1040米，宽26米，桥面为双向四车道，桥下能保证5000吨级的货轮长年通航；它又是安徽省第一座钢箱梁斜拉桥。其实早在1919年，孙中山先生就在《建国方略》中提出修建安庆长江大桥的宏伟构想，但是，由于种种因素，直到2004年10月1日，安庆长江大桥才正式建成通车，安庆人期盼多年的愿望才得以实现。2015年12月6日，安庆长江铁路大桥与宁安高铁正式开通，安庆从此迈入了"高铁时代"，外地朋友们来安庆旅游就更方便啦！

讲了这么多，不知不觉我们此行的目的地就要到了，请大家带好自己的贵重物品下车，随我去参观千年古刹——迎江寺吧……

（编撰：何刘杰）

5A景区

一、天 柱 山

景区简介

　　天柱山风景区规划面积304平方公里，其中核心景区面积102平方公里，共分为八大景区，即三祖寺景区、九井河景区、虎头崖景区、马祖庵景区、主峰景区、后山景区、龙潭河景区和大龙窝景区，另设有茶庄中心接待区。景区因主峰如"一柱擎天"而得名。唐代大诗人白居易在《题天柱峰》一诗中赞美天柱山主峰："天柱一峰擎日月，洞门千仞锁云雷。"根据国家测绘局2008年9月28日公布的全国第二批31座著名风景名胜山峰高程新数据，天柱山主峰海拔为1489.8米。

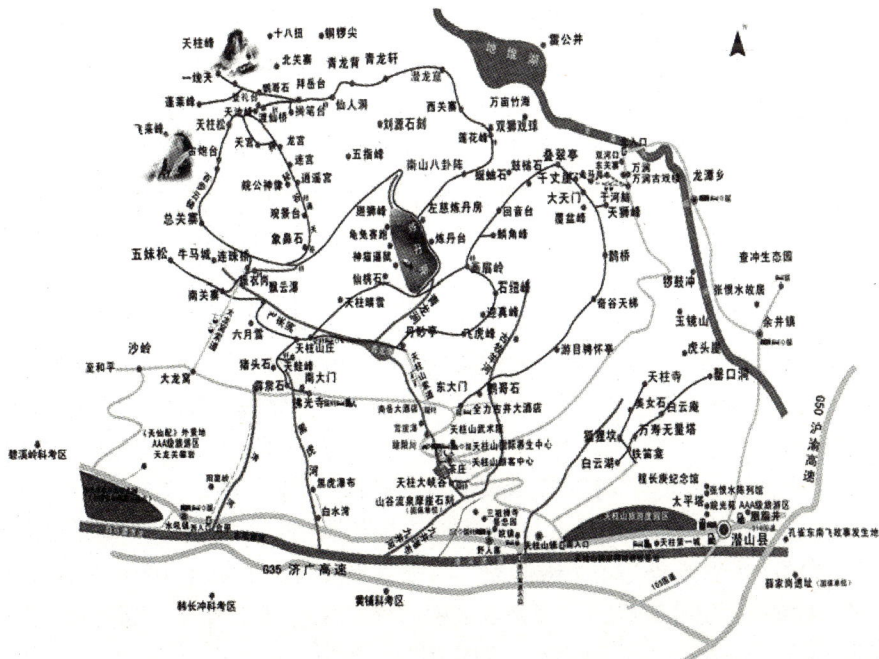

天柱山导游全景图

禅修圣境　好戏安庆
——安庆旅游景点导游词

1982 年，天柱山被国务院批准为首批国家重点风景名胜区，后又相继被批准为全国文明森林公园、国家首批 4A 级旅游区、国家地质公园。天柱山拥有我国唯一、全球揭露面积最大、暴露最深的超高压变质带，形成了独特的地质奇观。2011 年，天柱山景区一举摘取"世界地质公园""国家 5A 级景区""全国文明单位"等桂冠。近年来，天柱山的知名度和美誉度不断提升，又相继获得最具潜力的中国十大风景名胜区、中华十大名山、中国县域旅游品牌百强、全国旅游系统先进单位、全国文明风景旅游区先进单位等荣誉称号。

皖山皖水、皖风皖韵使天柱山集雄奇灵秀的自然风光和丰富的人文景观于一体，天柱山与黄山、九华山"三足鼎立"的发展格局正在逐步形成，成为安徽省第二条黄金旅游热线。

游客朋友们：

大家好！欢迎大家来天柱山风景区参观旅游！

天柱山位于安庆市潜山县。这里首先给大家介绍一下潜山县的基本情况。潜山县地处安徽省西南部、大别山东南麓。县域总面积 1686 平方公里，其中宜林山场 136 万亩，水面 9.6 万亩，耕地 36 万亩，呈"七山一水两分田"的地貌特征。素有"皖国古都、二乔故里、安徽之源、京剧之祖、禅宗之地、黄梅之乡"的美誉。潜山县是京剧的发源地、长篇叙事诗《孔雀东南飞》故事的发生地，是三国佳丽大乔、小乔的生长地，孕育了三国时期卓越的数学家、天文学家王蕃，晚唐诗人曹松，徽班领袖、京剧鼻祖程长庚，杂技艺术家夏菊花，黄梅戏表演艺术家韩再芬等一大批文化名流。境内还有国家级重点文物保护单位两处：一处是有 6000 多年历史的"薛家岗文化遗址"；另一处是存留着 300 多幅历代文人石刻的山谷流泉摩崖石刻，历代达官名流、文人学士，如李白、白居易、王安石、苏东坡、黄庭坚、陆游、杨万里等，均留下了许多美妙传世的诗文。《孔雀东南飞》、潜山弹腔、民间音乐《十二月花神》、潜山陶艺手工制作技艺和潜山王河舒席手工编织技艺等被列入省级非物质文化遗产名录，桑皮纸制作技艺被列入国家级非物质文化遗产名录。

潜山县历史悠久，是安徽省历史文化名城，春秋时属皖国，山称皖山，水称皖水，城称皖城，安徽省简称"皖"即源于此。皖国都城就在今天的潜山县城。潜山县城历史上被称为皖城和梅城。那么"皖"字是什么意思呢？"皖"又有怎样的来历呢？为什么把"皖"作为安徽省的简称？"皖"的本义是指"屋内有黑色，屋外已见白光"，即"晨曦"之意。追本溯源，原来"皖"系五帝时代名臣皋陶后裔的一个支族，是一个奉晨光为图腾、崇拜自然的部落方国。"皖"在古书上与"睆"通用，所以我们经常取其引申义"明亮而美好"。天柱山地区自古以来山清水秀好风光且民风淳朴。这样美丽的地方，周天子封了一个名副其实的名称叫"皖国"。皖国是一个面积不大的诸侯国，区域范围基本相当于今潜山、怀宁、岳西、太湖、宿松、望江六县和安庆市区，春秋时被楚国所灭。皖国的诸侯王称为皖伯大夫。他以仁政治理皖国，很有政绩，后人为纪念他，尊称他为皖公，把天柱山称为皖公山，又叫皖山，并在天柱山上建有皖公庙。流经天柱山下的大河称为皖水，直达长江。自周朝至今，"皖"的历史已有近 3000 年。清朝康熙六年（1667 年）设置安徽省，省名取安庆和徽州两府的首字合为"安徽"，以"皖"字作为简称，既具有悠久的历史、又含有美好的寓意。周封皖伯大夫治皖，皖国的都城就建在今天的潜山县城，被称为"皖城"。从东汉到南宋末年，13 个世纪中，皖城作为州、郡、府治所在地时间长达 800 年，一直是皖西南的重镇和政治、经济、文化中心。宋代大文学家王安石、苏东坡和南宋宁宗皇帝都曾在这里为官。因南宋宁宗皇帝曾当过舒州节度使，他于 1195 年即位后，便将舒州升格为安庆府，取"平安古庆"之意。"安庆府"最初设在古皖城。直到南宋端平三年（1236 年），安庆府治才迁往长江岸边；景定元年（1260 年）正式建造今安庆城。自此，古皖城走向衰落。到元代至治三年（1323 年），设置潜山县，县治所仍在古皖城旧址，即今天潜山县委、县政府所在地的梅城镇。

天柱山大门

　　我们现在行进在 105 国道上。从县城进入天柱山的这一段称为天柱大道。大家请看前方，矗立着一座高大的门楼，这就是天柱山标志性建筑——进山大门。大门宽 43.4 米，五跨形式，中间主跨高 16 米，立面立柱采用花岗岩石构件拼装，立柱上都雕刻着盘龙纹饰。门头上的"古南岳天柱山"六个大字是已故中国佛教协会会长赵朴初先生题写的。赵朴初先生是邻县太湖县人，他的祖籍地寺前河距天柱山仅 25 公里。1990 年，他以全国政协副主席、中国佛教协会会长的身份视察了三祖寺，并为三祖寺题诗。1999 年，由当时主管天柱山管委会工作的县委领导赴京求字，赵朴初先生尚在病中，欣然题写"古南岳天柱山"。2000 年 5 月 21 日，朴老溘然长逝，据说这是他生前的最后一幅题字，反映了他对家乡、对天柱山的深厚感情。这座标志性建筑当时总投资近 300 万元，1999 年竣工。

　　天柱山为什么又称古南岳呢？据史料记载，中国五岳之封始于三皇伏羲之前的无怀氏，距今已 5000 余年。那时天柱山已被封为南岳，名列五岳第二位。公元前 106 年，汉武帝刘彻南巡登临天柱山，筑坛祭岳。同行的司马迁在《史记》中记载了汉武帝这次南巡活动："登礼潜之天柱山，号曰南岳。"到公元 589 年，隋文帝为开拓南疆，改封湖南衡山为南岳，从此天柱山以"古南岳"之名传之于后世。因被皇帝加封，在民间，天柱山又被称为万岁山，简称万山。

三祖寺景区

　　三祖寺景区规划面积 7.04 平方公里，是天柱山人文景观最为集中的一个景区。这里除了闻名海内外的佛教禅宗祖庭三祖禅寺外，还有全国重点文物保护单位山谷流泉摩崖石刻、汉武帝设坛拜岳留下的遗址，以及天柱山道教最著名的道观白鹤宫（正在恢复建设之中）。沿河风光秀美，已兴建滨河景观长廊和漂流设施。

三祖寺

　　三祖寺牌坊和放生池　在 105 国道旁，三祖寺正前方，一座投资 100 万元的"三祖圣境"牌坊赫然而立。该牌坊是 2005 年为迎接三祖寺建寺 1500 周年庆典而建。牌坊正前方两边立有高 3 米的玉麒麟。麒麟背上分别雕刻有宝瓶、如意等器物，取"国家太平，百姓如意"之意。整个牌坊工程由"中国石雕之乡"——山东嘉祥玉麒麟石雕工艺厂设计承制。其风格以唐代瓦石营造方法作依托，结合徽派营造法式进行加工制作。该牌坊形制为三门四柱冲天式，其用料十分讲究，选用山东嘉祥独有的优质青天石。青天石结构紧密牢固、硬度强、无毒、无味、无辐射，具有绿色环保的天然丽质，素有"寸石寸金"之说。牌坊总跨度 23 米，高 19 米，总重量约 28000 吨，被称为中华式牌坊王。牌坊门上额嵌有已故全国政协副主席、佛教协会会长赵朴初亲题"三祖禅寺"四个大字。与之相对应的两边是禅宗三祖僧璨《信心铭》中"信心不二，不二信心"两句名言。牌坊上面还精雕细刻了许多以佛教内容为主的吉祥图案,工艺水平高,充分体现了中国南北朝时期佛教风格和禅宗文化的丰富内涵。

牌坊正后方是一条宽 2 米的架空通道。通道两边是面积 2 亩的放生池。放生池的石栏全是青天石构建。200 根石柱顶端均立有神形不同的佛家石狮。石栏板上精刻了形态各异的龙、工艺纯熟的梅兰竹菊以及护生与人生的铭文。三祖寺放生池总投资 300 万元,2005 年建成。放生池不仅方便善男信女放生,而且置身于这条佛文化走廊之中,放眼周边,山光水色尽收眼底,是寺内一道靓丽的风景。三祖寺山门前的石牌坊、石狮栏杆、石龙栏板被称为"门前三绝。"

佛道争山 举目望去,红墙黛瓦的寺院建筑掩映在绿树翠竹之中。整个山形宛如一只振翅欲飞的彩凤,觉寂塔就建在凤冠上,东西两侧逶迤的山岗呈环围合抱之势,恰如凤翼护卫着庄严的佛地。以堪舆学的观点来说,这里风水绝佳,背倚天柱,面临潜河,左右山势环抱,正应着"前有罩、后有靠、二面抱"的风水学观点。从三祖寺建筑形态上来说,是"远看山包寺,近看寺包山"。天下名山僧占多,在这里得到最好的诠释。

三祖寺,全称"三祖山谷乾元禅寺",是中国禅宗三祖传经布法的场所,在中国佛教发展史上占有十分重要的地位。1983 年,国务院批准三祖寺为全国汉族地区重点开放寺庙。

追溯三祖寺的历史,要向诸位介绍一下天柱山的宗教文化。天柱山灵绝山水加上历代帝王的加封,使之成为仙山宝地。《道经》说司命真君居住天柱山,山中有司命洞府。天下名山分为三十六洞天七十二福地,天柱山被列为第十四洞天、第五十七福地。因此,历代佛道两教都视天柱山为宝山,争相据为己有。在三祖凤形山,就有佛道争山斗法的传说故事。

公元 505 年,梁武帝的国师宝志和尚与江南云游方士白鹤道人都奏请梁武帝,将凤形山赐予自己,建观造刹,传经布道。武帝知道他们都有很高的法术,都不得罪,命他们各显灵通,以物为记,得者而居。这宝志和尚就是我们民间传说的济公活佛。他是建康(今南京)道林寺的高僧,有名的疯和尚,手持锡杖。他说:"贫僧以锡杖卓地为记。"白鹤道人手持拂尘,他的拂尘可以化为白鹤,他说:"贫道以鹤止处为记。"说毕,白鹤道人将手中的拂尘抛向空中,顿时化为一只白鹤,振翅飞向凤形山。宝志见状,将手中的锡杖掷向空中,顿时化为一条银色巨龙,尾随白鹤而去。白鹤飞到凤形山上空,正要敛翅落地,忽见身后巨龙飞来,吓得掉头向东飞去,落在白鹿岗上,宝志的锡杖深深卓入凤形山。当他收起锡杖,卓土处立刻涌出一股甘泉,这就是位于寺后的卓锡泉,又名"卓锡井"。宝志便在凤形山开山建寺,梁武帝赐名为"山谷寺"。白鹤道人在白鹿岗上建起白鹤观,宋徽宗赐名"真源万寿宫"。唐宋时期,天柱山佛道两教盛极一时，寺观达百余座，房屋3600余间，史称"三千道人八百僧"。从宝志和尚开山算起，三祖山谷寺到2005年已历时1500年。

　　山门　三祖寺的建筑群，沿着凤形山的山势自下而上依次建造。从山门一直通向祖师殿，全都处在一道中轴线上。烧香礼佛，应从山门进入。三祖寺的山门，也叫三门殿。正门名"般若门"，即"智慧之门"；东边门名"解脱门"，意为摆脱烦恼业障的束缚而获得自由，也称"自由之门"；西边门名"精进门"，意指在去染滤净的修行过程中，要不懈地努力，也称"勤修之门"。门楣上，悬挂着已故全国佛教协会会长赵朴初先生题写的"乾元禅寺"匾额。

　　进了山门，大家看到殿堂两边，站立着5.5米高的"金刚力士"各一尊。佛教汉化后，这两尊像是按《封神榜》中的"哼""哈"二将的形象来塑造的。

　　穿过山门殿，踏上"通天阶"。三祖寺因山势陡峭，一路上去，有360级台阶。大家不妨从现在开始数一数，"通天阶"高差15米（60级）。

　　天王殿　迎面就是天王殿，是供奉弥勒佛和四大天王以及韦驮塑像的殿堂，是中国汉族地区佛教寺院的重殿之一。天王殿是纯砖无梁结构，尖顶六角，也称"六角无梁殿"。殿内两边，供奉着四大天王塑像。他们是东方持国天王、南方增长天王、西方广目天王、北方多闻天王，掌管风调雨顺之职，是佛教的护法神。殿正中，供奉着弥勒的铜像，是按照五代后梁时的布袋和尚的形象塑造的。

　　弥勒的背后，是韦驮菩萨铜像，手持金刚杵，注视着每一个行人。他是守护释迦牟尼的神将。三祖寺的韦驮是金刚杵拄地的，表示不接待，凡游方僧到寺应斟酌而行；如果是韦驮合掌捧杵的，则表示接待，凡游方僧到寺皆蒙供养。

　　出了天王殿，我们向东面看，大池内有一个大龟，名叫鼋鼍。它本是龙王的太子，善于负重，《西游记》里驮唐僧师徒四人过河的就是它。

　　大雄宝殿　现在我们来到大雄宝殿，这是一座歇山式殿宇，朱檐红墙，琉璃黄瓦。殿门楣上，悬挂着赵朴初题书的"大雄宝殿"匾额。大雄宝殿是佛教寺院的主殿、正殿。"大雄"为佛的德号，意谓佛有大力，能降四魔。这座大殿是在明清两代大雄宝殿旧址上新建的，朱柱红墙，琉璃黄瓦，飞檐翘角，气势巍峨。大殿正中，供奉一尊汉白玉释迦牟尼佛像，高达5.5米；两旁是其弟子迦叶和阿难。这三尊塑像计重11吨，为安徽省境内寺庙所罕见。释迦牟尼塑像前，是释迦太子像。大殿两厢，供置十八罗汉塑像。在印度是十六罗汉，在中国作十六罗汉传记的庆友为十七罗汉，翻译十六罗汉传记的陈玄奘为十八罗汉。他们有的怒目，有的微笑，有的降龙，有的伏虎，奇形怪状，栩栩如生。大殿后侧，东西分别供奉文殊骑狮、普贤坐象的塑像。文殊骑狮，表示智慧威猛；持剑，表示智慧锐利。普贤的白象为六牙，原为菩萨所化，表示威灵。他们的道场分别是山西五台山和四川峨眉山，他们是中国佛教四大菩萨中的两位；另两位菩萨是观世音和地藏，他们的道场分别在浙江普陀山和安徽九华山。

释迦牟尼的塑像背后，是"海岛观音"大型立体浮雕。这是一幅浓缩中国佛教诸佛菩萨的全图。请看，正中是观音站在龙背上的塑像。她的背后，最上一层，是"三世佛"。这是以空间划分的，即东方净琉璃世界的药师佛；中间娑婆世界的释迦牟尼佛和他的两大弟子迦叶、阿难，西天极乐世界的阿弥陀佛；两边是药师佛两大弟子日光菩萨和月光菩萨。中间一层，正中一尊是地藏菩萨和他的两大弟子道明和尚、闵长者；两边是观音的两大弟子善财童子和龙女。还有四大天王、海鬼夜叉、海中摆渡人等。他们普度众生，脱离苦海。

现在我们来到法堂。按佛教规制，法堂应建在大雄宝殿的后面。三祖寺由于山势所阻，就把法堂建在禅堂的位置上。法堂是供僧人讲经说法和举行戒行的场所。法堂内，供奉着缅甸仰光妙明法师赠送的一尊高 40 厘米的玉石释迦牟尼佛像。法堂四壁，悬挂着省内外，海内外许多名家书、画、联，供游人品赏。

三祖洞·解缚石　现在我们来到了"三祖洞"。三祖洞内有一方石雕三祖画像。他身材板实，肩披袈裟，双手捻珠。他那宽阔饱满的前额、慈祥和蔼的双目、微微佝偻的身躯，表明他学识渊博，睿智非凡，且又饱经风霜，历尽艰难。在这里向大家介绍一下僧璨这位佛教发展史上的伟大人物。

僧璨，出生于公元 510 年，汴州陈留（今河南省开封市）人，一说徐州人。四十多岁时，他身患疮疾。在河南光福寺，他拜谒二祖慧可，说："弟子身缠风恙，求和尚为我忏罪。"慧可说："把你的罪对我说说，我来为你忏悔。"僧璨想了片刻："我实在说不出我的罪过究竟在什么地方。"慧可说："我已为你忏过罪了。你最好要皈依佛法，出家僧住。"僧璨说："今日见到和尚，已知自己是一个僧人了，但还不知何谓佛法。"慧可说："是心即是佛，是心即是法，法佛本无二，僧宝也是这个道理。"僧璨彻悟，对慧可说："今日始知人的罪性不在内，不在外，也不在中间，在于其心，佛法也是如此。"慧可闻言，心中十分器重，当即为他剃度，连说："是吾宝也！"为他取名僧璨。从此以后，僧璨的疮疾渐愈。两年后，慧可对僧璨说："往昔菩提达摩自竺乾东来，以正法眼藏并信衣密付于我，我今授予你，你要好好护持，无令断绝。"慧可将衣法交僧璨后，又对僧璨说："你受衣法后，宜处深山，不可行化，因有国难。"僧璨说："师既已预知，愿师明示。"慧可说："不是我能预知，而是达摩祖师的《般若多罗悬记》中的'心中虽吉外头凶'这句偈语就要应验。我校算了一下年代，这场灾难正好应在你的身上。你要谨思前辈祖师的诲训，千万不要罹此世难。"果然几年以后，武帝宇文邕灭佛，僧璨遵从师嘱，只身南徙隐于舒州皖公山（今安徽省天柱山风景名胜区），往来于司空山（今安徽省岳西县境）与皖公山之间，居住无常，隐姓埋名，在荒郊野外化缘，在山野风餐露宿。他这样生活了十几年，竟无人知晓。隋文帝开皇十年（590年），他才正式驻锡山谷寺，公开传经布法，教化四众。他在隐居天柱山期间，常在这座崖下面壁，因此，这座崖被称为"达摩崖"。

看，这块石上刻有"解缚"两个大字，就是当年四祖道信求三祖僧璨给他"解缚"的地方。隋开皇十二年（592年），13岁的沙弥道信来山谷寺拜谒三祖僧璨，当时僧璨正在洞里参禅。道信说："求大和尚为我解缚。"三祖问他："谁缚你了？"道信回答："没有人缚我。"三祖说："我已经给你解了缚。"道信闻言大悟。从此，他在三祖身边侍奉九载。601年，三祖传衣法给道信，成为中国禅宗四祖。

中国佛教禅宗，由印度僧人菩提达摩传入。达摩居嵩山少林寺，谓之祖师。神光在达摩洞前求师大法，断臂立雪，达摩传之衣法，取名慧可，为禅宗二祖。僧璨、道信是禅宗的三祖、四祖，四祖道场在黄梅。禅宗五祖弘忍居黄梅东山，教众云集，史称"东山法门"。慧能来自广东，密受弘忍衣法南归，为禅宗六祖，开创"顿悟"宗风。从此，禅宗兴盛于世，遍布全国，远及海外。我们从禅宗发展史上可以看出，僧璨承上启下，受命于危难之际，为传承禅宗做出了巨大贡献。他还打破了禅宗"以心相传，不立文字"的规制，以其毕生心得撰成《信心铭》，奠定了中国禅宗的理论基础。僧璨在这里潜心修持，卓锡弘法，传承衣钵，著述《信心铭》，因此，三祖寺的地位和影响也非常显著。在我们皖西南这一带，天柱山、司空山、黄梅东山，构成了禅宗"金三角"地带。三祖寺是最具影响力的禅宗圣地，受到历代帝王的封赐，是海内外信众的朝圣之地。

摩围泉　"解缚"石往西，有个"摩围泉"。北宋诗人黄庭坚寓居舒州时，最爱饮此泉水，于山谷处筑室读书。他不但亲笔为摩围泉勒石题名，而且还以"山谷道人""摩围老人"自号。后人为纪念他，就在石牛古洞处建造了"涪翁亭"。

民间有一个关于摩围泉的传说。相传在很久以前，三祖寺下居住着一对农家夫妇。他们祈祷三祖，将摩围泉的水变成了香醇可口的酒。由于酒味香醇，来喝酒的人特别多。几年一过，两人发了财。可那个女人还不满足，埋怨泉水只能变酒，不能出糟，他们没有酒糟喂猪。最后三祖又将摩围泉的酒水复变成了原来的泉水，并在摩围泉的石壁上留下了一首偈语：

> 天高不为高，人心最为高，
> 泉水当酒卖，还嫌猪无糟。

观音殿　大雄宝殿的西侧，是尊客堂，也叫客堂。客堂是接待僧众和宾客的地方，也是禅宗丛林寺院管理组织的四大堂口之一。在客堂内，供奉着观世音菩萨塑像。

现在，我们来到了观音殿。殿内供奉一尊千手观音铜像，两边有善财童子和龙女的铜像。观音殿内可求签。据说三祖寺的签很灵，哪位不妨试一试。

我们现在经过"朝圣门"。"朝圣"就是上塔院朝觐三祖圣像。

升谷文钱　左边的这块"山谷"碑刻是明代嘉靖初年安庆知府胡缵宗的题刻。这里有一长方形的小石窖，旁边刻有"升谷文钱"四字。民间有这样一个传说：相传武帝灭佛时，适值冬天下大雪，有一个小沙弥饿倒在雪窝里。他醒过来后，发现自己身边的积雪融化了，石窖里盛满了白米，白米上还有一文铜钱。他将米取回去食用了，刚好是一天的食粮，于是用铜钱买了香在三祖墓前供奉。以后天天如此，小沙弥靠了这升谷文钱度过了一个残冬。可他嫌这石窖小了，便偷偷地将石窖凿大，以为能得到更多的米和钱。第二天，小沙弥到石窖一看，石窖仍缩小到原来那么大。从此，这里不再出米和钱了。

立鹤松　这块"香嵓"碑刻，是康熙末年安庆知府张楷的题刻，"嵓"是"岩"的异体字。这棵古松，名叫立鹤松，看它苍劲挺拔，枝叶如盖，形如立鹤。据专家考证，这株古松树龄在 500 年以上。立鹤松还有一层意义，是说当年白鹤虽然没有得到凤形山，可三祖寺还是欢迎它常来做客，象征释道两家和睦相处。

沿石级而上，左边是"解缚亭"，纪念三祖为四祖解缚而建。再上行跨路而建的"信心亭"，是为纪念僧璨著述《信心铭》而建的。《信心铭》以诗体写成，146 句，四字一句，共 584 字。这是中国人著述的第一部禅宗经典，为禅宗以文字总结其修习经验开创了理论先河。

立化塔　路旁这座 3 米高的圆形砖塔叫立化塔。公元 606 年，僧璨在寺前法会大树下为信众传经讲法时，合掌立化，应验了佛门常说的"立地成佛"的俗语。这座塔就是为纪念僧璨说法立化而建的。其建筑风格很别致，圆身尖顶，竹节底座，近似蒙古喇嘛塔，在汉族地区很少见，大概是元代所建。

三高亭　这座石亭，是明代潜怀两县的何氏后裔为纪念他们的先人何氏三兄弟而建的"三高亭"。何氏三兄弟的名字分别是何求、何点、何胤，是南梁时潜山的隐士。他们被授官却不做，终身不仕，归隐天柱，著书讲学。凤形山是他们家的私地。他们把凤形山献给宝志，供他建刹。后人为纪念他们的高风亮节，在此建"三高亭"。另建有"三高门""三高书院"，后来全损毁。亭子石柱上这副对联是清光绪举人何雯所题：

> 长揖傲夷齐，看山外白云，招隐共诗崖酒岛；
> 所居在廉让，访洞中丹灶，编书续高士神仙。

该亭高 3.5 米，东西跨度 3 米，南北距 2 米，全部采用块石建造。亭顶部是以平薄石板铺成，亭脊两端饰以石雕鱼尾状翘角，脊中有一石塑佛像。南北亭檐下，立有重修的两方碑记。此亭是颇有特色的建筑。

宝公洞　穿过三高亭，向右前往宝公殿。这是为纪念当年宝志开山而建的。殿的正中供奉着宝志肩扛锡杖的立身铜像。再沿石级而上，右前方的翠竹林中，就是当年宝志栖身习静的"宝公洞"。洞内立有明代弘治年间的"宝公开山之记"的石碑一方。这里翠竹修篁，环境极佳。现于宝公洞前新建"宝公亭"，供游人凭吊和小憩。

千佛殿　我们再上 60 余级石阶，便到了三祖寺的塔院门。门楣上的"山谷寺"匾额是赵朴初先生题写的。穿过门楼，迎面便是千佛殿，楹联是赵朴初先生所书：

三祖道场重现，千花满载而归。

殿内居中供奉的是"毗卢遮那"佛。"毗卢遮那"的意思是光明普照万方。四壁小龛中，供置一千余尊陶质鎏铜小佛像，谓之"千佛朝毗卢"。这千尊小佛像，你怎么数也数不清，等你数清了，你也就彻悟了。

觉寂塔　千佛殿后身就是觉寂塔。这是潜山县现存的又一座历史悠久的宝塔。唐天宝四年（745 年），舒州别驾李常取三祖遗骨火化，得五色舍利三百粒，以其中百粒塑三祖像，并拿出自己的俸禄建造一座三祖舍利塔，置三祖塑像于塔底层。唐乾元元年（758 年），唐肃宗李亨赐山谷寺名为"三祖山谷乾元禅寺"；唐大历七年（772 年），唐代宗李豫赐三祖舍利塔名"觉寂塔"，赐三祖僧璨名"鉴智禅师"。后来，寺院和塔多次被毁和重修。现在的塔，塔宫里珍藏三祖百颗舍利子，是唐代的塔基、宋代的塔刹、明代的塔身。宝塔为楼阁式塔体，砖木结构，飞檐翘角，斗拱相承。塔高 30 米，七层八方，外旋中空，螺旋而上。每层四门相对，两虚两实。游人登塔，常被虚实所迷。塔顶置有相轮，由 8 条碗口粗的铁链牵制，链上系有 400 余只风铃。风吹铃动，叮当悦耳。人登上高层，北可见天柱群峰叠嶂，南边是城市田畴，尽收眼底；远可眺大江东流，近看是潜水横陈；山谷流泉，茂林修竹，满目青翠。九井西风轻拂，晨钟暮鼓相闻，好一派古寺风光、僧家幽境。1981 年，安徽省人民政府公布觉寂塔为全省重点文物保护单位。

塔院东寮房有前任三祖寺住持宏行的纪念堂。宏行和尚 2001 年圆寂，火化后，有五色舍利子三百多粒，这与三祖僧璨真是不谋而合，是当代和尚中的一个奇迹。我们可前去参观图片和实物，以饱眼福。

塔院西寮房辟有"地藏殿"。殿内供奉有地藏菩萨铜像，这是一个地狱不空誓不成佛的菩萨。他的两边，是他的两大助手道明和尚、闵长者。这位闵长者原是道明和尚的父亲。他看自己的儿子跟地藏出了家，修成了正果，他也修行了。不过，他没有落发，还是布帽布衣。

祖师殿 塔院的北端，是祖师殿。殿内正中供奉禅宗一祖菩提达摩，东边是二祖慧可，西边是三祖僧璨三尊铜像，三位祖师同受香火。

祖师殿的楼上，便是藏经阁。阁内也供奉着三位祖师的木塑装金像，珍藏有《大藏经》等佛教经典。《大藏经》是台湾佛教协会通过赵朴初会长转赠给三祖寺的。

出了祖师殿，我们沿着东寮房的内走廊到后面去看看宏行和尚墓塔，整个墓圹和塔都是精细花岗石砌成。墓塔的南边是"海会堂"，"海会"即同墓之名，是海众同会一穴之意，是安放佛教徒骨灰的地方。

现在我们来到"圆通门"。"圆通"是指修行者对事埋精了无碍、融会贯通之意。过圆通门，来到延寿园，可到当年宝志和尚卓锡时留下的"卓锡井"。井水清泓碧澈、久雨不盈、久旱不涸，堪称一绝。

东边的山岗便是当年白鹤道人止鹤处的白鹿岗。岗上建有白鹤观，宋徽宗赐名"真源万寿宫"。汉武帝驾临天柱时的祭岳坛也设在此岗上。只可惜，真源宫和祭岳坛都被毁，只剩下汉砖绳瓦。目前，潜山县已将这两大景观列入建筑规划，正待恢复。游客朋友们下次来，定能一睹这两大庄严景观。

天柱大峡谷

游客朋友们，请大家随我游览天柱大峡谷。该景区自然落差大，山路陡窄，沿途请大家不要拥挤，不要涉险，听从工作人员安排，确保旅游安全。天柱大峡谷景区依傍天柱山主峰景区，位于九井河与琼阳川流域的交汇处，峡谷全长 4 公里，高低落差 200 余米，谷内河水飞溅溅雾，穿石成潭，大小瀑布跌落成群。游览这一景区，我们将观赏到天柱山最雄奇壮美的瀑布群。

我们这次是逆流而上，经过这片竹林，马上便进入峡谷的溪涧之中了。游道两旁万竿绿竹随风摇动，一株株枫香树绿荫如盖，每到深秋季节，枫叶火红，层林尽染。

龟蚌狮神 我们已听到潺潺的流水声了。走过木板桥，溪涧之中有两块巨石，大块岩石像一只大巨龟，正小心翼翼地探出头来；小的那块像一只直立的蚌，正等着龟的亲吻。相传很久以前，这只龟和蚌经过长期艰苦不懈的修炼，终于得道成仙。但是他们在修炼之中日久生情，私订终身。此事最终被东海龙王得知，龙颜大怒，将两位逐出东海，流放到这深山峡谷，化为巨石。龟蚌虽永世厮守，却不能相依。

这里还有一块巨石状如睡狮，大家找一找它在哪里呢？哦，你们看它侧卧溪畔，睡眼蒙眬，正张着大嘴打哈欠呐！又像是回头在张望着什么？据说它原是天宫中的狮神，不知何故被罚下天界，负责看守神龟神蚌。

游龙瀑　游客朋友们，我们现在看见的这条瀑布便是游龙瀑，这潭名曰龙潭，你们看那游龙瀑，弯曲有致，奔流而下，仿佛一条游龙直奔龙潭。水小时，那龙体徐徐蠕动；水大时，游龙摇头摆尾，跃跃欲飞。

通天瀑　大家往前看，那百米之高的悬崖如斧劈刀削，雪白的泉水自天而降，一落千丈，仰观瀑布顶端，乱云飞渡，瀑布似从蓝天白云之中飞落，真是"飞流直下三千尺，疑是银河落九天"。这便是被誉为"天柱第一瀑"之称的通天瀑。大水之时，飞流在悬崖岩石中飞腾飘扬，周围一片烟雨朦胧，飞瀑如雷鸣狮吼，响彻山谷，俗称响水槽。瀑布冲出深潭，有巨石横卧于潭旁，那便是听涛佛。

大家再看右边溪涧之中，那溪水潺潺的岩石上，有几个大小不一的石潭，潭内卵石清晰可见，潭壁光滑如镜，这是经过千万年的流水冲刷而形成的。在这里溪潭合一，清溪幽潭的美景得到了完美的体现。让我们在这里休息一会儿，好好感受这大自然的美景吧。

上面这段山道建于悬崖峭壁之上，坡度较大，攀登途中请大家不要拥挤，注意安全。

现在请大家回头，居高临下地观赏我们来时的溪涧，它显得那么妩媚幽深。在那溪涧之中，有一长条形巨石，宛如一只巨大的鳄鱼，从大山之中缓缓爬出，现在还只能看见他的头颈部分，它身体的大部分还隐藏在大山之中，那就是"鳄鱼出山"。

大家请顺着我手指的方向朝下看，那就是虎掌潭。你看那梅花状的潭仿佛是猛虎下山时留下的足印。我们现已登上了刚才仰望的通天瀑的顶端，进入了另一段幽谷深涧。

请看河道中那块石头，上面有一个圆圆的石洞，这可不是人工开凿的，而是天然形成的奇观。传说当年这里是一片汪洋，孙悟空大闹龙宫，拿走了定海神针，留下了这样一个神针眼。其实，这都是大自然的杰作，因该处岩石在形成时，中间夹有砾石层或沙层，经过漫长的时间和流水的冲击形成现在的模样。

裙衣瀑　请大家跟我沿右边这条小道进入河谷之中，欣赏裙衣瀑与天仙池的神韵。天仙池顾名思义乃是仙人沐浴的场所。池中那几块石头乃是仙人沐浴休息之用。我们再看这裙衣瀑，上窄下宽，那一片片不规则的浪花飘飘洒洒，仿佛是仙女沐浴之时脱下的白色衣裙，随风飘动。天仙池右边的巨大石壁，坡度较缓，是徒手攀缘的好地方。

瞧，在那清清的溪流之中有一个"猿人"正俯卧水中尽情戏耍，你们看，猿人正咧着大嘴朝我们在笑呢。

之字瀑 我们站在这木桥之上，可望见上游那两道首尾不相连接的瀑布，这就是之字瀑。走近观看，瀑下有潭，潭下有瀑，潭瀑相连，曲折连环，景中有景。之字瀑虽没有通天瀑那一落千丈的宏伟气势，却也像一匹脱缰的野马，在曲折的峡谷之中跌宕起伏，奔流而出。

之字瀑

之字瀑最下端的这个大潭，潭水清澈，水面微波荡漾，两块石头在波浪中若隐若现，恰似两只鸳鸯尽情戏水，这潭叫鸳鸯潭。

龙涎瀑 走近之字瀑的中部，我们看到巨石状如一只倒置的葫芦，葫芦石上面，便是龙涎瀑。当地百姓中流传着这样一个传说：庐江（今潜山）方士左慈隐居天柱山中炼丹，有一年，这沿河流域不少百姓突患疾病，无人能医。左慈得知后，便装了葫芦丹药，将葫芦倒放让丹药随水流淌，溶入河水之中。沿途百姓饮用此水后，疾病不治而愈。此事一传十，十传百，不胫而走，周围百里群众都来取这河水饮用。此事惊动天庭，玉帝怕装有丹药的葫芦被盗，将其变为巨石，并命东海龙王派员守护。龙王便派九太子前来守护，大家向上看，龙王九太子正居高临下，坚守岗位。因取水之人越来越多，丹药在逐渐减少，河水治病效果也在逐渐下降。这可急坏了龙王九太子，他决定舍己救人，张开龙嘴吐出龙涎，配合丹药治病。天长日久，九太子元气大伤，再也没能回东海龙宫，这里便形成了这道龙涎瀑。当地村民为感谢九太子舍己救人，每年在农历二月初二日，俗称龙抬头，携带香纸供品前来朝拜。

请大家随我下来，观赏群兽饮水图。这里地方狭小，请大家按照顺序，每次两至三人来观赏。请看前方深谷之中，似有几只怪兽伸长头颈，有的在埋头饮水，有的在抬头观望，形态各异。

现在我们来到的是感叹桥。站立桥上，回望深深的峡谷，我们感叹大自然的鬼斧神工，感叹水滴石穿的神奇力量，感叹我们攀越了沿途的悬崖峭壁。只要我们有那流水穿山凿石的毅力，就没有战胜不了的困难，就一定能够迎来美好的明天。

游客朋友们，漫步在这林荫小道，我们可以体味小桥流水人家的田园意境。请看右边溪涧的石壁处有一小潭，潭边的那块大石上有一只巨大的蟹钳印，那就是蟹钳潭。

禅修圣境　好戏安庆
——安庆旅游景点导游词

金龟竹径　游客们，接下来我们将进入金龟竹径景区。在那里我们将亲身体验"万竿绿竹影参天"的优美意境，还可探寻历史悠久的桃源洞府。大家朝那边看，那座掩映在竹林之中、郁郁葱葱的小山丘，便是龟山。传说这是一处绝佳的风水宝地。请随我走进这曲径通幽的金龟竹径吧。我们周围的万竿绿竹，苍翠浓郁，太阳出山，缕缕金光射进这浩瀚的竹林，那种秀丽壮观的景致，令人陶醉。竹子属单子叶植物的禾本科，竹亚科。它形态特殊，非草非木，茎具节而中空，不柔不刚，虚心向上。全世界的竹子有70多属1200多种，而我国拥有40多属400多种。我们这里的竹子叫毛竹，它还有一个名字叫孟宗竹。相传三国时荆州江夏，有一名孝子名叫孟宗，其母卧病不起，很想吃竹笋。当时正值隆冬腊月，孟宗去毛竹林寻找，无笋可挖，他扶竹哭泣，感动了山神，山神在竹根上一指，顷刻地裂三寸，一株鲜黄嫩笋拱出地面。孟宗捧笋回家了却母亲的心愿。从此以后，毛竹冬季也出笋，称为冬笋。这就是"孟宗竹"之名的由来，在日本至今仍沿用此名。竹子神韵潇洒，风雅宜人，自古以来就被视为园林中的珍品。古人将梅、兰、菊、竹一起称为"四君子"，又将"松、竹、梅"称为岁寒三友。苏东坡在《咏竹》中赞道："宁可食无肉，不可居无竹，无肉使人瘦，无竹使人俗。"我国是当之无愧的竹文化大国。

桃源洞　我们不知不觉地便来到了桃源洞府。请看那翠竹掩映的山崖上，露出一个洞口，洞口周围数株桃树点缀其间，每当早春三月，红红的桃花翠绿的竹，相映成趣，好一幅世外桃源的美景。据《潜山县志》记载："茶庄西侧仙桃崖下有洞，洞旁遍生野桃，花开五色，桃可食，世称桃源洞。"东汉方士左慈炼丹，在此居住修炼。左慈，字元放，庐江（今潜山）人。东汉丹鼎派道教的道术系由他一脉相传，在公元190—195年间，左慈隐身天柱山，精思炼丹之术，下至九井河畔，上至西关寨口，沿途都留有他栖身炼丹的遗址。

桃源湖　游客们，前面就是桃源湖了，让我们在欣赏了山谷流泉、苍崖飞瀑之后，去体验一下高山平湖的另一番境界。桃源湖名称是因地名而来，旧时这一带盛产野桃，花开五色，俗称桃花源；因左慈在此炼丹，又称下炼丹。

我们眼前就是桃源湖大坝，大坝全长70余米，高12.5米，该工程是由天柱山镇茶庄村为改善旅游环境而投资兴建的，我们在这里可以观赏到别处极少看见的天人合一的美景——彩虹瀑。每当上午8点至下午3点之间，太阳光照射在大坝的瀑布之上，在瀑布的水雾作用下，形成一道彩虹。这彩虹随着观赏位置的变化而变化，非常壮观。请大家欣赏桃源湖的湖光山色，桃源湖湖面面积120余亩，蓄水25万立方米，水深3~12米。周围群山环抱，远以天柱群峰为背景。湖水澄碧，波光粼粼，曲折的山峦将整个湖面分隔成几个区域，使得整个湖区神龙见首不见尾。人们荡舟其间犹如进入水上迷宫，妙趣横生。桃源湖最美的景致要数天柱群峰倒影图了。每当风平浪静，水面如镜，天柱峰峦倒映湖中，构成一幅山光水色的巨大画屏。

桃源湖即将开辟垂钓休闲区。游客朋友，你下次来时，可以在此垂钓烧烤，享受自然野趣。

天柱峡谷的游览到此结束，我们已经到达天柱山的腹地茶庄。

炼丹台遗址　道教将天下名山划分为"三十六洞天，七十二福地"，天柱山位列"第十四洞天，五十七福地"。据史料记载，汉魏时左慈在天柱山炼丹，遗址遍布全山，贺家畈一带为下炼丹，马祖庵狮子林为中炼丹，良药坪为上炼丹。晋代葛洪也在此修炼。今天我们参观的炼丹台，就是当年的下炼丹。这里有一片银杏树林，树高十余米，树龄有 500 多年。银杏树，又名公孙树、白果树，是珍稀植物和孑遗裸子树类，是地质学上第三纪以来的古老植物。请看炼丹台这则碑文的记载："我皖麓有台名炼丹者，其间石坪一座，蟠居亭亭，乔木数株，蒙茏勃勃，由来久矣……"原来，山下三祖寺重修大殿，将这片白果树砍倒运走用作梁柱子……大树派上了用场，当时县太爷又觉得可惜，于是又说："嗣后仍须珍重，勿懈兹培，庶古迹长存，神灵永托，比固斯台之幸，而亦还丹之意也。"这件事发生在清代同治三年（1864 年）孟冬月。如今，残留的树桩又长出新干，枝繁叶茂。

游客朋友，这块记事碑虽不大，却给我们留下许多思考。140 年前一个县太爷砍树留桩，嘱咐后人仍须珍重，不要松懈培育。为了什么？为了古迹长存。一个封建社会地方官员能有这样的文物意识、环保意识，确实难得。

茶庄　我们现在已到达天柱山的腹地茶庄。茶庄之名源自宋代，相传梁武帝儿子昭明太子在万岁山（玉镜山）建太子阁，旁有天柱寺，僧尼杂役人数很多，日用耗费很大。宋代舒州郡守亲定贺家畈山高供茶，林家畈地肥供菜，从那时起贺家畈便称茶庄，林家畈改为菜林庄。茶庄古时称桃源，就是"风物佳丽如世外桃源"。清代姚琅说："中有桃花开五色，令人不疑武陵春。"如今这里不仅具有半山胜景，也是天柱山旅游区接待服务中心，有大型生态停车场，有公路可到南大门野寨、县城，到后山龙潭，到西边黑虎，到马祖庵河坪，设置旅游服务中心和各种档次的旅游床位，旅游基础设施齐全，是从南大门到天柱山游览的游客主要集散地。为拓展茶庄接待区功能，促进天柱山旅游产品提档升级，茶庄接待区将结合道家养生及当地特色打造成"半山度假小镇，道家养生福地"。由俄罗斯财政计划投资有限公司投资兴建的五星级国际旅游养生中心已落户其中。

天柱养生功　天柱山巍峙江淮，雄奇灵秀一山兼，自然风光十分优美，道家尊之为第十四洞天、第五十七福地。历代许多名流贤达、高道名儒都曾来此隐居山林，修身养性。他们在长期实践中积累了丰富的练功经验，虽然秘而不宣，但难免泄露若干散落民间。天柱武术院刘少斌先生经过十几年的搜集、整理、归纳、实践，集儒、释、道、医、武诸家功法之所长并发扬光大，创造了自成一体的新气功，这就是依据中医理论导引气血在人体内正常运行、提高免疫力、达到强身健体目的的"天柱养生功"。"天柱养生功"被中国体育、气功界专家公认为"优秀功法"。天柱山位于神秘的北纬30°线上，与其他地方的磁场有着很大的不同。它基本上没有被污染，空气中含有大量的负离子成分，是个理想的练功、养性、健身的场所。刘少斌先生撰写了《天柱气功》《天柱气功密要》《天柱气功保健》等专著，先后被译成俄文、韩文在国外发行。十多年来，他曾带着天柱养生功多次赴俄罗斯、日本等国考察访问，受到外国人的普遍青睐。近几年，俄罗斯等境外的许多游客来天柱山实地考察研究，习练此功。俄罗斯前总理、现国家能源部部长基里延科曾先后两次造访天柱山，对"天柱养生功"情有独钟，并欣然题词："天柱山，这里是神奇的地方。"

乌以风墓园　游客朋友，到了茶庄，让我们一起去南山凭吊"天柱老人"乌以风先生。

乌以风是天柱山第一代开拓者，为宣传和开发天柱山做出了不朽的贡献，受到潜山人民的深切爱戴。每年清明时节，各有关领导、野寨中学师生、乌老生前友好以及当地群众，都会自发前往乌老墓园扫墓，献上心香一瓣。乌以风墓园已成为潜山精神财富的一部分。我们前往墓地凭吊，除了纪念这位天柱山的拓荒者，更重要的是通过了解乌以风先生，汲取人文精神的巨大力量。

乌以风（1901—1989），山东聊城人，1928年毕业于北京大学哲学系，曾任浙江省图书馆编纂、杭州省立中学教导主任、安徽省宣城一中和安庆一中校长。1933年，他任安徽省教育厅秘书期间，初识天柱山，从此，便与天柱山结下不解之缘。1942年，乌以风因家庭婚变，从四川千里漂泊来到天柱山隐居，住进他于1937年建于马祖庵后山的天柱山房，与马祖庵妙高和尚关系甚笃。1943年，安庆专员范苑声领衔筹建的国民党176师抗日阵亡将士墓在野寨落成。为保护陵墓，启迪后代，创建"景忠私立中学"，取"景仰忠烈"之意，他诚邀乌以风先生主持校务工作。省教育厅得知这一情况，以未经批准为由，勒令学校停办。乌以风一面积极办学，稳定师生情绪；一面到省里周旋。省教育厅厅长汪少伦是乌以风的同学，因赏识他的才华，留他任省教育厅主任秘书，主持日常厅务工作。1945年5月，汪少伦因公赴渝，由乌以风代行厅长职权。因此，他让"景忠"再次呈报省教育厅立案，自己批准。文件下发后，乌以风先生随即辞官回到潜山，继续办学，为本地的教育事业做出了巨大贡献。为开发天柱山，他积极筹措资金，先后在山上建起了望岳亭、岳云山馆等接待设施，铺筑了从良药坪到拜岳台的2000多级石阶。

乌以风曾数百次登山考察，立下宏愿要为天柱山修志。经过十八个春秋的努力，他终于完成了 50 多万字的志书初稿。没想到，此时乌以风先生却被打成"右派"入狱。直到 1969 年出狱后，他被遣送野寨农村劳动，直到 1979 年才被彻底平反，任安庆师范学院公共课教研室主任、心理学副教授，并先后担任了安庆市第四、第八届人大代表和安徽省政协第四、第五届委员。可是他的书稿却在入狱期间被抄，经过翻箱倒柜的搜寻，他终于找回了部分原稿，后经过 2500 多个日日夜夜的整理与修改，到 1984 年，《天柱山志》终于在安徽教育出版社正式出版发行。

乌以风才华横溢，一生著述颇丰。除《大柱山志》外，还有《李卓吾著述考》《中国中古时期儒释道三家关系史》《马一浮先生学赞》《马湛翁诗词辑》《习性论》《岳云山馆诗稿》《大柱老人书信集》等。据不完全统计，乌以风一生写过一千多首格律诗。2002 年，在乌先生诞生一百周年之际，天柱山旅游协会会长徐继达组织选编出版了《岳云山馆诗选》，其中收录了他的咏天柱山诗作 77 首。

乌以风一生爱山，自号"天柱老人""忘筌居士"。1989 年 2 月 26 日，乌老在野寨的谷口草堂病逝，享年 88 岁。按照他的遗愿，遗体在三祖寺坐缸火化，安葬在天柱山茶庄村的南山上。他把自己大半生的时间和心血献给了天柱山，死后回归到大山的怀抱。这旁边的墓地，是乌以风先生在潜山的夫人余菊容的墓。乌老虽然一生没有亲生子女，但怀念祭奠他的人却越来越多。

茶道表演　各位游客，欢迎光临茶舍评品香茗。

大家翻山越岭，攀岩越险，异常辛苦，在此稍作休息，我为大家泡杯天柱山茶解渴提神，增趣助兴。

天柱山茶，早在唐代就享有盛名。茶圣陆羽在《茶经》中指出：安徽名茶产地"江北有舒州、寿州……"北宋《太平寰宇记》中记载，舒州茶农每年采摘新茶作为进贡之品。诗人薛能在《谢刘相公寄天柱茶》一诗中写道："两串春团敌夜光，名题天柱印维扬"；秦韬玉《寄谢天柱茶》中写道："天柱香茶露香发……洗我胸中幽思情。"天柱山茶最大的功用是"消肉食毒"。相传唐代宰相李德裕点名要当时的舒州地方官为他备数斤天柱山茶，别人不解，李宰相说："此茶可消肉食毒。"所谓消肉食毒，用今天的话说，就是帮助消化，有减肥解毒的作用。

放在大家面前的有三种茶：天柱剑毫、天柱云雾、天柱弦月。每种茶都有独特的制作工艺。天柱剑毫是我国著名茶叶专家、安徽农业大学陈椽教授与我县茶艺师宋海宽、葛子政等从 1981 年开始，经过三年多的反复研制而成。1985 年 6 月，农牧渔业部、中国茶叶学会在南京举办全国名茶评展会，天柱剑毫被评为中国十大新名茶之一，获部优称号。

鲁迅先生说："有好茶喝，会喝好茶，是一种清福。"茶是一种文化，从茶具的选择、茶叶的出产地、泡茶的方法到品茶的仪态都很有讲究。这里给大家简单介绍一下茶道中的吉祥语。首先用开水烫杯消毒，叫水漫金山；接着把茶叶放到壶里冲泡，叫高山流水；再者将头开茶给每个杯子倒半盏，叫兵临城下；再就是在壶里加水冲泡，并给每个杯子倒上八成满，叫普降法雨；下面请各位与我一起用左手端杯，叫仙人把盏；接下来请大家边喝边品，叫孔明献策；再在壶里加水冲泡，第三次给杯子加起来，叫峰回路转；再下面看看各位杯子喝了多少，给大家酌情加满，叫关公巡城；再接下来请各位品评，叫回味无穷；然后请大家喝茶，祝一路顺风。

茶质的优劣，有四个标准：一看色，茶汁是否呈金黄色；二闻香，茶里冒出的气体是否清香；三喝味，是否纯正，先苦后甜；四是比，看茶叶枝头是否叶子均匀、嫩绿。也就是通常所说的色、香、味、形。

大家品尝了天柱山茶以后，不妨带一点天柱名茶送给家中的长辈或者亲朋好友。

九曲河漂流　游客朋友，下面，我将带大家去游览的是有"华东第一漂"之称的九曲河漂流。

九曲河漂流开心刺激，九曲十八弯之势，故名九曲河。九曲河漂流可以让"男人一路欢笑，女人一路尖叫"。

九曲河漂流有以下三大特点：

其一，水质好。九曲河从天柱山山巅汇淌成流的溪水在群峰夹峙的九曲大峡谷中奔流而下，流经之处无任何污染。九曲河原生态峡谷探险漂流全程2700多米，高低落差250多米。峡谷幽深，瀑潭相连，水流湍急。当您乘坐皮艇穿深潭、越险滩，在湍急的溪流之中左冲右突、与浪共舞之时，挑战的是您的智慧、勇气、胆识和毅力。您在尖叫和欢笑中，收获的是有惊无险的愉悦。

其二，水势好。九曲河漂流区段落差适度，水流时急时缓，河道曲折弯转，是漂流的最佳河段。两岸峰体险峭，林木幽深，河道大致呈S形，河水时而静若处子，时而动若脱兔。皮划艇在河道上起伏跌宕，平缓时如平湖泛舟，急流中又如野马脱缰；直道上一马平川，弯道前险象环生。

其三，环境好。据医学专家讲：森林生态环境具有防病、治病等功能。此外，奔流的河水相互冲击，并与石头碰撞摩擦产生大量阳离子，这些阳离子对人体的健康大有益处。九曲河漂流沿岸多是奇峰林立，荡舟其间如同梦游仙境一般，青山绿水、湖光山色能给人的视觉和神经带来极美好的享受，更能使人身心放松、敞亮心扉。

与浪花共舞，能让您一漂难忘。俗话说："百闻不如一见"，"心动不如行动"，还是由您亲自去感受一下吧！

马祖庵景区

马祖庵景区位于天柱山风景区西南部，总面积7.84平方公里，是前山进山公路的终点，又是目前步行上山的必经之路。这一景区以奇峰怪石、茂密山林为主要特点。区内翠竹遍野，山峰连绵，山谷幽静，奇石累累，石刻众多，景物十分集中。佛光寺被掩映在群山环抱的青崖翠谷之中，后有依山，明堂宽阔，历来被佛道两教视为风水宝地。道道山脉顺势汇聚，营造着天地万物天人合一的龙脉之地，自古以来便有"九龙聚首，凤凰择栖"之圣山福地的美誉！

雪涯瀑 青龙涧、飞来涧汇天柱山南坡之水经激水瀑下泄，到茶庄琼阳川形成一系列瀑布和跌水。其中雪涯瀑最为壮观，雪涯瀑指岩石颜色晶莹如雪而得名。沿着步道向上，这里河谷开阔，水源充沛，过琼阳桥后，落差70余米的瀑布呈现在眼前。瀑布大致分为五折，上折最壮美，股水有分有合，从悬崖跌落而下，喷花散玉，声响传至数里之外，令人惊心动魄。雨后天晴，天空形成美丽的七彩光环，走近瀑布，水雾腾腾。中间一折崖石成殷红色，当湍湍激流从上飞泻而过时，你看的时间越长，似乎越觉得有一条金色鲤鱼在向上游动，鱼背上五色跳荡，出神入化。天柱山像这样的瀑布很多，"山中一夜雨，处处挂飞瀑"。春夏汛期是观看瀑布最好的季节，不过提醒游客朋友，山洪暴发时，观看瀑布宜站得远一点、高一点。

马祖庵 往西为马祖庵景区，这里风景以清幽见长。进屏风山，过滴翠桥，左边竹林怀抱为马祖庵，又名佛光寺。佛光寺是禅宗道。寺院处处可见禅宗的醒言禅语。1300多年前，中国禅宗六祖慧能的再传弟子称马祖道一，是南岳怀让禅师的高足。道一禅师在我国佛教史上有着非凡成绩。其一：他提出"平常心是道"，即用出世的精神做入世的事情，悟道必须在日常生活中自然进行，佛并不是脱离人的生活而高高在上的。这无疑拉近了人与佛之间的距离。他还主张"心外无别佛，佛外无别心"。当时四方学者，云集其座下，使马祖庵成为当时国内最大的禅法传播中心。其二："马祖创丛林，百丈立清规"。现在佛教的丛林格局是马祖大师一手创建的，而他的弟子百丈怀海，根据禅宗的发展需要，制定了著名的禅行规式《百丈清规》，将劳动定为大小僧侣都遵守的制度，并称"不劳动不得食"，掀起禅林的一场革命，使禅宗取得独立地位，逐渐发展为第一大宗。因此，马祖道一对中国禅宗的发展有着很大的推动作用。

　　这位唐代高僧云游天柱山，见这里风水好，便在半山一洞（今嘉平馆）中打坐习禅。五代时，当地山民在此建起小庵，称为马祖庵，把他所居住的山洞称为马祖洞。

　　佛光寺　为什么称佛光寺呢？明朝万历年间，有两名高僧，一称贯之，一称达观，先后在这里做住持。特别是达观和尚，弟子很多，声望很高。当时有怀宁阮自华、桐城吴应宾都是万历进士，任户部郎与编修。他二人上书皇帝，请求批准建寺庙，明王朝立即批准，神宗朱翊钧亲自赐名"佛光寺"，命中使党礼赐幔帐一幅、《华严经》一部，封达观和尚为国师，并允许佛光寺刻藏经书。明王朝本来不重视宗教，为什么能给佛光寺达观和尚这么大的恩典和待遇呢？原因有三：其一，明朝中期农民起义此起彼伏，明王朝花了很大气力才平息，与历代统治者一样，明王朝想借助宗教巩固统治。其二，吴、阮二人奏请皇上御封之时，神宗龙颜大悦。因神宗前夜梦见佛光普照山川，皇后第二天就诞一龙子之事。还有更重要的原因，当朝皇帝神宗母亲慈圣皇太后本是宫女出身，儿子登位当皇帝使她更加迷信神灵，迷恋宗教。另外，达观和尚出家前与慈圣太后进宫前就相识，关系十分密切，皇帝对母亲的好友当然给面子，尽量满足达观的要求。由于皇帝与太后恩典和赏赐，加上阮自华募捐了很多斋田、竹园、茶地，佛光寺声名大振，显赫一时。万历之后，佛光寺屡遭兵火，历经兴废。张献忠率义军来到这里，将寺院和经楼全部烧毁。清顺治年间，安庆副总兵梁大用捐钱，重修正殿；咸丰年间，太平军与清军作战，佛光寺又毁于战火，仅剩五间房屋；民国九年（1920年），妙高和尚建起20余间房并护林修路，培植风景。直到2004年年底，安徽省宗教局、天柱山管委会批准重建佛光寺，由九华山僧人释文辉住持建庙事

佛光寺

务，规划寺院占地 7000 多平方米，建筑面积 3000 多平方米，由天王殿、大雄宝殿、祖师殿等组成。佛光寺现建有牌坊、天王殿、放生池、钟楼、木鱼亭、大雄宝殿、药师殿、马祖洞等景点，并于 2008 年 9 月 20 日举行了庄严的开光法会。

东方美神　2001 年春节，佛光寺迎来被誉为"东方美神"的仿唐观世音头像。东方美神是借中国唐代佛教艺术造型和丰富的历史文化内涵创作的现代艺术珍品，以仿古青铜铸造，镀钯白金，黄金镶嵌天然水晶，乌底木座。

东方美神的造型蕴含着丰富的寓意。她面容雍容端庄，眉似新月，眼微闭，表现东方人的静默之美；头部镀纯净的钯白金，表现东方人圣洁高贵的品格；冠部镶嵌直径 30 毫米的天然茶色水晶球，寓意人间真情，圣洁友善；莲台造型置放其头像，并铸塑 48 瓣莲花，寓意莲生四季，清静祥和；莲台环镶 21 粒 12 毫米直径的紫水晶，寓意 21 世纪紫气东来，红运古祥；用乌木塑造八极地坛，寓意八方安泰，福荫后人。东方美神总高 58 厘米，总重 21 公斤，是东方美的代表，美轮美奂，卓尔不凡。前来一睹风采的香客游人络绎不绝，成为佛光寺在新世纪的又一盛事。

狮子林　这是洗盂池，这是木鱼石，右上方为麒麟石……

马祖洞往上走，大石林立，古称狮子林，有天柱山房遗址。遗址往上是莲花洞，洞内有左慈炼丹房。

这里分布有 16 块石刻，其中明刻 5 块、清刻 1 块、近代刻 1 块，其余 9 块除 1 块有年代含混的署名外，另 8 块皆是未落款的。

明刻中，以神宗钦差党礼的题刻最有历史价值，文曰："义山流芳千古，钦差御马监太监党礼万历二十七年仲冬月十八日立。"它记载了神宗派来中使（御马监、太监）党礼前来天柱山下达诏书，说明佛光寺是一次"皇封"。这是佛光寺历史上最为辉煌的一笔。

在马祖洞洞口上额有"嘉平馆"三个大字，字体清秀遒劲，出自"尉氏阮自华"之手，取"美好升平"之意。阮自华系怀宁进士、户部郎中，常集文人在此读书吟唱。另外三块明刻，均系僧人所作。贯之和尚的大弟子、云浪僧真道题刻的"干龙飞布"（干为洞，布为泉水），意为洞水清澈，如龙吐水，飞流直下，潺潺不息；浮世僧真月题刻的"狮子林"，描述了寺后林木参天，荫翳复地，大石堆叠，怪模怪样，犹如雄狮咆哮之景致；僧人太空的怀友诗刻"舒目徒观红日近，怅怀空望白云低"，抒发了思念友人之惆怅心。这三块石刻也属上乘之作。

南天一柱　出自四川军阀杨森之手。1937 年杨森率川军进驻潜山，在马祖庵用表纸写成，由妙高和尚请石匠刻石。

霹雳石　老百姓称雷打石。你看浑圆的大石，像是被谁切了一刀的西瓜，缝内有火烧烟痕，真是雷劈的吗？我们请教地质学家孙大光，孙先生说，是大石从峰顶滚落，到这里因受力不均匀，震裂开来。

霹雳石的正面赫然题有"混元霹雳"四个大字。大字与巨石相衬，十分醒目壮观。此刻乃咸丰辛酉年（1861年）春清军都统李云麟所题。李氏系吉林长白县人，故自称"长白云麟"。"混元霹雳"，意为天地刚分，雷神将此石劈开。

仙掌石、八戒念经石和香子峰　马祖岗东有石如掌，东向是仙掌迎。这里大石如林，为什么要看这块石呢？因它见于经传，却被埋没了一百余年。咸丰辛酉年间（1861年），清军都统李云麟登上主峰之后，突发奇想，要在主峰极顶上刻字，但能刻字的上不了主峰，上得了主峰的不会刻字。李云麟亲题："孤立擎霄""混元霹雳""仙掌迎霞"，命采石耳的药农先在山下练习，掌握技术后，再登顶刻字，这是药农贺氏练习之作。请大家认真辨认，与"混元霹雳"同出李云麟之手。上述情况在李云麟所写的《天柱刊崖纪》一文中有记载。但一个世纪以来，游山者苦苦找寻，直到1997年，几位研究道教的同志寻找道宗遗迹时，才发现了"仙掌迎霞"的石刻，印证了史料记载。

大家向左看，山峰上有一块大石，形似一个猪头，嘴巴向天，俗名"猪头石"；因它像没有角的龙，又叫它"石龙"，山峰叫"石龙峰"。猪头嘴巴半张，有人叫它"八戒念经"，即有口无心之意。

南边有一座小峰，峰顶大石裂成条状，像一束燃香，夕阳映照时，闪发红光，因此名称"香子峰"。

天书峰　在我们的右上方，自南向东最南为天书峰，上部展开，下部卷轴，好似掩卷古书。相传左慈在峰下得九天玄女天书。

降丹峰　北为降丹峰，峰顶有丹田，乱石峥嵘如怪兽，相传"上帝降丹许真人"。许真人是东晋时的道人，叫许逊，江西南昌人，到天柱山学炼丹。开始炼丹时，他屡屡不能成功，后来在司命真君的帮助下，终于炼成。真君见他真诚如一，降丹给许逊。许逊炼成仙丹后，一家人连同鸡犬都升了天，给后人留下"一人得道，鸡犬升天"的成语。

圆门洞　降丹峰下有洞，人称圆门洞。洞的形状上圆下方如关闭的城门。此门有一个美丽的传说："圆门洞里藏金马，千呼万唤不应声。"

天蛙峰　与降丹峰比肩的是天蛙峰，因峰顶大石形若仰天长鸣的青蛙而得名，俗称蛤蟆峰。过青龙涧，上白沙岗回首观望，其形惟妙惟肖。

望岳亭　从佛光寺登山至青龙涧途中，有一石亭名叫望岳亭，供游人途中小憩，观看山景。此亭为1938年乌以风捐款所建。站立亭上，视野开阔，天书、降丹、天蛙三峰耸其右，石龙、香子二峰立其左，飞来、宝月、三台、天池诸峰云遮雾绕，若隐若现。至此，游人可初赏天柱之美了。

主 峰 景 区

　　主峰景区是天柱山精华游览区，总面积 8.20 平方公里，以奇松怪石、古松茂林为主要特色。这一景区集中有独特多样的花岗岩峰林与峰丛相间的地貌。奇峰雄险，怪石嵯峨，峡谷幽深，洞玄府秘，移步换景，处处端秀神迷，贵在自然。另外，主峰景区还可观赏到变幻神奇的时景。因季节与天气而异，可以观赏到佛光、紫气、日出、日落、云海、晚霞、雾淞、雪霁等游人平常难得一见的大千景象。

天柱山主峰

　　丹砂亭　沿青龙湖畔前行，湖东丹砂峰上赫然建有一亭，名为丹砂亭。此亭全石结构，呈四方形。亭高 4 米，亭内面积 14 平方米，西北有护栏，中间有石桌。立亭上，东可观日出，西可观飞来、三台诸峰。

　　丹砂峰，海拔 940 米，旧志称"世传有丹砂，人不能取，中夜或见红光，远近皆视。"旧志丹砂之说实属道教色彩。峰顶覆有略呈红色的沙砾，是天然本色所致。

　　青龙湖　位于青龙涧东，激水瀑上游。湖原名蛇形坦，系拦截青龙涧、飞来涧的汇水形成的人工湖。面积约 2000 平方米，湖面形如一只青色蝌蚪。湖上有青龙、丹砂两座石拱桥；湖西有观云楼，湖东是丹砂亭；湖周松苍花繁，亭台云峰倒映湖中，风光清奇瑰丽。

禅修圣境　好戏安庆
——安庆旅游景点导游词

六月雪　朋友们，过了天柱山庄，你们看，万绿丛中，呈现出一片片白沙丘，晶莹耀眼，人行其上如履雪地，吱吱作响；即使是盛夏正午，也不由得使人有寒意透背之感。如遇雨后初晴，阳光灿烂，沙山经雨水冲刷，洁白无瑕的石英石，反射出五颜六色的光彩，绚烂妍丽，远眺其景，其妙至极。如若月夜，风清月明，天宇无尘，远远望去，月光与"雪"色辉映，整个山峰光华亮丽，倍加神奇。这就是天柱山有名的六月雪。

在我们的左前方，有一棵形态奇异的松树，一根两干、合抱笔直向上，三米高处对称左右分开，针叶苍翠，如双掌向上斜展，这棵松树叫"双掌承露"。据有关部门测量，该处海拔 1000 米，现在我们向海拔 1000 米以上的高山进发。

飘云瀑　天柱山山有多高，水就有多长。不知大家留意了没有，从山庄出发，一直到现在总有那么一条溪流在或隐或现地伴随着我们。请大家顺我手指的方向观看右前方，这就是天柱山有名的瀑布之一——飘云瀑。"飘云瀑"高 12 米，与天柱山的"飞来瀑"一脉相承，发源于飞来峰，流经牛马城青龙涧。清澈明亮的溪水，从密密的松林中流出，从石崖的顶部跌落而下，远远望去像是蓝天上飘落的一块块白云，又像是九天仙女在抖动长袖，为你的到来轻歌曼舞。

崖壁皖图　在飞来峰西部的石壁上，由于泉水的长期侵蚀，形成一块石鳞斑斑酷似"龙鳞"的斑块。细心的游客，不知你们注意到没有，那外围轮廓与安徽省地图的轮廓有着惊人的相似，这就是天然的"皖图"。你们看，那是淮河，那是长江。

振衣岗　古代先民看到大山大岳很神秘，云出于山，水流于谷，鸟兽也在山林中栖息，于是他们认为，山有神主宰（天柱山敬奉司元真君神），因而对山岳产生崇拜。这种遗风沿袭下来，朝山前，人们为调整心态，在这里稍作停顿，整理衣冠，以虔诚的态度朝山，故称"振衣岗"。

自振衣岗向左，进入乌龙峡。乌龙峡下至南关口，上至天柱松，全长 1400 米，窄处仅 7 米。奇松、怪石、烟云吞吐，一派峡谷风光。自振衣岗向右，则是神秘谷路线，两条线路景观不同，到天池峰会合。这里介绍总关寨线路。

联珠双桥　这石拱桥桥身、拱洞，封闭栏板按唐式营法建造，前有大石迎人，因石拱、索拉两桥一端均架在一块兀立的大石上，称为"联珠双桥"。

少卿草堂遗址　唐贞元年间，舒州刺史吕渭，号少卿，字君载。时年皖山东南忽然开裂，皎莹如玉，吕渭奏帝，改万岁山为玉照山。他看这里到处是奇花异草、泉壑优美，便筑草堂三间，一有空闲就到此饮酒吟唱。

总关寨　宋末，元军南下，当年刘源聚军民 10 万余人，据守天柱山，与元军作战，坚守 18 年之久。刘源在天柱山设有东、南、西、北四关寨口和总关寨。神秘谷内是刘源屯兵之地，总关寨是他的总指挥部。1998 年，天柱山管委会在原有遗址上恢复总关寨，下有运兵孔，上有堞墙，墙后为百步云梯，70 度坡面，很陡。请各位格外小心，手脚并用，努力攀登。过大王松，左为乌龙井、祷雨台；右为司元洞秘府，史书载"下有水晶崖直通沧海"。

宝月、飞来、衔珠、三台、天池、五指诸峰环绕，是主峰区峰峦集中处。

总关寨

牛马城 这片丛林茂密、水草肥嫩的山间盆地，就是当年义军首领刘源抗元时作为义军放牛养马、给养中转地的"牛马城"。曾几何时，这里一排排牛栏马棚，一群群膘肥体壮的猪马牛羊，一缕缕冉冉升起的炊烟，牛哞马嘶，鸡犬相闻，一派繁忙而不失恬静的山村景象。

当年进出天柱山总关只有一条路，即从马祖庵经青龙涧、良药坪，再由陡峭石壁上的栈道进入西关寨之后到达总关。"神秘谷"通向"牛马城"，这条秘密通道是刘源义军进驻总关后发现的，山外的百姓和元军无人知晓。粮草给养在战争中有着非常重要的作用，刘源把这秘密的山间盆地作为粮草库，足见其卓越的军事才能。

龙吟虎啸崖 横亘在我们面前的长约 1500 米、相对高度约为 200 米、巍然耸立的山崖叫"龙吟虎啸崖"，为龙吟崖与虎啸崖的总称。西自飞来峰，东到五指峰，崖势高耸，插入云端。崖畔终年吞云吐雾，松涛澎湃，劲风过崖隙声如虎啸龙吟，气势磅礴。史书记载："龙吟虎啸处，神仙会聚地"。"龙吟虎啸崖"怪石罗列，沟缝参差，古松苍劲，构成一幅幅精美的壁画。瞧，"大象观日出""二仙归来""老鳖探海""金龟觅珠"等一组组神似形真的抽象派作品，无不使人回味无穷，美不胜收。

飞来峰　在"龙吟虎啸崖"的最西端，一峰独立入云，峰顶巨石如盖，浑身石骨，浅浅的水痕遍布全身，这就是天柱山第三高峰——飞来峰。它海拔 1424 米，整座山峰为一整块巨石构成。山顶有一石块，长 3 丈有余，围长 30 余丈，高丈余，浑圆如盖压在顶峰，似从天外飞来。石块称为"飞来石"，像一顶华冠戴在峰顶；峰因石得名，叫飞来峰。飞来石俗称"盖帽儿"，从南面看，如帽如笠；从北面看，如棋如磨；从东面看，如球如拳；从西看面，则如牛眠虎卧。飞来峰还有一个传说：相传清乾隆皇帝游皖山，听地方官员介绍飞来石，他脱口而吟打油诗："飞来未必是飞来，定是世人胡乱猜。飞来如何不飞去，不能飞去怎飞来？"据说当即天气突变，乌云翻滚，风沙大作，飞来石砉砉欲动，顿时地动山摇。乾隆皇帝吓得跪拜在地，心想触怒了山神，立刻改口道："飞来一定是飞来，不是世人胡乱猜。既然飞来又飞去，当初何必要飞来？"话音刚落，云开风定，飞来石复归原位，一直到今天我们所看到的模样……

飞来峰南面的是"宝月峰"。从南面看，峰顶东西有两个触角状的翘石，中间平坦，是一块方桌状的石板，两块翘石像两位老者各自向后微微倾斜，一幅悠闲自得的神态，这叫"二仙对弈"；从东向西望，似一弯新月挂在蓝天，称为"宝月"；而从东南方向西北观望，又变成了"金鸡唱晚"，真可谓移步换景，妙趣横生！东边，天蛙峰、丹砂峰、飞虎峰、佛子峰、迎真峰、石纽峰、麟角峰、覆盆峰、天狮峰等，群峰起伏，清秀挺拔……

游客朋友们，现在我们将要游览的是天柱山精华景点之一——神秘谷。神秘谷游线由通天谷、逍遥宫、迷宫、龙宫、天宫等景点组成，全长 1000 米。26 亿年以前，天柱山是一片汪洋。到了 2.4 亿年，印支运动使南北大陆再次聚合，扬子板块向华北板块强烈俯冲，让天柱山浮出水面。由于地壳运动，地底岩浆上涌形成沉积岩，经过内力和外力作用的风化剥蚀，形成花岗岩。由于受节理、劈理、断裂、崩塌、流水及风化等地质作用，天柱山发育成独特的峰丛峰林相间的地貌景观。神秘谷是地壳运动的产物，谷中巧石天成，巨石叠垒成的众多洞穴，无洞不奇，无洞不幽。谷内还有奇松异木，尤其是鱼鳞木、香榧树、天女花等珍稀植物与姿态各异的黄山松共同形成了谷内一道独特的风景。

象鼻石　大家请看这块巧石，石体隆起呈浑圆形，一根石柱朝天而立，颇似大象的鼻子，鬼斧神工，浑然天成，俗称"象鼻石"。它是天柱山怪石中的一个代表，是我们进谷前所看到的第一个景点，大家可在此拍照留念。

通天谷　前面便是通天谷了。通天谷是神秘谷游线的新辟景点。它全长 330 米。洞内石块堆砌错综复杂，洞室相连，洞中有洞。谷内陡峭、幽深、曲折且盘旋而上，实际上是进入神秘谷游览之前的"热身"。神秘谷的逍遥宫、迷宫、龙宫将这条游线推向高潮，然后我们进入天宫到天柱松，直达试心桥去领略天柱大观。

天柱山在唐朝是全国五镇山的"中镇"，因主峰似"一柱擎天"而被人们喻作支撑天庭的一根柱子。要想上主峰需经过通天谷，由此可知"通天"的含义了。在古代，天柱山道路不通，荆棘丛生，野兽潜伏，人们要接近这根撑天之柱并非易事。而今，山上登道等游览设施已日趋完善，既可沿通天谷上主峰，又可置身地下洞穴游览，真可谓"上天有路，入地有门"了。

请大家置身观景平台。这里是我们观赏龙吟虎啸崖，上飞来、三台、衔珠诸峰与金鸡唱晚、和尚背尼姑、太白观海、猪八戒打瞌睡等景点的最佳位置，还可远眺"绿色翡翠"炼丹湖。它水中有山，如蓬莱仙岛，山蒙水雾，如披轻纱，美丽轻盈，令人陶醉。

接下来我将带领大家进入神秘谷，一起体验"山重水复"和"柳暗花明"的乐趣。

神秘谷　被誉为"天下奇观"的神秘谷，原名叫"司元洞"。据说是称为众神之首的司命真君居住的神穴。神秘谷全长450多米，由四周陡峭山峰的碎石滚落在海拔1200多米高的山谷间，叠垒成大大小小几百个花岗岩石洞。它们洞洞相连，由一条蜿蜒曲折的谷中小道串联起来，忽上忽下，忽明忽暗，人行其间，有一种神秘之感。神秘谷又被誉为"中国花岗岩洞第一秘府"。

皖公神像与天柱卧佛　请大家朝左看，不知何年何月，大自然的鬼斧神工雕刻了这尊威严又慈祥的"皖伯大夫"。这是立像，东面远处还有仰天的观音卧像。玉镜山绵延15公里，优美的山脊线构成体态匀称的仰天人像轮廓。看，头部胸部分明，双乳高耸；那是左手，轻握宝瓶。每当九九重阳，太阳恰从双乳之间升起，那就是"天柱卧佛"，又称"怀日观音"。

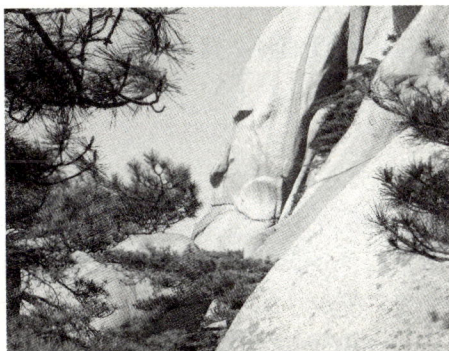
皖公神像

好，我们开始爬游"神秘谷"吧。提醒大家一下：安全第一。我们看景不走路，走路不看景，必要时，提倡手足并用，请大家互相帮助。瞧，逍遥宫、迷宫、龙宫。"洞外青藤绕门楣，洞里虚明别有天"吧，洞洞相连，洞中有洞，神秘吗？

逍遥宫　提起宫观，大家都知道是道教的建筑物。传说天柱山是司元真君管辖的地方，属道家的"第十四洞天，第五十七福地"。现在我们游览的是神秘谷第一宫逍遥宫。不知是哪个年代，一块从峰顶崩塌的巨石，不偏不倚地架在两边的峭壁中间，构成天然洞口。进洞你会发现，四面石壁围合，有"进退维谷"之感。从上方能看到右边峭壁上一株松树斜伸向天空，是那么逍遥自在，人们把这一景致称为"铁壁挂画"。

虬龙松　逍遥宫还有一棵松树，名叫虬龙松。虬龙，是古代传说中长角的小龙。这棵松树的主干表皮斑纹重叠，像是龙鳞，上部弯曲的分枝该是小龙的头角。不管你从哪个角度观赏这条虬龙，都似有盘绕向上的形态，也有游人为这棵松树取名"群龙盘柱"。游客朋友，我们观赏高山松树，不仅是欣赏它那虎踞龙盘、枝繁叶茂、横斜飘逸的形态，更欣赏它石缝扎根、顽强生长、非凡的适应性。这里的松树特征是根系发达，树干粗壮，枝丫弯曲分层，松针粗短。一棵棵姿态各异，无不显示出蓬勃生机。植物学家说："时势环境造就高山松树这些特征，使它抗劲风抗雪压，耐旱耐寒的能力比山下松树大几倍。"真是物竞天择分外秀，万类霜天竞自由。

天柱松　游罢"神秘谷"，我们就可以看到"天柱松"。它高不过5米，粗只有80厘米，但树龄已逾千年，仍葆岁寒之心，枝杆苍劲，华冠翠绿，一派生机盎然。其根深扎石缝间，背向天柱，面朝飞来方向，上顶蓝天，下临深渊，正直挺立，既有阳刚之气，又有阴柔之美。它也如同黄山迎客松一样，热情迎接敢于攀登高峰的四方宾朋。

天池峰和渡仙桥　这座山峰叫"天池峰"。它稍高于飞来峰，海拔1426米，是天柱山的第二高峰。它一裂为三，由两段石条连接在一起，这便是著名的"渡仙桥"。有句俗语："人到桥头皆是仙。"据说，跨过渡仙桥便可成仙。在天池峰顶不足10平方米一平台上，有大小两个石坑，被称为"天池"。它深不盈尺，但水清冽，久雨不盈，久旱不涸。天池外侧是悬崖峭壁，令人望而惊心，被称为试心崖。试心崖是观赏"天柱山佛光"最理想的地方。若遇浓雾弥漫山谷，艳阳悬挂碧空，那白色的云雾上将会出现一个赤、橙、黄、绿、青、蓝、紫的七彩光环。若遇"佛光"，将是你的福气了。

天柱峰　不用介绍，我想大家都已猜到了，耸立在我们面前的这座雄伟无比的山峰就是天柱山的第一峰——天柱峰。天柱峰，海拔1489.8米。它凌空耸立，一柱擎天，浑身石骨，嶙峋奇绝，瑰玮秀丽，如柱、如锥、如炬、如剑、如楼台，又如巨大的笔。素有"五岳归来不看山，黄山归来不看岳，天柱归来不看峰"的赞誉！唐代大诗人李白路过宿松长江江面时，望见天柱峰的雄奇壮丽，放声高歌："奇峰出奇云，秀木含秀气。清冥皖公山，巉绝称人意。……"白居易赞叹："天柱一峰擎日月，洞门千仞锁云雷。"宋代朱熹感慨："屹然天一柱，雄镇翰维东。只说乾坤大，谁知立极功。"明代李庚赞曰："巍然天柱峰，峻拔插天表……天下有奇山，争似此山好。"

天柱峰孤峰突起，山峰险绝，只有当地的药农敢冒险登攀。

天柱峰还有许多别名：

其一，朝阳峰。天柱峰屹立在群峰之上，太阳一出地平线，最早一缕阳光投到峰尖，最晚一束阳光也在峰尖收散。一天都朝阳，全年多不见。因江淮多云雾，主峰全年约有一半时间隐在云雾里。

其二，司命峰。天柱山是道教名山，称为第十四洞天、五十七福地，属司命真君管辖，主峰故称司命峰。

其三，鹤驾峰。旧志载：每年仲春（二月），有数千只白鹤由西南方向飞来朝天柱峰，在峰顶盘旋翻飞。这其实是春回大地、候鸟迁徙的缘故。

其四，皖伯尖。天柱山区域古为皖国地方，皖国是由皖公（伯）而来，因此天柱峰就是皖伯山的山尖。

其五，笋子尖。以形名，清人储光黔在《皖山游记》中写道：天柱峰"锐上而丰下，四面嶙峋，如春笋破土张其箨"。各位游客，你看那峰顶崖壁有"孤立擎霄""中天一柱"八个大字。字形五尺见方，"孤立擎霄"由清朝曾国藩部将、清军都统李云麟驻军潜山时所书，由药农贺良谋、贺良佐刻字。"中天一柱"是国民党第五战区副司令张淦游天柱时所题，由贺良谋的曾孙贺来朝、贺来宾刻上去的。

慈庵　过天池峰，惜字亭前有一明代小庵，名为慈庵，也称渡仙桥庵。住持禅师真实姓名无记载，山下百姓称为慈庵禅师。慈庵海拔约 1420 米，当时是全县最高的庵堂。慈庵禅师在这小庵独居 40 年之久。当时游山客人、云游僧人、采药的药农、摘石耳的，都能在此歇脚，喝上一碗热茶，时间长了，这些人也带些粮食接济禅师。1621 年冬天，天柱山连降大雪，岩谷都填满了。积雪数月，人们都担心慈庵大师面对又冻又饿的困境，必死无疑。等积雪消融，已是第二年初夏时节。当佛光寺僧人到慈庵探望他时，慈庵大师不但没有冻饿而死，而且容颜仍像过去一样。问他是怎样度过大雪封山那几个月的，禅师笑而不答。后来慈庵禅师无病而终，其他和尚过不惯山顶清冷的日子，不愿意上山，慈庵就荒废了。今天，我们从慈庵遗址上，仍可辨察出当年庵堂的规模和朝向，左有明代石刻 30 多字，因刻得不深，已难以辨认了。人们仍怀念当年宽厚慈祥的慈庵老人。

惜字亭　此亭建于明嘉靖年间，为慈庵的附属建筑。古人出于对文字和读书人的尊重，将废弃的书稿和写过字的纸张建亭焚烧，故称"惜字亭"。

帝坐石　不用介绍，大家都知道这是帝坐石了。皇帝坐的椅子，本是黄金或名贵木材。这都是石头的，被称为帝坐石，不外乎皇帝是万民之上的天子，至高无上罢了。帝坐石位置优越，从东至西，玉镜屏其东；登峰、莲花、回狮、石楼、石印，诸峰环列其南；飞来、衔珠障其西。帝坐石近处松石杂陈，奇花异草，香盈空谷，真是天上仙境，人间美景。古代文人称此景为帝坐蓬莱。现代的专家也认为这里是天柱山最好的景致之一。传统习惯二月二龙抬头，天柱山鸣锣封山禁伐，都是在这里敲响第一锤，"铜锣一响天下知"。

搁笔台　顺着台阶往下走就来到了搁笔台。此处环境清幽，视野开阔。极目远眺，山峦叠翠，烟霞袅袅，空灵深远，以清出胜，纵是画成七色丹青，拍成逼真影像，或是妙笔生花，都无法将其绮丽准确地表达出来。唐代舒州诗人曹松赞叹："直是画工须搁笔，更无名画可流传。"

剑仙洞　路左约30米，灌木葱茏，下有一洞，洞口很小，仅能容一人侧身经过，洞内开朗，底部平整。分三条通道，石缝间有光线射进，更显得幽深神秘。道家传为许真人修身练剑处。有药农从洞中发现宝剑，置于岩蓬，剑背锈蚀，剑峰却锋利无比，伸手取下，断为三截，现珍藏在文物馆内。洞内有人工打凿的痕迹，地面泥沙里散落不少陶瓷残片。文物专家鉴定说：除少量宋明瓷外，其他的朝代很难推测。

天乐台　天池峰右的巨石向天柱峰突出，俗称天乐台。据说明代刘若实、刘若宰弟兄俩，家住安庆怀宁，中举后均在朝廷做官，名声很大。长兄若实，多才多艺，特别善于弹奏七弦琴。有一年，他们衣锦还乡，翻山越岭来到天池峰，众人鼓动说："对此锦绣河山，不可不奏乐助兴。"若实不拂众意，调弦弹奏，边弹边唱，清音缭绕。一曲未毕，众人忽然听到空中有天乐和鸣，抬头一看，见不同的飞鸟成百上千，从天柱峰飞来，随琴声盘旋飞舞，出现天上地下人鸟共歌的胜景。其弟若宰在石头上刻下"霜石先生弹琴向天乐处"，刘若实号霜石，此处故名天乐台。

拜岳台　公元前106年，汉武帝刘彻亲临皖山，设台祭祀，封天柱山为南岳。自那以后，历代帝王都派使臣到天柱山拜岳。这个圆台即当年拜岳台址。天圆地方的底座，每圈石块均是九的倍数，象征天长地久。拜岳台又称呼应台，意为一呼就应。各位朋友不妨试试。沿拜岳台左侧下行，可游览一线天、蓬莱峰。

鹦哥石　沿左边小路下行50米，路右下一石高约3米，如朝东仰望的鹦哥，那身段、那头、那带钩状的嘴，真是惟妙惟肖。它便是天柱山奇石之一——鹦哥石。相传这只鹦哥是雄性的，雌鹦哥还在10公里之遥的山脚下古牧羊河畔呢！抵达天柱峰下，似斧劈开一般，下不着地，俗称小天门，又称一线天。峰高不过10米，犹如一朵初开的花，因而峰名"花峰"。

蓬莱峰　道路左边，下石级有一峰苍秀圆润。你看西、南、北三面是悬崖陡壁，古松倒挂，乱云飞渡，似海岛仙山。明代李庚有诗句："登跻犹未半，身已在蓬莱"，故称蓬莱峰。登上峰顶可远眺湖北英山和安徽霍山、金寨，领略毛泽东诗词中"苍山如海，残阳如血"的壮美景象。

莲花峰新游线　天柱山主峰景区是天柱山八大景区开发最为成熟的景区。随着神秘谷、总关寨新游线的相继开放，吸引了广大游客前来旅游观光。为了弥补大多数游客进山只走神秘谷—总关小循环线路的缺陷，进一步扩大游客的游览空间和景区容量，进一步向游客呈现天柱山 18 亿年来演化的峰石地质奇观，天柱山风景区耗资 1500 万元精心打造了全长 2.5 公里的拜岳台—莲花峰新游线，新增景点近 30 处，并于 2009 年 10 月 1 日起正式对游客开放。

新游线选址科学，以天柱峰旁的拜岳台为起点，经过仙人洞、青龙背、登仙峰，从以前只能在东关景区远观的双狮戏球下至炼丹湖。游道开辟在山峰脊背上、巨石叠垒的石谷间、险峻陡峭的悬崖上，既可看到原有景点，又能远眺后山万亩松林竹海，天柱山植物的多样性一览无余，峰雄、石奇、洞幽、水秀、崖险的自然景观特色得到进一步彰显，尤其是在悬崖上开辟栈道，首开天柱山游道修建的先例。

三元石　天柱峰东，三块巨石硕大浑圆，交错叠撑，民间传为女娲补天三块遗石，故称三元石。而其中最大的一块名叫"天元石"，独立入云，势压群峰。

柬之洞　旧名石门洞，又名仙人洞，因乌以风与其他六位文友曾捐资整修此洞，故又名"七人洞"。此洞由三元石架叠而成，洞分上下两层，有如楼阁，洞里还有石桌、石凳、石床、石灶，可眠可炊。北宋仁宗侍御史李柬之游天柱时曾宿此洞，并在洞前石壁上题书"大宋李柬之宿"六字石刻。人们站立洞前，凭眺群峰，只见千嶂万壑，吐雾吞云。唐白居易赋诗赞曰："天柱一峰擎日月，洞门千仞锁云雷。"

舞女松与连理松　仙人洞旁，一松兀立，枝丫婆娑，如同一个苗条女子翩翩起舞，故名"舞女松"。卜居亭后，两松并立，枝丫交叠，结为连理，故名"连理松"。"舞女松"与"连理松"各具情态，相映成趣。

青龙背　过连理松，忽见道左有一座巨大的崖石脊岗，狭长险陡，似青龙卧伏，俗称青龙背，亦称鲫鱼背。因其远观犹如巨人袒腹仰空而卧，故又称为"袒腹石"。

站在"青龙背"上观赏，正南方，远有天狮、覆盆两峰；峙立于前，莲花峰似一青莲耸于其中，脚下炼丹湖似一面明镜，静静地躺在莲花与回狮峰的峡谷间；西边，飞来峰隐约可见；背后天柱峰似一擎天巨柱耸立于众山之上，巍峨异常；放眼远望，远处群山，似一幅浓淡相宜的水彩画，层层相叠立于天边，潜水、皖河，一左一右，似两条飘动的银带，围在山脚下，向东浩浩荡荡，没入天际，融于青冥之中……

禅修圣境　好戏安庆
——安庆旅游景点导游词

游龙峡　现在我们已进入游龙峡了。这里峡谷幽深，怪石林立，石山绵亘浑厚，蜿蜒磅礴，势若游龙，故而得名。游龙峡是新游线中观赏天柱怪石的绝佳之地。

争秀台　天柱山是绿色植物库，野生植物物种达1650多种，生态环境极佳。由此台可饱览后山景区和龙潭河景区山色。凭栏眺望，山峦连绵，植被丰富，线条柔和，独具特色。从山脚依次而上，形成了垂直带状分布的植物群落。奇木竞秀，绿树葱茏，山花烂漫，如墨泼彩染，尽收眼底。唐代诗人白居易有诗赞曰："玉光白橘香争秀，金翠佳莲蕊斗开。"此台故名"争秀台"。

蟾蜍石　蟾蜍石由燕山期花岗岩受近水平节理与球状风化等地质作用形成，外观酷似蟾蜍（俗称癞蛤蟆）状。

天屏岩、吻天鸟和吭空石　过蟾蜍石，怪石争相崛起，万态千姿。游道右侧，一石崖面平坦，四方规整，酷似一天然屏风，故名"天屏岩"，又像一块硕大的天碑，向过往游人陈述天柱山显赫沧桑的人文历史。

"天屏岩"右侧，一石娇小尖耸，形似一只神鸟，嘴巴向天长鸣，形神兼备，栩栩如生，因此名为"吻天鸟"。

我们的正前方，奇石杂陈，参差磊落，一个个排空而上，日餐彩霞，夜吭甘露。唐代著名文学家皮日休在《霍山赋》中描写：天柱山的峰石"或仰而呀，有如吭空"。

阴晴隔　出游龙峡，山势回环，云霞明灭。每遇晴好天气，山谷两侧的峰岭或阳光灿烂，或幽暗阴晦，换个角度，便呈现出另一番景象；上一道山岭，又一个天地，云雾阴晴，变幻美妙。北宋黄庭坚《题潜山》诗云："撑空云霞断，半岭阴晴隔。"

青龙轩　由安徽省招商银行投资，安徽省城乡规划设计研究院陈骥鸿先生设计，天柱山管委会承建，1995年11月竣工。此阁全石结构，占地面积49.5平方米，12根石柱，中间一间为坡面亭顶，两头为露天椽梁，在亭台建筑中，别具一格。凭栏眺望，环炼丹湖诸峰尽收眼底，山光水色，相得益彰。

潜龙窟　由断层、节理等地质作用形成的峡谷风光。两侧巨石壁立千仞，晦暗潮湿，苔藓丛生。中开一缝如游龙入宫。游路盘旋直下共102级石阶，曲折迂回，穿洞绕窟，若明若暗，别有洞天。谷顶一线天光，松影摇曳，烟霞迷离，雾霭升腾。游人至此，恍如置身于世外洞天。唐代诗人曹松诗云："月将河汉随崖转，僧与龙蛇共窟眠。"

仙人别墅　大家请顺着我手指的方向看，一峰突起，上有一松林，松林旁边巨石峭列，如一幢精巧的双坡面小屋，时而隐现在云雾之中，如玉宇梵宫；时而又耀眼于碧霄之下，似天阙琼楼。这里便是天柱山的又一巧景——"仙人别墅"。

步云桥与挂印石 迎面就是步云桥。步云桥全长 18.2 米，精巧雅致，素气清丽。伫立桥头，环顾四周，有时云层平铺，遍成白玉；有时白云朵朵，随风飘舞，似湖水荡漾，微波起伏。漫步桥上，大有"飘飘荡荡下凡来，天河如带白浪飞"之感。

前方危崖上，一石傍崖兀立，方正端厚，酷似一枚挂印，因名"挂印石"。

万笏朝天 天柱峰为主体的西关群峰，由距今 1.28 亿年的早白垩纪花岗岩组成，因节理、断裂、流水及风化等地质作用形成；同时因差异风化、崩塌作用而形成的诸多柱状或块状的岩体错落其间，远望如古代君臣在朝廷上相见时臣子手中所拿的笏板，故名万笏朝天。

苍映台 伫立苍映台上，放眼四望，大别山百里峰峦，莽莽苍苍，尽收眼底。每遇清晨，天上晓星渐没，晨曦中群山逶迤，层浓层淡。不知不觉间，红彤彤的旭日露脸，苍翠的山壑五彩斑斓，令人目不暇接。太阳欲落未坠之际，夕阳下群山起伏千里，雾霭散淡，满眼五光十色。当落日与远山相吻之际，蓝天上锦云排空，霞光万道，满世界层峦尽染，万壑生辉。

西关寨 一踏入天柱山景区，总有一个名字时常被我们提起，那就是南宋末年以天柱山为大本营、抗击元军十余载的义军首领刘源。现在我们已到了当年刘源的西关寨口。

南宋末年，腐败的南宋朝廷南迁闽浙，无力恢复中原，以致江北地区大部分沦陷。元蒙部队开进江淮区域以后，宋朝军民纷纷退入大别山和天柱山一带。偏安于杭州的南宋朝廷力图保存元气，再谋恢复，于是号召江北军民在山岳地区结寨自保。"性慷慨，负大义，勇敢有智略"，被潜山军民推选为义兵长的刘源首先响应，于宋咸淳元年（1265 年）在天柱山修筑山寨，聚集群众，抗元复宋，坚持了 18 年的战斗。后因内奸出卖，刘源兵败自杀。元兵取走他的首级，刘源的假首真身墓葬百花崖。

天柱山地区形势险要，关寨层叠，进可以攻，退可以守，自古为兵家必争之地。周秦以来，战争变乱不断。除刘源抗元之外，还有几次规模较大的兵革大事。

盘龙松 寨墙外侧，一松针叶短粗而稠密，树冠扁平，盘根于石，傲然挺立。大家看，它的根部裸露，似龙爪盘绕向上，形象逼真。由此我们更加相信，远离了鼓角争鸣的西关寨实乃虎踞龙盘之地了。

登仙峰 西濒炼丹湖，东连麟角峰，海拔 1152 米，潜阳十景之一的"丹灶苍烟"在其西侧。相传汉末左慈在下炼丹和中炼丹费了九牛二虎之力，均未能炼出仙丹，后来栖隐良药坪，终于炼了出来，于是便在登仙峰飘然仙去，山峰因此得名。每当雨后初霁，峰壑间烟霞迷离，霭雾升腾，远眺如缕缕苍烟；人登临峰顶远眺，东有观日台，西与回狮峰对峙，炼丹湖在其峰下。山光水色，烟云雾海，人恍如置身于仙境。明末史可法曾登临此峰，叹为奇绝。明安庆知府胡缵宗赋诗曰："不曾凌绝顶，宁识皖山高。身在层霄上，江湖一羽毛。"

莲花峰　由中粒二长花岗岩构成的锥状峰，海拔1306米。峰顶巨岩竖裂如瓣，似荷莲争妍；旁有一小岩，危石削耸，如莲苞出水；有花有蕾，巧趣横生。莲花峰顶有天然洞穴，称莲花洞，可容纳数十人；南壁有孔似窗，人可凭眺周围群峰。2009年沿莲花峰石壁架设栈道，奇险异常，远观似"玉带绕莲花"，构成天柱山奇绝景观。

人们立身于栈道之上，扶栏眺望，只见千层翠壑，万丈深渊，崖高壁陡，天然造化；探身一看，令人头晕目眩，有兴者振臂高呼，心旷神怡；胆怯者左顾右盼，寸步难移。云从脚下起，风酥凡人肌，来时峰影朗，去时成孤岛。

七星池　登仙峰与莲花峰之间的栈道连接路段，地势平阔，景象非凡；千年松伏地而生，鱼鳞木荫翳蔽日，青萝藤缠崖绕嶂……简直是一座天然的植物园。

道右边，有一块丈余见方的石头平台，上有七个圆圆的小池，如七星环列，名曰七星池，传说为七位仙女梳洗处。

莲花台　位于莲花峰与打鼓峰之间的一处天然平台。打鼓峰为脊状峰，海拔1290米，峰顶巨石浑圆如鼓，凌空兀立，名叫"仙鼓石"，俗称石鼓，与对面山上的"鼓槌石"遥相对望形成"仙人打鼓"的天然组景。鼓槌石和仙鼓石，分别是花岗岩柱状和球状风化的结果。从东关眺望石鼓如球，两旁危石如一对猛狮，俗称"双狮戏球"，形象逼真。平台北面巨石如门洞，云雾升腾，石壁中生出一怪石似正在吞噬的远古奇兽饕餮。

松石缘　天柱山"无处不松，无石不松，无松不奇"。你瞧，打鼓峰背后的这株古松，针叶葱茏，身腰矫健，旁有一石，破土而出，仪态万方。一松一石构成了一幅空灵和谐的"松石图"，充满浓郁的禅味和野趣。

南山八卦阵　下莲花峰，山路渐趋平缓。大家请看，我们的左前方，奇石巧堆，乱中有序，人行其中，十有九迷，不得其要，难出其门。清代桐城派先祖戴名世在其《南山集》中称天柱山为"南山"，所以此处命名为"南山八卦阵"。

仙拳石与岳云山馆　自西关寨下行约500米，至莲花峰山麓，远看莲花峰似莲花含苞欲放，向西南绽开一花瓣；近看，一石孤悬，上有4条雨淋沟，形如一个握紧的拳头，俗称仙拳石。仙拳石下有两平台遗址，原为岳云馆，是由山东名士、后为安庆师范学院教授乌以风先生所建。乌以风先生1937年来天柱山，1938年因日寇入侵，前往四川，1942年因婚变返回潜山，入住佛光寺，以他自己的话说："饱览山川烟云之美，益觉天柱之可爱。"但他又感到登天柱山40余里沿途深山大壑，路途陡峻，既无休息的地方，又缺茶饭供应，往返一趟，游人非常辛苦劳累。1942 年秋，乌先生的桂林朋友张法斋来天柱，惊叹天柱风光奇绝。乌先生提出在山上炼丹仙拳石下建房、修路，当即得到张洁斋先生的支持，并得到各方的响应。于是大家推荐乌先生主持建房、修路。两个月后，房子建成，一正三带披共四间，命名岳云山馆，并用多余的资金修建石阶。由良药坪至拜岳台计 2400 级，从此游人有了留宿之处，可在天柱山作二三日游了。岳云山馆由于年久失修，倒塌了。我们现在仍能看到房基上残砖碎瓦，前大石名帅印，石上建有岳云亭。

这里乌先生曾讲了个真实故事：岳云山馆建成，请怀宁的一个徐姓小和尚兼接待看守。有一年大雪封山，小和尚背粮回山，见两只老虎守在门外，小和尚吓得大叫救命，滚下山崖。那两只虎见有人来，慢吞吞地离开。小和尚进屋关紧门窗，不敢出门，而老虎在对面焙药台山岗上一连几日对屋里张望，从不惊扰。后来百姓都说虎通人性，替乌先生看门。

五指峰　我们的右边，山峰顶部五石并列，高低有致，犹如一位巨人伸直的五根手指直插云霄。它山石陡峭，常年云雾环绕，早晚则朝霞夕阳映照，给五指染上一层金边，更显其高耸。这便是天柱山的奇峰之一"五指峰"。

炼丹湖　"炼丹湖"水面面积为 34 亩，蓄水量为 8 万立方米，坝高 13 米，海拔 1162 米，在中国名山之中可以和天山"天池"、长白山"天池"相媲美。它水质清澈，碧绿如玉，四周群山罗列，环境优雅，天晴无风，湖如明镜，蓝天白云，映入其中；四周群峰、苍崖、青松倒映其中，如锦如织，给这平静的水面增添了生机；微风徐来，湖水荡漾，波光粼粼，又是一番景象。人们泛舟其上，如入瑶池。

炼丹湖湖底原为"良药坪"，是左慈的"上炼丹"。汉末名道左慈曾在此采药炼丹，现在"炼丹湖"名即来源于此。湖旁是当年左慈炼丹住过的"炼丹房"，湖畔有炼丹台。若是雨后初晴，常见袅袅上旋的烟雾起于林薄之间，苍翠明灭，变化无常，好像神仙丹炉中冒出的一股股烟雾。古人把这一自然景致称为"丹灶苍烟"，列为"潜阳十景"之一。明代诗人卢桂游此吟诗曰："苍苍一缕烟，袅袅出萝薜。仙风四散吹，俱带金丹气。"明代诗人罗庄亦赋诗赞曰："仙人炼药已成丹，飘车一去何当还。火冷丹灶烟未息，至今仙迹余名山。"

我们伫立湖畔，举目四望，西关群峰，历历在目，飞来如坠，宝月如锡，衔珠欲坠，天柱在望。回狮峰耸于左，青龙背横于右，登仙打鼓诸峰在其东，麟角、覆盆、迎真诸峰峙其南，远瞻近瞩，可尽天柱一山之胜。

沿炼丹湖边的石板游道，环行半圈，过坝左拐东行，我们可往天柱山新开发的龙潭河景区游览，也可向迎真峰游线进发，去领略东关群峰的秀丽、西关群峰的雄伟。

禅修圣境　好戏安庆
——安庆旅游景点导游词

回狮峰　在炼丹湖西南，有座土石掺半的山峰，不肥不瘦，海拔1142米，隔湖与登仙峰相对峙，峰顶大石状如卧狮回眸，故称回狮峰，又称回头狮子石。回狮峰区位特别。它正好坐落在天柱山最后一道屏障——环形山的圆心上。大家仔细观察一道绵延的山岭自西向北再转向东呈环形排列，从南向东看又是一座座孤立独秀的山峰。这和苏东坡《题西林壁》诗句"横看成岭侧成峰"同出一理，恰如其分地说出了山岳风景的面面观。正是因为回狮峰的特别区位，所以在回狮峰上可以听到西边月牙峰、北边天池峰以至东边登仙峰的轻声说话声；同样，回狮峰轻微的响动，周围山上游客也听得很清楚。有客人建议在回狮峰顶建亭，取名大观。峰左有神猫捕鼠石，你看这只老鼠比猫还大。

画眉岭　由炼丹湖东行至仙人床，向南为迎真新道，两公里至天柱山索道站。沿途有石纽峰、迎真峰、佛子峰、飞虎峰、丹砂峰；怪石有飞虎石、祖孙乐、懒熊晒太阳、睁眼看世界、无字碑等；洞有须眉、巾帼两洞。一路上老松夹道，巨石迎人。其中迎真峰最为神秀，飞虎石最为奇特。向东为画眉岭，此处溪涧纵横，野树丛生，濒临湖水，各种鸟类大都在此处栖息。特别是晴日早晨，云雀、画眉、山鸡在山谷鸣唱，清音悦耳，故称画眉岭。从画眉岭到观日台，下走马岗，可到龙潭河景区。

麟角峰　上画眉岭，前有一块巨石，如大龟伸颈，俗称麟角峰。往南，有小路下道士崖，对面的浑圆石峰，如圆盆倒扣，称覆盆峰，又名团包寨，宋末刘源部将周捐建。左下为石函峰。这里山深谷幽，石林地形复杂，游人可望而不可即。

迎真峰　迎真峰，海拔1109米，通体石骨，峭壁嶙峋，四周皆壁，整座山峰呈螺旋形，峰顶岩石错落有致，构成天然洞穴。道家谓此为迎接司命真君的地方，故名。据传，在宋末刘源结寨抗元的最后年头，有18名新婚女子在丈夫战死后，于峰顶结寨抗元，至死不降，最后一齐战死。又传有一个寡妇，扛一斗米登顶后，再也没有下山。峰上常年炊烟不断，故俗称寡妇寨。

每当雨过云散，迎真峰石骨浮青，好似玉女梳头螺鬓高挽，十分秀逸。石缝之中，一棵棵奇松倒挂于悬崖峭壁之上，有险径可达峰顶。人登临峰顶，东南可览潜水如练，皖河似带，天宽地阔。晴空万里时，安庆迎江寺振风塔依稀可辨。史称其峰为半山巨擘。

东关　游完了西关景区，现进入东关景区。这里山峰峻拔，相峙而不相连，海拔高度约在1100米以上；壑谷幽深，悬崖陡峭，相对高差都在数百米。

庵基坦　在这座庵基坦上，有两个大怪石，你看它，四方端正，石顶宽敞中隆一线如脊，南沿前倾，活脱脱是一座房屋。明代徐桂曾为其作诗："气自真元结，圆为太极涡。帷开山面面，屋累石峨峨。"另一怪石就是这个鹦哥石。前人说这是个雌鹦，天柱峰前会真崖上的那个是雄鹦哥。它们一唱一和，一鸣一应，有滋有味。

牧羊河　现在所说的庵基坦，原庵就是牧羊庵，牧羊庵又由牧羊河而来。

这条清澈的溪流就是牧羊河。相传古时候有位宋道人，从小失去父母，在天柱山帮财主牧羊。一天，羊丢了，放羊伙伴不知怎么办好。宋道人当时只有十三岁，独自到深山找羊。走了三天，他看到一位老和尚，闭着眼睛坐在石洞里，四面没有人烟。和尚脸上长着黄毛，有一寸多长，宋道人知道这不是平常人，便在和尚面前跪下来，说明自己丢了羊又找不着的情况，老和尚睁开眼睛说："你的羊还在，但到中秋才能得到，现在你回去吧。"宋道人回家后把这件事告诉了放羊伙伴。到了中秋，他约伙伴一道去，果然羊群还在，而且比原先多出四五百头。现在我们还可看到大石上"古牧羊河"四个大字。

鹊桥　现在，呈现在我们面前的这个奇景，是其他山岳风景区所罕见的，它就是我们天柱山中的一绝——鹊桥。你看，它从东面峰壁间伸出，高出五六米，呈弧形，后又斜插下方的峰体，悬空如桥，桥下深壑万仞，望而生畏。东关一带，是烟云聚散之地。每值晨昏，云奔雾涌，若这时从鹊桥下经过，实有"河汉迢迢暗渡"之感。

大天门　飘飘欲仙地"渡"过了"银河鹊桥"，我们终于登上大天门。大天门，俗称"剪子叉"。它的西面是覆盆峰，海拔1150米，峰顶西南侧面有圆半巨石，直径有十余米，像一个圆形石盆倒扣于峰顶，名叫覆盆石，俗名为团宝石。大天门的东侧面是天狮峰，海拔1186米。它的西侧面峰壁上，有一道人工开凿的石蹬，可达峰顶。峰顶巨石如狮，威武昂然，名叫天狮石。西南崖壁间，一石突伸，长一米余，扁窄细长，如黄雀伸舌，故名雀舌石。两峰之间，中天一线像一扇大门，犹如天阙，这就是大天门名字的由来。这个大天门，左有覆盆罩盖，右有天狮镇守，可真称得上是固若金汤了。

天狮峰　人登上天狮峰顶，凭目西顾，覆盆峰、迎真峰东西对峙；远眺西北，飞来峰、天柱峰遥遥相望；俯视北面，石函峰、翠花峰此呼彼应，鼓槌石、蜓蛐石尽收眼底；环视东面，少狮峰似一只温驯的小狮子，紧偎在老狮子身旁；放眼东南，千峰竞秀，万壑争辉，地阔天高，怡人胸襟。

千丈崖　北出大天门，眼前就有一座山峰横亘，为千丈崖。其左为石函峰。石函峰，海拔1046米，是东关群峰中海拔最低的一座山峰。峰顶苍翠葱茏，丛林掩荫。旧志载，"皖山削壁间，有石函陷于壁中，光彩莹然"，故名石函峰。千丈崖南面峰壁，悬削险绝，深壑千寻，泽黛光润，鸟雀不栖。崖壁上遍生石耳。因此，常年有药农挂绳采撷。你如有幸能一睹他们攀崖绝技，可大开眼界。

阳光三叠　现在我们正置身于天狮峰与石涵峰之间的深壑峡谷之中，这里以古曲"阳关三叠"命名。峰上崖下，秀木竞奇；川前谷底，花卉丛生。这个谷名叫"积翠谷"。每逢初春时节，东关群峰的映山红次第开放，若红云朵朵，似朝霞片片，红透峰顶，红遍谷川。涓涓溪流纵贯谷中，名叫"东关涧"。涧水东去，经皖涧入皖水；天柱山东面的"东关烟云"系出此谷。这里峰峦耸列，幽壑纵横，翠林茂密，涧泉飞瀑，是烟云出没之地。清晨和傍晚，烟云便从千丈崖滚滚涌出。

仙人打鼓与蜒蚰石　请看，我们身旁的这块怪石，独自兀立，上粗下细，名叫"鼓槌石"。在它的西北面石鼓峰的峰顶上，有一块巨石，浑圆状如球鼓，名叫"仙鼓石"，俗称石鼓。它与鼓槌石连成一个组合景，称"仙人打鼓"。鼓槌石和仙鼓石，都是大自然的神工鬼斧雕琢而成。最神奇者，莫过于石鼓峰东南坡绝壁下的蜒蚰石了。这是天柱山怪石中的一大奇观。它紧贴峰壁顶端伸出两小石柱，似一对触角，在寻觅道路。据说这两只触角中任何一只触角要是长高了，雷公就会将它击断，与另一只齐平。蜒蚰石大有蠕动爬坡之感，真是惟妙惟肖，令人称绝。

观日台　"观日台"是领略东关群峰景色的好去处。东面苍翠挺秀的山峰，就是东关群峰之冠的翠华峰，海拔 1120 米，它以压倒群芳之势，拔地凌空，嶙峋峻峭。峰顶老松虬枝，峰壁间苍崖翠黛，棘蔓丛生。春季，奇木竞秀，山花烂漫，犹如墨泼彩染一般，美不胜收。这儿也是观赏天柱山日出的最佳所在。

回音壁　观日台下有回音壁，一呼三应。游客朋友，请你不妨试一试。

龙潭河景区

龙潭河景区位于整个风景区的东北部。景区内山峦起伏，茂林修竹，河道弯弯，梯田层层，农舍古屋，一派生机盎然的山野田园风光。如果说前山以绮丽的自然风光并伴有摩崖石刻为主的雅文化为特色，到龙潭河景区扑面而来的是田园诗一般的自然风光和浓郁淳朴的民风。从大山深处奔流而出的皖河，在龙潭河一段形成"九扭十八湾"的峡谷美景，我们将在那里享受竹筏漂流的快意。龙潭境内有全县最大的林海，被称为"安徽竹乡"，毛竹蓄积量占全市蓄积量首位，曾有"斗竹"进京参展，居民生产、生活都与竹子相关，大家别忘记品味竹园人家的鲜笋、竹荪。

在龙潭，我们还可欣赏到古民居和祠堂，观赏古老的水碓，领略山野人家的生活景况。

走马岗　前方有座石亭，名叫叠翠亭，建于 1987 年，6 柱 6 檐，以本山粗颗粒花岗岩为材料。这座亭造型优美，不仅能供游人歇息，而且是游路指示亭。往南，下千丈崖经阳关三叠过大天门到牧羊河，可达一索下站的停车场，约4公里路程。

往北便是走马岗。清顺治五年，明宗室朱统锜占据潜山北面昆仑、横山各寨，周损、羽仪等占据西关寨，反清复明。当时有明朝遗民傅梦弼与义堂和尚占据皖涧寨响应。因皖涧寨与北方各寨遥遥相望，可以互相支援。走马岗岭高路平，驻寨期间，他们每天派骑兵在岗上巡逻，既可观察敌情，又可壮声威，于是便称为走马岗。

走马岗海拔近千米，步道修在山脊线上，两旁是悬崖千丈，岗上游路却宽阔平坦。这里是观赏万涧竹海的最佳方位。朋友们，请随我一同"走马看景"吧！

万涧竹海 走马岗以北，广生毛竹，面积超过2万亩，称为万涧竹海。大海有波涛，竹海也有竹浪。从远处看，崇山峻岭间，茂密的山竹，遮天蔽日。放眼望去，郁郁葱葱；山风起处，竹浪翻飞，令人心旷神怡。从近处看，溪唱泉鸣，竹林中小路曲径通幽，修竹掩映下是小桥流水。翠竹，被视为谦虚和高洁的象征。它生长于贫瘠的山野，四季常青。松竹梅，被称为"岁寒三友"，受到人们的敬重。我们这里生长的都是毛竹。毛竹高大粗壮，是不可或缺的建筑材料，也是生产竹制品的主要原料。因此，万涧竹海不仅是一片风景，也是一座绿色银行。

积翠谷 走马岗以南，上至千丈崖，下至阴阳河，长达3公里的幽深峡谷称积翠谷，又称老虎沟。20世纪70年代常有华南虎出没。积翠谷山高谷深，右为覆盆、大天狮、小天狮、掌锣寨峰峦连绵；左为走马岗、东关、大托朱岭、长岗，一马平川直抵万涧。细心的游客会发觉，从谷端滚落的大石头，沿着谷底形成石林，石林上长满攀缘类藤蔓，春绿秋红，人行其间，很有趣味。发源于两旁山地的溪水，越淌越丰，悬崖上挂着瀑布，谷底下流着清流。由于人迹罕至，这里动物植物资源仍保持原生状态，可以说是天柱山动植物的基因库。下游两河，平日一干一湿，故称为阴阳河，阳河水流湍湍，阴河一片砾石，原来水从砾石底部流淌，地理学上称为潜流。

前关 走马岗东道下，前为朱岭。左边大石上的三孔，对称的两个方形孔安装扶手，圆形为石碓嘴，是古代据寨军民用来春稻谷的。前行10米那个不规则的石槽起什么用呢？你看开口处稍高，尾部低平，原来是火炮的底座。明末，傅梦弼与义堂和尚见这里地势险要，南北悬崖绝谷，便在正顶安炮，当时清军梁大用部屡攻不下。后来地方上两个秀才出了个计策，佯攻掌锣寨，然后在那里击锣求援，傅梦弼、义堂和尚派兵前去支援，万涧寨一时空虚，清军乘虚而入，方才攻占前关万涧寨。古代关寨到今天是观景的好地方，你看东南翠岗环绕，皖水、潜河历历在目，湖泊、村庄点缀其间，真是世外仙境、人间福地。

道士崖与齐云庵　我们往右看，大托峰东侧的山崖眉眼分明，称为道士崖。从这里看去，崖是一张脸，脸是一座崖。天柱山是道教名山，明清后道教与佛教合流，方士流入民间。左朱岭有齐云山道庵，明代道士陈大中始建，供的是释迦牟尼、玉皇、观音、王母、护地大王（刘源）等塑像。1929 年 2 月，中共潜山县委在此召开全县党员代表大会，改组潜山县委，确定开展武装斗争。这座深山小庵还有一段光荣的历史。

万涧戏楼　万涧古戏楼又名杨家祠堂戏台，是皖西南典型的南台北祠式建筑，属省级重点文物保护单位。始建于清乾隆初年，道光十九年（1839 年）、民国三年重修。整个祠堂三厅两厢，戏楼位于前厅，高 2.8 米，中间为正台，左右为副台。正台宽 5.5 米，深 6 米，台口纵高约 3 米，面积 33 平方米。左右副台面积各 40 平方米，供演员化妆、乐队伴奏用。中后厅与两个露天庭院可纳观众 700 余人。戏楼属亭阁式木质结构，飞檐翘角，古朴典雅。这里曾接待过京剧、徽调、高腔、弹腔、黄梅戏等班社演出，正台后侧横坊上记录了这些班社演出的剧目和班主堂社姓名。

杨家老屋　从杨氏宗祠向北，一路上村舍点点。沿着万涧河西行 200 米，一组村落造型别致，素雅大方，这就是杨家老屋，是杨姓较早的祖居地。查阅中国姓氏，杨姓原出于春秋时羊舌氏，晋国大夫羊舌，是当时著名的贤臣。他的封邑在山西省洪洞县东南，称杨。他的儿子食我以杨为姓氏，称杨食我。杨食我因帮朋友处死了两个相互交换妻子的家臣，得罪了晋国顷王，晋顷王灭了羊舌家族，瓜分了他们的耕地，杨食我子孙逃往华山。万涧杨氏远祖自江西瓦屑坝迁居潜山，明初洪武年间杨氏迁潜山五代祖真一公率一支宗族，沿皖水上行来到这里定

杨家老屋

居。老屋始建不晚于康熙五十八年（1719 年），因杨家老屋现存一块牌匾中有"翰宛储村"题额。老屋的建设布局是层层深入，步步景移。连体民居，正门是"八"字形，门前原有池塘，称"元宝堂"，大门内五进三厅，东西巷置有对称的天井。原东有木亭一座，西有寨跺望楼砖饰影墙，木格花窗，四水归堂，应肥水不外流之风尚。厅堂多悬堂匾、楹联，嘉庆年间寿匾多达 6 块。

离老屋不远，万涧河与余河汇合后，流经一段幽深的峡谷，迭水从一个又一个碧潭中打着漩涡流下，百折千转，两侧崖涧竹树葱茏，河滩上浑圆大石不计其数。其中龙潭瀑布最奇，上游一股水从石缝斜喷入潭，又在 3 米之外涌出。潭深不可测，上部阳光呈光柱状在暗绿色水面扫射移动，俗称"双河戏水"。如果时间充裕，可作小游。

双河口　出了竹林又进竹林。前边有三棵古树，一棵榆树，两棵枫树，树龄都在 300 年以上，树老根深、枝叶繁茂。树下村落地名叫双河口，即万涧河与滑石河在这里会合。村庄原名杨家楼屋。很早的时候，有位山外的姑娘嫁到这里，姑娘初到这地方，抬头不见天，整天忧愁烦闷。细心的丈夫问清缘由，就依照山外姑娘家的小楼在大树这头重建。一栋小楼建好了，飞檐翘角，姑娘很称心，像住在娘家一样。这栋小楼不知什么时候倒塌了，但楼上的雕花栏杆仍保留着。我们现在看到的房子是近年维修的，你看青瓦白墙，原木廊柱，古色古香。我们在这里开辟了茶社，布置古代仕女服饰展，大家可以稍事休息，看看水碓，观摩茶道表演，参观自夏代至明清古代妇女服饰的演变情况展览，了解我们皖西南淳朴而又略带些淮夷族野味的风俗民情。

地维湖（雷公井水库）　上有天柱峰，下有地维湖。此湖的命名是依据共工触不周山的典故。

地维湖上游有雷公井，因此也称为雷公井水库，建成于 2000 年 8 月。地维湖为峡谷型人工湖。这座大坝拦截了河谷。大坝最高处有 50 余米，坝长 200 多米。引水隧洞直径达 5.6 米，从这里穿过这座大山，长一华里多。发电量每小时 1.5 万千瓦。水库另一个重要功能是旅游，长达 5 公里的水面，碧波荡漾，水质清澈，能见水下 10 米的游鱼、石礁。河谷两岸山坡陡峭，环境清幽。您若乘上游艇，穿行湖面，仿佛进入了一条绿色隧道。

上峰庵　过龙潭河大桥左行 2 公里，掩映在青山翠竹中的就是上峰庵。上峰庵由明万历年间的太空和尚创建，距今已有 400 多年的历史。我们连登 200 多级台阶后，可以看见翠峰两分，中开一坪，竹树葱郁，环境十分清幽。右上有亭接引，行 40 米为大雄宝殿，再进即为后殿，左右有寮房。这里供奉的是佛教中的三方佛祖。其中有一尊观音佛像非常珍贵，已有两百多年的历史。此外，这里还有太空泉碑、三座和尚塔等遗迹。太空和尚是河南人，为临济宗 32 世的嫡派。

当时他来到龙潭，见这里形胜景幽，欲在此建禅林。此山是当地名人彭竹溪家的山场，彭竹溪也笃信佛教，他便将山场施舍给太空建庵。初建时屋宇三进，装塑佛像，清康熙五十三年（1714年）遭毁，雍正五年（1727年）重建。现在的建筑是"文革"后渐次恢复的。据说太空和尚建庵时，破草开荒，凿石垒土，倍加艰苦。但这里没有水源，大师很忧虑，在地上下跪祈祷三天三夜，忽然地上裂开一道缝隙，清泉随之涌出，虽大旱泉水却不断流。于是禅师立碑，命名为太空泉。有了这眼清泉，上峰庵才得以香火兴旺。

龙潭河街　龙潭河街是依山面水型的集镇。老河街历史悠久。据说早在春秋时，舒龚国的国都设在龙潭街。从皖河中游发现多处新石器时代遗址所出土的石簇、鼎足、陶片等文物看，西汉时期，这里居民渐增，商贾活跃。20世纪80年代从下游仙人地一次发掘王莽新政的五铢钱30多公斤。明清间龙潭更加昌盛，上游盛产的竹木、药材、土纸、生漆等土产在这里集转，水运至石牌、安庆等地；清嘉庆年间商埠初具规模；民国时三教九流齐全，俗称小上海。第二次国内革命战争时期，这里是红军游击队的根据地，因此也反复遭到国民党军队的"清剿"，数十年的战火使龙潭老街由繁华昌盛而变得冷落萧条了。龙潭也是一块英雄的土地，从第二次国内革命战争到刘邓大军挺进大别山，龙潭人民在中国共产党的领导下，坚持不屈不挠的斗争，做出了巨大牺牲，现有姓名可查的烈士就有30余人。

龙潭河景区将开发主要景点15处，增加兴建古戏楼、旅游商品街、竹筏漂流码头、停车场等基础设施。千年老街将以优美富庶、充满文化气息的旅游集镇展现在世人面前。

龙潭河的传说　长江三峡大家都比较熟悉。龙潭河属皖河上游，有皖西小三峡之称，主要由天柱山的山阴之水汇集而成。这里峡谷风光奇特，当地民歌唱道："九扭十八湾，湾湾有险滩，滩滩有美景，景景都迷人。"这条河为何叫龙潭河呢？这里有一段传说。

据说唐朝初年有个叫李靖的人，少壮喜欢打猎。有一天他来到天柱山，看见一群野鹿在山岗上，李靖拔脚就追，野鹿向林深处逃窜。追着追着，突然山雾四起。李靖既看不见鹿群的去向，也不辨东西南北，只得顺着山势摸索前进。许久，忽见前方有一缕灯光，李靖大喜，跑去一看，原来是一座庄园，朱门重环，庄严肃穆，便连忙敲门。不一会儿门开了，屋中出来一个人，问为何深夜敲门。李靖施礼后说："我是山下人，因追鹿遇雾，不辨东西，也不知此是何时，故冒昧叩门，请容一宿。"门人答道："我去请示主人，你随我来！"李靖进屋，举目一看，心中大惊：室内金碧辉煌，这是何等人家！片刻，出来一个女子对李靖说："太夫人到。"李靖急忙拜见，央求借宿。太夫人沉思了一会说："本不想留你，但见你一人在此，暂居一宿，明晨必须走。"接着她吩咐招待吃晚饭并安排房铺。李靖吃完饭，又进寝室休息。至三更，忽听见门外叩门声甚急，屋内一人开门迎入。来者说："天符到，命你家大王今晚降雨一尺，以此山周围七百里为限，到五更必止。要均匀而下，不暴降。请马上行事，我急要返回复命。"言毕，他将天符授予门人后即匆匆而去。门人禀告了太夫人。太夫人叫起李靖，对李靖说："你不知道，我这府第，非常人之宅，乃是龙宫，随云海移动而寓此地。今天我大儿子去东海，至今未归；二儿子又去西海游玩，原定今日返回，现却查无讯息。刚才接到天符要我儿降雨，现宫内女辈不能做，故想来想去只好请求你帮忙。"李靖闻言又惊又奇，为难地说："我是凡夫俗子，不能呼风唤雨，怎么能下雨呢？"太夫人说："不妨，我教你！"李靖自幼胆大，且常习武，故马上答应："一切听老夫人安排。"太夫人听了，点点头，命人牵马并取施雨器来，对李靖说道："这马是青骢神马，会腾云驾雾。你抓住马鬃坐稳，它即扬蹄腾飞。你把这小瓶中的水滴一点在马鬃上，鬃扬水落就是下雨，切勿多滴，五更即回。"李靖满怀信心地答应："请太夫人放心！"太夫人说："好，上马吧！"李靖跨上马，青骢马即从平地跃起腾入云端，霎时，云雾随马身躯而凝集，霹雳追马蹄起落而轰鸣。李靖摘下宝瓶在马鬃上滴了一滴水，马鬃抖动，雨水飘飘洒洒地落在大地上。李靖心想，我上山的时候，看见山下田野地旱发裂，禾苗奄奄一息，现在虽下了雨，恐无济于事，今晚施雨，有权在手，何不趁机多滴几滴使沟渠塘堰灌满，也为百姓做一件好事。于是他又取下施雨器，连向马鬃上滴了九滴水。俄顷，大雨倾盆，落在山之四周。事毕，李靖扬扬得意地返归复命。刚下马来到堂前拜见太夫人，只见太夫人大怒不止说："你这竖子，怎么不按我嘱咐行事。你要知道这宝瓶中的一滴水，平地一尺雨，我叫你滴一滴，你却私施九滴。现在平地陡涨丈余大水，百姓遭殃了！玉帝得知后，已差天神去捉我儿子了，我也挨了八十抬杖。你害了百姓，害了我们全家。唉！你这凡间俗子，不懂龙宫的秘密、云雨的变化，误了大事。也怪我那两个儿子，玩忽职守，酿成大祸。现在你快走吧，雨师正要抓你呢！"李靖连连叩头谢罪，转身就跑。跑到半山腰，举目一望，见山下大水茫茫，村庄田园皆在水中。自家屋宇也不见了，李靖无家可归，只得远徙陕西定居，潜心研究兵法。后来他辅助唐高祖屡立战功，历任兵部尚书、尚书右仆射等高官，封卫国公。

再说天将将二龙王抓回宫，对他们说："你们违犯天条，罪不在赦，姑念降雨之事，不是你们亲自所为，故将你们母子分居三地，思过百年。龙母仍居天柱山中神秘谷内，大龙王、小龙王分居潜河、皖河深渊中，不得随意出入。"这三处都是这次大水冲出的深涧、深潭、深渊。从那时起，天柱山中及皖潜二水，都有神龙栖息。皖河上游之深潭，称龙潭，河也叫作龙潭河了。

九井河景区

　　各位游客，我们今天游览的是九井河景区。九井河景区位于天柱山风景名胜区南面，面积13.94平方公里，因一河九井而得名。"九"不是实数，这条长约11公里的河流，落差550米，它的源头在飞来峰，沿途汇集数不清的溪流，曲折宛转，奔流而下，落差越大，瀑布跌水越多。常言道"水滴石穿"，坚硬的花岗岩面上，由于水流长年累月的冲击，形成一个个深潭，当地人叫"井"。这里比较壮观的瀑布有20多条，水潭更多，但习惯上仍称"九井"。

　　九井西风　明代一些文人将潜山风景名胜集中概括为"潜阳十景"。其中，"九井西风"一景最为奇特。这在全国名山中是绝无仅有的。奇在哪里呢？"西风每夜从此起，自山谷真源以至沙河，松吟竹韵，谷应山鸣，自子至卯方息。"为什么会出现这种现象呢？志书记载："山谷寺的宝志公与白鹤道人斗法，道人在左边设了九个厕所，志公卓锡九井，为西风反吹焉。"这仅是传说，并无科学根据。西风每夜从子时起的真正原因是：九井河一带地形西高东低，有多条从山顶潜河辐射的喇叭谷口，区域的小气候特征非常明显。尤其是夏季，白天太阳照射的热量被潜河大面积的沙滩吸收，到了夜晚，沙滩热量又散发出来，热气流向喇叭谷上游流动，被九井河谷植被水面吸收，河谷内冷气流则向下游流动，形成河谷间冷热空气的对流。对流空气受西高东低河谷的挟制，形成独特的西风；夜间子时左右，对流加剧，西风愈加强烈；而到卯时左右，早晨太阳升起，沙滩又开始吸热，对流变缓，西风也就逐渐停息了。

　　明代罗庄赞"九井西风"："九龙井畔多灵漱，西风日夕寒飕飕。居民不特少蚊蚋，六月不热疑清秋。"可见"九井河"这里小气候特别好，是夏季避暑休闲的好地方。

　　落马桥　前面就是落马桥，过去是木桥，现在改为公路桥。落马桥，谁落马呢？相传宋代皇帝赵恒，听信谗言，废后宫李妃，贬到天柱山冷宫。当时侍官问："天柱山遍地荒草，娘娘何处安身？"皇帝盛怒之下，说"草屋三间"，拂袖而去。侍官宣读圣旨，故意将"草屋三间"宣读成"造屋三千"。三千宫殿落成后，李妃入住。转眼过了两年，太后想念李妃，前来天柱山看望，到了这里，见前方宫殿巍峨，连绵十里，全然不见三间草屋，惊得她从马上摔下来，后来这座桥便称为落马桥了。

　　三肩湾　这里是九井河入口三角洲，又叫三肩湾。潜河，亦称潜水，发源于岳西县的来榜坳，在怀宁县山口石牌注入长江，流经岳西、潜山、怀宁三县，全长 116 公里，河宽上段为 120 米至 300 米，下段为 300 米至 500 米。这里处于中段，左为三肩岭，是因为山区农民挑担子上岭，扁担在肩上左右换三次。三肩湾最大的特色是沙滩上布满了五颜六色的鹅卵石，其中有不少珍品，对爱石藏友来说，三肩湾是一个充满魅力的地方。

珍珠井　现在我们逆河而上，走过这段山路，到达的是珍珠井。因河道较宽，所以水势平缓，河床上堆积的石头与水流碰撞的水花，泛出珍珠般的银光，几棵杨柳斜倚在河边，古朴的小村庄临河面山，呈现出一幅绝妙的山村小桥流水图。

珍珠井

那边有两间草屋，你们看是做什么用的？那是最古老的水碓，工作原理和三峡电站发电原理相同。过去主要用于将木片粉碎成木粉，加工各种敬佛用的火香。农民吸旱烟，也用这种火香。

三牲井　水碓上方的水潭，当地人称三牲井。本来三牲为猪、牛、羊，这里却用狗牲。旧志记载：早年每逢大旱，杀犬投入井中，必降大雨，犬亦泛出。杀狗投潭是古代民间求雨仪式。民间还有一种仪式，久旱不雨，各家各户，男女老少戴斗笠穿上蓑衣，敲打盆、桶、罐之类的盛水容器，将狗抬着沿河游行。年长者用竹筒从山顶取来"天水"，沿途滴洒，每三天进行一次，直至下雨。地方官吏直至皇上，为解除旱情也举行隆重的祷雨仪式。

宋仁宗时，全国定十二处斋醮，道教祈雨法事仪式地点大都在各山洞府。天柱山在《道经》中是司命真君的洞府，因此被列为全国祈雨的地点。祈雨时用铜制的金条和石头做的石片，投向水中，象征向水神进贡黄金美玉，求水神赐降雨水，解除一方旱情。当那些特使大臣、地方官吏兴师动众，来到这里，以这种方式祈雨的时候，游客朋友，你作何感想？他们是真诚造福一方，为民解忧，还是糊弄老百姓呢？现江家畈祈雨台石基尚存，后代不断开凿，已不见当年的形胜了。

三井瀑布　天柱山山高水长，李白说它"秀水含秀气"。这里到处是流泉飞瀑，有的银练飞舞、银河倒悬；有的气势磅礴、声震数里；有的轻盈秀丽，像是新娘的面纱；有的一线细流，如天蛛垂丝。真是多姿多彩，美不胜收。百闻不如一见，我们先去观赏三井瀑布。

转过山口，三井瀑布从黝黑色石缝间飞泻而下；紫烟升腾，远看像"天"字，近看似"人"字，走到瀑布下面潭边，则"天人合一，物我两忘"，融为一体了。

瀑布分为三叠，上下落差38米，宽10余米，丰水季节，瀑布宽达20米，轰声如雷，声震数里之外。"三井"又称龙井、龙潭。这里有个美丽的传说：东海龙王有九个儿子，个个金鳞银甲，能腾云驾雾、兴风作浪。有一年皖西大旱，赤地千里，老百姓供犬祈雨。龙王知道后，便令九子行云播雨，普降甘霖。九子化龙西行，经过太湖，见碧波千顷，很是优美，颇有逗留之意。老大对几个弟弟说："我们兄弟九个常年居住海底，此处碧波荡漾、翠柳浮烟，何不游玩一阵再去行雨不迟。"众兄弟连声说好，于是一起降落太湖之中，尽情嬉戏，兴风作浪，好不快活。九龙戏太湖，百姓遭了殃，四岸洪水泛滥，田地房屋都被洪水吞噬。老百姓扶老携幼，逃上天柱山，求司命真君惩罚九龙。司命真君问明缘由，便命金童玉女到太湖召集九龙。九龙闻听，方知作孽，个个吓得面如土色，赶紧到皖西降雨。真君责九龙行雨不到，有违父命，又在太湖兴风作浪，为害百姓，罚它们在天柱山兴云吐雾三年，等风调雨顺再回东海。九龙自知犯了天条，不敢违抗，只好隐身天柱山，一龙一潭，每天兴云吐雾，水潭越吸越深，云雾越兴越多，九潭吸成深井，九潭河改成九井河。后来有人用四两麻线系石，试其深浅，个个打不到底。因此又说九井河与东海相连，东海潮涨，九井水满，东海潮落，九井河水也就浅了。又说，天柱山云雾太多了，一年当中有一半时间看不到天柱峰，也是九龙吐的。到现在也散不尽。从左边台阶可上瀑顶，这里有小水电站。经祷雨台过河到这村庄称江家老屋。江家老屋现有的房子是清代建筑，典型江淮皖西南民居风格，青砖、小瓦，门廊、巷道。因处在深山，防盗用夹墙，加粗门挡，房子不大，防卫森严。门前池塘，大家是否注意到，东南方向这棵树，可有讲究啦。从地理风水上说，左边青龙应高于右边白虎，左青龙岗不高，又隔条小河，离屋子较远，为弥补这一缺陷，就栽树加高青龙了。"两河抱金"的地势，历来被称为风水宝地。对面是龙潭山。旧志记载：龙潭山有商时锡则子乘龙为汤王讲经的神话。祷雨台就是讲经台。20 世纪 70 年代还有台基，现在只留台址了。

下炼丹　在这如诗似画的小村落，我们稍事休息。

离开江家畈，再上行一公里，便是"造屋三千"的后宫殿了。

庄子说："天地有大美而不言。"我们出门旅游就是寻找"美"的。其实美存在天地间。你看这绿茵茵的草地，清亮亮的溪水，几个河石汀步，到对岸歪脖子树，树缝隙中露出农房、村舍这些景物，构成一组很有意境的山村画图。缺一样这画不完整了。各自位置移动一下，这画面就不和谐了。古希腊有个美学家叫毕达哥拉斯，他说："美在和谐"。好！大家都来发现美找到美。

从江家畈到贺家畈，古称下炼丹。天柱山是道教名山，汉朝末年（190—195年）方士左慈"明五经，通星气"。东汉道教中丹鼎道术由他继承和发展。从这里到茶庄分布不少炼丹灶遗址。这处由石块砌成的墩台，相传就是炼丹灶。

九井河水流到这一带，河床宽阔，河床中大石相陈，河水将它们雕刻成奇形怪状，有似乌龟伸颈，有似鳄鱼争食。这里的溪流中偶尔还能看到娃娃鱼，宽头扁嘴，摇着胡须，懒洋洋地趴在石头上晒太阳。如果你看到可不能抓，它是国家二类保护动物。

风井　转过这个山坡就是四井，即风井。当地群众称吊罐井、石门潭，是九井中最深的井。现在我们跨过小河，水潭东边悬崖有一副石刻："止泓赵希衮治郡终更蒙恩予节朝谒天祚小憩观雪。"刻石的时间是南宋端平元年（1234 年）正月壬寅。赵希衮，字君绰，曾任安庆郡守，任期内，兴修水利，城区建设很有政绩。这是他任满时与几个朋友在这里休闲观雪时刻下的。字体很奇崛，有篆隶古风。这条瀑布的水流从顶端飞出，空投潭内，像是白龙入潭。水柱又从潭底冲出，沿第二层跌水溢出。瀑布总落差达 42 米，上下水流共响，山谷回鸣；水大时只能看到一潭水雾，白烟升腾；雨后能看到上下两道彩虹，确实令人神往。右边那条细流像一匹玉帛从崖顶挂下来，那是上面电站蓄水渠溢出的水，倒也增添了一条人工瀑布。

天祚宫遗址　四井瀑布对面大小不一的梯田，原是天祚宫的遗址。大家知道，宫、观是我国道教的建筑。天祚宫，俗称后宫殿。道书记载宋太祖遣使投金龙玉简，就在这里，并于当年在此建宫。最早称为天休宫。宋政和二年（1112年）朝廷赐钱鼎，规格很高。过了八年，宣和二年（1120 年），宋徽宗又为天休宫书"天祚宫"御笔。这一时期是天柱山道教最鼎盛时期，当时有"三千道士八百僧"之说，道士多于和尚。

南宋建炎期间（1127—1130 年），江北广大地区沦为宋金战场，天祚宫毁于兵火。绍兴二十一年（1151 年）郡守李发新在旧址建老君殿，从真源宫（前宫）选道士董师先住持老君殿，奉以香火。南宋末年，潜山义民刘源结寨抗元，坚持作战 18 年，老君殿又毁于兵火。到了明初洪武年间（1368—1398 年）恢复主殿，司命真君行祠，明末张献忠与官军作战又毁掉了。民国初年，重建三官殿，不知什么时候也倒塌了，仅剩门楼。20 世纪 70 年代造田，将门楼石雕拆除了。前面田埂石坝上有门楼盖顶和武士像。大家可以与古代武士拍照留念，让武士保佑大家一生平安。注意用侧逆光效果更好。

千百年来，天柱山奇秀的风光吸引了封建社会的各界人士。他们不仅登临游览，流连忘返，还建亭阁彰显名胜，或者筑堂舍为自己休闲娱乐。所以天柱山文物古迹、风景名胜比其他地方多。但是千百年来，这些文物胜迹不是毁于兵火，就是失修废弃。今天我们一路走来，想必大家同样有这样的感叹。不过天地万物，兴废有时，这也是古往今来的自然规律。以史为鉴，可以知兴衰，让我们珍惜今天，走向明天。

贺家畈　看过"四井"，我们暂时告别九井河，从左边步道上山，翻过这个山岗就是贺家畈。顾名思义，这里居民多姓贺，是出"山猴子"的地方。"山猴子"最擅长爬山，也称药农。贺姓祖祖辈辈住在深山老林，出门就上岭，回家得爬坡，练就一身攀崖登顶的硬功夫。他们能用一根长绳登上悬崖绝壁采摘石耳。天柱峰顶的石刻就是贺姓上辈刻镂、下辈填描的。

五井六井　这里五井又名天井，又称磨潭井。井口如磨，但井水清澈如镜，村姑可临井梳妆。

九井河曲折宛转，沿途接纳了很多溪流。最大的一股是从毛女峰旁九曲岭流下九曲溪，经宋家大板桥汇水的。我们沿着干流左行，经狮回头石，又能看到一个壮观瀑布，即六井，又名"丫"字瀑。瀑布水流落差达 60 余米，山洪暴发，水流喷出百米之外。左边的苍崖古松、右边的翠竹山花尽在水雾之中，那时来观瀑，真正是雾里看花，水中世界。大家看，第一层叠水都有水冲的圆坑，当地人称为仙女盆，说是董永和七仙女为感谢六个姐姐下凡织锦，将三年长工改为百日，请姐姐洗澡的地方。很明显，这是潜山人挚爱黄梅戏，按"天仙配"的情节编出来的故事。

及第庵　我们现在沿着河边小道，翻过这座山岗，前往及第庵游览。

及第庵掩隐在茂林修竹之中，俗名七里庵，由安庆副总兵金抱一于康熙三年（1664 年）捐资修建。

金抱一，銮仪卫人，是清初的武状元。民间有传说，金抱一乘船进京赶考，船行江中，天气突变，电闪雷鸣，忽有鹦鹉飞至船上，连声叫着"雷打金抱一，雷打金抱一。"船上的人知道金抱一在船上，一听雷打金抱一，同船人岂不一起被打，于是一起起哄逼金抱一下船。金抱一当时仅是一介书生，见此情况，认为天命难违，该由一人承担，只好跳进江中，泅回江岸。谁料那船行至江中，船底出了漏洞，不长时间便沉入江心，全船人无一生还。信佛的金抱一顿时醒悟过来，连连叩拜，并许下大愿：此番去京，若考试得中，定建一座庵堂，一报苍天，二祀落水之人。皇天不负苦心人，金抱一校场神武，殿试春风，钦定武状元。授职安庆副总兵。他不忘在江边立下的宏愿，亲选庵址捐资购置山田，修建这座庵堂，并亲题门额：

> 斯地胡为名及第，选官选佛悟固然；
> 及乎及第真空后，天上人间月一圆。

及第庵经几任比丘尼的努力，庵堂规模渐次扩大成为三进正堂，从前至后，佛像供奉已成规则。当游人看过千年古寺三祖寺后，来到这窗明几净的及第庵，别有一番情趣。

吴家宕 穿过赵公岭，即进入吴宕盆地。吴宕是吴氏家族的聚居地。明末清初，吴姓祖辈挑着一担箩筐来这里砍柴烧炭，见这里风水特好，落脚谋生，繁衍子孙。

吴宕环境秀美，风物宜人。游人自野寨南大门进山，自然是奔天柱山而来。但一路山重水复，翠岗环绕，哪有天柱山的踪影？可一进吴宕，过飞虹桥，北面群山中开一缝，天柱、飞来峰峦镶嵌在中间，与近景村庄、中景佛子岭组成一幅天然立轴画卷，令人赏心悦目。特别是秋季，高大的枫树、杨树红如丹。这里的红枫树有五角杨枫，有七角亚枫，均叶脉透亮，殷红可爱。清代著名诗人王士祯途经天柱山写下了"处处溪山好，倪黄返亦难，雪云数峰白，枫柏万林丹"的诗句，称赞这里"枫柏林丹"山色就是元代的大画家倪瓒、黄公望也很难画得出来。

毛女峰 九曲岭东，那均衡圆润的山峰为毛女峰，海拔576米，其形呈典型的圆锥状，工整像埃及金字塔，坐落在玉镜峰与天柱山底部台地环形山圆心位置。其山土多于石，一峰独秀，林木葱茏。旧时正顶有伞松一棵，树冠遮地达半亩，可惜20世纪80年代遭虫害被砍伐。道教流传有毛女在此修炼。明李庚有诗："皖伯山前毛女峰，何物女子成奇功，日饮黄精夜宿露，遍身毛羽如飞蓬。"

虎头崖景区

虎头崖景区位于天柱山风景区东部偏南，面积18.46平方公里，可谓崖奇、谷怪，集道佛仙踪、田园风光于一地，自然人文相得益彰。

北面是磅礴厚重的玉镜山，海拔913米，绵延南北30华里。从西面看，优美的山脊线形似睡美人，当地人称为仰天观音。玉镜山原名万岁山，因汉武帝南巡登台封岳，臣民山呼万岁而得名。到了唐代贞元二年（786年），万岁山突然爆裂，皎莹如玉，远观如明镜悬在空中。当时舒州刺史吕渭将万岁山崩裂情况报告朝廷，改名玉镜山。玉镜山南端突出崖石形似虎头，故名虎头崖；又因长年云雾缭绕，又称白云崖。游客朋友们，今天的游览可是"拨云看虎"。

今天的游览线路，据说是汉武帝登山路线，从旌驾桥至回龙桥。

菜林庄　离开105国道，沿着菱角河上行，过马堰关，现在进入菜林庄盆地。这里群山怀抱，梯田层层，绿树成荫，村舍点点。为什么叫菜林庄呢？据传唐崇慧和尚开山后，到宋代，这里寺庙规模很大，住寺和尚香客很多，每天需要新鲜蔬菜和茶叶，要有基地供应，于是由郡守亲自踏勘，安排南边村庄肥沃之地生产供应蔬菜，日久便称菜庄。西边土地山高云雾多，适应种茶，日后称为茶庄。朋友们，大家是否留意，这是一个天然盆地，青山四围，娘娘河从中穿过，小气候特别适宜种菜。这里所产的萝卜，皮薄、汁多、味美，古时与雪湖藕并列为贡品。这里流传的民谣是"菜庄萝卜雪湖藕，两白不吃莫要走。"如今，当地村民成立了菜林庄无公害蔬菜开发公司，常年向城区居民和广大游客提供优质的新鲜蔬菜。

仰天湖　好了，过菜林庄盆地，前面又是一个山口，称蛇龙关。左青龙山，右蛇形山，两山相交成关口。过关之后，便是两山怀抱的孙老屋盆地。这里山高谷深，松苍竹翠，犹如世外桃源。前面流泉飞溅叫响水槽，"山中一夜雨，瀑布挂前川"，娘娘河平日里贤良温顺，以她甘甜的乳汁滋养平川百姓，洪水季节，她的脾气可大了，响水槽跌水声震数里之外。

旧志记载：虎头崖有藏虎洞，下有仰天湖，蓄为注，可灌可沃。孙老屋盆地古代叫仰天湖，可能地理学上为淤塞湖。那时候湖边长满芦苇，湖中天鹅成群，鸳鸯戏水；湖上泛舟，只见云在水上漂，船在云中行。传说水底下居住着一个大家族，男耕女织，世世代代过着和睦美满的生活。有福气的人，无风天能看到水下居民屋顶的瓦楞。世事变迁，沧海桑田，不知何时，仰天湖消失了，只留下美丽的传说，令人回味和向往。

到玉镜山，不能不提到王珪。王珪又名王禹玉，宋仁宗庆历二年（1042年）中进士，甲科第二名（榜眼），从此步入做官生涯，从扬州通判到金紫光禄大夫，封岐国公。《四库全书》录载王珪《华阳集》60卷，"其文章博赡瑰丽，自成一家"，特别是王珪为宋王朝起草诏书18年（知制诰）。他一生著作书目近300卷，宋王朝重大典策多出自王珪之手。他的三个儿子都有作为，但女婿不怎么样，他的女婿是谁？就是害死岳飞的那个大奸臣秦桧。王珪早年随叔叔迁居潜山，原住在玉镜山麓凤凰山，现在王姓后代仍以王珪宰相为自豪。

过孙家老屋，我们可要步行登山了。这山间小路约 2 华里，蜿蜒曲折，路旁流水潺潺，山花点点。大家可以放松心情，好景致还在里面呢！

白云湖 好了，现在我们到了虎形山口。大家抬头仰望，前面的峭崖陡壁就是虎头崖。你看，黑褐色的巨石分别镶嵌在眼、嘴、鼻上，虎视眈眈，威风十足。从侧面远眺，虎头又成了仰面观音散垂的青丝发，有人说是美人淋浴之后，仰卧沙滩，享受阳光。

这一泓清水称白云湖，不是湖水能倒映天上的白云，而是古代的白云庵就建在湖对面的山坡上。这是近年建设的人工湖，坡顶高为 270 米，蓄水 5 万立方米，是天柱山风景区第四个高山平湖。为保护下游娘娘河小流域的生态，在建湖前做了充分论证，既保持湖周边山体景观和一定的蓄水量，又兼顾枯水季节下游农田灌溉和整个流域原生系统不因蓄水而改变。

船形石 湖的北边那块大石，长 20 余米，宽、高各 10 余米，溪水从石下流过，大家看，像不像一只大船停在溪流中？对，就是船形石。石上刻有江西南昌举人罗文博明朝嘉靖四十二年（1563 年）书题的"元气磅礴"四个大字。当时他在潜山任知事。过湖后，大家可以登"船"看石刻。这里的石刻最早的是宋元丰三年（1080 年）苏东坡和苏子平等人所题刻，较晚是乾隆年间张期愈题刻的"超然物表"，字体较大。除"元气磅礴"外，还有刘应峰"中天峻拔"、李元阳"云居"、罗汝芳（太湖知县）"来云""仙洞重华"。

天然石刻 说起石刻，这是天柱山区别于其他名山的特色之一。全山林林总总石刻 500 多处，主要分布在山谷流泉、佛光寺、主峰、虎头崖四大景区，以多、精、名、秀享誉海内外。更为奇绝的是，这里有全国唯一的"天公雕刻"，是自然力神奇的书法杰作。游客朋友们，请跟我走：这是"山"，这是"川"。这里山川美不美？"美"。这像狂草"美哉"，连起来读是"美哉山川"。你看它，笔力苍润，劲透石背，和历史上任何书法大家相比绝不逊色。汉字源于象形，本意就是师法自然，泱泱中华，文明古国，有许多"天下第一"，朋友们，"美哉山川"算不算天下第一？

铁笛龛 看完"天公雕刻"，我们再看人工雕刻。那显然是块大石头。不，那是座石屋，外圆内方，长 2.4 米，宽 2.3 米，高 2 米，门楣刻字是明朝御史大夫李元阳于嘉靖十七年（1538 年）所题的"铁笛龛"三字。

李元阳，明代云南太和人，字仁甫，号中溪，嘉靖进士，在江阴做知县，很有政绩。朝廷任命他为监察御史。他的作风是遇事敢言，所以当时贪官污吏望风遁逃。后来他年纪大了，不做关中巡按，任荆州郡守，仍然保守晚节。他活到九十岁高龄，无病而终。李御史是文学家，文章有《中溪漫稿》，诗有《艳雪台诗》。作为关中巡按，他到过很多地方。据说，有人诬告郧阳知府徐桂（潜山

铁笛龛石刻

人），李元阳来办案，为徐桂正名。还有记载李元阳来看同事王玉汝，当时王玉汝是潜山知县。李元阳来潜山盘桓时间较长，在山下石牛古洞、三祖寺和虎头崖共留下7块石刻。

请大家轮换进洞，这块题刻也是李元阳写的："兹龛何代凿，灵窦含幽光。"可见，李元阳本人也不知石龛是什么时代雕凿的。但他非常热爱潜山这个洞天福地，称赞这里"眼界都无染"，并表示决心"吾将礼法王"，就是向前朝王安石学习，当一个改革的志士，像开凿石龛的人一样，不间断开掘，表现了李元阳的进取精神。清乾隆十一年（1746年），潜山张期愈率子张必刚来虎头崖避暑月余，在石壁上题"超然物表"四字。张必刚父子在经学研究上颇有成就，多卷书文选进《四库全书》，父子著作编入《张氏经学》。

朋友们可能要问，石龛为什么称"铁笛"呢？原来古代笛与涤同音、同义。笛者涤也，可以涤除烦恼、忧愁。如果能将铁笛吹响，龛内石壁可增加音量，嘹亮的笛声在烟霞林木间久久回响。相传，汉代鲁道人隐居白云崖，每年种白术换米度日。他常坐龛中，吹奏铁笛。笛声一响，百里皆闻，天上群仙，地上百兽，都来聆听。山前老百姓说："壁间笛响""云里悬钟"是虎头崖的两景。至今，夜深人静的时候，他们还经常听到笛音钟鸣。

无量寿塔　铁笛龛旁，四块大磐石层层相叠，像是多层宝塔，称无量寿塔，是嘉靖年间住山海慧和尚立，字由法昂题。

往右，又有一洞，洞内有石床，石床凿痕被磨平滑，周围的石壁上有烟熏火燎的痕迹，想见历朝历代都有人在此住宿。好，我们从石缝出去，左上方还有一个石室，应是开山道人和尚打坐静修参禅的地方。宋朝时期，这里就建有白云庵，现在规划恢复重建，分为山门、主殿、偏殿和庵院四个部分。与普通寺庵不同，建筑并不强求中轴线对称，布局也较分散，应该说，与原白云庵年代风貌相符合。

狐狸坟　从白云庵往西，我们去看一座狐狸坟，朋友们可能会问：狐狸怎么有坟？这里发生过类似聊斋狐仙女郎伴书生的故事。待我细细道来。

明代嘉靖年间，潜山有一个书生名叫徐桂，早年在白云庵攻读。有天晚上，山雾重重，细雨蒙蒙，水滴在芭蕉叶上，发出了有节奏的嘀嗒声。徐桂触景生情，提笔写了两句诗："细雨洒芭蕉，孤灯独自熬。"写完他吟诵了两遍，感到没有恰当的句子往下写。这时窗外传来"不嫌奴貌丑，陪你度今宵"的续句，声音清晰娇滴。待他抬头看时，一个美貌的女子站在自己的面前，说："先生，小女子为你伴读来了。"徐桂神魂颠倒，身不由己地飘飘然起来。

这个女子自缠上徐桂以后，每天晚上一更来，五更走。徐桂自迷上女色，也就没有心思温习功课了。一天，庵上住持发现徐桂百会无光，邪气笼罩天堂，喜气溢于眉宇间，知道定有私遇，立即责问他。徐桂不敢隐瞒，如实招认。住持接着又问："你自我感觉如何？"徐桂说："开始有些疲劳，后来她从嘴里吐出一颗珠子放到我嘴里就好了。"住持点了点头，并对徐桂面授了机宜。

到了晚上，那个女子按时到来，照旧把宝珠送到徐桂嘴里，徐桂按照老住持指点，喉咙一动，这颗珠就吞到了肚里。此刻少女惊恐万状，哀伤地说："我犯了色戒，1500 年的道行白修了。"徐桂不知所措。女子接着说："明晨你到庵后山上，见到死狐，找一个合适的地方埋起来。发达之后，每年清明节你来祭奠一次。"说完后，她掩面而去。第二天徐桂悲痛不已，堆坟葬了狐仙。

徐桂自吞下宝珠后，突然心明眼亮，看书作文，一通百通。嘉庆十四年（1809 年），他中进士，初授东昌知府司理，擢升刑部主事，后历官员外郎，再升郧阳知府。能飞黄腾达，他认为是与吞咽狐狸的宝珠有关，所以每年清明节前都到狐狸坟祭祀。有一年，到了坟前，想起狐仙百般恩爱和自己吞珠之事，感到非常愧疚。刚躬身下拜，突感一股怪味恶心，呕吐不止，狐仙给的那颗珠子也滚在地上。这时突然坟头崩裂，一只狐狸钻出来把滚在地上的珠子衔走了。从此，这座狐狸坟，早就没有狐狸在里面了。

这个凄婉的故事在这里广为流传。前几年这个故事情节被改编拍成电影，片名叫《天柱狐女》。徐桂确有其人，下面还有他的题刻呢！

龙过峡　虎头崖环线游览景点还有娘娘鞋、铁牛石，更精彩的是龙过峡和黑洞。

龙过峡位于玉镜山东侧半山腰，全长 800 多米，由花岗岩裂隙和崩塌巨石叠砌而成，峡中有洞，洞连成峡。为什么叫龙过峡呢？龙是中华民族发祥和文化肇端的象征，中国大地被称为"龙的土地"，中国人被称为"龙的传人"。蜿蜒绵长的大别山脉像一条条巨龙腾跃，这条峡谷悠长曲折，七进七出。相传远古有龙过玉镜山，见玉镜映照出一条与自己一模一样的龙影，误为同类，以身撞镜，镜破成湖，鳞落成石，才有今天我们看到的曲折迂回的龙过峡。

龙过峡分兽脚、马毛、鬣尾、鹿角、狗爪、鱼鳞、鱼须七口洞，七个部分构成头角峥嵘、矫健活泼的龙的形象。过去神话支配人，现在人在欣赏神话。让我们逐个欣赏七口洞，我建议兵分两路，年轻、体力好的客人跟我进洞，年纪大和体力稍差的由地陪带领走山边步行道。穿过龙过峡，咱们到飞水瀑会师。

飞水瀑　飞水瀑是下崖水库的源头，玉镜山东侧约 7 平方公里的降水和地下水汇成溪流从崖顶跌落，破壁飞出，落进深潭，阳光照射似万条金线垂地，十分壮观。清代王凤诏有诗赞飞水瀑："秀嶂嵯峨碧涧悬，玉虹飞影吸晴川，苔痕滴破含清照，风籁凌空石激泉。"

看完飞水瀑，我们折向西行，前面两谷交叉处称剪子叉，是玉镜峰与虎头崖结合部，右上方为对牛石，两牛抵角，永远不分胜负。穿越剪子叉，我们到了玉镜峰西侧。

虎头崖景区中段，这里怪石多、村舍古、民风淳。我们先到中部观景台——方平石台。这天然观景台是孤立的一块整石，上部平整光滑，东临玉镜，向北丘垄重叠，向西可远眺天柱诸峰，向南则阡陌纵横。观景台近处松竹交翠，鸡犬人家，同喧嚣的城市相比，又是一个天地，有不一般的风情。

美女石　小沙岗有两个怪石，前后相距仅 10 米，远看酷似人形（俗名和尚石、美女石、和尚撵美女、美女回头看）。你看，前面的身材苗条，可像靓女？后面的身材敦实，可像帅哥？这对男女是什么人？急匆匆地赶路到哪里去呢？也许是我们在虎头崖看到的书生徐桂与狐仙女郎双双出走吧！

这个小池塘称酒池，原来那里有酒罈，二石相叠。是先有酒罈，还是先有酒池，游客朋友，你们说呢？

天柱寺　在大家前往下个景点的时候，我想把天柱寺佛教演化的情况先向大家做个介绍。天柱寺创于唐开元年间，崇慧禅师开山。崇慧禅师是彭州人，"得法于牛头"，俗称牛头禅，很有名望。他非常喜爱天柱山。由于他的名气大，所以天柱寺的香火很盛，历唐、宋、元、明而不衰，延续 1000 多年。当时楼阁高耸，殿宇辉煌，十分宏丽。唐乾元年间（758—759 年），"敕赐天柱山天柱禅寺"；宋绍圣二年（1095 年），又"敕赐天柱山永庆禅寺"，后又多次敕赐，并建有"九槛长纱殿"。明朝洪武年间，天柱寺重修，明末以后渐渐衰落；清元白禅师住持，当时巡抚张朝珍为元白禅师住持重修。至新中国成立前，仅存大殿三间。20 世纪 90 年代，当地村民又在原来遗址上恢复一楹主殿，现已难见当年风采了。

回龙桥 这个小石桥，仅是一块长条石，却名见经传。传说这就是回龙桥。当年汉武帝登封时，很想登上天柱峰，一览天下，但因山高路险，荆棘遍地，走到这个地方，便让仪仗回驾。皇帝是真龙天子，后人就称这个小桥为回龙桥。

崇慧塔 前面一丛竹桥后面就是天柱寺，前面池塘称洗钵池。俗话说，天下名山僧占多。从地理风水学上看，天柱寺依山借势，左青龙，右白虎，后山山脉绵长，前有溪流怀抱，南对案山几峰，明堂开阔。遥想当年，"九楹长纱殿"，佛灯高照，钟鼓齐鸣，人们诵经拜佛，是何等肃穆虔诚。东边路南那块伸向田地的石块，上刻"讲经石"三个大字，相传是崇慧大师当年讲经的地方。大概是听经的人太多，寺里容纳不下，就搬到屋外来了。寺前两里的地方原耸立一座古塔，叫三元塔，又名崇慧塔，相传为崇慧法师于唐大历十四年（779 年）在此化身。这是一座石塔，20 世纪 80 年代修路时被拆了，现在恢复的石塔，古朴庄重，可以看到明显的唐代石雕风格。寺中原来还有元尊宿塔，为元白可尊宿涅槃处，为清康熙年间巡抚张朝珍所建，不知什么时候毁掉了。

太子阁 天柱寺西边，早于天柱寺一处建筑称太子阁，是梁太子昭明读书处。昭明太子是梁武帝的长子，名统。当地传说，他为撰《文选》，常通宵达旦，彻夜不眠。后人为纪念他，便将他读书的地方取名"太子阁"。昭明太子所处的时代正是封建统治方式中分封制与集权制冲撞激烈之时，朝代更迭频繁，又逢北方少数民族崛起，致使战乱连年，民不聊生。危机四伏的社会往往会衍生独特的社会文化。当时文人士大夫皆以隐居、弃世为理想，使玄学盛行，道家中兴，佛教开始广为流传。昭明的父亲梁武帝萧衍在位 48 年（502—549），非常尊崇佛学，号"佛心天子"。他在公元 507 年裁决天柱山白鹤道人与宝志禅师的道场选址之争，从而让天柱山佛教迅速发展。昭明处在这个特殊的时代，为当时文化所影响，又得不到帝位，便在离金陵（南京）不远的天柱山苦读，成为一段独特的历史。太子阁古老建筑虽已倒塌，但"太子阁"三字横匾仍存于潜山博物馆中。

好了，游客朋友们，今天我们林林总总看了三十多个景点，尽情地领略了山之险、峰之高、崖之奇、石之异，体验了山林野趣，感受了山民田园之乐，并对天柱山宗教（道教鲁道人元缬，佛教牛头禅师崇慧，儒教王珪、昭明、李元阳、张必刚父子）有所了解。天柱山风景名胜区有八大景区和三个外围参观点。虎头崖景区的特色与主峰相比，少了一分跌宕，多了一分安详；与三祖寺相比，少了一分佛教的庄严，却多了一分人性的浪漫。不知各位朋友，可有和我相同的感受。

　　游览完了虎头崖，天柱山美景的欣赏也就告一段落了。

　　游客朋友们，天柱山是一座神奇的山，它的美景说不尽，它的传说也讲不完，只有慢慢品味，我们才能感知它无穷的魅力。天柱山主峰景区的游程马上就要结束了，感谢大家一路的支持与配合！道一声珍重，说一声再见。希望大家以后再到天柱山观光做客，希望下次能再为大家做导游服务！

（责任编辑：李　荣）

4A景区

二、独 秀 园

景区简介

独秀园是以中国近代历史上最具争议也是最具人格魅力的人物、中国共产党的创始人陈独秀墓地为核心的大型人文景观，国家4A级旅游景区，位于安庆市大观区十里铺乡林业村境内。现占地110亩，包括陈独秀墓、浮雕墙、陈独秀纪念馆等景点。

独秀园导览图

各位游客朋友：

大家好！欢迎来到独秀园参观游览！

安庆是中国第103座国家历史文化名城，南宋时建城，曾是历时187年的安徽省省会城市。独秀园坐落在安庆大龙山脚下。这里是古城安庆历史上著名的关塞要扣——集贤关的西部，总体规划 1.37 平方公里，核心区 0.39 平方公里。目前园内建有两大功能区——瞻仰区和陈列馆区。

瞻 仰 园 区

浮雕　这里是一组反映陈独秀波澜壮阔一生的大型浮雕《惊雷》。《惊雷》浮雕总长 60 米、高 4 米。整部浮雕以长江汹涌澎湃的波涛为主体，寓意着陈独秀一生与祖国母亲河——长江的不解之缘。

陈独秀的一生，为开启民智而呕心沥血，为革命运动饱经坎坷。他始终不渝地坚持反帝反封建、民主科学、马列主义的信念，在中国近代历史发展中有着不可磨灭的贡献。这组浮雕主要从以下四个方面展示陈独秀光辉的一生：

（一）龙性启蒙，睡狮梦醒（反帝反封建时期）

陈独秀，1879 年 10 月 8 日生于安徽安庆。安庆是长江北岸的一座历史文化名城。城中的振风塔挺拔秀丽、气势雄伟，宛如"陈家祖坟一管笔"。安庆"义门陈氏"世代书香门第，在这种文化熏陶下，陈独秀十七岁考中秀才，十八岁就写下他的第一部著作《扬子江形势论略》，被誉为皖江名士。1915 年前他曾先后五次东渡日本求学，组织"青年励志学社"（即青年会），主编《安徽俗话报》，在安庆传播革新书刊，发表演说，呼唤国民速起救国。他参与策划刺杀清廷五大臣计划，建立反清革命团体"岳王会"。1914 年，他第一次以"独秀"为笔名发表了《自觉心与爱国心》，充分反映了作者为追求民主而激烈跳动的爱国之心，急切盼望为国人谋幸福的赤子之心。

（二）五四洪流，百年惊雷（民主科学的追求）

1915 年 9 月 15 日，陈独秀创编《青年杂志》，发表了《敬告青年》，提出民主与科学的进步思想。《青年杂志》第二卷起改名为《新青年》。《文学革命论》一文标志着新文化运动的开始。1917 年 1 月，陈独秀被北京大学校长蔡元培聘请为北大文科学长，《新青年》也随之移至北京出版。当时的北京大学成为中国思想界最活跃的阵地。1919 年，陈独秀在北京发动了震惊海内外的"五四"爱国运动。他亲自散发传单，被毛泽东誉为"五四"运动的总司令、思想界的明星。

（三）民族曙光，激流勇进（坚信马克思主义与社会主义）

陈独秀是马克思主义的积极传播者。他创办的《新青年》杂志是当时传播马克思主义的最主要阵地。他是中国共产党最主要的创始人，是中国共产党第一至第五届中央委员会主要的领导人，是中共一大到五大领导集体的核心。他积极推动国共合作，领导"五卅运动"、上海工人三次武装起义和北伐战争，反对戴季陶主义和西山会议派。他在探索中国革命的问题上做出了重要贡献。

（四）风浪无惧，往事如歌（永不动摇的爱国救国信念）

"八七会议"以后，陈独秀被开除党籍，但他并未放弃对共产主义的信仰和追求。他是中国现代历史上第一个深刻总结社会主义民主政治建设经验教训的人。可以说，陈独秀晚年的民主思想是中国近现代史上对民主政治的最深刻的思索，至今仍然闪耀着真理的光辉。20 世纪 30 年代，陈独秀被捕入狱，在狱中作诗《金粉泪》56 首，为刘海粟大师《古松图》题词，表现了崇高的民族气节。他积极投入全民抗战，支持抗日民族统一战线，发表演讲，激发广大知识青年的爱国热情。

《惊雷》浮雕以黑白对比增加动荡年代的矛盾冲突，以沉夜雷霆寓意陈独秀给旧中国带来的震撼、"五四"精神给中国带来的曙光。作品背景凸显安庆地方特色。正是因为安庆深厚的文化底蕴、壮丽的山河，培养了陈独秀不屈不挠的文人品质。画面中有蜿蜒的皖河、奔腾的长江，有塔影横江、大观远眺、龙山晓黛、菱湖月色，有天柱山、文庙等安庆风光。画面内容还包含了安庆民居街道及徽派建筑风貌。

牌坊 这座汉白玉牌坊，据了解是目前华东区域最大的五门六柱牌坊，采用山东莱阳汉白玉，以现代建筑与徽派建筑相结合的手法创作。牌坊冲天拔地，气势雄伟，宽 19.19 米，寓意着 1919 年在中国爆发的"五四运动"；高 10.09 米，寓意着陈独秀的出生日期 1879 年 10 月 9 日；5 门则寓意着陈独秀一生始终与 5 有缘，如 5 次赴日，5 次被捕，当了 5 届的中共中央最高领导人，最后于 1942 年 5 月去世等等。

五门六柱牌坊

穿过牌坊是黑色的坎坷不平的道路。这条路用的是陈独秀家乡的石板铺就，既寓意着陈独秀坎坷不平的一生，也寓意着陈独秀在黑暗的旧社会探索救国救民之路是何等的坎坷与漫长！

陈独秀雕塑广场　广场周围有四块绿地，并摆放了从大别山革命老区岳西运来的两块大石头。石头上刻了"民主、科学"四个大字，这是陈独秀一生追求的思想理念。两块石头一块是取自长江水系，另一块取自淮河水系，寓意着江淮大地孕育了一代伟人陈独秀。陈独秀塑像高6米，黄铜铸成，底座3.5米。雕塑身着西服，左手叉腰，义无反顾，右手拿书，目光锐利、气质刚强，似奋勇向前，生动、艺术地展现了陈独秀在新文化运动中抨击旧礼教、旧文化，宣传新思想、新学说的光辉形象及革命的开创精神。

广场上摆放着《新青年》雕塑。作为书一类的雕塑，《新青年》雕塑是目前国内最大的作品。雕塑的前面花坛拥簇着"五四"二字，寓意着由于新青年的影响发生的"五四"运动。《新青年》雕塑的正面是该杂志封面。封面上所载文章的作者都是新文化运动时期的名人，如李大钊、胡适等；另一面是《新青年》杂志主编陈独秀所写的《敬告青年》这篇文章的六个标题。《新青年》雕塑旁边有一口方方正正的水塘。这里原先是一口天然水塘，建设独秀园时，扩大了水塘面积，并设计成方方正正的样子。这方方正正的水塘，水面像镜子一样，就好比历史是一面清澈明亮的镜子，终将还原事物的原貌；也寓意着陈独秀一生正直清平、胸怀坦荡的品格。

陈独秀墓　游客绕过水塘，拾阶而上，即来到一代伟人陈独秀安息的地方。这里是陈独秀与他的原配夫人高晓岚合冢的墓。陈独秀是1942年5月27日在四

陈独秀墓

川江津病逝的，原先葬在江津，抗战胜利后，1947 年由陈独秀三子陈松年遵母亲遗嘱将其灵柩迁回合冢的。墓自 1979 年起历经了三次扩建，现为高度 4 米，直径 7 米的汉白玉贴面的半球形墓冢。墓碑"陈独秀先生之墓"七个字采用唐欧阳询的字体。陈独秀墓现在是省级文物保护单位，正在申报全国重点文物保护单位。

结束语 时光似风、日月如梭。一代伟人陈独秀逝世已经半个多世纪了，但他倡导的民主、科学思想，他创建中国共产党立下的丰功伟绩，他所坚持的做人做事的气节精神，将永远铭记在我们心中。他是中国历史长河里一颗永不陨落的巨星！

陈独秀纪念馆

各位游客，我们现在来到的是陈独秀纪念馆。陈独秀纪念馆建筑面积 1030 平方米，采用具有徽派特点并糅合现代气息的建筑设计。馆内以大量的图片资料和珍贵文物史料形象生动地再现了陈独秀的生平事迹。展馆分为 6 个专题部分，共有实物 100 多件，图片 300 多幅。

陈独秀纪念馆

下面我给大家介绍一下陈独秀的生平。

陈独秀 1879 年 10 月 9 日生于安庆的一个世代书香门第，祖籍江州义门。1942 年 5 月 27 日卒于重庆江津，终年 63 岁。陈独秀的生父陈衍中，在陈独秀幼年便去世了。陈独秀有一个兄长、两个姐姐，他排行第四。因自幼丧父，叔父又无子，陈独秀过继给他的叔父陈衍庶。陈独秀谱名庆同（庆字辈），字仲甫，笔名独秀。他先后有三位夫人，两位高夫人，一位潘夫人，共有六个孩子，四个儿子两个女儿。长子延年和次子乔年均是革命烈士。

陈独秀出生的地方，位于今天安庆老城区的海军医院内。资料上记载陈独秀是怀宁人，因为当时的怀宁县治就是安庆城（时称安庆府）。陈家当时在安庆是个大户人家。陈独秀的旧居位于城区南水关，前后共有四进，占地 5000 多平方米，被人称作陈家大洋房子。陈延年、陈乔年幼时在此读书，安庆文物部门将此处列为市级重点文物保护单位，立有"陈延年、陈乔年读书处"标志。

禅修圣境　好戏安庆
——安庆旅游景点导游词

据《怀宁县志》记载："在城西南 60 里有异峰拔起，西望如卓笔，北望如覆釜，为县中山之祖，无所依附，故称独秀。"1953 年毛主席视察路过安庆时，还曾问起陈独秀笔名的来由，正所谓"人以山为名、山以人出名"。

陈家代代习儒。他的祖父是候选知县，父亲是贡生，叔父是举人。陈独秀本人 17 岁即以第一名的成绩考中了秀才，18 岁便出书《扬子江形势论略》。1901年到 1915 年，陈独秀先后五次东渡日本求学，接受了西方的民主科学思想，逐步成为一名民主革命者。1902 年他在日本成立"青年励志社"，1902 年至 1903年期间先后三次举行爱国演说会，1903 年在安庆藏书楼组织"安徽爱国会"，1904 年在安庆创办中国第一份白话文报纸《安徽俗话报》，1905 年在芜湖组织安徽第一个具有军事色彩的革命组织"岳王会"。辛亥革命后，陈独秀任安徽都督府秘书长，并参加了二次革命和讨袁运动。此时的陈独秀已俨然成为安徽地区民主革命的领军人物。

1915 年，陈独秀在上海创办《青年杂志》，宣扬民主科学思想，拉开了新文化运动的序幕。由于《青年杂志》与另一份本地杂志——上海教会所办的《上海青年》名字雷同，所以于第二年的 9 月正式更名为《新青年》，以后这本杂志曾一度成为中共中央的机关刊物。《新青年》的最高发行量为 15000 多份，撰稿人有 300 多位。主要撰稿人除陈独秀外，还有胡适、李大钊、鲁迅。陈独秀以《新青年》为平台，把西方先进的民主科学思想向国人传输，警醒了整整一代人。青年毛泽东在他创办的《湘江评论》上赞誉陈独秀是"思想界的明星"。

1917 年 1 月，时任北京大学校长的蔡元培聘请陈独秀为文科学长（文科学长相当于我们现在所说的文学院院长）。蔡元培与陈独秀是旧识，1905 年都在上海加入过爱国协会。蔡元培最不能忘的是陈独秀办《安徽俗话报》，"很佩服他的毅力与责任心"，对他"有一种不忘的印象"。他在看了一沓《新青年》杂志后便更下定了聘任陈独秀的决心。

《新青年》杂志随之移至北京出版，成立了编委会，编委聚会的地点，常常是箭杆胡同 9 号，于是陈独秀的寓所无形中成了新文化运动的指挥部，当时的北京大学即成为中国思想界最活跃的阵地，也直接推动了"五四"运动的发生。

1919 年 5 月，在北大红楼发起了震惊海内外的"五四"爱国运动。"五四"期间，陈独秀亲自起草"北京市民宣言"，并亲自于北京新世界楼顶散发传单，因被暗探注意，于当晚被捕。北京《晨报》首先披露陈独秀被捕的消息，各地大报都相继报道，社会各界名人志士闻言纷纷致电营救。当时的北洋政府迫于社会舆论的压力，很快释放了陈独秀。

"五四"运动前后，陈独秀开始接触和传播共产主义思想。1920 年上半年，在李大钊的掩护下，陈独秀来到了上海，两人相约组建中国共产党，从此有了南陈北李之说。

1920 年 8 月，中国第一个共产主义小组在上海宣告成立。1921 年 7 月，中国共产党第一次代表大会在上海召开，陈独秀虽然没有出席会议，但由于他当时在宣传社会主义方面的影响和威望，以及他作为党的主要创始人之一所做的贡献，被与会代表一致选举为中央局书记。此后到 1927 年第五次全国代表大会，陈独秀一直是党的总书记。

1927 年"四一二"反革命政变后，陈独秀的两个儿子相继牺牲于上海龙华。兄弟两人早年间赴法国勤工俭学，后赴莫斯科东方大学学习。长子陈延年（1898－1927.7.4）先后任广东区委书记、江苏省委书记，牺牲时年仅 29 岁。2009 年他被评为 100 位为新中国成立做出突出贡献的英雄模范之一。次子陈乔年（1902—1928.6.6），历任中共中央组织部副部长、湖北省委组织部部长、江苏省委组织部部长，牺牲时年仅 26 岁。

大革命失败后，在中共"八七"会议上，陈独秀被撤销领导权。此后，他开始深刻反思中国革命的问题并逐渐倾向托洛茨基的观点。陈独秀在苏联侵略中国的中东路问题上是直接反对共产国际的，并要求以托派路线代替党的六大路线。两件不同性质的事情纠缠在一起，矛头都指向中共中央和共产国际。他关于中国革命问题多次给中共中央致信并写下了《告全党同志书》。不仅如此，陈独秀这时还同周围意见相同的人结合在一起，拿托洛茨基文件给他们看，宣传托派的主张。党中央一开始就对陈独秀等人的这种非组织活动提出了警告。1929 年 10 月 6 日，中央致函陈独秀向他发出"书面警告"，11 月 15 日，中共中央政治局会议通过了《关于开除陈独秀党籍并批准江苏省委开除彭述之、汪泽楷、马玉夫、蔡振德四人决议案》。

陈独秀一生五次被捕，四次入狱。第一次是 1913 年辛亥革命时期，第二次是 1919 年"五四"运动时期，第三、第四次是在上海法租界，第五次被关押于南京老虎桥监狱。

在狱中，陈独秀一直是铮铮铁骨，视死如归。1932 年 10 月第五次被捕入狱，他已有 53 岁，章士钊亲自为他写辩护词，他自己也写了一篇《自撰辩诉状》。在《自撰辩诉状》中，他就坚持陈述"共产党之终极目的自然是实现人人各尽所能、各取所需的自由社会……"。入狱以后，国民党国防部长何应钦单独召见陈独秀并向他求字，陈独秀挥毫而作"三军可夺帅，匹夫不可夺志也"。1934 年他在狱中作诗《金粉泪》56 首，以大量的事实揭露了国民党政府的腐败、黑暗。诗后落款"所谓民国二十三年"极尽讽刺之意。在狱中他还为刘海粟大师的《古松图》题词："黄山孤松，不孤而孤，孤而不孤，孤与不孤，各有其境，各有其图，此非调和折中于孤与不孤之间也。"同时，他还赠其对联"行无愧怍心长坦，身处艰难气若虹"，足见其人格魅力和革命气概。

1937 年抗战爆发后，陈独秀被提前释放出狱。出狱后他坚持发表抗日演说，写下了大量抗日文章。蒋介石请他出任国民党劳动部长，被他拒绝。国民政府出资 10 万请他另立党派，遭其痛斥。

1938 年后，陈独秀避乱于四川江津，居住在鹤山坪石墙院原清光绪进士杨鲁丞的故宅，度过了他生命中的最后四年。1942 年 5 月 27 日，贫病交加的陈独秀病逝于江津鹤山坪石墙院家中，终年 63 岁。去世以后，他身无分文、家徒四壁。他的旧友和江津当地名人邓蟾秋、邓燮康叔侄帮助置办了香楠木棺材，将他安葬于鼎山邓燮康园地。墓碑上刻有"独秀陈先生之墓"，是台静

陈独秀纪念馆

农先生的手笔。何之瑜（北大学生，时任江津国立九中历史教员，被北大同学会委托照顾陈独秀）曾这样描述陈独秀的墓地："先生入葬后，芟芜剔秽，竖碑砌道，莳花草，艺果树，敷布景物，差强人意，鼎山虎踞，几江龙蟠，岚光辉耀，先生之灵，可以安矣。"

1947 年 2 月，抗战结束回到安庆的陈独秀三儿子陈松年再次来到江津，雇船将父亲和祖母的灵柩运回了家乡安庆，并遵照母亲遗嘱将二人合葬于城郊叶家冲。

在中国近、现代史上，陈独秀是一个颇受争议的人物，但说他是杰出的文学家、语言学家、文字学家等却是公认的。在他的一生中，虽然自幼反对八股文，但是受到世代书香家庭的影响，他也是一生都握笔研究中国汉语言文字和诗文，旧学功底深厚，通日、英、法文，书法也绝好。大家看，这就是他在狱中所作"行无愧怍心常坦，身处艰难气若虹"，也正是他自己一生的写照。这是他在狱中为刘海粟的"黄山松"所题："黄山孤松，不孤而孤，孤而不孤，孤与不孤，各有其境，各有其图，此非调和折中于孤与不孤之间也。"……

陈独秀暮年书赠台静农的一幅行楷诗笺《对月忆金陵旧游》："匆匆二十年前事，燕子矶边忆旧游，何处渔歌惊梦醒，一江凉月载孤舟。"通篇气格高古苍莽，线条厚拙凝劲，读罢掩卷，犹似余音袅袅，韵味无穷。

陈独秀的诗，大部分收于《陈独秀诗存》，其诗风格是绮丽之中见豪放，苍凉之中隐愤激，而且极富哲理，有的堪称绝唱。

　　陈独秀离开我们已经有半个多世纪了，他的思想、品德、人格曾影响了中国的老一辈革命家，在中国历史上有着不可磨灭的一页。近几年来，社会各界掀起了研究陈独秀的热潮。随着研究的深入，人们对他有了新的认识。大量的研究作品问世，陈独秀的著作也被重新整理出版。毛泽东曾在《湘江评论》发刊词中说陈独秀是"思想界的明星，我祝陈君万岁，祝陈君至坚至高的精神万岁……"邓小平也曾说过"陈独秀、瞿秋白、李立三这三个人不是搞阴谋诡计的……"。历史长河对它的弄潮儿不停地进行着淘洗、筛选，有的生前风流一世，死后亦彪炳青史；有的曾经风光一时，但随着时光的流逝，不久即黯然失色；有的叱咤风云，并在大浪中几经沉浮，几度挣扎，却从不颓废沮丧。人们对他们毁誉不一，甚至扭曲他们的形象，死后寂寞冷落。但历史的长河终究要清洗他们所蒙受的尘垢，日益显露他们的光彩。而纵观陈独秀一生所做的两件大事：一是提倡科学与民主，二是创建中国共产党，无论哪一件，都已经对中国历史的发展产生了巨大的推动作用，而且必将继续产生深远的影响。

　　陈独秀的一生是伟大的一生，愿他思想的光芒影响更多的人。谢谢大家的参观！讲解中如有不足之处，还望大家原谅！游客朋友们，再见。

（责任编辑：吴紫英）

三、菱湖风景区

景区简介

　　安庆市菱湖风景区位于安庆市主城区中心，面积4.5平方公里，水面积2.1平方公里，是安庆新十二景"菱湖明珠"景区。菱湖风景区湖水通过桥涵相连相通，分别对应菱湖公园、莲湖公园、皖江公园、大湖四个景区。菱湖公园为历史文化区，前身是清末时期的私家园林，作家郁达夫曾写过菱湖游记，1920年前后成为当时安徽省会的省立公园，是安徽省第一座公办公园，以徽派园林建筑为特色，主要有邓石如碑馆、严凤英纪念馆、菱湖夜月、动物园、儿童乐园、盆景园等景点；莲湖公园是市民休闲区，以岭南派园林为主基调，主要有藤缠树、黄镇纪念馆、八仙过海、牡丹园等景点；皖江公园2006年新建，主要有皖江商城、文化广场（大型水景喷泉）、十二景观柱、阳光沙滩、中国黄梅戏博物馆等景点；大湖景区碧波荡漾，杨柳依依，环湖步道曲径通幽。2007年安庆市菱湖风景区获中国人居环境范例奖，为国家4A级旅游景区。

菱湖风景区导览图

菱 湖 公 园

游客朋友们：

大家好！欢迎来到安庆市菱湖风景区观光旅游！

菱湖公园位于安庆市菱湖南路，环菱湖而建。菱湖原是一片天然湖泊，与石塘湖、破罡湖相通。湖中有小岛。清康熙后期，挖掘康熙河。后泥沙淤积，使湖面缩小，湖底抬高，至清末已成沼泽之地。村民于湖岸中广植菱莲，遂得菱湖之名。菱湖曾是历代兵家必争的古战场，太平军三克安庆及著名的安庆保卫战都曾在这里留下遗迹。当年太平军在菱湖北岸修筑了 13 座营垒，南岸修筑了 5 座营垒。菱湖公园于辛亥革命前后建园，其前身是清末时期的私家园林，1920 年前后成为当时安徽省会的省立公园，是安徽省第一座公办公园，也是安徽省建成最早的园林式公园。作家郁达夫曾写过菱湖游记。

菱湖公园面积 38.64 公顷。民国十七年（1928 年），安徽省建设厅接管公园以后，逐年添置景物，先后在此移立史可法"宜城天堑"书碑，并建立姜周坟祠等纪念性建筑，加上原有私人营建的"可园""宜园""三高茶社"等，使游人倍增。

菱湖以多菱而得名。每逢采菱时节，荷花竞放，满湖碧波，皓月当空，从湖

菱湖公园大门

中船上不时传来采菱姑娘的采菱小调，令人心旷神怡。"菱湖夜月"被列为安庆八大景之一。郁达夫、朱湘等当时社会名流常在菱湖之中流连忘返。但这些景点设施在沦陷时期遭到完全破坏。

新中国成立之后，人民政府于1952年开始重建菱湖公园。历经半个多世纪几次大规模的建设，菱湖公园发展成为集休闲娱乐于一体的大型综合性公园。公园总面积达43.8万平方米（其中水面为24.2万平方米），分为四大功能区：儿童娱乐区、休憩观赏区（动物园、盆景园、花圃）、人文景观区（邓石如碑馆、黄梅阁、姜周革命烈士墓）、水上风景区（"湖心亭""夜月亭""观鱼廊"，龙潭瀑布）等。园内栽植各类乔木50多种、2000多棵，灌木7200多平方米，草坪2.2万平方米。水面荷菱碧水交相辉映，岸边亭台楼阁错落有致。由于其内史迹众多，加之它又是安庆市城市公园成长发展的见证，在菱湖风景区总体规划中将其定位为历史文化纪念区。

邓石如碑馆　这是以弘扬清代大书法家、篆刻家、诗人邓石如艺术成就为主旨的纪念馆。邓石如（1743—1805），清代书法金石学家和文坛泰斗、经学宿儒，邓派的创始人。怀宁（今安徽安庆）人，原名琰，因避嘉庆讳，以字行，号顽伯、完白山人、笈游道人、古浣子。

邓石如碑馆始建于1983年，内有邓石如像和《自题诗》石刻以及他晚年书法的精粹石刻。随形就势的爬山碑廊共展出邓石如的碑刻148方。其字篆、隶、真、行、草五体俱备，老辣纷披，玄机渗透。其中有十方古碑为其再传弟子方小东于同治年间官居山东时以双钩木镌刻，百余年来，数易其主，现为该馆国宝级的珍贵文物。

邓石如的书法篆刻艺术成为后人师承的楷模。古今书坛并推他为"当朝精品""清代第一""书坛巨匠"。他的艺术作品蜚声中外、名震古今，尤其是在日本、东南亚一些国家被视为珍宝。

碑馆还是展示传人、文人笔会的胜地。馆内展厅轮换展出当代国内和安庆市书画家的作品，引来众多中外贵宾和游客观赏。

盆景园　始建于1956年。现展园建于1986年，并于1989年成立盆景研究所。全园占地面积11000平方米，圆门、黑瓦、照壁墙，呈现出典型徽派建筑风格。园内曲径通幽，所展盆景以树桩为主，尤以梅花、圆柏桩景见长。梅花、圆柏桩景乃园中瑰宝，独领当今风骚。

作为传统的园林艺术之一，该园的盆景以徽派盆景为基础，综合各种风格流派的特点，经过几代人的耕耘劳作，自成风格，形成了枝干遒劲、意境深远的特点。作品曾荣获国家级和省级大奖四十余件。

菱湖夜月　菱湖以多菱得名。菱荷盛期，花光水气，清晖娱人。深秋时节，皓月当空，静影沉璧，繁星丽天，清波耀金。"风动碧荷看打桨，一湖明月恰新秋。"在近代史志和文人墨客的笔下，"菱湖夜月"的景色美不胜收。

血衣亭　1921 年在惊动全国的安徽省"六·二"学运中，与军阀斗争而牺牲的姜高琦、周肇基及周妻黄家馥合葬于菱湖东北隅，并建有纪念堂和血衣亭，供人凭吊。纪念堂壁上还刻了三人石像，每年六月二日还在亭中展览姜烈士血衣。亭、堂在抗战时被毁于兵灾。1987 年清明节前，市政府按原貌重修墓冢和血衣亭，树立墓碑及铭文，墓周筑以短垣，周围植以苍松翠柏。"血衣亭"掩映于绿树丛中。整个墓地，肃穆清幽。

黄梅阁　是 1985 年为纪念著名黄梅戏表演艺术家严凤英而修建的。该阁系砖木结构，抬梁式构架，内设廊架、小桥、陈列馆等，布局典雅紧凑。陈列馆西侧是汉白玉严凤英雕像，黑色大理石基座内安放着严凤英骨灰盒。基座正面由赖少其题写"天上人间"四字。黄梅阁内七仙女群雕，栩栩如生，再现了严凤英姐妹们当年饰演天仙配时的风采。

动物园　始建于 1956 年。当时占地面积不足 1 公顷，动物数量不足 100 头（只）。经过 1997、2000、2005、2006 年的几次扩建，现占地面积已达 50 亩，动物品种有 50 余种，数量达 600 头（只），其中有国家一、二级保护动物东北虎、梅花鹿、河马、孔雀、天鹅、鸳鸯等珍禽异兽。安庆动物园在着力扩大引进珍稀物种的同时，还加大科研力度，于 2004 年首次成功繁殖国家一级保护动物东北虎两只，填补了安庆市大型野生动物圈养繁殖的空白。

莲 湖 公 园

游客朋友们，现在我们来到的是安庆莲湖公园。莲湖公园位于菱湖风景区东南部，因莲湖而得名，旧称春光苑，始建于 1985 年。公园内有京剧鼻祖程长庚的塑像和 1998 年因安庆城市内涝而英勇献身的"抗洪钢铁战士"吴良珠的塑像。东南角设有安庆市革命文物陈列馆，馆内陈列了将军外交家黄镇的生平事迹。

公园总占地面积约 663 亩，其中湖面 298 亩，环湖陆地面积 365 亩。园内莲湖与菱湖仅一路之隔，且水系相通，为菱湖风景区四大水面之一。从 20 世纪末开始，经政府多次投资改造与完善，加上多年的精心养护与管理，公园现已形成南苑、西苑、北苑三大景区。公园建筑景点轻巧、通透、明快，是典型的岭南风格，整座公园是按现代造园手法建成的开放性园林。

景区内设置有"亲子广场""青年广场""票友广场""老年活动区"。沿湖建有卵石滩地、亲水平台、旱溪、回廊、石矶、挹翠轩、爱莲亭等景点十余处。

莲湖公园大门

南苑景区整体布局以园路为纽带，以广场为节点，建筑、小品、花坛、灯饰、音响等点缀其间。景区绿化配置注重疏密结合、季相变化与空间层次；地形设置因地制宜，倾向自然；铺装材料多采用花岗岩，光毛结合，多色彩搭配，简洁大方，极具时代特征。苑内植有紫藤、银杏、柞树等古树名木。它的建成开放向广大市民充分展示了以人为本、崇尚自然的滨湖绿带风光。

皖 江 公 园

游客朋友们，皖江公园位于莲湖和东湖之间，总占地面积34.68公顷，原称市民公园。于2007年5月1日建成，同年11月初，经市政府批准，市民公园、市民广场更名为皖江公园、皖江广场。该公园在功能上划分为娱乐观景区、商业文化区、黄梅戏艺术园区和生态景观区四个大区。商业文化区是市民公园的核心区域、功能性较强的城市公共活动中心，也是建成后市民休闲、娱乐的主要去处。中心建有A、B两号楼，总面积2.34万平方米，作为商业、展览等场地。

作为市民公园园景的重要一环，皖江广场平面为椭圆形，总面积2.61公顷。广场建有大型喷泉，四周竖有12根浮雕立柱，柱上雕刻安庆新十二景。小菱湖景观区占地80亩，和贯穿公园的绿化带一起构成了特有的生态景观区。小菱湖沿岸有阳光沙滩、观景平台、木栈桥等景点。

安庆文化广场位于菱湖风景区北岸，总建筑面积102000平方米。沿湖岸平缓的坡地用花岗岩地砖修建成三层大平台。第一层平台的中央立一巨石，刻有"安庆文化广场"几个大字。沿湖岸的水面上建有木质的平台，平台南侧设有水景表演系统。喷泉水幕总长 380 米，宽约 100 米，最大喷高 128 米，喷头近 3000 个，水下彩灯 5000 盏，是国内目前规模最大的水幕电影系统之一。

皖江公园

湖面上有密集的喷泉喷口，相对而言，广场更像是观赏喷泉的看台，每逢佳节，大湖里都会有喷泉灯光表演，甚是壮观，引得众多游人慕名前来观看。

安庆市文化广场

禅修圣境　好戏安庆
——安庆旅游景点导游词

　　好了，各位游客，今天的菱湖风景区游览观光已经结束了，感谢大家一路的支持与合作，服务不周到的地方请大家多多包涵！希望大家再次光临我们景区！如果有缘，我会很乐意再次为大家服务！最后，祝愿大家身体健康，万事如意，谢谢！

（责任编辑：吴紫英）

四、巨石山生态文化旅游区

景区简介

巨石山生态文化旅游区，位于安庆市宜秀区长江北岸的菜籽湖畔，总面积50平方公里。景区交通便利，拥有华东地区规模最大、设施最完备的拓展训练

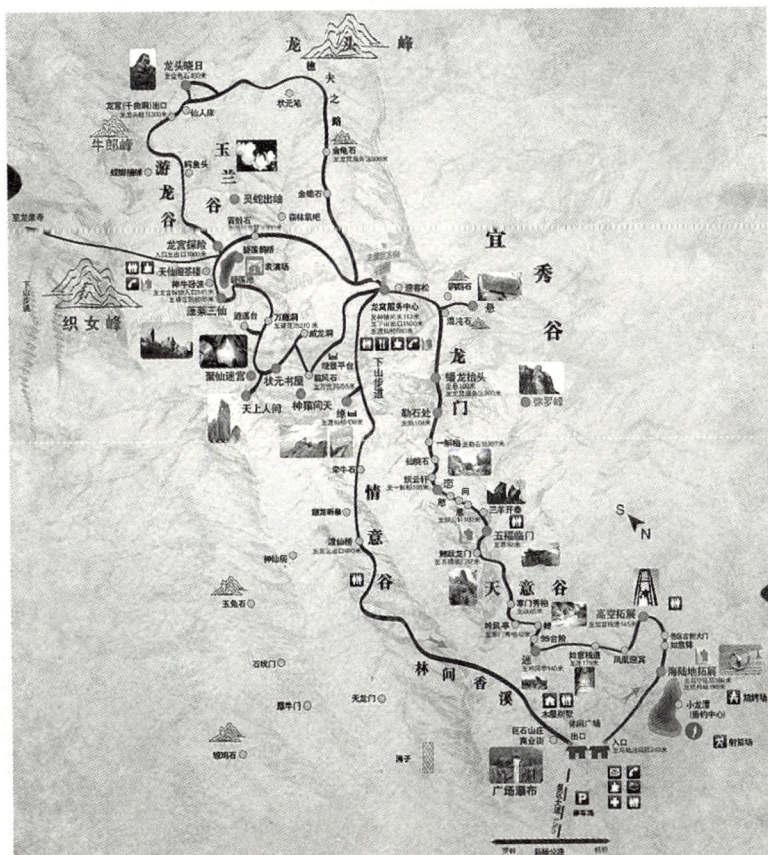

巨石山生态文化旅游区导览图

基地，也拥有被誉为"世界第九大奇观"的巨石地质景观。这里是"海枯石烂"故事的发生地，也是黄梅戏大师严凤英的家乡所在地。2008年开园以来，巨石山生态文化旅游区已成为集黄梅文化体验、原生态休闲观光、科学文化探索、户外运动拓展、龙山主题餐饮、商务会务服务于一体的文化生态型主题体验旅游度假区。2008年12月4日，旅游区已经通过国家4A级的评审，并得到专家的一致好评。

游客朋友们：

大家好！欢迎您来到巨石山生态文化旅游区游览观光！

开始游览之前我们先来了解一下今天的行程和所要游览的景点。整个巨石山景区分为天意谷、龙门、织女峰、龙头峰和风水五大游览区。我们的游览路线是从天意谷游览区开始，途经小龙潭、如意金钵、凤凰迎宾、如意栈道、狮回首、龙门有约到达吟风亭，然后开始参观龙门游览区，穿过寒门秀柏、鲤跃龙门、五福临门，经过满意石、一吻平安、织云轩、一斛稻、勒石处、蟠龙抬头、风动石，到龙窝游客服务中心品尝特色农家菜肴。午饭后开始游览织女峰游览区，经过神猿问天、玉树临风、天上人间、状元读书处，探寻聚仙宫、逍遥台、万鹿洞，到达碧莲池，然后穿越千米龙宫，抵达龙头峰。观赏胜景后，我们将从情意谷下山。整个游程大约10公里，时间需5个小时。

广场瀑布

天意谷景区

小龙潭 这一汪潭水就是小龙潭。小龙潭流传着小龙与凤姑凄婉的爱情故事。凤姑自小在凤水边长大。她年轻漂亮、天真活泼，而且有一副好嗓子。她的嗓音甜美圆润。每天早上，她都会来到小龙潭，一边洗衣服，一边唱山歌。小龙潭西南角有一片很大的水域——菜籽湖。东海龙王的三太子小龙常常逆着大江来到这里游玩。有　天，小龙听到凤姑的歌声，就顺着凤凰溪游到小龙潭来听歌。到了晚上，小龙也不肯回去，就住在小龙潭里，每天早上等着凤姑来洗衣唱歌。天长日久，小龙渐渐爱上了凤姑。有时他变身成一个英俊少年和凤姑对唱。凤姑也渐渐对小龙产生了好感。后来，小龙因为海上的火山爆发而被龙王召回守卫龙宫，并受了重伤。春去秋来不见小龙归，凤姑哭得死去活来，口吐鲜血，昏迷不醒。听到消息的小龙尚未完全康复便匆忙赶来。为了救活凤姑，小龙吐出了自己的龙珠。因为耽误了救治的时间，凤姑失血过多，永远地闭上了双眼……凤姑吐出的鲜血浸透到泥土里，从此这里的土地就变成了红色。伤心的小龙不肯吞回龙珠，他把龙珠扔回菜籽湖里，龙珠就化作了龙珠岛。小龙将身体融入了巨石山，龙头化成巨石山的主峰龙头峰。而凤姑的眼泪也汇聚到山下的这条小溪，就是一路上我们看到的凤凰溪。凤姑与小龙的躯体化作了我们眼前的凤溪龙山，生生世世山水相依……

古人说："山不在高，有仙则名；水不在深，有龙则灵。"小龙潭因为有了小龙也就充盈着灵气。千百年来，小龙潭从来没有干涸过；就算遭遇大旱，它也依然保持着一潭碧水。

小龙潭旁边是拓展训练基地，为安徽省最大的拓展训练基地之一。基地分为五大区域，有水上项目区、高空项目区、大本营、洞穴探险区等，包含 56 个拓展项目。

罗汉赐福 奇峰、秀谷、神石、幽洞、白玉兰和黄梅戏是巨石山的"六绝"。大家看，前方"罗汉峰"山顶上的那块大石头像不像一尊坐着的罗汉？这就是巨石山十景之一的神石"罗汉赐福"。右边的这块大石头，就是罗汉的"如意金钵"。

相传农历二月初二，巨石山的白玉兰竞相开放，引来了各路神仙，造就了一年一度的"玉兰盛会"。这位举钵罗汉第一次参加玉兰盛会，被秀丽的风光所吸引，就手持金钵坐落在山峰顶上。而安庆濒临长江，紧连菜籽湖，常常洪水泛滥，罗汉就用金钵扣住了妖魔水怪，赐福于当地的百姓。当地人心存感激，就问他姓什么，他随口说了声姓"罗"。百姓为了感谢他，就把这个镇叫作"罗岭镇"。其实罗岭镇姓罗的人并不多，罗岭镇只因"罗汉赐福"而得名。

凤凰迎宾　左边这群石头奇妙地组成了山道上的第一个景点——凤凰迎宾。前面这块石头是凤头和凤身，后面的一组石头排列整齐，就像凤凰展开漂亮的尾羽，欢迎各位游客的到来。凤凰是传说中一种祥瑞的神鸟，是百鸟之王，所以有"百鸟朝凤"的说法。俗话说："凤凰不落无宝之地。"春秋时楚国人卞和在荆山（安徽蚌埠怀远县）看见凤凰落在石头上，就得到了价值连城的和氏璧。看到了这只吉祥的凤凰，说明我们今天要爬的巨石山是一块风水宝地。

湖光乍现　走到这里向左边眺望，我们就可以看到美丽的菜籽湖了。菜籽湖水域面积 318 平方公里（丰水期湖面），碧波连天、烟波浩渺，历史上曾经是重要的通江水道。古代桐城八景中有四景和菜籽湖相关——孔城暮雪的渚清沙白、冰水新茶；竹湖落雁的天光云影、雁语斜阳；荻蒲归帆的白帆点点、鱼柝声声；练潭秋月的银海浮空、如梦如幻……清朝康乾盛世时期，桐城出了一对"父子宰相"张英、张廷玉。菜籽湖畔有个地名叫作"落凤窝"，就是张英、张廷玉家的祖坟，那里是一块风水宝地。"落凤窝"离得较远看不真切，我们近处看到的那座椭圆形小岛，叫作"龙珠岛"，就是传说中菜籽湖里的小龙的龙珠幻化而成的。

天钟石　向右边远处的山峰顶上看，西南方那座最高峰即为"关帝峰"。峰顶有一块巨大的石头突兀而立，那块巨石就是"天钟石"。它像一口巨大的天钟紧扣在峰顶。每年农历二月初二龙抬头时，巨石山漫山遍野的白玉兰争相盛开，天上的各路神仙都会赶来这里参加一年一度的"玉兰盛会"。因为巨石山生态文化旅游区一带风景如画，各路神仙总会在这里驻足流连：有的在龙头晓日唱和，有的在风水金带徜徉，有的在聚仙迷宫探幽，有的在状元书屋徘徊。这口天钟到时会不击自鸣，"声闻于天"，召集各路神仙在此集会。

如意栈道　前面出现的木质栈道就是如意栈道。如意栈道系依山就势而建，长度 66 米，共有台阶 66 级（去掉前后两级），寓意"六六大顺"。两旁翠竹根根、竹林掩映。穿行在竹海中，就像穿行在竹文化的长廊。古代文人把竹子人格化了，赋予它许多高贵的品质：竹竿笔直，象征正直；竹管有节，象征有气节、有节操；竹管空心，象征虚心、可包容；竹质不容易弯曲，象征威武不能屈；竹叶冬天常绿，象征贫贱不能移；竹子开花便会死去，象征富贵不能淫。清朝文人郑板桥一生爱竹，他评价竹子"未出土时先有节，已到凌云仍虚心"。

狮回首　这是块大石头，很像一头狮子回首观望，所以有人叫它"狮子回头"。也有人说它像一匹天马回头，如果大家走近左边看这一小块凸起部分，您会发现它有点像人头的侧脸像；但再往左边转一点，它又像齐天大圣孙悟空的猴头。

龙门有约　看完狮回首，便会看到99级台阶。99对老年人象征着健康长寿，对年轻人象征着天长地久。山道左边巨石，是一条巨大的鲤鱼。这条鲤鱼正在奋力地往上游，它要征服这一段"百步天梯"，跳过龙门就可以变成龙。所以该景点叫作"龙门有约"。借"龙门有约"的福运，游客穿越此处必将飞黄腾达、事业有成！

吟风亭　巨石山山清水秀，人杰地灵。千百年来，在桐城文化的浸润下，明清时期这里曾出现过刘若宰、龙汝言两位状元和姚孙斐、许鲤跃、龙鲤门三位进士，故有"五里三进士，隔河两状元"的美誉；曾出现过杰出书法篆刻家邓石如，而令书家归依，世人瞩目；现代又因出了两弹元勋邓稼先、黄梅戏表演艺术家严凤英而闻名遐迩。不仅如此，巨石山还以它那秀丽风光和人文历史吸引了历代各地志士仁人登山临水，怀古论今。明代学者王守仁、方以智，巡抚方孔昭，清代诗人沙衍中，父子宰相张英、张廷玉，安庆知府姚琅、胡缵宗以及桐城派诸子姚鼐等都曾登临览胜。其中不少人还留下了脍炙人口的诗词楹联。"风水环金带，龙山列玉屏"就是龙汝言对巨石山山形水势的精练概括；"吾欲鞭龙起，为霖遍九洲"更是王守仁关心民瘼、胸怀天下的借景抒怀！

龙门游览区

寒门秀柏　是龙门游览区的第一个景点。路左的这两棵柏树，据专家考证，已经有上百年的历史了。《史记》中称柏树为"百木之长"，因为柏树斗霜傲雪、坚毅挺拔，是正气、高尚、长寿、不朽的象征。孔老夫子也崇尚松柏的精神："岁不寒，无以知松柏；事不难，无以知君子"。所以山东曲阜的孔府、孔庙、孔陵里，到处种满了古柏。

前面的两块大石头中间，形成了一道并不起眼的石门，古人把它叫作"寒门"，指的是贫寒而没有权势地位的家庭。巨石山也有一位出身寒门的状元龙汝言。他家庭贫困，从小依靠岳父才考上了秀才。为了谋生，就到京城一个都统家做家庭教师。在嘉庆五十大寿时，都统让龙汝言写一份祝寿词。龙汝言就从康熙和乾隆的御诗中挑选了一百句，编辑成一首非常通顺的集句诗。嘉庆看后龙颜大悦，钦点龙汝言为状元。可惜龙汝言书生薄命，家中有个母老虎，经常被老婆骂得狗血喷头。有一次，他被老婆痛骂之后，就跑到朋友家去避难。正好这时下属送来文件让他审核，老婆收下后没给龙汝言，结果惹下了滔天大罪。文件中把乾隆的庙号"高宗纯皇帝"写成了"高宗绝皇帝"，虽仅几笔之差，却是杀头大罪。好在嘉庆皇帝十分爱才，最后只将他革职而没有杀头。

禅修圣境 好戏安庆
——安庆旅游景点导游词

鲤跃龙门 龙门中有条巨大的鲤鱼正在向上跳跃。传说鲤鱼逆流而上，跳过了龙门就可以变成龙。人们用"鲤跃龙门"比喻科举中榜、加官晋爵等飞黄腾达的喜事，有时也用来形容逆流勇进的不屈精神。

巨石山一带人才辈出，明清时期有"五里三进士，隔河两状元"之说。五里三进士指的是姚孙裴、龙鲤门、许鲤跃三人。明朝崇祯年间（1640 年），巨石山出了个姚孙裴，他从这道龙门走过，中了进士，因为在浙江平定动乱有功，官至兵部主事。桐城文派的代表人物之一姚孙裴的五代孙姚鼐也曾穿越过这道龙门。清朝嘉庆年间，龙鲤门（1795—1829）从这道龙门走过，在京城会试时中了第一名——会元，在嘉庆皇帝殿试中了进士，做官时因为政绩异常卓著，受到朝廷加十级的赏赐。同一时期，巨石山还出了个许鲤跃，他从这道龙门走过，也中了进士。龙鲤门和许鲤跃两位进士的名字都是根据这个"鲤跃龙门"而起的。

这里是登上巨石山、到达织女峰的重要通道。关于许鲤跃，还曾有一个有趣的传说。据说当年尚在求学苦读的许鲤跃，有一天邀请了几位好友同登巨石山，在吟风亭处饮酒作歌，天晚后便留宿山上。半夜时分，许鲤跃梦见一个白发仙翁飘然而来，附在他耳边说，自吟风亭而上，有两块巨石分立山道两侧，正是"龙门"之所在，明早山雾未散之前，你可第一个攀越此门，保你可在殿试中高中……说完他就不见了。第二天一早，山中真的下起了大雾，许鲤跃见大家尚在熟睡，便独自一人攀山越崖，向上行进，果然见有两扇巨石分立山道两侧。仙翁话犹在耳，他顾不上草深路险，急急攀越过去……当年殿试，他果然高中进士。而有关"龙门"的神奇传说也就不胫而走。清嘉庆十九年（1814 年）的状元龙汝言也曾攀越过龙门。

碧莲池

从"龙门"向上不足百米，我们就会看到五块巨石簇拥在一起，其中两块耸起更高，昂然而立，酷似两只跳跃的鲤鱼，似刚刚从菜籽湖中飞跃而起，跳过了"龙门"，其他几块石头就如同它们溅起的水花。这就是已经跃过龙门的"双鲤"，同时，"双鲤"不正是暗指许鲤跃、龙鲤门这两位进士吗？这是一种巧合，还是冥冥之中自有玄机呢？

五福临门 "五福临门"这个吉祥的词语大家耳熟能详，但到底是哪五福却很少有人知道。根据《书经》记载：第一福是"长寿"；第二福是"富贵"；第三福是"康宁"，就是身体健康而且心灵安宁；第四福是"好德"，就是生性仁善而且宽厚宁静；第五福是"善终"，就是寿终正寝而且含笑九泉。五福临门的另一种通俗解释：福——罗汉赐福，禄——龙门中举，寿——千年神龟，禧——喜在心头，财——喜结善财。

满分石 当一位古代学子穿过"寒门秀柏"、经过了"鲤跃龙门"，再到达"五福临门"，他就应该广结福缘了。右边这一景就叫"满分石"，这三块巨石从左向右分别是阿拉伯数字1-0-0。

平安石 转过来后，山洞上方的两块大石头，左边是男子，右边是女子。他们小夫妻俩正在亲热地接吻，这就是"一吻平安石"。俗话说"家和万事兴"，夫妻恩爱、举案齐眉、相敬如宾，家庭就能和谐。如果每个家庭和谐，那么整个社会就能和谐。大家通过"一吻平安石"时，你可以找异性伙伴深情一吻；没带伴侣的，你也可以吻一吻头顶上这块神奇的石头。通过"一吻平安石"，祝福您"好人一生平安"！

织云轩 织云轩是织女下凡后在巨石山纺织的地方。这里环境清幽，前面的远景就像是壮丽的山水画屏风，这就是"龙山列玉屏"。空中白云朵朵、阳光缕缕，脚下重峦叠翠、田园如画。织女就是在这如画的美景中，以云朵阳光为丝，以湖光山景为色，织出了美丽无比的"天衣云锦"。顶上最高处就是织女峰。

左前方山腰处，有一幢"茅草屋"掩映在绿树丛中，那就是著名的"神仙居"。实际上它是一处天然的巨石，周围经常云雾缭绕，是传说中神仙居住的地方。多少年来，无数凡人都想走进神仙居一睹风采，但始终未能如愿，不得入其门。恐怕这就是人仙两隔，可望而不可即的缘故吧！

一斛稻 在这块大石头上有一小块水洼。水洼里没有泥土，却长着一丛野生稻，不管干旱洪涝，水稻总是年年生发，安庆百姓把它叫作"一斛稻"。水稻是安庆最主要的农作物。虽说是鱼米之乡，但安庆也会受到干旱和洪涝灾害的影响。大灾之年，老百姓颗粒无收，神仙把这一斛优良稻种赐给了人间。稼仙、青草香是安庆知名的大米品牌，稼仙是稼穑这里的仙种；青草香是这一丛稻米的稻花香。您听这名字就知道它们与一斛稻有关。斛，是古代的容量单位，一斛大概相当于现在的 20 公斤。这一斛稻当然没有 20 公斤，只表示它是不同于凡间的稻米。这一丛野生稻米能顽强地生长在坚硬的岩石上，真让人感到惊奇和敬佩！

勒石处　巨石山生态文化旅游区山水相依，是禅宗文化和桐城文化的共汇点。菜籽湖畔养育了众多名人，并且留下了许多诗词歌赋和题字楹联。"勒石处"为这些作品提供了良好的展示场所。

左边这一排高大的石头平整光滑，就是文人墨客的"勒石处"。勒石和摩崖石刻一样，是碑刻术语，是把书法篆刻艺术复制到石头表面上。巨石山生态文化旅游区的这些作品出自不同时代的名家手笔，具有丰富的历史内涵和史料价值，也具有珍贵的艺术价值，为秀美的自然风景增加了深厚的人文内涵。

蟠龙抬头　路边的这块石头像巨大的龙头，后面的那组石头像盘曲环绕的龙身，这一景叫作"蟠龙抬头"。蟠龙，是指蛰伏在地面没有升天的龙，龙的形状是盘曲环绕的。这一条蟠龙为什么还没有升天呢？就是因为它对巨石山生态文化旅游区有着深厚的感情，久久不愿意离去，所以又叫作"蟠龙有情"。相传每年农历二月初二（龙抬头），这条龙都会迎接各路神仙到聚仙宫聚会。

风动石　沿右边一条岔道走 50 米，就可以到达惊险的"风动石"。这块风动石底部和山崖并不相连，倾斜地搁在山崖的边角，接触面不到一平方米。一阵风吹来，风动石摇摇欲坠，仿佛随时都会滚落到谷底，让你真正体会惊险的感觉。它是巨石山生态文化旅游区的四绝之一——"奇石"。它的奇不仅在外形，更在它的神。风动石是大自然造就的一件杰作。上苍只给了它一个支点，但它千万年来却坚守在自己的岗位上，不管狂风暴雨、严寒酷暑，无怨无悔地注视着人世间的沧海桑田。

龙窝游客服务中心　龙窝是一片群峰环抱、翠竹成林的山腰盆地。传说远古时是神龙居住的福地。因为龙窝的地气比较温暖，所以这里有成片的稻田、茶园、草地、竹林等等。这里的山茶品质上乘，竹林清幽，可谓天然居住之地。相传当年牛郎织女就是在这里度过了他们生活中最美好的时光。他们在这里开荒平地，造渠引水，栽秧种菜，同享人间之乐。难怪清代安庆知府姚琅游览龙窝后曾感叹道："不知好句能多少，已自疑身入画中！"

织女峰景区

神猿问天　这是巨石山生态文化旅游区景区的代表性景点。峰顶上的那块巨石是一只神通广大的猿猴，所以叫作"神猿"。传说神猿来自天地初成的太初之时，是天地灵气的凝结。因为它的一身同时系着天地阴阳二气，所以它就把促成天下有情人的良缘作为自己的神圣使命！有诗为证："神猿问苍天，月老牵少年；福厚藏美眷，情深显奇缘。""银河悠悠思，星海千千结；何物下眉头，漫山玉兰雪。"（雪阳）

当地人说它就是月老的化身，当初就是它牵起了牛郎织女的爱情姻缘。它永远守卫在这里为地老天荒的爱情作见证！话说王母娘娘押解织女返回天庭的时候，山中百兽纷纷赶来营救，神猿赶在最前头，却被王母娘娘点化成石头。看到自己精心促成的爱情成了不可避免的悲剧时，它永远站在山峰顶上，以它倔强不屈的头颅发出无声的呐喊，仿佛在说："问世间情是何物？直教生死相许！"

神猿问天

玉树临风 在我们身旁的这块"临风石"一头牢牢地扎入地下，另一头高高地耸立天空，临风而立。它是男性阳刚之气的凝聚。登临此处，"则有心旷神怡，宠辱皆忘，把酒临风，其喜洋洋者矣！"（北宋范仲淹《岳阳楼记》）据说这块临风石还是女娲补天时遗留下的一块五色石。据西汉时淮南王刘安的《淮南子》记载："女娲炼五色石以补苍天。"女娲采炼了36501块五色石用来补天裂，结果还剩下了几块。一块在安徽黄山化作了飞来石，一块在这里化作了临风石，还有一块就是《红楼梦》中所说的通灵宝玉。

状元读书处 这间浑然天成的石屋是"状元读书处"，是明朝刘若宰和清朝龙汝言两位状元勤学的见证。清朝嘉庆年间的状元龙汝言出身寒门，家住山脚下的龙家老屋。他经常利用上山放牛的时机，来此苦读，一边吟诵天地文章，一边吸纳山水的灵气和福气。而比龙汝言更早来到这里读书的，还有一位明朝的状元刘若宰。刘若宰出身于书香门第，文思敏捷，出口成章，擅长书画，楷书、行书、草书样样精绝。他简直就是天才。可是奇才常常有奇貌！状元刘若宰相貌奇特，在一般人眼里，他可以说是奇丑无比！明朝崇祯皇帝刚刚登基（1628 年），就广纳贤才，崇祯皇帝看过刘若宰的考卷后拍案叫绝，正准备钦点他为头名状元，但一看刘若宰的长相就不干了。刘若宰头生癞痢、背是驼子、脚是跛子。崇祯皇帝说："我堂堂大明王朝的状元郎，也要仪表堂堂。"刘若宰答道："启禀万岁，自古明君选贤任能，只有以才选官，没有以貌取人。"崇祯说："你头生癞痢。"刘若宰答："我头顶光明。"崇祯说："你是驼子。"刘若宰答："驼子驮天子。"崇祯说："你是跛子。"刘若宰答道："独脚跳龙门"。刘若宰妙语连珠，崇祯皇帝虽然爱才，但还是决定回宫考虑一下。回到宫里，崇祯皇帝决定抓阄定状元，结果连抓三次，都是刘若宰。正在这时，皇后来找，说她新做的状元袍不知道为什么尺寸量错了：前襟短、后襟长，一只裤脚高、一只裤脚低。崇祯皇帝一看，"前襟短，后襟长"正好适合驼子，"一只裤脚高、一只裤脚低"正好适合跛子。这件状元袍就是上天为刘若宰量身定做的！天意如此，我怎敢违也！于是他就点刘若宰为状元。崇祯皇帝仰天长叹："刘若宰，你真是老天爷在帮忙啊！"刘若宰终于高中状元，民间也开始流传开"天赐状元刘若宰"的故事。

走进"状元读书处"，顶上的大石头像一只鲲鹏大鸟展翅欲飞。《庄子·逍遥游》中说，鲲鹏展翅，水击三千里，抟扶摇而上者九万里。也祝愿大家能像刘若宰和龙汝言一样，立下鲲鹏之志，学业上金榜题名，事业上飞黄腾达！

天上人间　景区的第二高峰是织女峰。织女峰海拔 501 米，因为这里是当年织女被押解回天庭的地方，所以叫作"织女峰"。大家看最高的这块山石，有几道深深的沟痕很像手指印，它到底是怎么形成的，直到今天仍然是一个未解之谜。传说这是神猿紧拽织女的衣袖不肯松手，王母朝神猿反击一掌，鲜红的手印永远留在神猿身上。

织女峰

旁边这块石头上摹刻着"天上人间"四个大字，既是永远纪念牛郎织女在这里的爱情故事，又是感叹这里如烟似梦，虽在人间，疑是天上！

聚仙宫　织女峰下是成片的"幽洞"：神龙洞洞口狭窄、曲折幽深，取意"神龙见首不见尾"之意。聚仙宫有两丈多高，可以容纳上百人。"聚仙宫"顾名思义，就是聚集神仙的宫殿。传说每年农历二月初二龙抬头时，漫山遍野的白玉兰争相盛开，天上的各路神仙都会赶来这里，参加一年一度的"玉兰盛会"。

逍遥台　这座观景台叫作"逍遥台"，是传说中众仙幽会之所。逍遥是道家追求的境界，也是神仙生活的写照。超然于万物之外，与山水浑然一体，是令人神往的逍遥境界！逍遥台旁有几株野生白玉兰，整个巨石山生态文化旅游区拥有8000多株成片的野生白玉兰，全国罕见。正是这皎皎白玉兰引来了各路神仙，也造就了一年一度的玉兰盛会。

万鹿洞　万鹿洞洞连洞，洞套洞，洞中有洞，曲折回环，幽深莫测。宽的地方可以容纳数百人，狭窄的地方只能允许一人侧身通过。万鹿洞的得名是由于一个传说：很久很久以前，有几位牧民看到一位仙人赶着上万头梅花鹿钻进山洞躲避大雨，便跟进山洞。梅花鹿闻到生人的气息就四处躲藏起来，结果在山洞里什么也没有找到。可见万鹿洞的开阔。

太平天国时期，翼王石达开奉命攻打安庆，发现万鹿洞非常适合储藏军火，就在这里修筑工事。大家看，这堵石砖垒砌的石门，就是石达开所修。万鹿洞最奇特的地方就是"一线天"。几缕阳光从洞顶的狭小缝隙洒落下来，就像天堂洒落下神圣的光芒一般。

碧莲池　"碧莲映清波，青牛卧仙宫"。眼前这一泓碧波就是碧莲池，也就是传说中牛郎织女幽会的"七夕胜地"。牛郎织女的传说由来已久：牛郎织女在人间结为夫妻，男耕女织，夫妻恩爱，生儿育女，家庭美满。王母娘娘得知织女私自下凡，大发雷霆，派天将把织女押回天庭。牛郎在神牛的帮助下，挑着一双儿女追到天庭。王母娘娘用金钗划出一道银河，拆散牛郎织女，让他们隔河相望，不能团圆。牛郎和两个孩子就用水瓢坚持不懈地舀水，希望能够舀干银河。牛郎的深情终于让王母娘娘受到感动，答应每年的农历七月初七让牛郎织女在喜鹊搭成的鹊桥上相会见面。这就是中国的情人节——七夕的来历。

神牛卧波　碧莲池畔这块巨石叫作"神牛卧波"。它就像牛郎放牧的那头神牛正探头在碧莲池中饮水。在这头神牛的背后，还有一大片石头群，也像一头头神牛卧在草丛里，那就是"神牛阵"。再向右上方的织女峰顶看去，那里露出了"蓬莱三山"。蓬莱三山是指中国古代神话中蓬莱、方丈、瀛洲三座仙山。那是神仙居住的地方。那三块巨石，共同组成了一个巨大的汉字——山！每当云雾弥漫的时候，三块巨石就像是海上的三座仙山一般，若隐若现，让人有置身于仙境的感觉。

银河鹊桥　这一小段浅浅的小溪，就是天上"银河"的化身。唐朝诗圣杜甫在诗中写道："牵牛出河西，织女出其东。"意思是牛郎星（又名牵牛星）在银河的西边，织女星在银河的东边。"银河"上有座小桥，是由人间的喜鹊搭成的，所以叫鹊桥。传说牛郎织女每年的农历七月初七在鹊桥上相会。

龙头峰景区

牛郎峰　牛郎峰与织女峰隔着碧莲池默默相望，千年万年挚情不变。牛郎峰离右边的主峰龙头峰很近。神仙就是从龙头峰上的龙船石来到这里的。牛郎就日夜等候在龙船石旁，向到来的神仙打听织女的消息。诗人雪阳有云："青山有心通古意，百仙无言下云梯。"大家看，牛郎峰山腰的石头造型（用手划圈），那是痴情的牛郎编织成的一颗真心，表达了"海枯石烂，天地为证；山盟海誓，日月为鉴"的爱情誓言。

灵蛇出岫　春天巨石山是玉兰花的海洋，尤其是游龙谷一带，人天同祝，仙龙呈祥，有万千气象。在游龙谷的山腰处，有一块三角状的巨石突兀而起，像一个巨大高昂的蛇头，这就是"灵蛇出岫"。大家仔细看便会发现，蛇头上还有一条天然裂缝，如同蛇嘴，而最绝妙之处还在于"蛇嘴"顶端长出的一棵常青小树，远观正如"蛇信"，十分逼真。而山腰间蜿蜒曲折、连绵不断的成片石头，就如同蠕动的"蛇身"，出没于绿树翠竹之间，雾起之时，若隐若现，更是栩栩如生。

千曲洞　游龙谷起自碧莲池，直达龙头峰。而深藏在游龙谷下面的就是巨石山十景之一的"太古龙宫"。太古龙宫又叫龙山千曲洞。因为太古之时巨石山正是海底龙宫的所在地，后来海水向东退却，把龙宫的神奇永远留在这里。右侧石壁上"潜龙洞"三个隶书大字，就是太古龙宫的入口处。太古龙宫长达 1000 余米，是巨石山最长的一处洞穴。它狭窄而幽深，回环百折，迷洞多多。洞内水声潺潺，石头嶙嶙。石洞高处数米，低处却需要爬行；明亮处可见艳阳高照，幽深处却形同幽冥。到了龙宫中段，我们会看到一个深不可测的垂直洞口，有人尝试着向洞内扔下小石块，但久久听不到回声，至今也没人能到达洞底。

龙头峰　巨石山最高的山峰就是前面海拔 515 米的"龙头峰"。人站在这里可以看到龙头峰倒映在碧莲池中，湖光山色、美不胜收。登上龙头峰峰顶，你会体验到"会当凌绝顶，一览众山小"的神韵。从峰顶向西北远眺，你可以看到烟波浩渺的菜籽湖、一望无际的旷野平畴，更远处是绵延起伏的龙眠山。天清气爽时，我们可以鸟瞰江南，田园村落星罗棋布，犹如一幅绝妙的山水画；而浩浩荡荡的长江就像一条白练穿行于水乡天际，江上白雾迷蒙，川流不息的船只隐约可见。上面的一块巨石，两头高翘，中间平坦，宽阔而又润滑，这就是"仙人床"，躺在"床"上，头枕双臂，放眼长空，耳畔天风浩荡，心底洁净无尘，真正是"此景只应天上有，人间能得几回闻"！

如果大家在清晨登临龙头峰，就可看到"龙头晓日"的壮丽奇观。江上水雾迷蒙，天空彩霞满天，一轮红日冉冉升起，景象极为壮丽磅礴。如果天气好，大家还可看到太阳在石塘湖水面上的八个倒影，连同天上的一个，便是著名的"龙山九日"。

关于龙头峰，民间还有一个古老的传说。相传早在远古时代，有一位神仙乘坐的巨船搁浅在长江边，经风历雨，渐渐与陆地连为一体，船艄化作了巨石山的龙头峰，因此人们又把龙头峰叫作"船艄石"。当年父子宰相张英、张廷玉登临龙头峰，张英就曾借此告诫张廷玉要登高望远、胸怀博大，做到"宰相肚里能撑船"。"不登龙头，等于没游。"游客登临龙头峰，饱览了这里的无限风光，也就不枉来巨石山一游。

各位游客，大家请再看西南方向，那蜿蜒曲折、势若苍龙的群山就是大龙山。大龙山和巨石山息息相关，象征兄弟之情难舍难分。大龙山与巨石山同根同脉，唇齿相依。明代学者王煜曾有诗赞叹道："同安城北万重山，西曰大龙东小龙。长松涧底结琥珀，秀峰云里开芙蓉。"小龙就是指这里的巨石山。

各位游客，今天就游到这里，我们的行程将告一段落，但愿巨石山生态文化旅游区的美丽传说和秀丽风光，能给大家带来长久的欢乐和回味。欢迎大家再来巨石山观光游览！

（责任编辑：吴紫英）

五、孔雀东南飞

景区简介

孔雀东南飞景区坐落在安徽省怀宁县小市镇（小吏港），皖河之滨，背靠国家5A级旅游景区天柱山，是《孔雀东南飞》焦刘爱情故事的发生地，有长诗圣地、中国爱情朝圣地、东方爱情教科书的美誉。目前该景区已是国家4A级旅游景区、国家非物质文化遗产、安徽省文化产业示范基地、安徽省民营文化企业100强、安徽省青少年最喜爱的A级旅游景区、安庆市十佳旅游景区、安徽省"861"行动计划项目。主景区占地300余亩，汇聚了汉代古建筑118幢，建设面积2.3万平方米，多处游览景点再现了焦刘爱情故事的动人场景。

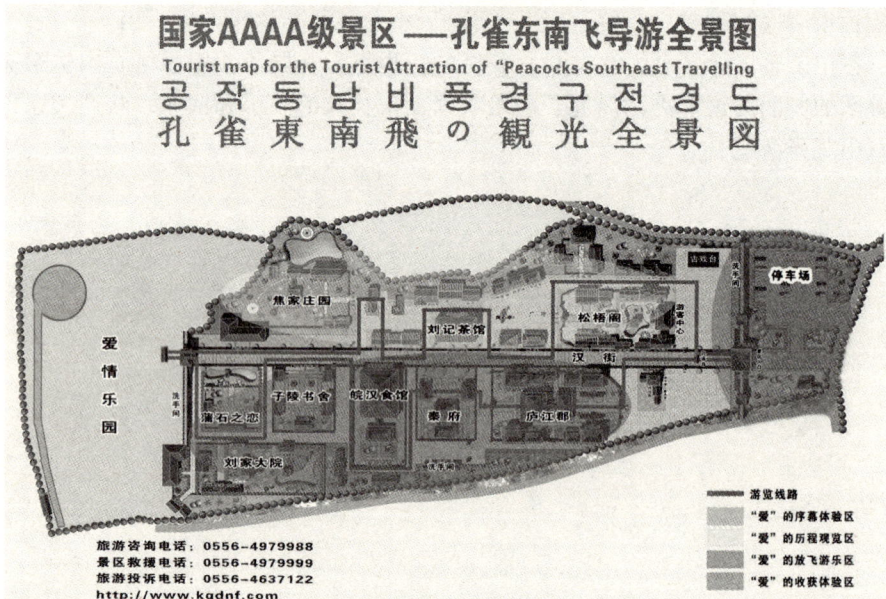

孔雀东南飞景区导览图

亲爱的游客朋友们：

大家好！欢迎大家来到中国大型传统爱情实景地、中国爱情教科书——孔雀东南飞景区！

大家知道，《孔雀东南飞》是我国文学史上第一部长篇叙事诗，与《木兰辞》并称为"乐府双璧"。今天我们来到了 1800 多年前焦仲卿、刘兰芝爱情故事发生地，我将带您领略一个荡气回肠的爱情忠贞故事，走进一个曾发生过凄美而真切的爱情"绝唱"之地。

矗立在我们眼前的这座"皖城"是 2008 年怀宁县人民政府斥巨资建成，中央电视台曾以它为外景地，拍摄了三十六集电视连续剧《孔雀东南飞》。自此这里成了中央台的影视基地。景区占地面积 300 余亩，建筑面积近 2 万平方米，共汇聚了汉代建筑 118 幢。整个景区由"爱"的序幕体验区、"爱"的历程观览区、"爱"的放飞游乐区、"爱"的收获体验区四部分组成，就让我们从爱的序幕体验区开始"爱情之旅"吧。

皖城城楼

首先提一个问题：为何这座城称"皖城"呢？原来早在春秋时期这里就是皖国封地，山称"皖山"，水称"皖水"，城称"皖城"，安徽省简称"皖"就来源于此。

城楼下 我们先参观楼下《孔雀东南飞》连环画，了解真实凄美的故事梗概。诞生于汉末的"古代第一叙事长诗"《孔雀东南飞》，距今已有 1800 多年，多少年来这个东方经典的爱情故事，打动了无数读者，并编进中学课本，被视为爱情观的"教科书"。这首诗的故事发生地就在此处，也就是天柱山脚下的安庆怀宁县小市镇。全诗 357 句，1838 字。

《孔雀东南飞》故事其实很简单：美丽、聪明、善良而勤劳的少女刘兰芝，嫁给庐江郡小吏焦仲卿后，偏执顽固的焦母始终看她不顺眼，威逼焦仲卿"休妻"。焦仲卿虽也为自己的爱情做出努力，但生性软弱孝顺的他还是迫于母命，劝说兰芝暂避娘家。分手时两人盟誓，永不相负。

谁知，趋炎附势的哥哥逼兰芝改嫁太守的儿子，加之传来焦仲卿死讯，兰芝无奈，应了婚事。焦仲卿闻讯赶来，兰芝虽惊喜万分，却知此后之路太多坎坷，只得相约"黄泉下相见"。

在太守儿子迎亲那天，兰芝"揽裙脱丝履，举身赴清池"，得到兰芝死讯的焦仲卿，向母亲跪别后，便也"徘徊庭树下，自挂东南枝"双双殉情而死。两人坚贞不移的爱情故事因此也流传千古，为后世传颂。

城楼上　现在我们已经登上城楼，西北面就是皖山，也称古南岳天柱山。曾有人出考题：孔雀为何要东南飞？答题者急中生智答到："西北有天柱，上与浮云齐。"孔雀还真只能向"东南飞"了。其实，刘焦两家仅一皖河相隔，兰芝家在焦家的东南方，焦仲卿化为孔雀后，只有向东南飞才能与兰芝见面，焦仲卿对刘兰芝的生死恋情从方位上也诠释了诗名的由来。

现在让各位来撞击这"爱情铜钟"吧，"一下爱神牵手，二下爱驻心头，三下相爱永久。"可不要敲乱哦！

孔雀雕塑　两只孔雀亲昵依偎，巧妙地构成"心"状，有着美好的寓意。

孔雀雕塑

基座四面浮雕上，依次展示的依然是对对孔雀缠绵、徘徊的姿态，朋友们不妨在这儿留个影吧。

汉街　从这里开始，我们进入第二个区域，即"爱"的历程观览区。呈现在眼前的是一条长 1000 多米的"汉街"，此街古朴、庄重、典雅，既有官宦府邸的气派豪华，兼有民宅院落的清净淡雅；加之店铺林立、商贾云集，真实再现了庐江郡府所在地"皖城"当年的繁华景象。

立在街边的是"汉阙"，汉阙是汉代的一种纪念性建筑，有石质"汉书"之称。其立在建筑群门外，表示威仪、记录事项，因左右分列中间缺口，故称"阙"。

庐江郡　呈现在我们面前的阔气府衙就是名噪天下的"庐江郡"，它是西汉 12 个郡之一，领 12 个县，地域十分广阔。东汉末年实行"州郡制"，庐江郡治迁皖城。"州郡制"是指东汉末形成的州、郡、县三级地方政治制度。由于东汉朝廷派中央九卿出任各地州牧，集一州各郡之军、财、民力镇压黄巾起义。中央集权名存实亡，因此"郡"其实就充当了"省"的角色。

庐江郡大门

了解了"州郡制"我们再来解读汉代的婚姻法律制度。"早婚"，是汉代普遍现象，"十七为君妇"，兰芝 16 周岁就身为人妇，是悲剧原因之一；"主簿做媒"，体现了汉末官主婚姻积习，青年男女的婚姻除父母支配外，还有官府的逼迫；"七出"，春秋时男子休妻"七出"规诫到汉代虽然改变不少，但兰芝还是成了"不顺父母去"的牺牲品；"出醮"，专指妇女再嫁。汉代妇女改嫁的现象很普遍，再嫁妇女也不会受到歧视，这也为兰芝"举身赴清池"埋下伏笔。

眼前这个场景再现了当年"主簿刁难""仲卿唯喏"之情景。主簿是庐江郡的文官，典领文书，办理事务，大概相当于现在的秘书长。就是他牵线，让兰芝"出醮"太守之子的。而焦仲卿仅为郡府小吏，平日就多受主簿的挤兑欺压，他只有认命的份。看看仲卿理事的场所就可想见其寒酸了。

太守府则不一样了，作为一郡最高的行政长官，其办公地法规典制、刑具公案一应俱全。

周边展示的都是一些与汉代相关的知识性文字，大家不妨粗略了解一下。

这是"汉乐府"的介绍，元狩三年（公元前 120 年），汉武帝设置汉乐府，令司马相如等作诗赋，让宦官们训练乐工，采集民歌。汉乐府是继《诗经》后，古代民歌又一次大汇集，不同于《诗经》的浪漫主义手法，"汉乐府"开创的是诗歌现实主义新风。《陌上桑》和《孔雀东南飞》都是汉乐府民歌，后者是我国古代最长的叙事诗。

秦府　长诗中焦母曾言："东家有贤女，自名秦罗敷。可怜体无比，阿母为汝求。"我们已到了秦罗敷的家——秦府。说到秦罗敷，读过《陌上桑》的人都能背出经典诗句："行者见罗敷，下担捋髭须；少年见罗敷，脱帽著帩头"。但《孔雀东南飞》的秦罗敷却是与焦家相邻、知书达理的美女，她见证了仲卿兰芝忠贞的爱情。有人甚至说《孔雀东南飞》这首乐府长诗就是出自她的手。

正是由于秦罗敷是焦刘爱情的见证者，就让我们在秦府通过光声电的方式回顾"蒲石之恋"的几个经典场面吧。

这是兰芝"十三能织素，十四能裁衣……"心灵手巧的成长过程。在当地有"巧芝子"美誉的刘兰芝，从小聪颖过人，曾有人拿出七尺布让其剪裁衣服，仍须剩下七尺，兰芝三下五除二裁剪成衣后，丢下一段七尺的布头；对方不服气：你能一剪剪出"丂"字吗，好个兰芝将布折了几下，一剪刀下去，"丂"字成了，对方不得不竖起拇指。

这是仲卿在母亲逼迫下"遣妇"的情景，也就在此时，双方约定"君当作磐石，妾当作蒲苇"，成就了"蒲石之恋"的千古佳话。

这是兰芝"抗婚"场景，兰芝心灵手巧、孝婆相夫，并与仲卿有约在先，但在那样的时代，是无力与世抗争的。为兄高压、主簿威逼，她只有"愁思出门啼"的份。

这是"蒲石之恋"最为动人的场景，从相约"黄泉下相见，勿违今日言！"到"仰头相向鸣，夜夜达五更"，一悲三叹，令人扼腕的"贞爱"情节千古流传，万载颂扬！

刘家大院 很多朋友急切想看看培养出"心灵手巧、聪颖过人"的"巧芝子"的地方吧？现在就是刘家大院了。右边的两层楼是父母住的上房和兰芝闺房，左边住的是兄长，顶头是厨房。后面水塘上的亭阁是兰芝"十六诵诗书"的地方，她面前摊开的就是《千字文》。大家不妨在兰芝读书处留个影，也算是知书达理了。

旁边是"十五弹箜篌"的练琴房兼书房。箜篌是十分古老的弹弦乐器，在古代除宫廷雅乐使用外，在民间也广泛流传。兰芝能弹箜篌，说明受过很好的家庭教育。

今天我们就伴着轻妙的弹弦乐曲，好好享受穿越时空的氛围吧！

焦家庄园 参观了东南向的刘家大院，再去西北向的焦家庄园看看吧。长诗中焦母是焦刘婚姻终结的始作俑者，正是由于她刁钻、刻薄、狠毒才导致了这场悲叹千古的爱情悲剧。

进门左边就是过门后的兰芝"鸡鸣入机织，夜夜不得息。三日断五匹，大人故嫌迟"的地方，兰芝织布房。这小小的织布房积聚下兰芝的多少辛酸泪！

右边是焦仲卿的妹妹香草的闺房，焦母不仅酿造儿子的爱情悲剧，也不允许女儿嫁给穷教书的赵子陵，抗争的结果就是香草用最为传统的方式择婿——抛绣球。现在就让朋友们试试运气，被选上了虽没有"洞房花烛夜"这等好事，也还是有"大礼包"奉送的，它会给你带来好运道。

正对大门是焦母的正房，我们去看看她是如何训斥儿子、儿媳的。

后面偏房才是兰芝、仲卿简陋的新房，现在已经人去房空、物是人非了。

池塘边的歪脖杨树见证了焦仲卿"徘徊庭树下，自挂东南枝"的殉情之举，至今它还兀自斜插在那里，向后人诉说着什么。

蒲石之恋 眼前这口半月塘就是当年刘兰芝"揽裙脱丝履，举身赴清池"的池塘，难圆的半月塘千百年来沉积了兰芝这样刚烈女性多少恩怨和悲叹。

"两家求合葬，合葬华山傍"，这就是兰芝仲卿的合葬冢了，我们可以向他们致以"注目礼"，也算是略表追思之情了！

如果说"在天愿作比翼鸟，在地愿为连理枝"是唐明皇、杨贵妃贞爱的写照，其实早在汉代就用"东西植松柏，左右种梧桐。枝枝相覆盖，叶叶相交通。中有双飞鸟，自名为鸳鸯。仰头相向鸣，夜夜达五更"来借物寓情、借物言情。

后人据此就在这半月塘里养上鸳鸯，并用松柏、梧桐的外形，搭建了"鹊桥"，送吉言："鹊桥走一走，爱情能永久。"现在就让相爱之人牵手过鹊桥吧。

　　也是根据上面的寓意，景区将展示中国经典爱情文化的院落称为"松梧阁"了。

　　爱的审判　焦母是造成焦刘爱情悲剧的"祸首"，我们也听说过历史上很多这样的"祸首"，他们不仅为历史留下很多爱情遗憾，也酿下了一杯杯爱的"苦酒"。今天，我们就通过"爱的审判"来辨认一下他们丑恶的嘴脸吧。

　　秦始皇，这名暴君酿成了孟姜女、万喜良的爱情悲剧；

　　马文才，由于他从中作梗，造成梁祝难成眷属，只能化蝶；

　　陈世美，这个负心郎，加害秦香莲，最终走上断头台；

　　法海，不成人之美，让许仙、白娘子尝尽苦头，被永镇雷峰塔；

　　孙富，诌媚小人，挑唆挚爱，造成杜十娘沉箱自尽的悲剧。

　　到这里，我们结束了"爱"的观览区的游程，让我们步入"爱"的放飞游乐区，去体验下真挚爱情带给我们的快乐。

　　爱的放飞　这是第三区域，"爱"的放飞游乐区。呈现在面前的照壁上刻写着"爱的放飞"四个大字，说明我们已经走出"蒲石之恋"带来的震惊与酸楚，就让我们放下一切，尽情享受各种爱情娱乐节目带来的欢快吧。

　　爱的风筝园　照壁后是游乐区小商业街，左边是"爱的风筝园"服务街区，这里不仅展示了各种材料、各种造型的风筝，还展示了风筝文化的相关资料。

　　风筝为中国人发明，源于春秋时代，至今已有2000余年。相传"墨子为木鸢，三年而成，飞一日而败。"汉代时，楚汉相争，韩信曾令人制作大型风筝，并装置竹哨弓弦，于夜间漂浮楚营，使其发出奇怪的声音，以瓦解楚军士气，这就是"四面楚歌"成语的来源。

　　在传统的中国风筝上到处可见吉祥寓意和吉祥图案的影子。漫长的岁月里，祖先们不仅创造出凝聚着中华民族智慧的文字和优美的图画，还创造了许多反映人们对美好生活向往和追求的图案。开封、北京、天津、潍坊、南通、阳江并称中国六大传统风筝产地，潍坊更是被各国推崇为"世界风筝之都"。

　　现在就让我们进入"爱的风筝园"小试身手吧，里面都有教练手把手教你们做的。

　　爱情游乐园　街区的右边是"爱情游乐园"服务街区，各种图片和项目介绍可供我们选择自己喜欢的游戏项目，在街区我们还可以租借到相关的游乐器械。

　　皖汉食馆　左手边是"皖汉食馆"，景区专门打造了"爱情八大碗"饮食文化，各位朋友可以在充分享受"爱的美味"的同时，欣赏到汉唐风格的歌舞表演。游览到现在想必朋友们都饥肠辘辘了，现在就让我们去品尝"爱情八大碗"，同时拉开最后一个区域"爱的收获体验区"的游览序幕。

所谓"爱情八大碗"是景区根据地方餐饮特色,按照一定的文化主题提炼出来的一种饮食文化,分别冠以"团团圆圆""甜甜蜜蜜""喜结连理"等吉庆的名称。大家在用餐时别忘了欣赏汉唐风格的"爱的祝福"歌舞表演。如"踏歌""书韵""月夜思"等。

刘记茶楼 "饭后百步走,不如茶楼坐一坐"。我国是茶叶原产地,古人云:"以茶散郁气,以茶驱睡气,以茶养生气,以茶除病气",现在就让我们去刘记茶楼坐一坐,驱驱睡气,顺顺郁气吧。

楼上雅座是品尝"新娘茶"的地方,我第五个问题也出来了,什么是"新娘茶"。原来这是江南风俗,成婚后的第二天早晨,新娘要由人带领拜见公婆,向公婆敬茶,公婆则要给新娘红包。之后,婆婆要带引新娘给家族中的各式人等及远道而来参加婚礼的亲朋敬茶。婆婆还要带领新娘逐一拜见邻里亲友,向他们敬茶。被敬茶者都要给红包。所以说:新娘茶是新娘初来乍到、认识亲朋邻里的一种方式。

现在楼上的"兰芝妹妹"已经给各位沏上了上等好茶,并用独特的"新娘茶"表演欢迎大家呢!

喝完新娘茶,广场上的婚俗表演也开始了,我们不妨也去坐一坐花轿,甚至做一回新娘。

松梧阁 "东西植松柏,左右种梧桐。枝枝相覆盖,叶叶相交通。"松柏与梧桐在长诗中成了焦刘爱情的印证,故此景区将展示中国传统经典爱情故事的场所取名"松梧阁"。松梧阁里展示了中国古代十大爱情经典故事,大家可以去品读一下。

购物街 听了爱情故事,似乎大家都应该去"爱的收获"购物一条街去买点什么纪念品吧,也好将孔雀东南飞景区对诸位美好的祝愿带回去,与亲朋好友一起分享。

别忘了,我们安排的"挚爱千年"大型黄梅戏折子戏表演,是下午两点半准时开场。

孔雀坟 游览了孔雀东南飞主景区,穿过小吏港老街,来到新街,不远处就可看到状似乌龟的孔雀坟。眼前是一座背西向东的合葬坟,四周由石块砌成,坟冢上面青草幽幽,四周松柏青青。在这绿柳成荫的幽静处,焦刘相依而眠了1780多个春秋。墓前原有一块不到1米高的青石碑,历经千年风雨,焦刘二字仍清晰可辨。现在的白色大理石墓碑,是1987年重新修建而立,碑高1.5米,宽0.8米,用隶书刻着"汉焦仲卿刘兰芝之墓"。碑文上端雕刻一对孔雀,展翅相视,栩栩如生,象征着焦刘二人的爱情忠贞不渝。这座合葬墓,人们习惯上称作"孔雀坟"。

孔雀坟

　　各位朋友，凄婉而美好的"爱情之旅"，到这里算是告一段落了，感谢大家这一路上的合作与支持，服务不周到的地方请大家多多包涵。好了，到了小×和大家说再见的时候了，"天下没有不散的筵席"，就让各位朋友带着"孔雀东南飞"景区"愿天下有情人终成眷属"的美好祈愿，踏上归程，朋友们——再会！

　　　　　　　　　　　　　　　　　　　　（责任编辑：何刘杰）

六、白 马 潭

景区简介

国家4A级旅游景区白马潭地处天柱山西麓，潜河中上游，距天柱山高速公路出口仅17公里，距潜山县城25公里，隶属安徽省潜山县水吼镇，总面积75平方公里。景区群山绵延、绿水环绕，以良好的生态环境、独特的河谷风光、淳朴的民风民俗、丰富的户外游览运动闻名遐迩，曾获央视五套"旅游风向标"栏目五颗星漂流推荐，被网友评为华东地区"十大最刺激最浪漫最受欢迎的漂流景点"、安徽省户外运动基地，还是《天仙配》《孔雀东南飞》等影视剧的外景拍摄基地。景区特色竹筏漂流享誉江淮、名驰华东，被称为"天柱山下第一漂"；水吼园是全国首批农业示范点；另有皮艇漂流、马术、卡丁车、烧烤、篝

白马潭旅游景区导览图

火、沙滩车、弹跳蹦极、户外露营、特色农家餐等项目。景区所在的风情小镇、美好乡村荣获全国"人居环境范例奖"。白马潭所产的天然钻石（金刚石）多次亮相央视荧屏。

各位游客朋友：

大家好！欢迎来到白马潭景区旅游！

白马潭景区，位于潜河中上游，地处大别山腹地以东，素以红色山水、生态画廊而著称于皖西南百里潜河观光带。在革命老区水吼岭，最早由农民自己创办的黄金河段的经典漂流，曾被《人民日报》等多家权威媒体誉为"天柱山下第一漂"，并荣获中央电视台二套"旅游风向标"栏目（旅游安徽板块）景区景点综合评分"五颗星"。新的白马潭景区于2009年年底由政府主导实施漂流资源全面整合，成立了"安徽水吼旅游发展有限公司"。目前推出的主要旅游产品有：白马潭上码头竹筏漂流、白马潭中码头橡皮艇自助漂流、白马潭农家餐和户外拓展训练基地等。

白马潭景区

在这个自然形成的S形的河湾里，原先生长着大片的白花花河芒，因而这个村庄原先就叫"白芒潭"——后来村里人为避"白忙"之讳，便起了一个"白马潭"的名字。水大时节，白马潭河道白浪翻卷，惊涛拍岸，势如万马奔腾、白驹分鬃，"白马潭"之名因此而沿袭至今。据称，白马潭董家湾就曾是《天仙配》男主人公董永家族的集聚地，仙凡爱恋的故事在沿河两岸千古流传，感人至深。

历史上的白马潭曾以发达的潜河航运、民间造纸业和盛产中药材等而享誉长江中下游地区，有"百年老码头，千年古航道"之称，是皖西南山区农产品的集散地和民间商贸中心。

白马潭是一处远离污染的生态桃源。安徽名茶"天柱剑毫"就诞生在白马潭。此外还盛产高山云雾茶、野生河鱼、板栗、瓜蒌等土特产品。

白马潭上码头竹筏漂流

白马潭是天柱山乡村旅游的主打产品，也是天柱山水上旅游的拳头景区。景区以水吼观光园为中心，以大险河为轴线，辐射面积达75平方公里，现有上中下三个漂流码头，共分为水上漂流区、河滩运动区及红色旅游基地三大板块。

竹筏漂流上码头，漂流时先逆流而上，后顺水而下，逆顺漂流在全国范围内属于首创，全程7公里，时长50分钟。1999年以来，白马潭以全国首创的逆顺漂流获央视五套"旅游风向标"栏目五颗星漂流推荐，被网友追捧为华东地区"十大最刺激最浪漫最受欢迎的漂流景点"，曾被《人民日报》等多家权威媒体誉为"天柱山下第一漂"，还获得全国农业示范点、安徽省五星级农家乐、安徽省户外运动基地、全省旅游农家乐示范点、科普旅游基地等殊荣。2009年，荣获同程网"同程·中国"最受关注奖。电视剧《天仙配》《孔雀东南飞》曾在这里取景拍摄。

好，下面我们依次上筏。上筏时注意安全，穿好救生衣，听从工作人员的安排。

石滩 天柱山被誉为"山峰的丛林"和"石头的宫殿"。许多地质学家以天柱山的石头作为研究课题，成果丰硕，从而晋升为中科院院士。因此，天柱山也被称为院士的摇篮。

天柱山以形形色色的石头被称为世界最美花岗岩景观。河滩上有很多石头。2010年国家地质队在这里发现了世界上最昂贵的石头——金刚石，大家有兴趣的话随便捡上一块都有收藏价值，也可以带回去腌制咸菜，保证腌出的咸菜色泽光亮，又香又脆。

蛇形滩 这段沙滩水岸线弯弯曲曲，好似一条蛇爬行时的线条。蛇形滩虽无急流，但竹筏上行非常艰难，必须靠人力拉纤。每逢水流湍急、河道拐弯处，师傅们就要面贴河滩，手脚并用，使竹筏继续上行，几乎要用尽全身力气。在不远处的金牛峡，岸边的石壁上还留下了世代筏工拉纤时的脚印。随着陆路交通的发展，公路运输取代了竹筏水运，竹筏成了水上旅游工具，天险河岸边的"纤夫脚印"也成了天险河中的一景。

禅修圣境　好戏安庆
——安庆旅游景点导游词

蛇形滩

金牛关　正前方那座耸立的山峰酷似牛的脊背，右侧的两座矮山仿佛牛角，那就是金牛山。金牛山有一条羊肠小道直通山顶，有飞鸟不敢过、猿猴愁攀登的险要地形，当地人称为金牛岭。但是金牛只有身躯，没有头，头究竟上哪儿去了呢？

相传太平天国时期，安庆保卫战失利，英王陈玉成率部退守金牛山，设立关隘，因山势陡峭，清军久攻不下。这时有一乡绅前来告密，说要想破金牛关，必先毁牛喉。原来，金牛山有天然暗道通往河谷牛头的牛嘴，太平天国将士借这条暗道送给养粮草。在乡绅的指引下，清军找到了牛头处的洞口，装进大量的炸药，引爆后将牛头炸成一个水急潭深的河谷，就是现在的金牛峡。一个月后，陈玉成率领为数不多的将士突出重围，如今山岭上还残存着石墙等工事。

游客朋友，逆漂行程到此结束，顺漂即将开始，在这里再次提醒大家，沿途水急有礁石，为了您的安全，请在竹筏上坐稳，不要将手脚伸进水里，以免触碰礁石受伤落水。

钓鱼台　一说起钓鱼台，大家一定想起商周的姜太公。当然这不是当年姜太公坐过的地方，曾经坐在钓鱼台上垂钓的人是历史上最早的炼丹家、中国最早的魔术师、道教丹鼎派创始人左慈。

左慈，东汉末年庐江（也就是现在的潜山）人，曾在天柱山采药炼丹，精修长生不老之术。他创造的炼丹术演变成天柱山养生功，具有神奇的疗效。俄罗斯《财政计划》总裁尼古拉妻子原来不孕，自从练成了养生功后，先后得了一对子女。

除了炼丹，钓鱼就是左慈的业余最大爱好了。他在天柱山采药炼丹期间，经常救济当地的贫苦百姓，人们为了纪念这位德高望重的仙人，将他钓鱼的石头称为钓鱼台。

民居 为了突出潜山风景旅游城市特色，按照"全县大景区，乡村小景点"的思路，白马潭因地制宜，坚持"立足农村特色，保持原始生态"理念，建设天柱山下秀美乡村。白马潭农家小楼在单体设计上，统一采用"灰瓦、白墙、圆柱、宽窗、坡面"的新皖派建筑风格，集群而居，或枕水独立，环境优美。

响水滩 左侧的响水滩，是我们漂流途中经过的流程最短、落差较大的激流险滩。那为什么叫响水滩呢？因为它具有一种特殊的功能，那就是借水声预测天气，有"忽闻滩水响，必有雨一场"和"静听水无声，来日天放晴"的农业谚语，十分灵验。

响水滩

龟形山 各位请看，这座山像什么？是不是像一只乌龟呢？对，它就是龟形山。传说为了制服蛇精，村子里举行了一场法事，敲锣打鼓，连河里都停满了竹筏。这时，河里一只乌龟前来凑热闹，将头搭在竹筏上，无意间被一个患有近视的姑娘踩了一脚。可能是姑娘用力过猛，致使乌龟受到重创，从此再也不敢伸出头来，成了一只缩头乌龟！

董家湾大桥 前面是济广高速公路，六安至潜山段高速路桥，穿越大别山腹地，横跨天险河。董家湾大桥是六潜高速隧道最多、桥墩最高的路段，也是漂流途中一道风景线。

白马潭依托长江航运、天柱山机场、沪蓉高速、济广高速、105 和 318 国道构成的立体交通网，处于南京、武汉、合肥、九江四大城市交通圈内。而六潜高速公路野寨出口，距离我们景区仅半小时车程。

水吼岭 史料记载，水吼岭因其地处潜河中上游水运要冲，曾是三国古战场之一，是历代兵家较为理想的屯兵之地和进退自如的重要运输线。这里是革命老区。抗日战争时期，水吼岭作为抗日主战场，先后成立 40 多支游击队；国民党 176 师在这里抗战 6 年，牺牲将士 4000 多人。解放战争时期，刘邓大军挺进大别山，在这里战斗生活。在潜河两岸的大山上至今仍残存着大量的战壕工事。

梅寨　右侧的这个小山村名为梅寨。梅寨人家全部姓梅，无杂姓。梅姓祖先以种梅为业，并专门建了一个梅仓，可谓仓廪殷实，安居乐业。梅寨人为了进出往来，在宅口岸边设立了一个渡口，称为梅渡。

水吼观光园

水吼观光园被称为"河谷湿地，乡村会所"，是安徽省首批农业生态示范点，坐落于潜山县水吼镇白马潭村境内。园区总面积 62 公顷，所在地段视野开阔，秀峰连绵，天际线优美柔和。园区内外，板栗连片，果木成行，大有"春色满园关不住""淡烟流水画屏幽"的独特神韵。

园区游乐项目别具一格，目前已推出大型跑马场（马术俱乐部、团体野外骑乘）、橡皮艇自助漂流、热气球、免费沙滩浴场、沙滩排球、健身蹦极、特色农家餐等活动项目。

跑马场　马术起源于 12 世纪中叶的欧洲王室，被称为"王者的运动"。整个场地占地 10 余亩，周边 800 米，2010 年引资兴建。为了保证游客的安全，2013 年景区在创建国家 4A 级旅游景区时，对场地进行平整，对围栏进行了加固整修；

跑马场

同时投入 20 万元，从蒙古引进良种马 4 匹，并配备全套的马术装备与马术教练，实现对外开放，4 年安全运营无事故。

板栗园 板栗园在跑马场左侧，是当地主要特色农业产业。不仅有规模种植，也有零星种植。农家小楼旁，公路菜园边，一棵棵板栗树掩映成景。园区还推出真人 CS 野战、板栗采摘等活动内容，突出旅游的参与性与互动性，实现农业与旅游双赢。

戏台 本着"旅游搭台，文化唱戏"的理念，景区注重文化内涵建设，让景区既有"说头"，又有"看头"，还有"玩头"。为展示黄梅戏这一地方文化特色，景区搭建了这一黄梅戏台，定期不定期推出黄梅戏专场演出活动，还为县内网站论坛网友集会、乡土剧拍摄及游客搭建了平台，提供了舞台。

卡丁车 卡丁车意为微型运动汽车。1940 年卡丁车运动开始出现于东欧，20 世纪 50 年代末在欧美普及并迅速发展。因其易于驾驶、安全刺激而迅速风靡世界。该运动场地 2013 年建成，赛场占地面积约 5000 平方米，环形赛道总长 600 米，最大的弯度约为 180 度，极富挑战性。

沙滩摩托 园区利用沙滩资源优势，建成沙滩摩托运动场地，与皮划艇、马术等项目互为补充，丰富了园区的运动内容。

自助式皮筏漂流 冲浪金溪滩，荡舟情人谷，亲水马鞍山前、梯子岩下……这里远离喧嚣，宁静清幽，是嬉水、划船、冲浪和打水仗的优雅所在。沙滩浴场设有更衣室，并配有泳装、救生圈等必要装备。浴场周围有细白沙滩，河水平缓、清澈见底，空气湿润而清新。

自助式皮筏漂流

蹦极跳床　蹦极跳床凸显"新奇刺激，超越自我"的独特魅力，是健身、塑形、时尚的旅游运动项目。它可让充满挑战精神和创新精神的旅游者与户外活动爱好者们在花草白云间拓展身心、一飞冲天，体验挑战极限、展示自我的无限乐趣。

户外拓展训练基地　基地于 2010 年 5 月开工建设，针对不同群体量身打造，是团队培训、集体操练、户外拓展的生态集中营。

各位游客，过去这里是一片乱石滩，"水来与岸齐，水退荒如洗"，杂乱而荒凉；今天的白马潭景区硬件设施完善，旅游接待平稳有序，吃、住、行、游、购、娱安全顺心，是您和您的朋友圆梦乡村、回归自然、健身养心的清凉水世界和生态大观园。

春游白马潭，看田园风光，红情绿意、鸟语花香；夏游白马潭，婀娜多姿、景色宜人，与水纵情狂欢；秋游白马潭，天高云淡、硕果累累，赏"枫情"无限；冬游白马潭，观千亩芦苇、品农家饭菜，驭马策鞭、纵横驰骋，远山近舍、浓淡相宜。欢迎大家再来白马潭观光做客。谢谢大家，再见！

（责任编辑：吴紫英）

七、山谷流泉文化园

景点简介

　　山谷流泉文化园位于安徽省潜山县大柱山镇风景村境内，现存唐（618—907年）至民国（1912—1949年）历代石刻 400 余方，以宋代（960—1279年）石刻最多。题刻作者达数百余人，可查考者不下百人。唐代李德修，宋朝王安石、

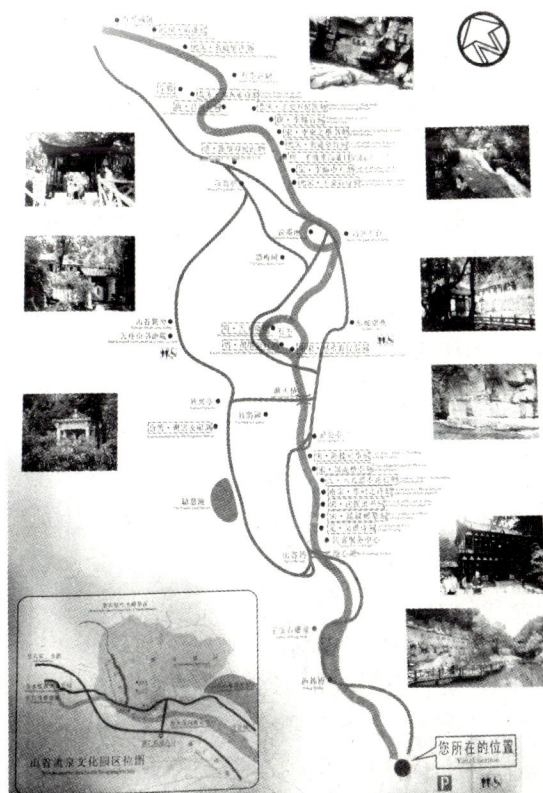

山谷流泉文化园导览图

黄庭坚、苏东坡，明朝胡缵宗，清代张楷等名宦大家都曾题字崖谷。题刻内容广涉天文、地理、政治、经济、军事、文化各个方面；文体多样，有诗词、歌赋、纪事、题名；书体有真、草、隶、行、篆。

山谷流泉摩崖石刻形成了一座天然的艺术博物馆和史料档案馆，为研究历史人物活动、文学和书法艺术、自然和社会科学等提供了珍贵资料。

游客朋友们：

大家好！欢迎大家来到天柱山的南哨——潜山山谷流泉文化园景区游览。

山谷流泉文化园景区是天柱山人文景点最集中、文化品位最高的一个文化精品景区。我们将在这里感受到天柱山神秘的宗教文化和帝王文化，观赏到具有历代书法艺术长廊之称的国家重点文保单位摩崖石刻群。

野人寨　我们现在来到的是天柱山脚下的野人寨。汉武帝当年驾临天柱山拜岳，至今还留下许多与拜岳有关的地名和遗迹。这一片山体环抱的港湾，就是汉武帝的船队自长江溯潜河而上，在此舍舟登陆之地，称为谷口。皇家车辇凤驾穿过谷口的一座桥，后人称为旌驾桥。现在这座桥改建成公路桥，仍沿用旌驾桥之名。这一片徽派建筑是天柱山皖镇休闲购物中心，它就建在汉武帝舍舟登陆的港湾，后被河沙淤塞，填平建起了旅游景点。皖镇由马鞍山投资商投资 1.5 亿元兴建，建有天柱山古戏楼、工艺坊等设施。我们回来时可进去参观购物。皖镇后面西侧有钟山、鼓山，据说就是汉武帝设坛架设钟、鼓之处。野寨中学的背后就是白鹿岗，当年汉武帝就在那里设坛祭岳，至今还可辨认祭坛遗址。祭岳台以及白鹤宫是我县规划恢复中的一处重要人文景观。

依山面水的野寨中学，环境优雅清静，创建于 1943 年，现为安徽省示范中学。这所中学是为纪念国民党 48 军 176 师抗日阵亡将士而建的。抗日战争时期，国民党 176 师在潜、怀、太一带抗击日军坚守 6 年之久，给日寇以沉重打击，但自身也伤亡惨重，先后牺牲将士 3000 多人。为守护烈士公墓，培养烈士遗孤，1941 年，由安庆行署专员范苑声先生发起，社会各界捐助新建"景忠中学"，取"景仰忠烈"之意。范苑声先生自任第一任校长，聘请时任安徽省教育厅秘书的乌以风先生任教务长。现野寨中学校园内建有野中第一任校长、国民党元老范苑声先生墓园、文物馆以及乌以风先生纪念馆。这里的学子秉承校训，刻苦学习，每年高考录取率名列前茅。半个多世纪以来，野寨中学为国家培养了大批人才。

可能有的游客会问，这一带沿河依山傍水，风景如画，交通便捷，怎么被称为野人寨呢？这里有两个动人的传说：其一，是说很早以前，这一带常有野人出没，掠夺民财，伤害人畜。当时的一位县令决心牺牲自己，解救民众。他带上好酒好菜，深入野人洞中，把野人都吸引到洞内饮酒。酒酣之后，县令命随从用铁水浇灌洞口，铁水凝固封闭了洞口。其二，是说在南宋末年，本地土豪刘源率

10 万义兵在天柱山抗元。他自号"刘野人",在谷口扎的第一寨命名"野人寨"。刘源抗元前后 18 年,最后被内奸出卖壮烈牺牲。后人为纪念他,"野人寨"的名字沿用至今。关于刘源的故事,山上还有许多景点和遗迹与刘源抗元有关,我们游览时再为大家讲述。

山谷流泉摩崖石刻概况 步出三祖寺,我们接下来游览国家重点文物保护单位——山谷流泉摩崖石刻。在这之前,我要向大家提个醒,请大家在欣赏石刻时,不要用手去抠石刻,也不要践踏石刻,保护文物,人人有责。

近年来,为倾力打造精品人文景区,天柱山风景区全面启动山谷流泉摩崖石刻保护工程及配套服务设施建设工程:通过裂隙灌浆、危岩支护、锚杆加固等方法,对众多石刻进行严格的保护,并于 2009 年 4 月,对山谷流泉摩崖石刻景区进行恢复性整修;将 20 世纪 70 年代农业学大寨运动中掩埋的山谷河床重新暴露出来,还原历史原貌;同时,并做相应的历史人文复建(如黄庭坚读书台、李公麟绘青牛图等),铺设游人步行栈道、花圃等。现今的山谷流泉摩崖石刻正以崭新的姿态笑迎八方宾朋。

步入谷中,前面就可以看到古"潜阳十景"中的两景"石牛古洞"和"山谷流泉"。它位于三祖寺西边的山谷间,这里,有一股清泉沿石壁潺潺而下,清冽明亮,泠泠有声,长年不枯。两岸野花闲草相伴,环境十分幽雅。唐宋以来,达官名士来游者摩肩接踵,络绎不绝,或撰文刻于石上,或赋诗镌于山崖,留下不少名篇佳作。

"山谷流泉"流经石牛洞,上段名"潺潺溪";中段名"石牛溪",傍青牛石而过;下段是具体的"山谷流泉",经西林桥下出谷口,注入潜河。在这全长 500 余米的河谷及其两面崖壁上,刻满了自唐代以来 1200 余年间的摩崖石刻 300 多方,至今尚能辨认的有 280 多方。石刻诗、文、题、记齐全,行、楷、隶、篆、草俱备。这是考证 1200 多年间有关历史的天然档案馆,又是直接瞻仰、欣赏历代名家文采、书法的博物馆。

元刻 首先,特别提醒游客朋友们观赏两幅元代题刻。元代因实际控制中原的时间较短且元人尚武不崇文,这一时期的文化发展(除戏剧外)受到一定的压制,故留下来的石刻也极为罕见,而我们这条小山谷里却有两幅。一幅是元代诗人吴伋的一幅诗刻:"旌驾桥连拜岳坛,神仙何处留空山,石牛洞里诗无数,尽在烟云缥缈间。"吴伋的生卒和经历现已无从查考,但从自称"武林山人爱闲子"以及诗的内容来看,像是一位闲适诗人。诗句虽明白如话,却意境深远,同时也反映了天柱山悠久丰厚的道教文化,对山谷流泉摩崖石刻做了一个精到的总结。

另一幅是当时的安庆路判官叫八儿思不花和副职及学生的记游题名刻。请

禅修圣境　好戏安庆
——安庆旅游景点导游词

看："安庆路判官八儿思不花偕掾王景瞻、学生汪大本来游。时至正九年己丑九月日李巡检命工刻。"安庆路是元初废安庆府改为淮西江北道安庆路，辖五个县。偕掾，就是与副职一起的意思。至正九年，即 1349 年。这幅石刻从侧面反映了元代的行政区划变迁和官职设置情况。

张同之诗刻与陈楝题名刻　山谷流泉摩崖石刻有众多的是写景，如南宋著名爱国诗人张孝祥的儿子张同之任舒州知州时，曾题五言律诗刻于石上："石龛擎古木，山谷卧青牛，半夜朝风起，长年洞水流。"20 个字就将周围山川形胜画龙点睛地描绘出来，游人读来朗朗上口，从中得到美的享受。最后一句"禅林谁第一，此地冠南州"，则道出了作者对于此地的高度评价。有的是记事，如南宋庆元丁巳（即庆元三年，公元 1197 年）年 2 月至 5 月，舒州地区发生旱灾，以至于地方官陈楝先来慰问农民，75 天后又到著名宫观天祚宫求雨。

石牛　顺着这条石板幽径而上，就看到栩栩如生的大石牛了。所惜在 20 世纪 70 年代"农业学大寨"造田运动中，石牛背被炸开，石牛上的石刻也受到严重破坏。黄庭坚作有《青牛篇》一诗，原刻于牛背上，惜已剥落。石牛背上镌有明代安庆知府胡缵宗篆书"石牛"、楷书"天下奇观"等写景纪游题刻。历代状写石牛的诗作极多，明代安庆知府胡缵宗题《石牛》诗写道："耕时云已红，卧处月犹白。上为河边星，下为溪边石。"清代诗人丁珠在《石牛古洞》诗中赞美石牛是"一品神仙"："古洞悠然小洞天，石牛得此本天全。谁迎紫气谁能杖，不粪黄金不受鞭。齿洁无劳临水漱，心闲惟爱枕云眠。千秋山谷真知己，信是烟霞一品仙。"

石牛古洞　我们再往前走，就到了石牛古洞了。所谓"石牛古洞"，因有巨石状如卧牛饮水，并有天然石印酷似牛蹄脚印，称为石牛；古洞是指这里石崖嵯峨，藤萝缠绕，松竹掩映，一泓清泉潺潺流出，幽深如洞。我们来看看这个硕大的牛蹄印痕，旁边有"牛蹄"二字石刻。这里是整个摩崖石刻最集中最精华的部分，其中唐人石刻三块。请看："不信青牛曾入洞，分明石上印双蹄。"由此，大家更可信就是石牛洞了。

唐刻　这一处是唐代吕渭的题名刻，但未留年款。这方石刻可能是他在任舒州刺史时的留刻，这是山谷流泉已发现的摩崖石刻中年代最早的一幅。吕渭于786 年出任舒州刺史，喜爱舒州山水，曾结伴游览山谷流泉之胜。这是唐代文学家、名宦李翱的题刻。李翱，字习之，年少时师从韩愈，是"古文运动"的积极参与者，文辞浑厚，名重当时。他曾任舒州刺史，于长庆二年（822 年）游石牛古洞，题刻于石壁。只可惜此刻于民国初年被古董商盗卖，成为一幅残刻，此刻被"大理李元阳"之刻叠压。还有一幅唐刻是历任舒、湖、楚三州刺史的李德修的题刻。李德修是唐宪宗宰相李吉甫的儿子、文宗宰相李德裕的哥哥。他在舒州任职时，于宝历二年（826 年）率 12 个官场好友畅游石牛古洞。请看这幅石刻都是同游者的籍贯和姓名，字体正楷，遒劲有力，是不可多得的书法艺术珍品。这是北宋神宗尚书右司郎中李师中被贬职任舒州知州游石牛古洞时，见其先祖李德修在 245 年前留下的题刻，大为感慨，于是勒字李德修题刻之下。这段石刻自左直读长达 100 多字，"师中十一世祖唐御史大夫讳栖筠生丞相讳吉甫……"详述了李氏家史，告诫后世子孙要好好保护祖上石刻。这段题刻和《宋史》中《李师中传》的记载完全吻合，为研究李氏家谱和宋史提供了可靠的实物资料。从中我们不难发现李氏家族在唐宋时期显赫的政治地位。李氏祖孙先后任职舒州，而又同崖勒字，令人称奇，这在名胜区摩崖石刻中极为罕见。

李白诗刻　唐代大诗人李白在天宝七年（748 年）游历舒州（潜山）。《安庆府志》载："结精舍于皖山，读书其中"。他在舒州有《避地司空原言怀》《题嵩山逸人元丹丘山居》《谒庐江主人妇》《志公画赞》等诗作。曾写过多首赞美天柱山和记叙舒州风物的诗，特别是《江上望皖公山》诗中写道："奇峰出奇云，秀木含秀气……待吾还丹成，投迹归此地。"李白对天柱山仰慕之情，溢于言表。据《李白在安徽》记载，公元 750 年，李白从金陵过长江入皖河在天柱谷口登崖，"在洞边的古崖下部题诗留字，抒发情怀"。潜阳十景之一的"诗崖漱玉"由此得名。因年代久远，加上沙淤水位增高，崖壁半存，诗刻湮没。

王安石题刻　在琳琅满目的石刻中，最引人注目的莫过于宋代政治家、改革家王安石和文坛巨子黄庭坚的名篇大作了。宋皇祐三年（1051 年）九月十六日，王安石任舒州通判，夜宿三祖寺。当晚，他和其弟王安国在住持文铣和尚带领下，迫不及待地举着火把夜游石牛古洞，见石壁李翱留名石刻，非常敬佩，"坐石听泉久之"，第二天再次游览并留下题刻记其事。不久，王安石写下"水泠泠而北出，山靡靡而傍围，欲穷源而不得，竟怅望以空归" 诗，抒发他夜游的心境。后来他入相得志，将原诗改成："水无心而宛转，山有色而环围，穷幽深而不尽，坐石上以忘归。"大家看，改诗也刻在石牛洞石壁上，十分醒目。由于入相前后心绪不同，作者对石牛洞的山水景物有不同的主观感受。古人石刻大多是自右向左的，王安石这幅石刻自左至右，与水流方向一致，体现出这位禅家诗高手"顺应自然，天人合一"的恬静心态。南宋魏国公留正看到荆公等名篇以后，深有感触，也写下一首诗刻于谷底："先生仙去几经年，流水青山不改迁，拂拭悬崖观古字，尘心病眼两醒然。"字里行间渗透出深邃的哲理。此刻旁有"东坡"二字，也有一说该诗系苏轼题刻。

黄庭坚题刻　在山谷流泉石刻中，数宋刻最多，达 100 余幅。宋代名人雅士、达官显贵王安石、苏轼、黄庭坚、李柬之、留正、张同之等都酷爱天柱山水。在舒州任团练副使的苏东坡曾想定居潜山。他给友人写道："平生爱舒州风

禅修圣境　好戏安庆
——安庆旅游景点导游词

山谷流泉摩崖石刻

土，欲卜居为终老之计。"“江西诗派”开山之祖黄庭坚更是把自己当成潜山人。他特别喜爱石牛古洞的林泉之胜，自号山谷道人，常坐在石牛上读书。宋代第一画家李公麟曾为他作画《黄山谷坐牛图》。黄庭坚在潜山写下十几首诗，其中在《题潜山》诗小序中写道："余家潜山，实为名山福地"，作潜山诗，长达92句。而另一首《青牛篇》诗曾刻在石牛古洞旁的大石上。如今诗刻不复存在，但在石牛古洞悬崖上有一叙事刻可以做证，曰："李参、李秉夷、秉文、吴择宾、丘揖观余书青牛篇，黄庭坚庚申小寒。"这幅石刻笔法瘦劲，飘逸隽秀，字体开张，超卓之中寄深远之意。最与众不同的是它的"长竖"，别人多为"悬针"，它却如"悬蛇"。请各位仔细看一看，是不是这样？

涪翁亭　我们眼前的这座亭子名为"涪翁亭"，是为纪念黄庭坚而建。黄庭坚别号"涪翁"。他在山谷筑室读书，后人在他读书处建涪翁亭。原亭在石牛溪东侧，与石牛相对。这座亭子现移址到山谷之西，是1984年新建的仿宋建筑，混凝土结构，攒尖四角，亭檐下边配有"美人靠"。坐在亭内，近可赏林泉幽径之胜，远可眺禅寺古塔之姿，极目纵情，心驰神往。

秋兴崖　我们顺水流而下，石牛古洞右侧摩崖上的一幅石刻格外引人注目。这是已故台湾著名书法家谢宗安先生（安徽东至县人，1908年生）手书杜甫《秋兴八首》，于1995年刻竣。杜甫当时身在夔州却心系长安。这首诗体现了这位现实主义大诗人忧国忧民的情怀。谢老先生在回乡访亲之际，为家乡题写杜甫的这篇"秋兴八律"，可谓用心良苦。他借这首古诗表露出了"身在台湾，心系家乡，心系大陆"的爱国爱乡之情。此刻长达 12 米，宽 3 米，面积达 36 平方米，字方约七八寸，字体遒劲古拙，运用分隶合体或汉魏合体，很有艺术价值。它是天柱山幅面最大的题刻，也是山谷流泉目前唯一的一幅阳刻，诗、书、刻三艺皆精，珠联璧合，相得益彰。此处取名秋兴崖，崖旁建有秋兴亭，为游人增添一景。

全长 500 余米的山谷流泉，原本是普通的山涧溪流，为什么却声名卓著？原因有三：一是靠近大别山咽喉要冲著名古代楚南驿道。唐宋以来，这条平行于大别山东南余脉的驿道是东南舒、湖、楚等州郡通往西北唐都长安、宋都开封的交通要道。驿栈相距不出 10 里，官员要吏、贡赋朝纲、商贾学子、军马、政邮，都日夜兼程，不绝于道。而山谷离最近的痘姆驿仅一河之隔。二是依托历史文化名城——梅城。梅城始建于楚灵工，汉时称皖城，唐宋均为州郡治所，是皖舒六县政治、经济、文化中心。山谷离这个中心仅 10 余里，车马舟楫相当便利。三是山谷坐落在佛道昌盛的凤形山、白鹿岗。道观天祚宫在其左，真源宫位其右，更有"南州冠第一"的三祖禅林近在咫尺。这里高僧羽客云集，道徒释子联袂。他们都是山谷流泉声名的鹊起人。

山谷流泉的诗文题刻，大多出自名家之手，具有"多、大、名、秀"的特点。有的字大如斗，有的字小如盅，有的镌凿于百尺峭壁之上，有的雕刻于幽邃洞岩之中。从体裁上看，诗词歌赋记铭，文体齐备；字形上真草隶篆行五体俱全，颜、柳、欧、米、赵各流派应有尽有；刻石方法阴阳兼有，方圆相济；从石刻年代上看，山谷流泉摩崖石刻，唐、宋、元、明、清、民国直到现当代，每个朝代都有，没有断代，真是一溪系千秋。

"诗崖石刻藏幽谷，水咽泉声如漱玉。"山谷流泉摩崖石刻被誉为一条书法艺术长廊，有"安徽第一刻"之称。经文物工作者精心保护和发掘，一些被湮没的名作佳篇不断被发现整理出来，当代名人的新作也将刊刻在新开辟的规划区内，山谷流泉石刻书法艺术长廊在新时代不断延伸。每每游人至此，都对如此宝贵的文化遗产感到惊奇，叹为观止。

游客朋友们，山谷流泉文化园是一个文化的宝藏，希望它能给您留下深刻印象。谢谢大家的支持与配合，再见！

（责任编辑：李　荣）

八、天　龙　关

景区简介

　　天龙关景区位于国家5A级风景名胜区天柱山西侧，距潜山县城20公里处的千年古镇——水吼镇，号称"南天一关"，又称"天柱山下一奇'关'"，历来是"自古通南一条道，历代兵家争此地"。天龙关以其两边山势险峭、峡谷深幽、

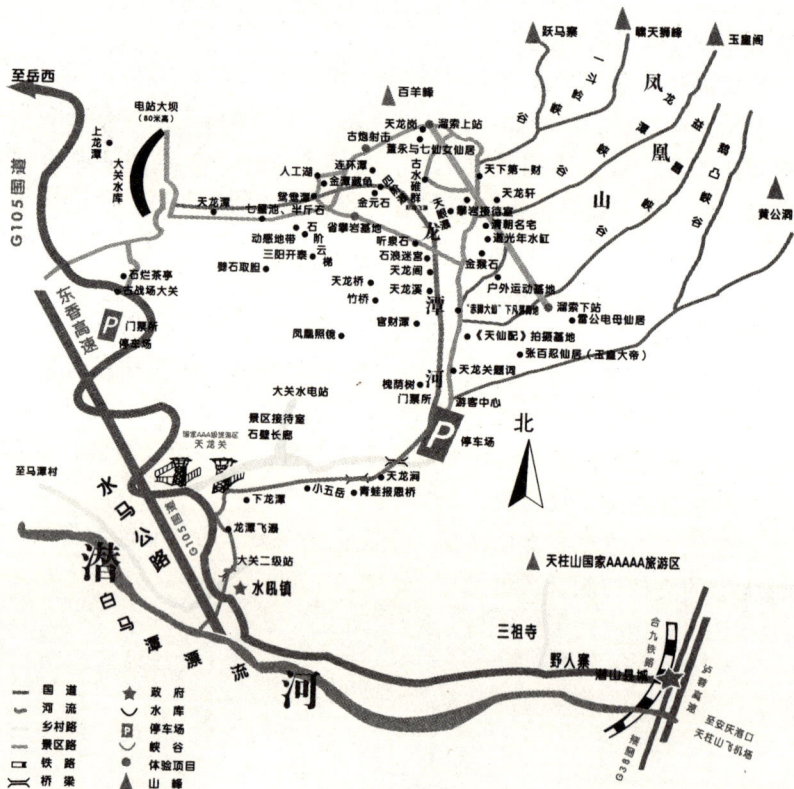

天龙关景区导览图

地貌形似一条上天飞龙、气势磅礴而得名。景区有灌木林海、百亩粟园、千亩竹海、四季鲜花、奇石幽谷、山涧古泉、飞瀑流泉。这里是全国农业生态旅游示范基地、安徽省攀岩运动训练基地、安徽省文化产业示范基地、中央电视台影视拍摄基地，2016 年被评为国家 4A 级旅游景区。天龙关景区内外交通便捷，大型停车场、游客接待中心一应俱全，是人们健身养体、陶冶性灵、休闲度假、户外运动以及企业拓展、影视拍摄、旅游观光的绝好去处。

亲爱的游客朋友们：

大家好！欢迎大家来到"天柱山下一奇'关'"，七仙女下凡的地方——天龙关景区旅游观光！

天龙关位于潜山县水吼镇，又名大关，因山势陡峭、峡谷幽深，形似上天飞龙而得名。大龙关自古是水吼的隘口，是皖、鄂两省和潜、岳两县的交通要道，有"自古通南一条道""南天一关""天柱山第一奇关"之称。景区面积 22.28 平方公里。2002 年以来，天龙关景区相继荣获安徽省攀岩运动训练基地、全国首批农业旅游示范点、中央电视台影视拍摄基地、国家 4A 级旅游景区等称号。电视剧《天仙配》《孔雀东南飞》相继在此搭台取景。

天龙关景区入口

青蛙报恩桥 我们到达景区的第一景便是青蛙报恩桥。说到报恩，这里有一段动人的故事。话说很久以前，有个远近闻名的风水先生汪达盈。有一天，他到岳西县给人勘测屋基，在清基时发现一个青蛙穴，里面一窝青蛙受惊四处逃窜。汪先生出于怜悯，马上建议屋主人调换屋基，这窝青蛙得救了。

禅修圣境　好戏安庆
——安庆旅游景点导游词

回家的路要经过这条河，正在河中间，有一水怪扑向汪先生，汪先生命悬一线。说时迟那时快，突然一只硕大无比的青蛙扑向水怪，与水怪展开了殊死的搏斗。汪先生得救了，可这青蛙却付出了宝贵的生命，变成了一块青石头。瞧，就是这块石头。青蛙报恩的故事令人感动，于是当地人把这块石头取名青蛙石。知恩不报非君子，有恩必报人上人。青蛙都知道报恩，更何况我们人呢！

汪先生为颂扬青蛙救命之恩，也为了行人的方便，在这小河上搭起了一座石桥。看，这座桥虽然简陋，却留下了一个青蛙报恩的美好传说，描绘了人与自然和谐相处的图画，也为捕食青蛙者一个温情的警示。

啸天狮峰　朋友们，大家抬头向右看，那是一头啸天雄狮。谁说我们中华民族是东方睡狮？我们伟大的中华民族自古以来就如这头雄狮，"仰天长啸，壮怀激烈"！我们已自立于世界民族之林。特别是通过近几十年的努力，我们中华民族凭借强大的综合国力，已成为世界民族大家庭中不可或缺的重要一员！

张百忍之家　哦，我们来到了《天仙配》拍摄基地。看，这是张百忍之家。说到张百忍，大家可能不熟悉；但我要说出另外一个名字，恐怕在场的各位就无人不知、无人不晓了。他是谁？玉皇大帝！怎么样，这个名字如雷贯耳吧！对，张百忍就是玉皇大帝。那么，张百忍是如何变成了玉皇大帝的呢？是因为他能忍天下难忍之事，得道升天，成了天庭的主宰。所谓忍一时风平浪静，退一步海阔天高。大家知道"一人得道，鸡犬升天"的成语吧，说的就是张百忍。他修炼得道了，天庭要他升天，他舍不得家里这茅草房，舍不得家里这几亩薄地，舍不得一群鸡犬猪羊，天庭让他把这所有的都带上，于是他家鸡犬也升天了。据说他家的猪跑出去了，升天时没找回来，猪没升天，便留在人间，做了高老庄的女婿。他就是猪八戒！

雷公电母家院　这里是雷公电母之家。人们祈求风调雨顺，人寿年丰，都要找雷公电母。他们的权力可真不小，原来他们就住着这简陋的破草房啊。人世间有太多的贪官，他们掌握着人民给予的权力，住着豪华别墅，坐着豪华轿车，哪如这穷乡僻壤里清廉的雷公电母啊！

劈石取胆　看，那里又是一景，劈石取胆。相传王母娘娘一日睡觉时把头上的金钗取下。金凤因羡慕人间美好自由的生活，便偷走了王母的金钗，私自下凡来到我们这里。金凤爱这里如画的山水，爱这里的奇山异石。可她看到这里的树木被虫吃得光头秃顶（秃顶的先生别介意，热闹的路上不长草，聪明的脑袋不长毛嘛），便立志改变这里的面貌。于是她召集天柱山百鸟到山上啄虫，她又像妈妈一样爱护小鸟，大家都爱听她的话。短短的时间，山绿了，水绿了，石头秀了，人气也旺了。天宫一日，世上千年。王母娘娘醒来发现金凤和金钗不见了，就命人四处寻找。金凤在人间预感到王母娘娘要找她回去，便用尽功夫，把自己的元气全都收到胆里，然后把胆取出来，藏在岩石里，嘱咐百鸟守护着，说经几千年日月精华，会长出小金凤，能继续完成除害虫的凤愿。燕子们便在这岩石上做窝守护，这崖便叫燕子崖。南面山上有一个害虫精早就对金凤恨之入骨，得知金凤要上天庭，高兴得手舞足蹈，可又听说金凤留下了自己的胆要长出小金凤，便四处寻找。当害虫精找到金凤胆时，便邀来雷公，把岩石劈开，取走了凤胆，留下斑斑血迹。大家往那岩石缝隙里看，那斑斑的彩色石头便是证明。凤胆取走了，新的金凤不可能出生了。可是百鸟们为纪念金凤，立志继承她的遗愿，世代啄食害虫。从此以后，这百亩古树便根深叶茂，挺拔苍翠。这里被列为全国首批农业生态旅游示范基地，也有金凤的一份功劳啊！

劈石取胆

石浪迷宫　朋友们，大家抬眼远望，前面的山谷好似白浪翻滚，近看却是巨石相拥相叠。看那形态，或如卧象，或若雄狮，或似楼台，或类佛塔。游人嬉戏其中，只闻其声，不见其人，辗转而入，却急急不得而出，一出来大家都会相视一笑，引来山也笑，水也笑。相传英王陈玉成在此练兵，练成了迷魂阵法，这里便是石浪迷宫。

槐荫树　"槐荫开口把话提，叫声董永你听清，你与大姐成婚配，槐荫与你做红媒……"这就是为董永做了大红媒的槐荫树。但愿人长久，千里共婵娟，有情人终成眷属。我们这个团队里有没有有情人要在这槐荫树下拍张照片，让槐荫老人做你们的月老红娘，保你们白头偕老，爱情之树长青？

金元宝石　天龙关奇石纷呈，看这金元宝石，真是奇中又是一奇，阳光照

123

耀，金光灿灿。游客亲近自然，山石自有灵性。亲一亲摸一摸这金元宝石，保你生意兴隆通四海，财源茂盛达三江。留一张你的倩影吧！

彩霞飞瀑　大家抬眼向上，这就是彩霞飞瀑。这个瀑布名叫天眼瀑。人置身于此处，才知"日照香炉生紫烟，遥看瀑布挂前川。飞流直下三千尺，疑是银河落九天"的妙趣。一位游客赋诗曰："远讶中天崩大海，近迷满月舞霓裳，流连忽觉身飞入，漱玉乘虹捧太阳。"飞瀑那磅礴的气势，如中天崩大海；那婀娜多姿的形态，如满月舞霓裳；那幻景仙境，如流连身飞入；那海市蜃楼般的美景，如漱玉乘彩虹。此诗描写得真是贴切入微，惟妙惟肖。

攀岩基地　在这飞瀑的旁边就是我们的攀岩基地。在安徽省体育局、北京户外俱乐部、湖南登山协会的支持下，天龙关景区旅游开发有限公司在此创建了这"安徽第一攀岩基地"。如今，利用天然悬崖开发了六条垂直高度40米的攀岩（速降）道，三个抱石攀登点和两条高空滑索道。这些设备均达到国家体育安全设计标准。我们还有先进的进口设备和经过特训取得执证资格的表演队和管理人员。朋友们，你们可以挑战自我，勇攀高峰，大胆地去领略其中的惊险与刺激。无限风光在险峰！

攀岩基地一瞥

金潭藏龟　大家攀岩一定有点累吧，可也领略了攀登险峰带来的惊险与刺激吧。好，下面我们休息一下，听我说说这里金潭藏龟的典故。看，就是那块大青石。它酷似巨龟。这里有一个水潭大约两亩见方，深不可测。相传潭里有两个怪物。一个是几丈长的黄水蛇，头上长角嘴上有须，传说是龙王三太子的舅老爷的表兄。他成天仗势欺人，狐假虎威，自称这潭叫"黄龙潭"；另一个怪物是一只非常大的乌龟，足有三百多斤重，喜欢上岸晒太阳，曾多次救过落水者的命，人们都称它为"龟仙"。蛇依龙呈强，龟居仙自高，意不相投，时有纷争，都暗自思忖，找个机会报复对方。乌龟上岸晒太阳时，总嘲笑水蛇不敢上岸，不为人做好事，得不到日月之精华，永远不能成仙。水蛇听了恼羞成怒，摇头摆尾搅得潭水浑浊，乌龟也不能潜水回潭。农历六月初三是乌龟的生日，如果这天天晴，乌龟能沐浴一整天太阳，就能活到一万岁。可偏在这天，龙王听了这黄蛇的谗言，乌云遮天，骤降暴雨，山洪暴发。因此，民间流传乌龟的生日是大水节即来源于此。

有年四月初八，大湾毛公庙做平安会。上方和尚带信徒、施主到"黄龙潭"做佛场。百姓放河灯，送瘟神，鼓乐喧天，惹恼黄水蛇。它一摆尾，诵经和尚受惊掉进潭里。乌龟连忙驮着和尚上岸。和尚得救，圆了庙会，地方平安。同样，今天这只龟仙也保佑着攀岩勇士安全无恙，保佑着八方游客与龟同寿，万事如意。

天梯　李白的诗句有"蜀道难，难于上青天"。我们在这大峡谷的石径上不也有这种感觉吗？这条石径直伸云端，行人不敢抬头。这条峻岭有三华里长，传说想爬过这个岭要有吃一斗米的气力。因此又有人叫它"一斗岭"，说是"天梯"也不为过。

道光年水缸　道光年间石水缸，是在这景区唯一的一座古民宅里。屋主人说他老家在江西瓦屑坝。元朝末年，朱元璋与陈友谅争天下在鄱阳湖水战 18 年。他的祖先为避兵灾，拖儿带女到此。这古民宅历经近 700 年，虽多次改建，仍富有古风古韵。屋内有一口巨大的花岗岩凿的水缸，上刻"道光丙午"字样。"道光丙午"即为 1826 年，也就是说距今已快 200 年了。看这古朴、这沉稳，如一部沧海桑田、世事变迁的历史。

天下第一材　说到棺材，大家一定会觉得恐怖，但我们家人如果进京赶考、进城考大学或是出门做生意，碰到有人抬棺材，那便是大好兆头。棺材棺材，既升官又发财嘛！看这一巨石多像一口大棺材，所以叫天下第一材（财）。别怕，你在这边上留个影，保你做官的能官运亨通，经商的能财源滚滚，年老的能寿比南山，年轻的则能与心爱之人白头偕老，小朋友将成为天下第一等的栋梁之材。

董永之家　我给大家唱段黄梅戏，好吗？

（男）"上无片瓦遮身体，下无寸土立足地……"（女）"上无片瓦不怪你，下无寸土自己情愿的……"董永家贫如洗，以至卖身葬父。别看"董永之家"清贫寒苦，可就在这草庐里演绎了一个善良貌美的仙女和一个忠厚老实的山民多少恩恩爱爱的动人情话啊！

七仙女闺房　（唱）"天宫岁月太凄清，朝朝暮暮数行云，大姐常说人间好，男耕女织度光阴……"七仙女幽居闺房，不堪忍受天宫的清规戒律，思凡下界，冲破重重阻碍与董永结下了一段千古绝唱的情缘。

（唱）"树上的鸟儿成双对……夫妻双双把家还"一段。

《天仙配》剧照

水碓水磨　这个碓与磨很笨重。水碓的碓嘴有 200 到 400 公斤，磨盘有 60 到 100 公斤。木制的大水鼓随水转动，带动水碓、水磨做工。这是古代的"重工业"。水磨是把粮食加工成面粉，水碓则是把碎木舂成木粉。木粉是制蚊香、佛香的主料。原先这里每年都有大批佛香运销苏、浙。这里的小地名叫水碓冲，就因水碓多而得名。

跃马寨　天梯北坡三百米宽，二百多米高的石壁，更是人走提心吊胆，马走无处落蹄。据说太平天国英王陈玉成曾到此巡察。一天成天侯陪英王在西栈道上看战士攀此石崖练习攻城。许多战士攀到半崖上就感到力不从心，骑马上崖更不堪设想。英王便跨下栈道，喊："牵马来也！"他跃上马，提着缰，一口气冲上崖顶，又一折，从天梯上飞下。马蹄溅起一路火花，马啸一声山鸣谷动。此后人们称此崖叫跃马崖，称这寨为跃马寨。此事大约发生在 1860 年。

七星池、半斤石与百羊罅　彩霞瀑布的源头就是七星池。一片平滑的石河床上，曲折地排列了七个小池。月光下亮闪闪的，就像北斗七星，故名"七星池"。我们再向上走一段河谷，就能见到"半斤石"。叫半斤石，其实万斤也不止。这里有个故事：很久以前，这里的人要修堰引水灌田。可是修了三次就倒了三次。原因是垫底的石头太小了，挡不住山洪。于是他们选大石下脚重修。一天，几个山民在一百多米高的山坡上选到一块合适的岩块，足有一万多斤，折腾了一天也没法搬动。一个大个子山民举着酒葫芦说："谁能把它完整地搬到河里安好，我赏他半斤老酒。"山窝里说话，云缝里搭腔："不要后悔，酒在哪里？"大个子说："酒在葫芦里，葫芦在堰沟里。"山民们向上一看，云中一位鹤发童颜的老人赶着一群羊，鞭子上吊着的葫芦正是这山民的。老人呷着酒，把鞭子一甩，像钓鱼一样把那个大石块钓起来，放在河心合适的位置上，然后手持铁杠，三撬两撬放置稳当。山民们问老人此石多重。老人摸须答道："也不过半斤吧。"山民们听得此言，个个惊得呆如木鸡。待醒过神来，抬头望见老人正赶着大约百余头山羊朝云雾中飘去。至今，这个堰叫"半斤堰"，这块岩石叫"半斤石"，"百羊罅"也由此出名。

凤凰照镜 前面我们听过了劈石取胆的故事。这里的凤凰照镜就是指王母娘娘的金凤思凡下界，为这里啄虫除害保护森林的金凤梳妆的地方。这里叫凤凰山，与彩虹飞瀑隔溪相望。今天，凤凰台残迹犹存。飞瀑上面有一块岩石，平滑光亮如铜镜。每当太阳东升，朝霞映照在凤凰台上，金凤对镜梳妆，百鸟便来集合，多么美好的百鸟朝凤图啊！

大关水库胜景 现在我们来到大关水库。此地原名"三声谷"，在谷里笑一声，连续有两个回音。现在站在水库大坝上呐喊一声也能听见回音，是个天然的"回音壁"。

大坝为双曲弧形，高近 80 米，库容量 150 多立方米。这里天蓝蓝，水蓝蓝，听远处隐隐的村歌，望山间袅袅的炊烟。在此或吟诗，或泼墨，或闲庭信步，或放歌起舞，或泛舟垂钓，或野餐小酌，不是仙境胜似仙境。

石烂茶亭 往年这茶亭里有座位，有热茶，往来行人，来了就坐，渴了就饮，不收分文，也无须说一声谢，足见我们山里人热情好客，古道热肠。亭为石柱，木椽瓦屋，不知建于何年。俗话说：海不枯，石不烂。而此茶亭不被风吹雨打，不遭车碾足踏，两根斗粗的大石头竟然烂了，而且还在继续烂，也是罕见。年轻的朋友们，你们也对你的情人发过海枯石烂不变心的誓言吧？大家都知道，海不会枯，石不会烂，可是这石头真的烂了，而你们发过了誓，可不要食言哟！

古战场大关 此处是西通英山、霍山，东进江湖的要隘，自古为兵家必争之地，传说周初皖国就曾设卡筑寨。就算从民族英雄刘源驻扎天柱山抗元算起，也已近 700 年。700 年来，大关历经争夺，破坏多少次，又修复多少次已无法统计。叫大关，是因皖关 20，唯此为大。现在后关关门虽坏，却仍见端倪；前关关门虽毁，原城楼上"大关"二字的石刻匾额却仍保存完好。关周围山脊上还残存一些寨墙，草丛间还可以寻得一些当年备以拒敌的石块，由此可以想见当年攻守拉锯战的刀光剑影。

禅修圣境　好戏安庆
——安庆旅游景点导游词

　　各位朋友，愉快的天龙关之旅到这里算是告一段落了，感谢大家这一路上的合作与支持，服务不周到的地方请大家多多包涵。好了，到了小×和大家说再见的时候了，"天下没有不散的筵席"，天龙关景区神奇的自然景观和优美的民间传说，一定给大家留下了深刻的印象，就让各位朋友带着这份快乐的心情和美好的回忆踏上归程吧，朋友们——再会！

（责任编辑：何刘杰）

九、石 莲 洞

景区简介

　　石莲洞国家森林公园总面积2.2万多亩，园内动植物资源丰富，野生动物80多种，其中不少属国家一、二级保护的珍贵物种；植物67科，500余种，既有百年以上的古木，也有观赏和保护价值较高的珍贵树种和特种经济林。一年四季，峰峦叠翠，林海扬波，时而云雾缭绕，时而阳光筛金，更有甘洌的清泉、奇巧的岩石、烂漫的山花、婉转的鸟鸣，构成了绚丽多姿、清新典雅的旅游环境。景区目前以禅宗文化、戏曲文化、诗词文化为主体，以森林景观为依托，建设成宗教朝觐区、综合服务区、生态度假区、休闲娱乐区的"九心合一"格局，具有以文化休验、旅游观光、商务会议为主，休闲度假为辅的功能。

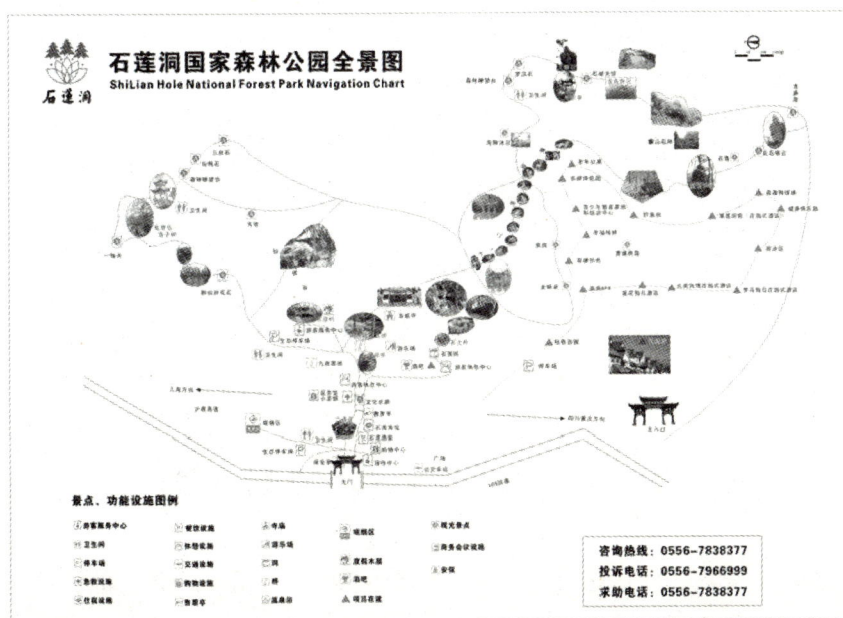

石莲洞公园导览图

禅修圣境　好戏安庆
——安庆旅游景点导游词

亲爱的游客朋友们：

大家好！欢迎大家来到天然氧吧——石莲洞国家森林公园风景区旅游观光！

有一位老领导、老红军曾为石莲洞国家森林公园写下一首景点嵌名诗："河西四顾石莲开，客涌禅林佛座来。云里望江天一线，风中龙啸读书台。"这首诗把我们将要游历的景点以及其中的文化内涵镶嵌其中。可谓读懂一首诗，读懂一处风景，读懂一处文化。

接下来，我们将依次为朋友们介绍这富有特色的景点、建筑及其故事。

游客朋友，这座八角翘檐牌坊式门楼就是公园大门，高 10 米、宽 12 米，位于 105 国道 1043 公里的河西山脚下。门楼装饰精美，工艺精湛，极富传统建筑风格。门楣上"石莲洞国家森林公园"九个颜体大字，是老红军书法家的墨宝。二龙戏珠和双凤朝阳的木刻花纹象征中华民族的图腾。底座石墩的莲瓣浮雕昭示出石莲洞国家森林公园的主题。大门两边的红色大柱上镶嵌着由著名楹联专家王振寰撰文、国家级书画师寒川石手书的楹联："石莲古洞驰名，藏古园中藏古洞；吴楚江天览胜，望江亭上望江天。"

石莲洞公园大门

这是游客服务中心，典型的徽派建筑风格，建筑比例协调，极具美学欣赏价值。中心这块整版大理石浮雕是我们公园的平面示意图，希望能给大家一个直观的提示和导览。

三叠泉　大家请看，这处人工山水，名叫三叠泉，由庐山脚下星子之石叠成山，引来雷池之水酿成瀑。之所以取名三叠泉，是因为从这个角度，可以映衬清晨日出、正午阳光、西下夕阳，所谓阳光三叠，自称一派，所以取名三叠泉。三叠泉下的观鱼池，放养了各类观赏鱼种。俗话说：汇水处必有财源！财源带雨，年年有余。各位嘉宾在这里拍照留念，一定是财源滚滚、年年有余！

石莲酒家宾馆　这是为各位嘉宾提供就餐的石莲酒家。同样是青瓦白墙的徽派建筑。内部风格为四水归一、透明天井的大回廊结构，寓意"肥水不流外人田、请客做客都赚钱"的美好祝愿。石莲酒家是以宿松特色、山珍水鲜、农家土菜为主打，是安徽省五星级农家乐。酒家可容纳500余人同时就餐。

眼前这栋建筑是石莲宾馆。占地面积约1280平方米。它为游客提供住宿服务，同时具有商务会议、休闲娱乐的功能。里面将建文南词小剧场。文南词有着中国戏曲活化石之称，是第二批国家非物质文化遗产，发源于宿松一带，与黄梅戏几乎是同时代衍生流传，相互影响和进化的，又叫"黄梅戏的姊妹腔"。所以住在这里，大家既能修身养性，又能享受文化美餐。

文化长廊　大家请看，这里是文化长廊。两旁116块石碑，浓缩了历代骚人墨客关于石莲洞的诗联歌赋和景点故事传说。这里的每一幅书画作品，都出自当代书画大家之手。从中我们可以感受到中国诗歌文化及书画的魅力。据说诗仙李白因安史之乱，先后三次做客宿松，我们河西山石莲洞同时也留下了他的名篇佳话。这首诗写道："二人对酌三花开，一杯一杯复一杯。我醉欲眠卿且去，明朝有意抱琴来。"这就是他与友人、当时的宿松县令闾丘在河西山二人对饮留下的诗作。"和集百越"，这是现任中宣部部长刘奇葆的题词，指的是百姓居住的地方政通人和、百业兴旺的意思。刘奇葆是宿松人，这也体现了从宿松走出去的领导人的家乡情结和对家乡的祝愿。

百兽山　各位游客，请大家站在我这个位置，向前看，眼前这座假山就是百兽山。为何叫百兽山呢？因为在视角和光影的效果下，呈现在大家面前的是形态逼真、大小不一的各种猛禽走兽，不下百余种。如果大家有兴趣，不妨稍作停留，找出是哪一百种野兽。全部猜中，将是本次冠军。我们下山之后有神秘礼品赠送。

禅宗文化园　接下来我们进入的是正在建设中的宗教朝觐区——"禅宗文化园"。石莲洞景区的佛座岭为禅宗五祖弘忍当年说法的道场。弘忍大师生于隋仁寿元年（601年），7岁拜师于道信修习佛法，在河西山辟道场，讲经说法13年，形成并完善了"东山法门"的思想体系，被后世尊称为中国禅宗五祖。中国禅宗自始祖（佛传禅宗第二十八祖）菩提达摩以来，五祖之前尚有二祖慧可、三祖僧璨、四祖道信，之后有六祖慧能。中国禅宗自五祖开始，倡导并奉行"农禅双修"的指导思想，在生活中修行、在处事中修行。也就是说生活处处皆可修行。

禅宗文化园重点组成部分是五祖禅院。它占地20余亩，总投资9800万元，

禅修圣境 好戏安庆
——安庆旅游景点导游词

于 2012 年开始复建，最终将建成国家级宗教活动场所，形成禅宗文化园。现已新建了山门楼、钟鼓楼、报恩堂、大雄宝殿。整个建筑规模宏大，气势雄伟，为石莲洞景区的禅宗文化和旅游开发增添了新的景观。而五祖禅院当家大师傅见忍法师，是五祖寺第七十四代传人。见忍法师佛学精深，多次举办过国家级禅宗文化论坛。五祖禅院现在已对外正式开放。善心修行是内心的感受和生活的态度。现在我们不妨走进禅院，走进这片文化家园，感受不一样的文化氛围。

五祖禅院

听雨亭　各位游客，听雨亭到了，提起听雨亭还有个美丽的传说。传说唐朝诗人罗隐，于唐光化三年（900 年），为避兵乱，辗转来到宿松。一个晴朗的中午，他和本地好友石玉林来到这茂密的树林中，兴味十足地坐在一块石头上一边吮吸着扑鼻的泥土气息，一边欣赏从树林缝隙中照射进来的阳光。恰在这时，他俩似不约而同地感觉到，耳畔响起了阵阵雨水滴落的声音。他俩你看着我，我看着你，不时仰头望望天，低头瞧瞧地，而林中的阳光依旧耀眼，地上的馨香仍然诱人……这雨声是从哪来的呢？原来是八仙之一的何仙姑在荷衣古池浣衣时，看到林中的罗隐他们后故意作弄他们的。据《旧五代史·梁书·列传第十四》载："隐虽负文称，然貌古而陋。"何仙姑洗衣戏隐，是慕其才，还是嫌其丑，古今史学家未作定论。

今天的听雨亭，只是沉淀下了岁月的沧桑。亭中仍能见到缕缕阳光，闻到大地的芬芳。至于是否可以听到蹊跷的雨声，那就靠朋友们的缘分了。

荷衣古池　大家请看，这就是荷衣古池。相传为八仙浣衣之处。荷衣古池，原为地下涌泉，泉水潺潺，长年不断；后因自然环境的改变，几乎被土石所掩埋。经清理修复，取实地景态和李白"竹影扫秋月、荷衣落古池"的诗意，改为今名。碑上题签，为书法家王释非手书。池为长方形，四周有曲栏垂柳点缀，内种不少莲花，春则荷钱叠叠，挹露泛珠；夏则碧叶红花，清香四溢；秋则荷衣摇曳，翠盖犹擎，其烟景之秀美。正如欧阳修所咏："池面风来波潋潋，波间露下叶田田。谁于水上张青盖，罩却红妆吐采莲。"

石莲洞景区　各位朋友，现在咱们已经到了石莲洞景区。关于石莲洞，有据可考的史料不少，民间的传说更多。吴头楚尾区位好，雷水滋润万物新。《安庆志·古迹》曾这样记载石莲洞："石屋嵌空。若青色芙蓉，上镌三字，为唐罗隐笔。"清代石圣立《游石莲洞》诗云："曾说桃源古洞幽，谁知此地有丹邱，玲珑直透烟霞窟，光霁常经日月流。水喷岩腰穿碧涧，云横谷口护灵湫，个中莫道乾坤小，万壑群峰一望收。"古籍的记载、诗句的描述，都鲜活地表现出这里深厚的历史文化底蕴。这里曾是唐代诗人李白、罗隐栖游题咏的胜地，也是禅宗五祖弘忍法师建寺授法的仙境。洞内石壁上镌刻的"授法洞"，仍可以依稀地领略到当年五祖弘忍授法讲经的情状。而罗隐在历史与现实之中，一直是半人半仙的化身。他有几首比较著名的诗作，比如："今朝有酒今朝醉，明日愁来明日愁"；还有一首："采得百花成蜜后，为谁辛苦为谁甜?"这两首诗前后有着不同的思

石莲洞

想境界。这个思想的转变据说就是作者罗隐因为在石莲洞修行之后的人生感悟。洞门上的题刻，仍能清晰地看到与罗隐有关的字迹；据说，有一天早上，罗隐刚从梦中醒来，恍惚中，只见八仙飘然而至。罗隐向众仙乞求仙术，为首的汉钟离即向石壁上手书"隐"字以示之。罗隐恍然大悟。天色大亮，众仙霎时不见，只有石壁上的"隐"字赫然在目。

挹仙台　大家请看，正对着石莲洞口的这座高台名叫挹仙台。据说它是当年罗隐先生经常邀约八仙谈经参禅的地方。这里仙境迷幻，仙风拂面，仙气袭人。台对面洞口石壁上有中国楹联协会原主席马萧萧的题刻："自有高人隐古洞，寻仙何必上蓬莱"，就是指高人罗隐。

石上朴　大家有没有看到石缝中的这棵树？可别小瞧它，它叫石上朴，是极为珍贵的榆科落叶乔木。它生长缓慢，木质细腻坚硬，是比较少见的树种之一。这棵石上朴树高约3丈余，树龄超过100年了。它挺立于石崖之上，扎根于石缝之中，栉风沐雨，顽强地生存着，是不是也象征着我们石莲人的积极追求和创业精神？

佛坐石　这块石头叫佛坐石，当年五祖弘忍大师经常坐在上面授法讲经。有一次，一位弟子问弘忍大师："学习佛法，为啥要远离城镇而偏居深山？"弘忍大师没有急着回答，而是反问弟子："你可知道建造大厦的栋梁之材为什么不生在人群聚居的地方而是长在深山老林里呢？"弟子语塞。过了一会，弘忍大师直言点拨道："大厦之材远离人群，便不会遭刀斧砍削损伤；学佛之人眼前没有俗物，方可心中安宁。"弟子会心点头。有一天，弘忍正在参禅说法，引得百鸟群兽前来静听。大师念这些众生虔诚，特点化了仙鹤和老虎，在此做代表，专职护法。如今，这里仍有鹤、虎二尊巨石静卧在这大山之中！大家找找看，它们在哪里呢？

仙鹤石　瞧，这就是仙鹤石，看上去像不像仙鹤倚崖静立，昂首侧耳，专心致志在听讲呢？

这座亭名叫五祖亭，安庆府志、宿松县志等史书多有记载。这也是五祖弘忍曾经授法讲经的地方。石莲洞国家森林公园内，有五祖留下的一首《自咏》诗："垂垂白发下青山，七岁归来改旧颜。人却少年松却老，是非从此落人间。"诗作叙身世经历，谈世事人生。

东山石林　各位游客，眼前这片石林就是东山石林。看那嶙峋的怪石，呈现出千姿百态的鸟兽虫鱼。你会不会惊叹造物主的造化神力，会不会羡慕大自然的鬼斧神工呢？

对酌亭　现在出现在我们面前的是对酌亭，大家知道是谁在此对酌吗？当然跟咱们的诗仙有关了。相传大诗人李白曾经在这里与当时的宿松县令间邱饮酒吟诗,并留下了《山中与幽人对酌》诗:"二人对酌山花开,一杯一杯复一杯。我醉欲眠卿且去,明朝有意抱琴来。"从诗中,我们不仅可以感受到大诗人寄情山水、狂放不羁的豪爽性格,而且可以品味出他嗜酒成性、不拘礼节唯重情的独特品行。

仙桃石 眼前这尊高约六米,形如仙桃的巨石叫仙桃石。相传五祖弘忍是因母亲食仙桃而怀孕诞生的。后人为纪念缅怀弘忍大师,便把这尊巨石称为"仙桃石"。

四顾亭 这是四顾亭。据民间传说,1938 年 7 月 27 日,日本陆军第六师团中将师团长稻叶四郎,指挥所属坂井支队从太湖县进攻宿松,烧杀抢掠奸淫,无恶不作。8 月初,他们这伙强盗撤出宿松,欲走黄梅赴九江时,途经这里,见到风景秀丽、景色宜人,稻叶四郎目空一切地径直上山赏坑。当来到山上亭中时,他只觉树影如枪,林涛怒吼,左看右听,前观后闻,仿佛四周处处有伏兵。于是,他吓得叽哩呱啦、八格呀鲁了一阵之后,仓皇朝黄梅方向逃跑了!后来,有人讲,是那些惨死的亡魂在嘶叫;也有人讲,是弘忍大师的佛法在显灵。

天池 各位游客,天池到了。相传有一年天河泛滥,从瑶池里淌下十颗莲子,流落到这里孕育成仙。每当夜深人静时,这十位莲花仙子便飘然起舞,细语轻歌。其中青莲仙子还爱上村夫柳青,并结为夫妇,生儿育女。此事被玉皇大帝知道后,就派太白金星下凡,将她召回天庭。身怀六甲的青莲仙子,被摘令莲花宝剑,拆散夫妻,谪贬松山。无奈之下,青莲仙子只好喷火殉情。乡民们都讲,石莲洞上的青色芙蓉,就是青莲仙子的化身。真可谓:才闻仙姑嫁董永,又是柳青娶青莲;河西山下天仙配,恋歌一曲唱千年。

分经台 这是分经台。为什么叫分经台呢? 相传梁昭明太子萧统曾在这里分《金刚经》三十二部。后人为纪念昭明太子,于泰和元年(1201 年)六月十一口立碑于此。更为神奇的还有,在分经台四周尚林立着许多"拜经石",或拱手作揖,或弯腰屈膝。传说当年昭明太子分经后,在此举行过拜经盛典。当时参加此盛典的百兽群鸟,因虔诚至极便定格幻化成了这些情状各异的石头。

仙居谷 这是中国禅宗第五祖弘忍隐居之处的仙居谷。据说弘忍出生于湖北黄梅。幼时家境贫寒,经常跟随母亲外出乞食。7 岁时,他遇禅师道信于黄梅路上。道信问:"你姓什么?"弘忍答:"是佛'性'"。禅师问:"你没有姓吗?"弘忍答道:"是没有姓,因为我的心性是空寂的。"道信对左右人说:"这孩子非同常人。我圆寂 20 年后,他将会大张旗鼓地弘扬佛教。"弘忍从此师从道信,苦心修炼,后来果然成为中国禅宗的第五祖。

九曲莲池 九曲桥静卧在莲池之上,九曲桥倒映在莲池之中。穿过悠悠的时光隧道,我们可以想象:在那碧波荡漾的莲池里,依稀可见昔日众多的莲花仙子，在为那才高八斗的罗隐先生或浣洗衣衫或婆娑起舞的动人场景。

神虎石　大家肯定看见这上面的"神虎"二字了，这就是神虎石。传说五祖弘忍某年秋日的一天傍晚正在山上聚精会神地念经，被一群饥肠辘辘的野狗看见了。这群野狗正欲伤人。在这千钧一发之际，天庭中金光一闪，降下一头猛虎守卫在弘忍身旁。野狗们见此，全都逃走了。而弘忍对此却一无所知。为了护卫弘忍，这只猛虎终于坐化成了咱们眼前的这块石头了。

神虎石

龙眼泉　这叫龙眼泉。公元18年，松兹（也就是今天的宿松）久旱不雨，河水断流，田地干裂，禾苗干枯。为了替老百姓求雨，六月六日，当时任松兹县令的张何丹于河西山水口雨坛上中暑身亡。此举感动了上苍，后来王母娘娘命青龙下凡送雨。青龙下凡后，因当地百姓个个都能说出水少张县令的利民故事，感动不已，就干脆驻守在此不再归天了。天长日久，龙化成石。为了这里的百姓有水抗旱，它就从自己的眼睛中长年累月地溢出清泉，龙眼泉也因此而得名。讲到这里，我顺便简要地介绍一下张何丹：他是四川人，西汉末年曾在朝廷担任过中散大夫，秉性耿直，且有强烈的爱国热忱。他因多次弹劾王莽而被贬为松兹县令。为官一任，造福一方。他为百姓舍身求雨的壮举，不仅青史留名，而且世代相传，宿松人民妇孺皆知。

各位游客，咱们所在的地方，将会看到许多栩栩如生的奇石怪石。大家看，那块像什么？它叫金蟾望月，大家觉得像不像呢？这块叫海豚沐日，说是有一次，五祖弘忍在此坐而论道，四面八方不少有灵性的动物也来听讲。这天，整个山上，香气弥漫，阳光明媚，轻风吹拂。所有人、畜、禽、兽都沉浸于心旷神怡的仙境中。东海海豚腾空而起，来到这里后，听着仙乐，沐浴着阳光，被这里的环境景物所陶醉，最终乐而忘返，成为咱们眼前的一景了。还有黑猩护林、狮卧山林等等，惟妙惟肖。大自然的鬼斧神工，真是让人叹为观止啊！

这是咱们的一线天。是一块宽数米、高近 10 米的巨石临崖而立，横跨在河西山北侧崎岖险峻的山道中。石上露出的一线豁口仅能容两人并行。人行走在石道中，恍若进入了另一个幽静的世界。

大家一定看到了竹木掩映中的座座木屋了，是不是有一种别样的感觉呢？苏东坡曾在一首诗中写道："宁可食无肉，不可居无竹。无肉令人瘦，无竹令人俗。"眼前的翠绿竹林让人心旷神怡，而这些木屋隐匿竹林之中，又让人有一种超脱尘世回归自然的感觉。这里共有 68 套森林木屋，都是用俄罗斯进口的防腐木饰面而成。住在这样的木屋里，可谓是曲径通幽天地广，俗虑尽消耳目新；闲居木屋成一统，室内春夏又秋冬。有时间咱们都来感受一下，在竹林掩映之中，做一回不俗之人吧！

游客朋友们，我们的行程即将结束，非常感谢大家对我的支持和包容。今天的游览，相信大家或多或少都有些收获，这也是我们最大的希望。再次感谢大家！欢迎朋友们安排时间，在不同的季节再来领略这里的不同美景。祝大家一路平安！再见。

（责任编辑：石望东）

十、黄梅酒业文博园

景区简介

　　黄梅酒业文博园位于安徽省桐城市经济开发区，是一个集黄梅戏文化、桐城派文化和传统白酒酿造工艺展示于一体的工业产业和旅游园区。该园系安徽黄梅酒业集团为响应安徽省委、省政府倡导的"打好徽字牌，唱响黄梅戏，建设文化强省"的号召，于2009年起兴建的大型项目，现为国家4A级景区，占地近20亩，园区由白酒文化博物馆、桐城派文化博物馆、黄梅戏剧场、酒道馆等众多景点组成。在这里可以品尝黄梅酒、欣赏"桐城派"、观看"黄梅戏"，自然景观与人文文化在此交相辉映。

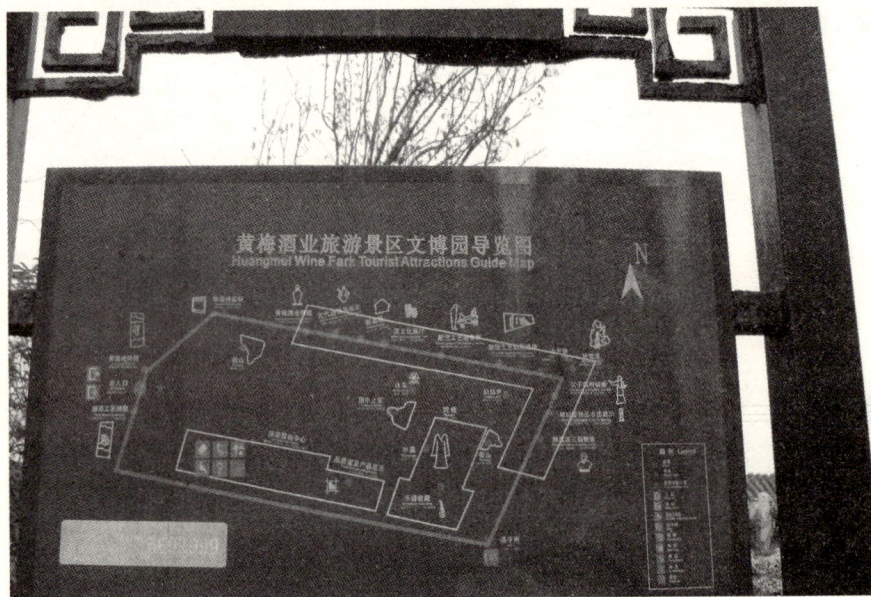

黄梅酒业文博园导览图

各位游客：

大家好！欢迎来我们黄梅酒业文博园参观指导！它是一个集黄梅戏文化、桐城派文化和传统白酒酿造工艺展示于一体的工业产业和旅游园区。大家请看，文博园景区整体建筑呈徽派风格，圆门低垂，芳草萋萋，一股浓浓的徽派文化氛围扑面而来。

黄梅酒业集团大门

文博园大门两边是两块砖雕墙。大家请看，右边的这块是酿酒工艺砖雕，呈现了酿酒的主要步骤：取水、拌晾、制曲、起窖和蒸馏，体现的是酒文化。左边的这块是黄梅戏砖雕，有黄梅戏的一些著名剧目，比如《天仙配》《牛郎织女》《女驸马》等，传递的是黄梅戏文化。

现在大家所走的就是咱们文博园的诗酒文化长廊，这里呈现了许多古代诗人所写的与酒有关的诗篇，有饮酒诗、祝酒诗、劝酒诗等等。大家请看，这一篇正是我们桐城派三祖之一的刘大櫆所写。李白说"古来圣贤皆寂寞"，而刘大櫆却说"古来圣贤皆爱酒"，可见圣贤与酒早已结缘，圣贤爱酒由来已久。

现在我们已经到了酒文化展厅，展现在大家面前的就是黄梅戏酒的瓶模，这也是我们公司的主要产品。大家看，瓶模的造型像什么呢？不错，它的造型就是根据黄梅戏的主要乐器琵琶和二胡演化而来的。

大家现在看到的是一些白酒专家对我们产品的评价，这"古法酿造，柔雅原香"八个字，是国际酿酒大师赖高淮先生品尝过我们的黄梅酒之后所写的；这幅"徽酒新秀，黄梅飘香"，是白酒专家于桥给予我们产品的评价。

　　这是我们的酒器展示厅。展示了一些我们搜集到的不同时代的酒器。大家肯定也知道，酒器在古代是分为贮酒器、盛酒器和饮酒器的。大家可以一一欣赏，其中还包括一些青铜器和瓷器。看，这种形状为圆腹、两耳、三足的铜鼎叫洛阳鼎。铜鼎是在新石器时代陶鼎的基础上发展而成的。

　　游客朋友们，醉酒的感觉是怎样的呢？也许生活中有些朋友从未体验过，不过今天在这里，可以让大家都来感受一下"酒不醉人人自醉"的感觉。前面就是我们的醉酒屋了，感兴趣的朋友可以进去体验一下。大家体验到醉酒的感觉了吗？之所以会有这种感觉，是因为：里面的正六面体空间与外面的正六面体建筑均保持了同一个倾斜度，人走在上面会产生运动的错觉，从而失去平衡，产生晕乎的感觉。

　　看这边，这是古代的编钟，它也是青铜器，虽然它是古代的，但它弹奏出来的音质绝不逊色于现在的打击乐器。转过身，大家现在看到的叫莲鹤方壶，莲鹤方壶是1923年河南新郑李家楼郑公大墓出土的春秋时期青铜器，它以自身清新独特的艺术特色，反映出当时装饰工艺发展的新走向。方壶装饰最为精彩的部分是盖顶仰起的双层莲瓣和伫立于莲芯之上展翅欲飞的立鹤，整体风貌清新自由、生动活泼，有别于前代装饰工艺那种肃穆刻板的风格，从而标志着中国装饰工艺的新开端。这也被郭沫若先生誉为时代精神之象征。

　　请大家随我往前走，前面是酿酒工艺展示厅。让我们去揭秘一下水究竟是怎么变成酒的？大家现在看到的是酿酒工艺塑像群，呈现了酿酒的全过程：首先采集地下深井水，配合所选的五粮精华，在特制的多重窖泥的窖池中进行发酵，然后起窖，放到甑桶上进行蒸馏；最后，出酒时，由酿酒大师亲尝亲选，将得到的

酿酒工艺塑像

优质原浆放在陶坛中进行自然封藏。这种酿酒方法也就是我们的徽酒酿造古法，已经流传千年了。大家一定很好奇，这中间的玻璃下面是什么呢？这是我们老酒厂的古井、曲块、窖泥和一些酒坛。对面的臼里存放的是酿酒用的五粮，包括高粱、玉米、小麦、大米和糯米。为了让大家更直观地感受酿酒工艺，我们花费30 多万元制作了一个 3D 动态效果图，通过"幻影成像"，赋予酿酒工艺动态化，从而更加形象，更加逼真。

各位朋友，这就是桐城派文化展示厅，大家现在正走在我们桐城著名的人文景观，缩微版的"六尺巷"上。"六尺巷"就位于咱们桐城市城区西南一角，是一条鹅卵石铺就的巷道，全长 180 米、宽 2 米。这条看似寻常的巷子，走完全程也不过四五分钟，却有着一段不平常的来历。这故事还跟康雍乾三朝重臣张廷玉的父亲有关。张廷玉的父亲名叫张英，清代康熙年间的大学士，官做到礼部尚书，老家在桐城。据史料记载，当时张宰相老家与隔壁的吴家之间有块空地，吴家人做房子想占用这块空地，张家却不同意，于是张吴两家互不相让。后来张家就快马加鞭传书给宰相张英，希望他能出面摆平此事。结果，张宰相接到家书后，只批了几句打油诗让家人带回了。这就是那首有名的诗："一纸书来只为墙，让他三尺又何妨。长城万里今犹在，不见当年秦始皇。"家人看后有所领悟，便主动让出了三尺。吴家人听说了张宰相信的内容，也深受感动，便也让出了三尺，就形成了今天的六尺巷了。当年我们桐城那位张宰相的胸怀确实令人佩服，即使放到今天，也值得学习。20 世纪 60 年代，中苏关系紧张时，毛泽东主席曾对苏联大使咏过这首诗，从而让"六尺巷"的故事家喻户晓。"六尺巷"也曾接待过党和国家的一些高级官员，比如吴仪、王岐山等。2016 年猴年中央电视台春节晚会上，安徽籍演员赵薇演唱了《六尺巷》，更是使六尺巷天下皆知了。如今大家走在这鹅卵石铺成的小道上，是否也能感受到中华民族礼让、谦虚、和谐的传统美德呢？

前面就是桐城另外一处著名景观披雪瀑的缩影了。披雪瀑位于碧峰山下的石板村，原名披雪洞，因姚鼐所写的一篇"观披雪瀑记"而闻名。

大家现在看到的铜像就是张廷玉，他和他父亲张英被家乡人称为父子双宰相。对历史有所了解的大概都知道，张廷玉是康雍乾三朝元老，保和殿大学士、军机大臣、太子太保，居官五十年。张廷玉在任期间的主要工作是担任皇帝的秘书。他对清廷政治制度的贡献，在于完善了奏折制度与军机处的运作规则。雍正称其为"大臣中第一宣力者"。雍正末年，张廷玉回家省亲，皇帝写信给他说："朕即位十一年来，朝廷之上近亲大臣中，只和你一天也没有分离过。我和你义固君臣，情同密友。如今相隔月余，未免每每思念。"雍正皇帝临终，命其与鄂尔泰同为顾命大臣。乾隆说他："不茹还不吐，既哲亦既明。"张廷玉死后配享太庙。终清一代，汉大臣配享太庙者唯有张廷玉一人。这边就是他们的一些著作。前面就是在民间搜集的一些古书，我们也还在继续搜集当中。大家现在看到的这幅图，就是著名的龙眠山了。据说在张英、张廷玉年轻的时候，经常喜欢到龙眠山去探访。于是在他们死后，后人将他们的墓地也安放在龙眠山上。灵山秀水，孕育英才，可以说我们桐城人在龙眠山的庇佑下也是人才辈出，代代幸福安康！

　　大家看，这里是桐城派三祖，分别是方苞、刘大櫆和姚鼐。方苞号望溪，桐城人，清代散文家，是桐城派散文的创始人，强调写古文要重"义法"，也就是要言之有物，言之有序，开创了清代古文的新面貌。刘大櫆（1698—1780），字才甫，一字耕南，号海峰，安徽桐城（今枞阳）人。雍正七年（1729 年）、雍正十年（1732 年），他两次参加考试都登副榜；乾隆六年（1741 年），由方苞推荐应博学鸿词科，却被大学士张廷玉压制落选。张廷玉后来得知刘大櫆跟自己同乡，深感惋惜。乾隆十五年（1750 年），张廷玉特举其参试经学，又未被录取。直到刘大櫆 60 岁后，才做了黟县教谕。几年后告归，居枞阳江滨不再出游，以教书为生，直到离世。大櫆是方苞的弟子，深得方苞的推许；他又是姚鼐的老师，故为"桐城派三祖"之一。而姚鼐书房的名字叫惜抱轩（在今桐城中学内），所以世称姚鼐为惜抱先生、姚惜抱，他也是桐城人。姚鼐于乾隆二十八年（1763 年）中进士，被盛誉为"中国古文第一人""中国古文的高峰"。他在方、刘二人已有成就的基础上，提倡文章要"义理""考据""辞章"三者相互为用。

酒坛壁

姚鼐在发展前辈的文学思想上，用阴阳刚柔这个哲学概念来解释文章风格的来源和散文的风格特点，包含着朴素的唯物论和辩证法思想。可以说，桐城派到姚鼐的时候就形成了完整的理论体系；而姚鼐也是桐城派散文的集大成者。桐城派统治清代文坛200多年，其中有影响力的作家达1200多人，著作2000多部。

各位游客，我们的右边是仙姑井，传说它是由八仙之一的何仙姑羽化而成。当然，也许有的朋友知道真正的仙姑井并不在这个位置，而在桐城市东关小学的校园里，但为什么我们这儿也有仙姑井呢？说起这口古井，还有一段有趣的传说哩。原来东关小学旧址在古代曾是一座远近有名的东岳庙。当初庙内香火虽然旺盛，却苦于饮水困难。因为不知什么缘故，庙内凿井，屡凿屡塌，庙的四周皆是贫苦百姓，饮用水只好到两里路以外的东门大河去挑，群众与庙主都十分着急。一日，四海为家的济公活佛云游到此，得知此事，笑道：这还不是小菜一碟！说罢，云帚一挥，仙气一吹，一口深井立刻出现在人们眼前，众人皆惊喜无比。井是有了，可是无水。传说济公虽有很大的法力，但唯独对水无可奈何。急迫之中，他想到了正在西门外仙姑井庵参加观音会的何仙姑，心想：何不求仙姑帮忙？于是他便赶到那里。何仙姑听了济公之言，说道：这事有何难，看我的！正准备拿仙瓢舀仙姑井里的水，一旁的济公迫不及待地抢先倒尽了他酒葫芦里的酒，将葫芦装满了水。他们一同来到东岳庙后，济公将酒葫芦里的水倒入空井中，顿时井水四溢，酒香扑鼻，众人一片欢呼。后来当地居民一直用这口井的水结合桐城酿酒古法来酿酒，结果酿出的酒香气浓郁，甘洌清醇，远近闻名。勤劳智慧的桐城人民继承了这传承千年的古老酿酒方法，并不断改良创新，终于酿造出了今天香飘四海的黄梅戏酒。为了纪念这种渊源，我们把仙姑井也缩微在我们的文博园了。

大家请看，前面就是我们的戏楼。文博园的戏楼主要是根据我们桐城老茶馆的风格所建造的。黄梅酒业有自己的剧团，聘请了专业的演员。一些重大节日或举行活动的时候，这里都会有演出。这里还呈列了我们在民间搜集的一些戏服、头饰和乐器。大家如感兴趣，可以在这里高歌一曲。

大家看我右边的这块巨石。它是整块的太湖石，重有160多吨，正面看是不是像一块笔架？它文气十足，也是我们的镇园之宝了。

朋友们，我们的酒道馆到了。大家现在看到的这些珍贵留影，是省市各级领导多次到我们黄梅酒业考察指导工作时留下的。它标志着各级领导对我们黄梅酒业的关心和支持。

酒道馆里主要是我们黄梅系列酒的展示。陶坛中是原浆酒，中间是系列白酒。正中间这款是最高档的盛世黄梅酒；右边是黄梅戏系列酒，有仙曲、徽曲、名曲；左边是黄梅飘香系列酒，有国颂、天香、地韵、人和；还有黄梅福系列，

戏　楼

有金钻、蓝钻、红钻；还有黄梅小调系列，主要是精品、珍品、一品。大家一定注意到了，这边是我们老酒厂生产的白酒。黄梅酒业的前身是木河坊酒厂。由于它规模较小，我们将它扩建，变成了今天的黄梅酒业。

这边是我们公司的一二期工程沙盘。我们的一期工程占地 130 亩，投资 1.6 亿元。主要建设内容包括生产区、办公区、员工健身娱乐区和文博园四大板块。二期工程占地 300 亩，预计投资 6.2 亿元，主要建设 1000 多口窖池和原酒储存中心，全面扩大我们的生产规模。

我们黄梅酒业文博园整个园区还有一些名贵的树木，有丝绵木、紫薇、罗汉松等等。这块石头是灵璧石，我们给它取名叫洞天福地。

好，整个文博园的游览到这里就结束了，非常感谢大家对我们黄梅酒业文博园的关心与支持！最后祝大家工作步步高升，生活幸福美满。期待大家下次再来！

（责任编辑：汪　毓）

十一、仙龙湖旅游度假区

景区简介

桐城仙龙湖旅游度假区，紧邻桐城市区，地处合肥经济圈及皖江城市带承接产业转移示范区内，交通便捷，距合肥1小时车程。度假区是桐城市"提高城市品位，发展城市旅游"的重点项目，是安徽省"861"计划重点项目之一，是安徽永先集团倾力打造的经典之作，也是"云服务、漫生活"产业理念的代表之作。

它由活海水世界、仙龙湖港湾、七里香溪度假地产、仙龙湖国际会馆、温泉谷、水上高尔夫等项目组成。全面建成后的仙龙湖国际旅游度假区，将是集观光度假、生态人居、休闲商业及娱乐体验于一体的旅游度假区，成为泛长三角地区一流的娱乐、休闲、度假、旅游一站式休闲度假综合体。

活海欢乐水世界导览图

禅修圣境　好戏安庆
——安庆旅游景点导游词

游客朋友们：

大家好！欢迎来仙龙湖旅游度假区观光旅游！

仙龙湖旅游度假区位于"中国文都""桐城派故里""黄梅戏之乡"的安徽省桐城市西郊、龙眠山东南麓，总体规划面积为553.5公顷，其中水面面积为46.8公顷，由安徽永先集团投资开发。这是该集团继安庆巨石山旅游风景区之后，斥巨资倾力打造的又一经典之作。仙龙湖度假区也是安徽省"861"计划重点项目之一。它依托原有的汪洋水库，以水上娱乐休闲为主体，成功打造出集观光度假、娱乐体验、休闲商业及生态人居于一体的综合项目。目前，度假区已建成活海欢乐水世界、七里香溪度假地产、仙龙湖国际会馆、仙龙湖港湾、水上高尔夫等项目。

仙龙湖局域图

提起桐城，大家首先想到的肯定就是桐城派。桐城的历史悠久，文化积淀深厚，素有"中国文都""桐城派故里"之称。据史料记载，桐城在周代置"桐国"（后人亦称为"古桐国"），西汉就已经置县。桐城可谓人杰地灵，人文荟萃，名流辈出。名见经传者达2000余人，有著述传世的人就有700多位。见于史册的著名历史人物有秦末的政治家、项羽的谋臣范增，北宋著名画家李公麟，清代著名的"父子宰相"张英、张廷玉等。张英是康熙宰辅大臣，而其子张廷玉乃康、雍、乾三朝元老，历任保和殿大学士、吏部尚书、军机大臣、太保，封三等伯爵居官50年。而有清一代，汉大臣配享太庙的也就是张廷玉一人，可谓是荣耀一时。

146

　　而桐城文化的兴起，也是经历了漫长的阶段。在明朝嘉靖以后，桐城文化勃然兴起，那时硕学大儒不断涌现，比如进士何唐、赵鸿赐等弃官讲学，一度儒士讲学蔚然成风。而"桐城文化"最鼎盛的时期则是在清代。这时，又涌现了诸如"桐城派"开山鼻祖戴名世、"桐城派"创始人方苞、刘大櫆、姚鼐等文化巨匠。他们一度把桐城派文化推到了巅峰。据统计，"桐城派"自清代之后占据文坛 200 余年。不仅如此，在明清两朝的科举场上，桐城中进士的学子就有 240 余位。即便是近现代，桐城文脉也是名人辈出。如著名黄梅戏表演艺术家严凤英、美学大师朱光潜、著名歌手费玉清等，皆出于桐城。桐城每年进入高等学府的学子更是数以千计，可谓是人杰地灵。而"仙龙湖旅游度假区"就置身于这样的文化氛围中。

　　仙龙湖旅游度假区的地理位置也很独特，处在地球北纬 30°。提起北纬 30 度线，大家想必都知道，这是条神秘而又奇特的纬线，因诸多世界奇观的出现而闻名。如神秘的古埃及金字塔群、令人难解的狮身人面像、北非撒哈拉沙漠达西里的"火神火种"壁画、约旦的死海、巴比伦的"空中花园"、令人惊恐万状的"百慕大三角区"等。中国桐城的"活海"，也处在这一位置上。

　　龙眠山，属于大别山余脉，山势自西北向东南逶迤，素有"擅江北名山之秀"的美誉。而仙龙湖这个名称，会不会让大家立刻联想到刘禹锡《陋室铭》中的一句名言"山不在高，有仙则名；水不在深，有龙则灵"呢。的确，这里钟灵毓秀，人杰地灵。仙龙湖犹如一块翡翠镶嵌在龙眠山的怀抱中，三面层峦各有其名，西边是蜈蚣山、乌石山，北边有石门冲摩崖石刻及石门冲瀑布，东边有鸡头山、鹅头山、老鹰扑翅山，山坳中还有一座享有盛名的佛教圣地——"一笠庵"。这里一步一景，每座山都有名人踪迹和民间传说，让人流连忘返。其境内还拥有龙门、碾玉峡、张英和张廷玉"父子宰相墓"、大龙井瀑布、赐金园等大小十多处自然与人文景观景点，其中蕴藏着许多动人的神话故事。

　　据说仙龙湖的由来，还跟八仙之一的何仙姑有关。何仙姑自从吕洞宾度她成仙后，云游四方，至桐国龙眠山，隐迹岩洞中，到南北朝时期，国内分为"五胡十六国"，南北方战事频繁，生灵涂炭。各路诸侯请神助战，其中有北方鲜卑族唤醒梼杌、饕餮、穷奇、混沌等神兽，并驱赶着兽群与南方军队大战，其时乌云蔽日，兵戈交错，哀鸿遍野，直使南方大军节节溃败。当南军溃败到桐国境内时，惊动了正在荫蔽山上静修的何仙姑。何仙姑见梼杌、饕餮、穷奇、混沌等北方神兽穷凶极恶，为感念苍生，她想办法加以遏制，遂请来东海龙王。龙王称，欲制神兽，定要用洪水淹之。何仙姑则让南方军队乘机撤离到古桐国的山上，等到北方鲜卑族军队及众神兽都汇聚到东南山麓的山坳处，龙王即刻制造洪水，驱赶并淹没神兽，直到鲜卑族溃败。由于山坳处汪洋一片，后人等到水退后在山周围建村，并将村子称作"汪洋村"，低洼处形成的湖，亦被称为"汪洋湖"，后成为汪洋水库。而何仙姑为了答谢东海龙王拯救芸芸众生，则将周边山脉化为龙的蛰睡形状（也就是现在的龙眠山），以防御北方部族的再次来犯。而更多的后人，为了纪念何仙姑和东海龙王的大恩大德，则将"汪洋湖"敬称为"仙龙湖"。直到现在，荫蔽山上，还遗有何仙姑睡过的"仙人床"。清朝桐城诗人姚兴泉游览至此，还写诗赞曰："桐城好，奇绝石门冲，半壁屏空断归鸟，一条飞下似游龙，水碓带云春。"那石门冲瀑布一如既往地像神龙吞云吸水，将一汩汩山泉水聚集到仙龙湖中。

各位游客，仙龙湖旅游度假区所在的这块区域，还曾是宋朝李公麟、苏轼、苏辙及黄庭坚等隐居的地方，并建有宅院，像这里的建德馆、墨禅堂、栖云室等多处楼榭，就可供文人墨客、高人雅士在此吟诗作画，同时又可结伴览胜，可见文人们对此处情有独钟，苏辙还为一些馆堂作了诗。比如建德堂："龙眠净渌中，微吟作云雨。幽人建德居，知是清风主。"而"此心初无住，每与物皆祥。如何一丸墨，舒卷化山川"的诗句是写墨禅堂的。栖云室则用这样的诗句来慨叹："石室空无主，浮云自去来。人间春雨足，归意带风雷。"

各位游客，仙龙湖周边的山大多根据外形来命名的，在仙龙湖的东北方，有座山形似老鹰飞翔，头东尾西，中间有一条小路把山分成了两半，像是两只翅膀，所以这山就叫老鹰扑翅山。那右边的一半山伸到湖中，上边还有条山涧，四季水流不断。山头则正好偏向山窝中的一笠庵。一笠庵是一个燕窝地。传说当年这里有只老鹰追赶一只小燕子，小燕子拼命地往回飞，老鹰紧追不舍，就在老鹰张嘴能吃到的千钧一发时刻，只听晴天响霹雳，一声响雷磕断了老鹰的右翅，于是它的身体就变成了现在的山形。那山涧流水据说是老鹰流的血。站在西边观看，老鹰扑翅的神态惟妙惟肖。大自然的鬼斧神工，确实让人赞叹不已。

刚才我们说到一笠庵，这个庵就坐落在仙龙湖北边的一个山窝里，绿树掩映，景色怡人。庵始建于明代，屡兴屡衰。一笠庵的前身是天兴寺。天兴寺自明朝建寺以后，不断发展壮大，成了出家人受戒的场所，是江北的十方道场，僧人香客云集。清朝大宰相张英曾为寺庙题词："一条直路西天路，两扇大门南海门。"后因寺庙毁坏，佛像都在露天中，樵夫看见不忍，就把自己的斗笠戴在佛头上，此庵因此得名。一笠庵墙边还有一簇母子竹。冬天，母竹在里，子竹在外，为让老母取暖；夏天，子竹在里，母竹在外，为让老母纳凉。人们把母子竹冠名"孝竹"，来颂扬人间"百善孝为先"的美德。

而在仙龙湖的西边，还有一座山叫乌石山，也叫平顶山。山上有一处天然大石头，中间磨成了一个凹槽，好像是一个"摇窝"。人躺在里面，一边看风景一边赏湖光，好不自在悠闲。还有一口龙泉井，泉水汩汩地往外涌，流水潺潺，游人至此都要驻足歇息，尝尝清冽的泉水，再站到"站人石"上眺望对面的栲栳尖。相传，乌石山与栲栳山本来是一对好兄弟，不知何故，两人谁也不服谁，争着当第一往上长。乌石山白天不长晚上长，栲栳尖是白天长晚上不长。他们的长势惊动了玉皇大帝，玉帝派天官下界查访此事。天官下凡一看，果然长势很快。他回禀玉帝，玉帝一听这还了得，再长就要把天宫戳破，速派雷公查办此事。在一个风雨交加的夜晚，乌石山不知情，还在往上长，只听"咔嚓，轰隆隆"一声巨响，雷公一雷把乌石山磕住，让他永远定住不长，所以乌石山顶是平顶。为了不让栲栳尖再往上长，玉帝又派人在栲栳尖顶上建了寺庙，让它也永远保持原样。大家想，这是不是很神奇呢？

　　游客朋友们，咱们即将要抵达中国目前规模较大的水上主题公园之一——魔幻水城，疯狂活海。

中国活海欢乐水世界

　　中国活海欢乐水世界，是华东地区规模最大的水上游乐目的地，亚洲首家魔幻剧场水乐园。现已建成四大主题游乐区，包括激情水迪吧、活海冲浪区、疯狂滑梯区、活海探秘区等。其中精心设置了120余个水上体验项目，包括40多项游乐项目。

　　中国活海欢乐水世界致力于打造"新、奇、特"的旅游新模式。依托游乐项目分区导入生动的魔幻故事情节，以疯狂活海—活海探秘为主线，将活海冲浪—活海漂流等游乐设施作为魔幻主题场景，以活海冰河纪—诺亚方舟—活海探秘—寻找不老泉等为情节，采用声光电技术，首家呈献中国水上乐园大型魔幻剧场，创造出一台远古、魔幻、浪漫而又新奇的爱情音乐实景剧。

　　该剧以古桐国文化为源头，充分结合活海欢乐水世界景区的文化背景，演绎远古冰河纪时期，居住在古桐国"活海部落"的生活状貌。当时，地球变成一片死海。为了在玛雅人预言的 2012 年"世界末日"来临前激活"不老泉"，死海部族族长设计利用死海之子马可与古桐国之女艾雅结婚，让艾雅的眼泪打开古桐部落的"不老泉"，让"不老泉"之水枯竭，以便去化解死海魔咒。但古桐族人知道，"不老泉"枯竭之日就是古桐部落灭亡之时。为了部落族人的安宁生活，他们誓死捍卫神圣的"不老泉"。于是，一场死海部族与活海部族的战争开始了……

　　双方斗舞、斗歌，死海族人总是处于下风。假装绅士的死海族长感觉自己一次又一次被愚弄，于是便撕下他虚伪的面具强行夺走艾雅，并想驱使艾雅在"不老泉"上留下自己的眼泪，但没能得逞。就在死海族长准备要杀掉艾雅时，英俊神武的马可出现在观众面前。他用歌声揭露死海族长的丑恶。在他歌唱的过程中，死海族长命令手下精灵毁灭马可，可笨拙的精灵一次次失误。最终死海族长亲自出手击中马可，艾雅为马可伤心落泪。她流出的一滴眼泪正好落在"不老泉"上，此时诺亚方舟的中间出现了一束神奇的光束。

　　马可被一个巨兽拖行于空中，并呼唤魔幻之力，从空中招来两个脚踏光束的神秘精灵和七彩飞行器。他们利用手中的神力向死海族人发起进攻。

　　马可在神秘精灵的帮助下，赶走了前来进攻的死海族人。但由于艾雅的眼泪滴在"不老泉"上，"不老泉"已经开启。为了不让它枯竭，艾雅毅然决定让自己的身体融化在"不老泉"中。她纵身跳入诺亚方舟中的那道光束，"不老泉"突然喷出一个巨大的香甜水柱。马可发出深情的呼唤，希望和艾雅的爱情能获得重生。此时，只见从舞台后面飞出一个巨大的七彩凤凰女。她，就是获得重生的艾雅。死海族长的阴谋被粉碎了，古桐国部落得以保存。这时，诺亚方舟的前面，音乐喷出一排水墙，激光投影打出幻化的图案，表示他们的浪漫爱情有了一个美好的结局。

　　而古桐国部落为了防范死海部族再次毁灭"不老泉"，将"不老泉"隐藏到冰山脚下的一条魔幻漂流河中。很多人都想见证艾雅的坚贞，感受"不老泉"的神奇，所以每年夏季，都有许多人来这里穿越这条惊险魔幻的漂流河，进行一次活海探秘活动。游客朋友们，这究竟是怎样的一条魔幻漂流河呢？到了现场，大家亲自去感受一番就知道了。

　　各位游客，到了活海，首先进入的就是激情水迪吧。这是一个童话般的水上儿童乐园。这里有喷水鲸鱼、雨蘑菇、喷水蜗牛、喷水堆积木、喷水飞鱼、喷水鳄鱼、喷水章鱼、喷水向阳花等 30 多套戏水玩具。伴随着喷水音乐，小朋友们可以戏水玩乐，并享受到无穷的惊喜和欢乐。

激情水迪吧

第二个区域是活海冲浪区。这是一个疯狂的冲浪世界，总面积约 10000 平方米，由冲浪池、冰山、诺亚方舟三部分组成。冲浪池可提供 8 种造浪模式，可一次容纳 5000 人同时体验。大家进入池内，可体验疯狂冲浪，欣赏魔幻演艺，饱览疯狂比基尼。大家可以在冲浪的同时，一睹活海部落和拿魔人在活海冰山、魔力岛下，为开启诺亚方舟演绎的魔幻情景剧。

如果大家还嫌冲浪不够过瘾，疯狂滑梯区会让我们再一次体验速度的刺激。活海是国内拥有滑道最多的水上乐园。这里有冲天回旋、巨兽碗滑道、极速滑道、螺旋滑道、欢乐 6+1 滑道等。冲天回旋滑道，高达 15 米，形状宛如一个巨大的 U 形滑板。游客从最高处快速滑到最底部，借着巨大的惯性，继续向上滑行到几乎呈 90 度上扬角度的滑道上，然后再从几乎垂直的滑道上借着地心引力自由滑落到平缓的地段。在整个滑行过程中，坐在浮圈里的人们除了感受上上下下的刺激之外，浮圈还会在滑道里自行旋转，感觉超炫！巨兽碗滑道是世界顶级的水上游乐设施。游客将乘坐浮圈从高达 15 米的站台口滑下，并通过长达 80 米的管道，高速滑入一个直径超大的巨碗，在离心力的带动下，沿巨碗边缘旋转，然后冲入碗中间的洞口，十分刺激。螺旋滑道沿着高高的平台，蜿蜒而上，游客乘坐特别设计的双人浮圈，通过螺旋状管道，一路上旋转加速，充分感受离心力后，再经过曲形管道，冲入下面的水池。这种滑道最适合情侣共同体验。欢乐 6+1 滑道由 6 条各自独立、完全相同的滑道并列组成，6 位游客可各自选一条滑道，从 15 米高的塔端进入，开始急驰竞赛。游客趴在飞毯似的滑板上，在完全密封的水槽完成一个完整回环，进入开放式的直道俯冲部分，加速俯冲到水池里，一路激起水花片片，尽享风驰电掣的竞赛快感。而合家欢滑道则让一家人乘坐巨大的浮圈，一同经历三段跌宕下滑的惊险过程。游客坐到已经准备好的浮圈上，从设备的最顶端一路尖叫着在高低起伏的滑道上滑行，直到设备底部的水池。这个区域玩的就是心跳，不同的滑道，相同的刺激，大家在这里定会体验到欢乐和激情。不过身体不大好的，比如有高血压的朋友就不大适合。

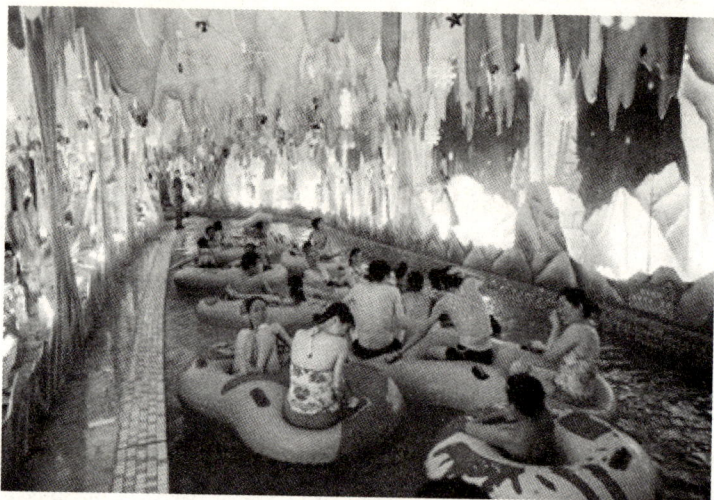

活海探秘区

最后一个区域就是活海探秘区。这条惊险的魔幻漂流河，全长 340 余米，漂流全程大约需要 20 分钟时间。整个漂流隧道，采用了声光电技术，塑造出海底怪兽、水怪、"不老泉"等场景，分为明河与暗河两部分。暗河的整个漂流，探险者乘坐皮筏漂流其中时，要穿越海底迷宫，并将与海底怪兽、水怪零距离接触，并能触摸到弥漫在河道中的水泡，同时还可以看到各种海底特效景观。这里让游客不仅体验到漂流本身的精彩，还能满怀期待地去寻找神秘的海底魔幻世界，从而成为具有互动性、闯关式的漂流秘境。最终，漂流者将漂过"不老泉"，可以掬到"不老泉"的圣水。据说饮用此水，会带来无限的好运。

此外，还有极地冰吧。这是由国内顶级设计师打造的极地冰雪世界，营造出多种梦幻之境，如潘多拉之湖、极地教堂、雪球屋、爱斯基摩、极地图腾、极地圣诞、极地之光等十余种冰雪之景。冰吧室内气温极低，在炎热的夏季来冰吧里小憩，是避暑的绝佳选择。它让我们足不出户就可以感受极地风情。

除了活海水世界，度假区目前建成的还有仙龙湖港湾。它坐拥湖光山色，景色静谧怡人，是集运动、娱乐、养生、餐饮等功能于一体的综合休闲度假场所，设有多个水上游乐项目。其中"水上高尔夫"属于安徽省首家引入的休闲项目。

港湾里还置有豪华游艇、小快艇、摩托艇、脚踏船、水上自行车、水上碰碰船等上百套国内一流的水上游乐设施。大家有机会可以尽情地畅游其中。度假区后续建设项目有中国（桐城）活海国际旅游度假区的二期项目——将打造安徽乃至长三角第一流的山体景观公园（包括公园六大主题片区品牌打造）、滨湖度假屋、湖心高端酒店、狂野印第安汽车营地、温泉谷以及欧陆风情小镇。

游客朋友们，活海已经到了，我的讲解也就到此结束了。感谢大家一路支持与配合！下面，让我们带着一颗放松的心去迎接那一方清凉世界，开心地跳吧、叫吧，尽情地释放吧！

（责任编辑：汪　毓）

十二、嬉 子 湖

景区简介

嬉子湖生态旅游区位于"桐城派"发源地、"父子宰相"故里——桐城市东南端，安徽省优秀旅游乡镇嬉子湖镇南部，三面环水。景区水陆交通发达，距市

景点分布图

北

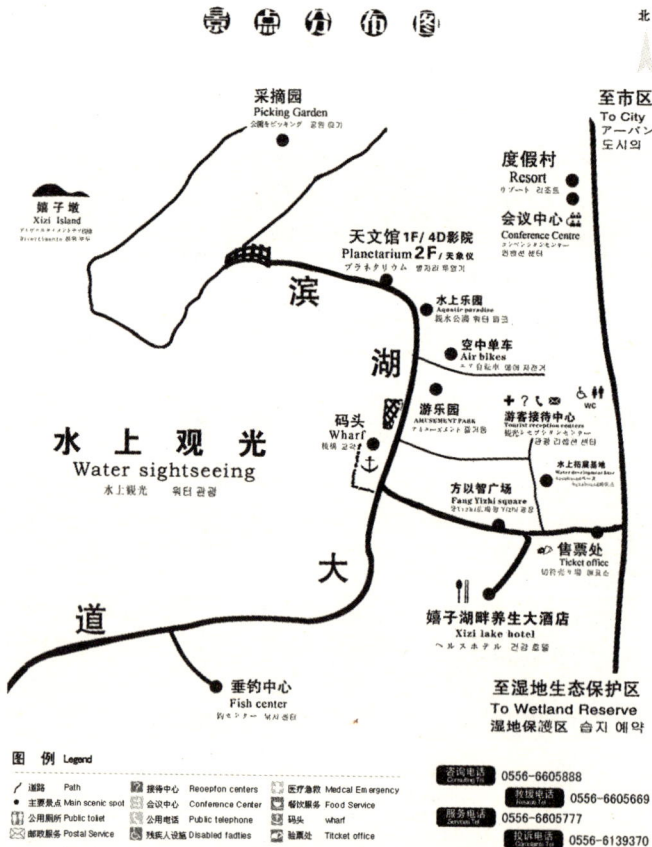

嬉子湖生态旅游区导览图

区 30 公里，濒临江城名府安庆，距省城合肥仅 1 小时车程；水路可上溯湖广、下达苏杭；占地面积 71 平方公里，其中陆地面积 30 平方公里，水域面积 41 平方公里，拥有江淮之间最大的原生态湿地资源，是集生态休闲观光、科普文化体验、渔业休闲、户外拓展、乡村度假、会议商务、特色餐饮于一体的国家 4A 级的生态旅游名胜区。

各位游客：

大家好！欢迎来生态家园、梦里水乡——嬉子湖生态旅游区观光游览！

嬉子湖是镶在龙眠山、小龙山之间的一颗明珠，纳舒（城）、庐（江）、桐（城）、怀（宁）、潜（山）百川汇聚而成，水域面积 41 平方公里，流域面积 960 平方公里，系长江下游人湖泊之一。嬉子湖水域辽阔，烟波浩渺。正如清代桐城诗人姚兴泉在他的《游嬉子湖之赋》中写道："桐城好，最好嬉子湖，贾船帆挂千秋月，渔艇灯明两岸芦，一望水平浦。"嬉子湖及周边沿岸风景如画：稻麦飘香、蟹壮鱼肥、莲红荷绿；柳丝轻垂，芦花吐絮，丹枫如火；碧波荡漾，鸥鸟翔旋，白帆点点。正所谓："堤边浪静，水面波平，一片云烟笼岸北；叶醉丹枫，花疏红蓼，几番风景到江南。"这是赞美咱们嬉子湖的一副对联。旧桐城八景中的"练潭秋月"与"松湖落雁"两景就分布在这。素有"春晴草色如酥，夏汛水天浩渺，秋日白鹭祥云，冬雪平冰千里"之称，一年四季，都别有风情。嬉子湖名胜景点星罗棋布：有落凤窝、莲花洲、千里桃花园，还有浮于水中的陡起墩、嬉子墩、笔架山、燕窝山等，可谓湖光山色，气象万千。其中"嬉子夕照"堪称一绝。

嬉子夕照

禅修圣境　好戏安庆
——安庆旅游景点导游词

　　嬉子湖镇因嬉子湖而得名，它地处安徽省桐城市东南，镇中心距桐城市区25公里，三面环水，东面隔白兔湖与安徽枞阳县相望，南、西分别融菜子湖、嬉子湖与安庆宜秀区、本市双港镇和金神镇相邻，北与孔城镇接壤，行政区域总面积134.7平方公里，其中环绕镇区的湖泊面积11.4万亩。2001年撤乡建镇，嬉子湖镇现辖9个行政村，总人口2.5万。镇级经济结构以生态农业、水产养殖和加工业、生态旅游业为主体，是安徽省环境优美乡镇和优秀旅游乡镇。

　　这里水陆交通体系发达，"桐双"市级柏油路纵贯全境，并与合九铁路、沪蓉高速、206国道相连接，距省城合肥不到1个多小时车程，达江城名府安庆仅需1小时；水路泊枞川而融长江，可上溯湖广、下达苏杭；境内山清水秀，湿地绵延，物产丰饶；既为桐城市水产品生产重镇，又是久负盛名的"鱼米之乡"。嬉子湖盛产的水产品，品种繁多且色质优良，鲤、鲢、鲫、鳅、虾、鳝等，只要是正宗的嬉子湖水产品都广受青睐。当年民国政府蒋介石钦定的国宴名肴"嬉子湖青虾"，如今已是大都市餐桌上不可多得的佳肴。凡是嬉子湖的水产品，不用添加任何佐料，即便是湖水煮河鱼，亦鲜嫩异常，引得游人"闻香下马，知味停车"。

　　各位游客，嬉子湖不仅风光优美，物产丰富，同时还流传着动人的故事传说。

　　下面，请各位跟随我来了解一下有关咱们嬉子湖的优美传说。

　　之所以叫嬉子湖，据说是因为沿湖儿童在湖中嬉戏而得名。然而，它的真正来历却蕴含着浓郁的人文气息。嬉子湖下游与菜子湖连接处称为"喜口"。旧时嬉子湖盛产一种巴掌大小的野生田蟹。这种蟹每年因潮汛大量冲入湖内，因其性寒可治多种疾病，深得人们的喜爱，沿湖渔民爱称其为"喜子"。康熙初年，青年时期的张英，常跟随父亲张秉彝于湖中嬉戏捉蟹。后来，张英高中二甲第四名进士，后调任礼部尚书，拜文华殿大学士兼经筵讲官。大家都说是湖中丰厚的物产及文化熏陶和哺育了当朝一代名臣，所以从那时起"喜子"改称为"嬉子"，盛产嬉子的湖泊顺理成章成了嬉子湖并广为流传。

　　大家想必都知道，清朝"父子宰相"张英、张廷玉是桐城人，而嬉子湖就是他们的故里。嬉子湖中有个地方叫"落凤窝"，之所以叫这个名字，是因为背倚雄山，形似凤凰，近旁两山相峙，状若凤翼。这里是张家的祖坟地。自落葬这里，张家便出了"父子宰相"，就有了"帝许江南第一家"的显赫尊荣。张氏祖茔长18米，宽9.5米，面积171平方米，大坟隆起，高碑耸立，碑正中阴刻大字："明张氏四世妣慈寿胡太君之墓"，上款阴刻"陕西布政司参政孙淳立"，下款阴刻"保和殿大学士十世孙张廷玉重修"。张氏祖坟，面临松湖，以松山为"笔架"，松湖作"砚池"，湖中左有一大一小水岛，称之为"印墩"。据说风水极好。湖上日则舟帆点点，夜则渔火荧荧。张氏祖坟因此拥有"日有千人唱喏（作揖，指双手划桨），夜有万盏明灯（指渔火）"之胜景，游人来此览胜，络绎不绝。

关于张氏祖坟，乡间还有不少神奇的传说。明隆庆六年（1572 年），陕西布政使司张淳的祖母（张英四世祖）逝世后，一家人为殓葬时辰而犹豫，此时有位久慕这位江南断案如神的"张一包"大人之名的方士，煞有其事地说："老夫人下奠，必持鱼上树，马骑人，行者戴铁帽，方为吉时。"张大人一向正直，这番玄乎之说更不为信。可出殡那日，雨过云开，菜子湖旭日东升一片瑞气。张大人突然见到有位驮着牛鞍（即木马）的农夫，将手里拎着的两条鲤鱼挂上松树，再放下木马歇息观望。而另一位打鱼模样的汉子，头顶着从肖家店刚买来的一口崭新的铁锅，小心翼翼地向这边走来。张大人眼睛一亮，这不是"鱼上树，马骑人，人戴铁帽子"吗？他恍然悟出方士所说的话，便一声令下，棺柩安然下穴。

自张淳以后，张门后代果然英才辈出，张秉贞、张秉文、张英、张廷玉、张廷璐、张廷瓒以及现代将军张知行和旅台女作家张漱菡等，他们以政声之著、学识之渊，成为桐邑古今之骄子。

下面给大家讲一讲嬉子墩的故事。

嬉子墩位于嬉子湖湖心，是一个由陆地延伸到湖中的小岛。远看似出水芙蓉，近观若狸猫睡卧，岛上树木葱茏、鹭鹤云集。最神奇的是，无论湖水如何暴涨，这个小岛都不会被淹没。

岛中心还有座古墓，距今已有 500 年历史，占地 150 平方米，四周环水，茂林修竹，风景秀丽，为省级文物保护单位。墓主叫余珊，也是桐城人，明朝正德三年（1508 年）进士，曾任御史、四川按察，一生清廉为官、耿直善良，曾因揭发宦党受陷入狱。明世宗即位后，他应诏上奏"十渐"，总计万余字，都能切中时弊。如果我们上岛去，还能看到墓旁有石马、石人等。

关于嬉子墩和这里的石人石马，也有一段神奇的传说。

据说从前这墩上住着户打鱼人家，家里养了只黑狗，传说那黑狗乃是嬉子墩的守护神，它像团黑云将嬉子墩遮罩了起来，所以任何人都发现不了这块宝地。有一年冬天，嬉子墩上来了位地师爷。这人过于迂腐，谨慎多疑。倒是岛上这家男女主人热情、豁达、善良，每天鸡鸭鱼肉、杯茶碗酒，像对待自家亲人似的盛情款待。然而那只狗一见到地师爷就狂叫不止，弄得这位地师爷自觉窝囊尴尬，心里愤恨不已，就本能地对狗充满了恶感。

天下没有不散的宴席。一转眼，春暖花开，古怪的地师爷也自觉该要离开这人好水甜的地方了。可他心里一直犯嘀咕：这几天吃的鸡怎不见鸡胗，八成是他们自己留着吃了吧？一点不诚心！他越想越不是滋味。恰巧临走之际，那黑狗又突然从屋顶上跳下，朝他不住地狂咬乱叫，令地师爷恼羞成怒，便对主人吩咐道："这孽畜非除不可，不然日后要有灾难啊！"但他心里却分明知道，这是一条神狗，千万杀不得。善良的主人一边应着，一边塞给他一只沉甸甸的盛菜的竹筒，嘱咐路上好用。走了几里路，地师爷好奇地打开竹筒，一看是一只只卤得红香发亮的鸡肫。他突然良心发现，觉得人家有恩于己，却骗人家杀掉那条神犬，太不应该！于是赶紧往回赶。但等他赶回时，只见门前地上已摊着一张血淋淋的狗皮！这位地师爷顿觉羞愧难当，急火攻心，当时就倒在地上。那竹筒里的鸡肫散落一地。

霎时间，只见天空乌云翻滚，雷声隆隆。原来嬉子墩失去"狗影"的遮护暴露了一方宝地，朝廷发兵前来掠夺，刀光剑影之处，鸡鸣犬吠，树倒花落。令人惊奇的是，嬉子墩上那一片片竹林里，血流成河，被刀剑砍倒的竹节里竟然都有三个人形模样的生命，未被砍倒的竹竿全部爆裂，里面也都是如此。统军的将领惊骇万状，他用刀指着一个个血淋淋的小人对手下的士兵说，那红脸的是未登基的皇上，而那黑白两脸分别是文臣和武将。他们惊呼，原来自己不小心就灭了一个即将产生的朝廷和军队。

忽然一阵狂风吹来，暴雨倾盆，浊浪滔天，刚才还耀武扬威的那班军队瞬间被湖水卷得无影无踪，一切都恢复了宁静。而那一层层竹节里爆出来的三个小人，则化作三对石人石马永远伫立在嬉子墩上，如今就忠实地守卫在余珊墓前两侧。

湿地风光

好了，故事讲完了，现在请大家随我一同游览嬉子湖生态旅游区。

嬉子湖生态旅游区现是国家 4A 级景区，总面积 71 平方公里，位于桐城市嬉子湖镇南部，景区内水面广阔，湖岛相依，船只往来，白鹭翱翔，与远处巨石山风景区遥相呼应。放眼望去，整个湖面千姿百态，水天一色，别有一番景致。景区现在推出"春天湿地观光、夏天休闲垂钓、秋天瓜果采摘、冬季赏雪观鸟"四季旅游项目，形成了"吃、住、行、游、购、娱"等要素齐全的旅游服务体系。

整个旅游区的空间布局结构可以概括为："一条景观浏览带、两个旅游服务点、四大旅游功能区。"

"一条景观浏览带"，是指沿嬉子湖镇区至双店的景观大道两侧，目前正在改造建设；

"两个旅游服务点"，是指以嬉子湖镇区和以双店为核心的双店特色旅游村落的两个旅游服务节点；

"四大旅游功能区"，是指湖滨休闲娱乐区、渔乡风情体验区、湿地景观游憩区和松山田园度假区。

旅游区东面，即景观浏览带东侧，分别是"湿地景观游憩区"和"松山田园度假区"，那里有"锦绣笔架山"松山和"落凤窝"。而在景观游览带西边，则是"湖滨休闲娱乐区"和"渔乡风情体验区"。在这两个区域里，目前有许多项目，可以供大家尽情地参与、享用。

各位游客，这里是嬉子湖度假村，是一处集会议商务、乡村度假、特色饮食、休闲购物、健身娱乐于一体的旅游分区，占地面积 10000 平方米，是"湖滨休闲娱乐区"的主要聚散地之一，2009 年 5 月 1 日建成并对外开放。

嬉子湖度假村是按三星级标准设计的。客房规格多样，能同时满足会议、培训和一般休闲度假与高规格、高层次接待之用，一次性可容纳 250～300 人住宿。

捕鱼时节

这里会议室功能齐全，有大、中、小各类会议室，多媒体电教室，能满足各种会议、培训、讨论、聚会的要求，最大会议室可容纳 800 人左右。

禅修圣境　好戏安庆
——安庆旅游景点导游词

这里最大的特色就是可以享受自然的绿色、花香。人们身在其中，城市的喧哗、浮躁悄然而去，倍感心旷神怡，精神焕发，是现代旅游度假和商务活动的首选之地。

现在我们所处的位置是嬉子湖畔娱乐区，它位于嬉子湖半岛的西南部，是"湖滨休闲娱乐区"的主要功能分区之一，规划总面积5平方公里。这里将来发展了以后，可以说是安庆市的"后花园"，桐城市的"乡间别墅"，处处透"绿"显"水"。已经建成的"孔雀园""天文科普园""文化园"各具魅力，并将桐城文化融入其中，成为桐城文脉、名臣故里、义礼之乡的形象载体。区内一次性可以接待游客300多人，大家在这里可以驾飞舟击浪，品湖珍美鲜，观湖光天色，赏湿地佳境。

这边的游乐项目有：竞技垂钓、农家体验、水上观光、瓜果采摘、CS镭战等，此外还开设了科普文化展览、孔雀观赏等项目。大家感兴趣的话，也可以在这里尽情游乐一番。

我们的左边是嬉子湖养生大酒店，主要以湖鲜为主，并将中医药膳养生概念融入餐饮，做成具有色、香、味、形、气、养的特色美味。既饱口福，又能养生，从而吃出健康，延年益寿！

这是天文馆，2009年7月22日，这里曾是全球目光的聚焦地，因为百年不遇的日全食青睐这里，嬉子湖成为全球日全食的最佳观测点，人们在嬉子湖边充分享受了天文带来的快乐和惊喜。

请大家顺着我手指的方向看，湖心的那个小岛，就是当地人说的"嬉子墩"。看上去是不是确实很秀丽呢？

游客朋友们，这边是我们的渔乡风情体验区。每年秋冬季，可以到嬉子湖体验冬捕的快乐。咱们度假区也是安庆首家"全国休闲渔业示范基地"。那边的半圆形池塘是垂钓中心

各位游客，嬉子湖良好的生态、优美的环境使它成为鸟类的天堂。每年冬春季节，数以万计的国家一二级珍稀鸟类来此越冬，如白琵鹭、鸿雁、白头鹤、小天鹅、黑鹳等，多达30多种。这里已成为安徽农业大学的长期观测点，也是欧盟生物多样性保护组织的主要成员。经安徽省林业厅批准，2014年6月，嬉子湖湿地公园开始建设，总面积5139.69公顷，公园湿地面积为4310.32公顷。公园划分为湿地保育区、恢复重建区、宣教展示区、合理利用区和管理服务区五大功能区。湿地公园以嬉子湖湖泊湿地为主，兼及河流、稻田、池塘等人工湿地，多种湿地类型并存。园区内动植物资源丰富，常见维管束植物有43科100属147种，滩涂植物25科74属104种，鱼类69种，两栖类28种，常见水鸟类89种，从而形成了"春天湿地观光，冬季赏雪观鸟"的旅游景观。

候鸟乐园

接下来，就让我们乘着快艇去湿地景观游憩区，一览湿地美景吧。

各位游客，悠久深厚的历史文化、山水相依的自然景观、风景秀美的田园风光、丰饶富足的水陆物产，构成了如今魅力无限的嬉子湖生态家园。无论大家什么季节来到嬉子湖，我们都定会让大家高兴而来，满载而归的！也谢谢大家的理解和配合！

（责任编辑：汪　毓）

景区简介

花亭湖风景名胜区位于安徽省太湖县境内，面积257平方公里，分为花亭湖、西风洞、佛图寺、狮子山、龙山五大景区和赵朴初文化公园、汤湾温泉疗养度假区，为国家级风景名胜区、国家4A级旅游区、国家水利风景区、全国农业旅游示范点。

花亭湖旅游资源丰富。100平方公里的湖面碧波荡漾，气势磅礴；湖中岛屿星罗棋布，大小高低相映成趣；湖岸迂回曲折，港湾幽深；四周山峦起伏，怪石嶙峋，果木葱茏，茶园翠绿。花亭湖还是中国佛教禅宗圣地，湖畔的狮子山是中国佛教禅宗文化的发祥地，中国佛教协会原会长赵朴初出生于花亭湖畔。赵朴初先生1990年回故乡游湖后，感慨万分，挥毫写下"神驰远景无疆，仅尽情领受，千重山色，万顷波光"的赞美诗句。

花亭湖风景名胜区导览图

游客朋友们：

大家好！欢迎大家来到美丽的花亭湖旅游！

花亭湖风景名胜区位于安徽省西南部，距离太湖县城大约 4 公里。景区总面积 257 平方公里，分为龙山、花亭湖、西风洞、佛图寺、海会寺、狮子山五大景区和赵朴初文化公园、汤湾温泉疗养度假区几个部分，是集旅游观光、休闲度假、科研考察、体育娱乐于一体的国家级水利风景区、全国农业旅游示范点、国家重点风景名胜区。这里还是已故全国政协副主席、中国佛教协会会长赵朴初先生的故乡。

龙　　山

游客朋友们：

现在我们看到的大门楼，位于 105 国道旁，是进入花亭湖风景名胜区的标志性建筑。大门楼四柱三门，左右对称，顶部用黄色的琉璃筒盖成，四周飞檐翘角，两端雕有脊兽，下面由浅蓝色的斗拱衬托。门楼既有北方门楼的庄重、厚实，又有南方亭楼的小巧、轻快。门楼匾额"中国花亭湖风景名胜区"为赵朴初先生所题写。门楼上方雕有"双龙戏珠""龙凤呈祥""丹凤朝阳""双鹤迎朝"等图案，颜色鲜而不腻、艳而不俗。大门两边红柱旁各有一只石雕麒麟，昂首挺立，神态威严。整个大门流光溢彩，富丽堂皇，是花亭湖风景名胜区的一大亮点。

四面尖山　请大家往右边看，远处那座山就是四面尖山。因其"形方而锐，四周如一"，故名"四面尖"。其主峰海拔 509 米，有石桥、古刹、浮屠、皇藏峪等景点，其中最有名气的要数皇藏峪，它是唐宣宗李忱避难的地方。

据《太湖县志》记载，唐玄宗第十三子李忱，登基前，曾在山腰上的"四面寺"当比丘避祸，所以"四面寺"又称"仁皇寺"，寺所在地称"皇藏峪"。唐宣宗当政时，宦官挟军干政，皇嗣争夺皇位，当时的李忱"外晦而内朗，严重寡言，幼时宫中以为不慧"。"甘露事件"之后，李忱不远万里到太湖"四面寺"避祸，历史肯定了李忱的选择。他离开此地时，以诗言志："穿山渡石不辞劳，到底还他地步高，溪涧岂能留得住，终归大海作波涛。"史称宣宗"器识深远，备知人间疾苦"。他于公元 859 年下旨重建"四面寺"，并钦定 12 根大石柱，每根横截面 0.5 平方米，长 12 米。重建后的寺庙，改称"大中寺"，显得特别雄伟高大，别具一格。遗憾的是大中寺在"文革"中被毁，12 根大石柱，现在仅剩一根了。

湖外湖　请大家往左边看，这里就是湖外湖。从花亭湖大坝以下到龙山山脚一带的水面，俗称"湖外湖"，全长 2000 米，宽 100 ~ 600 米，平均水深 3 ~ 4

米，总面积 60 万平方米。南部是雄伟的合九铁路长河特大桥，它犹如一条巨龙横跨于碧水之上，蔚为壮观；北部有小岛，建有花凉亭，亭子分为上下两层，由扇形楼梯连接，另有曲桥与岔花路相通，造型独特。环湖青山叠翠，绿树成荫，特别是早晚河雾缭绕，群山隐约，犹如人间仙境。湖的南部开阔处正在筹建钓鱼台等娱乐接待设施，是泛舟垂钓的好地方。湖对面是龙珠山，建有太湖烈士陵园。"烈士陵园"四个大字由原国家主席李先念题写。烈士陵园所处的山麓原为法华寺旧址，是太湖四景之一的"法华方竹"所在地。时过境迁，法华方竹已难觅踪迹。而今的龙珠山苍松翠柏掩映，垂柳修竹相缀，四季常青，显得格外庄严肃穆。这里长眠着革命战争时期牺牲的 22 位烈士。青春常在的烈士陵园是进行爱国主义和革命传统教育的重要基地。

龙山　湖右边这座山为龙山，北依四面尖，西临长河，山势绵亘浑厚，蜿蜒磅礴，势若游龙，故名"龙山"。龙头俯临深潭，整个大山就像一条俯首汲水的龙。民间传说，深潭下有大穴，通达龙宫。每到夜晚，河雾凝结于悬崖峭壁之上，次晨观之，岩石如经宿雨，名曰"龙山夜雨"，为太湖四景之一。这一奇观曾吸引着众多文人墨客前来游览。明代著名诗人王守仁观其胜景，写下了"吾欲鞭龙起，为霖遍九州"的名句。历代官府把龙山看作太湖的图腾。佛教高僧争龙山为宗派圣地。依山先后建有"览秀亭""观风亭""龙山宫""智果庵""观音阁"等多处亭台楼榭。智果庵旁有昙云墓，是清代顺治年间太湖知县李世洽的美姬王昙云的埋香处。墓门上有李世洽的撰联："云寄无端，偶为山川留玉佩；春归何处，可堪风雨问桃花。"星移物换，沧海桑田，龙山的古建筑历经兵燹，现仅存"观音阁"，但龙山依旧，夜雨常存。

花　亭　湖

游客朋友们：

呈现在大家眼前的是高大雄伟的花亭湖大坝。花亭湖原名花凉亭水库，是安徽省第二大水库。大坝建于 1958 年，坝长 570 米，坝高 98.5 米，顶宽 8 米，为全国最大的土石结构的水库大坝。大坝西南溢洪道，净宽 96 米，分 8 孔，最大泄洪量每秒可达 1032 立方米。泄洪时，"乱石穿空，惊涛拍岸"，场面惊心动魄，扣人心弦。大坝脚下的花凉亭水电站年发电 1 亿多千瓦时，均输入华东电网。

现在大家看到的就是花亭湖。它建于 1958 年，宛如一颗璀璨的明珠镶嵌于大别山的崇山峻岭之中。湖水面积 100 平方公里，蓄水量 24 亿立方米，灌溉了太湖及邻县的 105 万亩良田，年产鲜鱼 150 万公斤。它的水上航道是通往太湖四

花亭湖大坝

镇七乡的主要运输线路。花亭湖不仅具有防洪、灌溉、发电、航运、养殖等多种功能，而且湖光山色，风景秀丽，真是"玉鉴琼田九万顷，秋水共长天一色"。赵朴初先生于1990年回故乡游湖后，感慨万分，当即挥毫写下"尽情领受，千重山色，万顷波光"的赞美诗句。

湖中岛屿众多，一岛一色，宛如一颗颗闪闪发光的珍珠，将花亭湖点缀得分外妩媚多姿。湖四周山峦起伏，郁郁葱葱。九龙涧瀑布、天生塔、飞来石、禅宗卧佛等景点与美丽的花亭湖交相辉映，相得益彰。1986年，省旅游资源考察组来花亭湖考察，称赞花亭湖旅游资源丰富，山奇水秀，是华东地区一颗灿烂的明珠，是东方禅宗圣地！

游客朋友们，现在请大家登上游船，欣赏花亭湖美丽的湖光山色。

九龙涧瀑布 请看远处那条白练就是九龙涧瀑布。九龙涧瀑布是花亭湖畔最雄伟的瀑布。瀑布之上是响水崖，流水经三级转折而入潭，落差100多米。瀑布撞击崖石，轰然作响，数里之外可闻其声。瀑布下的九龙潭深不可测。传说某年大旱无雨，地裂三尺，庄稼颗粒无收，饥荒四起。潭内九条青龙为救天下苍生，化作九道青光闪电，撕裂长空，行云布雨，万物得以复苏。群龙却因犯下天条，遭到玉帝处罚，被压在这座大山之下。人们为纪念九龙，称此山为"九龙峰"，涧为"九龙涧"。瀑布周围山林苍翠，鸟语花香。瀑布之下的九龙潭旁有一块平地，绿草如茵。人们站立此处，仰望瀑布，水雾蒙蒙，可真切地感受"飞流直下三千尺，疑是银河落九天"的意境。

西风禅寺 现在我们经过的这座山叫"凤凰山"，是西风洞景区所在地。大家看，半山腰有一幢红色的寺庙，那就是唐朝敕建的西风禅寺。该寺原名"狮子庵"，是五祖弘忍的道场，原有三重，上殿为藏经阁，中殿于清咸丰六年（1856年）清军与太平军交战中遭毁，民国年间由僧人惺悟募捐重建。赵朴初先生为该寺题写了"西风禅寺"寺名。

西风禅寺四周奇石耸立，翠树与修竹相间，高山与碧水相映，景色迷人。山上有五祖洞、寂觉塔、一线天、犀牛望湖、仙人对弈、蓬莱仙岛、金龟听禅、渡仙桥、锡杖峰、凤凰峰等十大胜景。因五祖弘忍曾在此修行数载，每一处胜景都留下了不少美丽的传说。

情人岛　我们的正前方就是情人岛。它位于凤凰山脚下，由伸向湖中的半岛和一个孤立的小岛组成。岛占地面积30亩，建筑面积4000平方米，与月亮湾、博士岛隔湖相望，是集旅游、观光、娱乐于一体的休闲度假场所。岛上原有许多野生合欢树，地形如一对依依惜别的情人，故而得名。情人岛岛名的由来还有一种说法：相传很久以前，附近河边上住着几户渔民，凤凰山中住着几户樵夫，有一个渔民的女儿水妹不仅长得眉清目秀，伶俐乖巧，而且还天生一副清脆悦耳的歌喉，说起话儿甜脆脆的，唱起歌来委婉动听。她与一个叫山哥的砍柴青年从小青梅竹马，相敬相爱。水妹十八岁时，山哥托媒人来说亲，一说即合，两家热热闹闹地过门认了亲。可偏偏那年遇上大旱，长河断流，秋收时，水妹家缴不上租，五十多岁的地主甄大胖子，便施下百般毒计要把水妹骗去做偏房，一天三次到水妹家逼租，几个狗腿子硬把水妹抢进甄家大院。山哥闻讯后，趁着天黑，摸进甄家大院，救走水妹，二人抱头痛哭了好久，也想不出好办法，最后只好在这座山上偷偷挖好一个土坑，二人相拥一起走进土坑，殉情而亡。1984年，几位考古专家来此岛考察，发现了两具交叠在一起的残骸，证实了这个传说故事的真实性。情人岛，一个充满浪漫和幻想的岛屿，吸引着多少痴情男女来领悟爱情的真谛，感受爱情的博大内涵。

这座楼拥有标准客房20余间，大小餐厅可供100多人同时就餐，装修典雅的会议室可承接中小型会议和娱乐活动。楼前有音乐喷泉、休息亭。这是一个高2米、周长2.4米的巨型茶壶，茶壶上镌刻了赵朴初先生的《咏天华谷尖茶》："深情细味故乡茶，莫道云踪不忆家。品遍锡兰和宇治，清芬独赏我天华。"壶口下放着一个巨大的茶盏，水从壶口滴入茶盏中，满后漫漫渗入周围的草地，意在弘扬皖西南茶文化和赵朴初先生"行愿无尽"的思想。我们沿着大理石阶而下，通过半岛与小岛相连的铁箱式浮桥就可以到达小岛。到小岛有两条路线：一条为水上浮桥，另一条为空中滑道。"空中滑道"是一项非常吸引游人的体育项目，又称"高空飞降"。滑道长约500米，从凤凰山山腰直通小岛。人悬高空，飘然而过，惊险刺激。滑道虽安全可靠，但乘坐者非得有几分胆量不可。小岛遍植花草，花开四季，绿树成荫；有大理石桌、椅，可供大家歇息、饮茶；有情侣塑像可供大家瞻仰、摄影留念；有情侣包间可供大家对弈娱乐、过夜留宿；登观光亭远眺，清新秀丽的湖光山色便映入眼帘。情人岛是一个不可多得的休闲、观光场所。

月亮湾民俗风情园 现在，我们来到了月亮湾民俗风情园。月亮湾一面依山三面傍水，岸线曲折，似一轮弯弯的月亮，故名"月亮湾"。岛上夏坞峰高高耸立，森林茂密，绿树常青。岛约 180 亩，有林场、茶园、栗园、狩猎园、品茗阁、接待厅、民俗风情园等。湖面岚霭袅袅，岛上白雾盘缠，环境十分幽雅宁静。

风情园内有茅草房，还有充满农家田园生活气息的水车、木碓、石磨、风车，设有茶座、茶园、茶坊。您可以和茶农一起采茶，亲手制茶，欣赏茶艺小姐的表演和茶道，听茶农讲茶经，品味皖西南博大精深、源远流长的茶文化。感兴趣的朋友可到品茗阁上喝上一杯自己亲手制作的工夫茶，享受一下劳动的欢乐和收获的喜悦。假若您去踩一踩水车，踏一踏木碓，推一推石磨，您会觉得仿佛回到了那充满忧伤和希望的悠悠岁月。相传，这里过去住着一户茶农，他们过着衣不遮体、食不果腹的苦难日子。有一年的八月中秋晚上，家中无粒米下锅，月宫嫦娥看到这种情景，陡生怜爱之情，便把广寒宫中的乌金偷出来，私自下凡，救济茶农。王母娘娘发现后立即派天兵天将赶来捉拿她回天庭受惩。嫦娥姑娘急中生智，挥手把一坨乌金甩到茶农屋边的稻场上。后来茶农发财了，民间至今还流传着"乌金记"的故事。

茶农家这个稻场如今已成为民俗风情园的活动中心，盖起了木竹别墅，有接待厅和皖西南民俗风情表演戏剧厅。常年有泰国、江西老表和本地民间艺术团体在此表演。您可以在采茶、制茶或品茶等活动之余，观看民俗风情表演，尽情地享受皖西南民俗风情和文化艺术。

千缘山庄 千缘山庄位于李杜岛，与金地岛相邻，是太湖县首家由外地客商投资兴建的旅游度假场所，占地 50 亩，建筑面积 5000 平方米。

千缘山庄因湖水涨落的变化，时常变幻出不同的形态。有时犹如一个卧睡的大佛，有时又似一对依偎的恋人……相传有一对痴情男女，因受"门不当户不对"的世俗压力而不能成亲。于是，两人商定离家出走。他们连夜奔跑，跑到这里累得实在跑不动了，就坐下来歇息，不觉双双睡着。恍惚中传来"入我千缘，与佛有缘，一切随缘"的声音，两人惊醒，见四处无人，知是仙人点化，于是留住岛上，虔心向佛。千缘山庄因此而得名。

现在，我们已来到千缘山庄。这是徽派风格的竹制门楼，既新颖别致，又古朴典雅。大门两侧花草点缀的绿化廊、休息廊、管理用房均为竹木仿古结构，做工精细，纤秀媚丽，与花亭湖的山水风光和谐统一。李杜岛由几座小山构成。岛上建有两座观光亭、多功能厅和20余幢欧式风格的小别墅和独立客房。这些欧式别墅和独立客房以不同的造型、色彩坐落在青山绿树丛中，幽静雅致。餐厅、会务中心像是一座城堡，建在岛的最高处。请看，前方的四阁亭、六阁亭分别建在两个不同的地点，可以从不同的角度去观赏花亭湖的美景。人坐在亭上，只见水天相连，烟波浩渺，"隐隐灵槎摇叶影，渔歌樵唱绿阴团"，让人神清气爽，心旷神怡。左侧动物园里有孔雀开屏，百鸟争鸣，顽猴嬉戏。右侧远处是情人沙滩浴场，情侣依偎，或呢喃细语，或欢歌笑语。夏季可以尽情地让花亭湖碧水抚摸和洗涤您的身子，冬季可沐浴暖融融的艳阳。音乐茶座里，您可以品尝到"天华谷尖"茶那浓馥的清香，欣赏精彩的茶道表演。如有兴趣您可邀上几位朋友，步入多功能厅，唱一首动听的歌，跳一曲激情的舞，或是在棋牌室打打牌、下下棋，其乐融融。如果您感到旅途劳累，可享受山庄祖传中医的保健按摩，定能使您精神焕发。

民俗表演

"有缘千里来相会"，游千缘山庄，结世间人缘，遂人间情缘，礼禅宗佛缘。

我们的游船已进入李杜乡所在地，附近有一片榴辉岩分布区。两亿年前，地球上中朝–扬子板块发生了强烈碰撞，形成北起山东威海、日照，穿江苏东海和安徽合肥、潜山、太湖，到河南新县、信阳，面积达几千平方公里的高压变质岩带，板块碰撞时俯冲至地下90～150公里地幔深度后又返回地面，强烈的超高压不仅产生变质的榴辉岩，而且使其含有变质的柯石英、金刚石，具有极高的科研价值、实用价值和巨大的经济价值。太湖是全球屈指可数的几个超高压变质岩区中最大的一个，岩石出露最好，是易寻超高压标本物柯石英的地方，创造了世界之最，轰动了全球地质界，引起各国专家、学者的瞩目。榴辉岩在太湖分布九区，其中花亭湖内就有七区。

1995 年 8 月，由中国科学院、中国地质矿产部、中国科技大学牵头发起的"第三届国际榴辉岩野外学术研讨会"在太湖召开。43 个国家和地区的 58 名中外专家学者汇聚太湖，考察了各种类型的榴辉岩，展开学术讨论。专家们预言：百年之后的太湖将成为世界首富地区。相信随着科学技术的发展，百年之期将会大大缩短。

塔镇　现在，我们的游船位于湖面最宽广、湖水最深的罗溪河口。前方是塔镇，原有金井寺、金井塔等人文景观。关于塔镇的由来，还有一段神奇的传说。相传，地藏菩萨金乔觉西去寻找道场时，路过此地，感到口渴难忍，便用锡杖猛插脚下巨石，杖插水涌，汩汩外溢，金乔觉喝了一口，泉水清冽可口，便用手掘出了一口井。人们为纪念地藏菩萨的功德，便在井旁建寺立塔，每日烧香礼佛。因为金乔觉姓金，人们便把这座寺和塔起名为"金井寺""金井塔"，塔镇因此而得名。

我们的游船已进入寺前河。请看，前面的山坡上有一座亭子，黄瓦红柱，飞檐翘角，掩映在绿树之间，那就是狄公亭。

狄公亭分上下两层。亭檐上题有"狄公亭"三字，字体刚劲有力。亭内绘有狄公像。亭前立有一大理石碑，刻有建造"狄公亭"纪实。

狄公名仁杰，唐代名相，办事公道，秉公执法，断冤案 800 多起、涉及 2000 多人，深受人民爱戴。

相传，他被贬任彭泽县令时，因仰慕二祖，捐资重修了狮子山二祖禅堂。狄公对太湖县人民的贡献和深厚感情，深深地感动了太湖百姓。为了缅怀狄公的大仁大德，百姓自发建造了狄公墓、狄梁庙。遗憾的是 1959 年花亭湖蓄水，庙和墓都被淹没。1994 年，当地政府建造此亭，重新开发这一人文景观，让人们追思先贤、彰显美德。

橘子洲　距花亭湖大坝约 8 公里。岛上橘园及四周的栗园、桃园、茶园、李园等郁郁葱葱，是花亭湖景区有名的农业生态观光游览区。

"橘子洲"一词取自毛泽东《沁园春·长沙》"独立寒秋，湘江北去，橘子洲头"句中"橘子洲"一词。方圆 6 平方公里的橘子洲，生长着数千种花草藤蔓植物。其中名贵植物就有 143 种。还有鹤、鹭、鸥、狐、獾等珍稀动物。橘子洲三面环山，一面临水，气候湿润宜人，是花果生长的最佳区域。特别是橘子园，真可谓春赏橘花洲，秋摘芳橘林，橘香十里，翠荫匝地。李子园、板栗园、茶园和枇杷、桃、梨、杏形成的经济林带，傍生着山楂、猕猴桃、金樱子、野葡萄、山海棠等成片的野生林果。我们在游览湖畔山川胜景之余，便可随意品尝橘、橙和野果的甘美，领略大自然造化的神奇。

1990 年，时任国家科委主任的宋健同志到"橘子洲"果园视察，亲自为橘子洲题写"农业科技示范园"。几年来，当地政府紧紧抓住花亭湖旅游开发的机遇，投入大量资金，将老橘园改造为高科技柑橘基地。柑橘品种从浙江和日本引进。所产柑橘鲜艳光亮，皮薄汁浓，酸甜适度，深受百姓喜爱，连续多年在安徽省优质水果评比中名列第一。产品远销河北、内蒙古等地。大家看，这漫山遍野的橘树，飘着阵阵果香，绿叶和黄橘相互映衬，十分喜人。我们不仅可以自由地徜徉在果园里观光，边采边尝，而且每人还可带一些黄橙鲜甜的橘子让亲朋好友分享。

西　风　洞

游客朋友们：

我们将要游览的是西风洞景区。它位于花亭湖畔的凤凰山上，属大别山余脉，因五祖弘忍在此山落脚，引来许多凤凰朝拜而称为凤凰山。凤凰山形成于第四纪新构造运动。山峰奇异，怪石耸立，千姿百态，引来各方游客进山朝拜、观光。

西风禅寺　现在我们看到的就是西风禅寺。它建于唐代，原名"狮子庵"，有三重，青砖小瓦，砖木结构，坐东向西，为佛教禅宗五祖的道场。据《太湖县志》记载：咸丰六年（1856 年）寺毁于战火；民国八年（1919 年）寺僧募捐重修。现存的中上佛殿是民国年间建筑。殿内供有释迦牟尼佛、阿弥陀佛、消灾延寿药师佛三尊坐像。两旁大柱镌联是："妙相圆融即色即心偏十方而示现；法身常住无来无去历万劫以长春。"殿中长年香火缭绕，钟磬常鸣，善男信女往来不绝，是我省佛事活动的重要场所。原全国政协副主席、中国佛教协会会长赵朴初先生为该寺题写了寺名。现在，在社会各界的大力支持和赞助下，大雄宝殿、山门楼牌坊已经竣工，为深山古刹增添了新的光彩。

这一块巨石，平面如削，上面刻有"高山流水"四个行书大字，每字二尺见方，笔迹流畅，字体圆润，遒劲有力，是西风洞景区最大的摩崖石刻。

西风洞　由一石壁立、一石斜覆其上而成洞。洞内可容数十人，洞口朝西，风从口入皆为西风，故名"西风洞"。相传，五祖弘忍曾在洞中修炼，又名"五祖洞"。洞内供奉有五祖雕像。洞中有洞，洞内寸草不生，夏夜无蚊。

寂觉塔　塔建于一块巨石之上，是一座石质小塔。塔本身并无奇异之处，塔下巨石四面壁立，只是在西面有几个石磴可攀缘而上，人若无几分胆量万万不可上去，传说寂觉塔下藏有古代高僧舍利。

凤凰峰　相传，五祖在洞中修炼时，有两只凤凰天天来朝圣，吵得他不得安宁，于是，他离开此地到湖北黄梅建五祖寺。凤凰落脚的巨石，后人称为"凤凰峰"。古诗中"石传双凤集，桥渡几仙归"讲的就是这个故事。

仙人洞　由渡仙桥和蓬莱仙岛连接而成。洞内阴凉，有石桌、石凳，相传为五祖和一异人下棋之处。洞中"别一壶天"石刻，意为通往天宫之路。相传，那位异人经五祖点化，爬过石桥，登上巨石，羽化成仙了。后人就将这个洞称为"仙人洞"，桥称"渡仙桥"。桥上有石刻"仙人桥"三字。而那块雄险的巨石也就是蓬莱仙岛了。

小心坡　我们要走过的就是小心坡，由于雨水的冲刷，山体表层的浮土被冲走，只剩下石质斜坡，石上刻一斗大的"忍"字，是告诫我们要耐着性子，小心翼翼地走过，毕竟是"无限风光在险峰"嘛。

一线天　是两块壁立的巨石对峙而成，高达十几米，站在其中凉气顿生。其隙仅几十厘米，仰望天空，只有狭长的一线，故名"一线天"。靠右的石壁上，刻有一个"诚"字，或许是朝拜圣山，心诚则灵吧。

犀牛望湖　位于凤凰山最高处，由两块巨石相叠而成，形如一只俯卧、回首张望的犀牛，栩栩如生，神态悠然。相传很久以前，太湖县有大湖、小湖、仰天湖、陆钟湖和黄里湖等五湖。犀牛张望的地方是它生活的大湖、小湖。由于泥沙淤塞成沙洲，湖变成了两条小河，犀牛无法生活，只好依依个舍地离去，并不时地张望，希望湖水再现。花亭湖的出现不仅实现了犀牛的愿望，也给西风洞增添了新的风采。

西风蜂鸟　在美丽的西风洞景区生活着一种珍稀的鸟——西风蜂鸟。它是世界上最小的鸟，体形如蜜蜂，长长的嘴巴，五彩的羽毛，以花粉为食。世界上除了俄罗斯有蜂鸟生活外，就只有花亭湖有这种蜂鸟了。这是花亭湖的一绝。在春暖花开的季节，您如果来西风洞景区游览观光的话，一定会看到蜂鸟，那时您可要看仔细哟。

赵朴初文化公园

游客朋友们：

我们的游船正驶向原全国政协副主席、中国佛教协会会长赵朴初先生的故乡——寺前镇。寺前镇物华天宝、人杰地灵，盛产药材、茶叶、板栗等农副产品。镇周围群峰耸立，怪石嶙峋。镇北有佛图寺、秋潭寺等，历代文人墨客常涉足于此，游山玩水，探幽访胜。

禅修圣境　好戏安庆
——安庆旅游景点导游词

赵氏状元府　坐落于寺前镇南 1 华里虎形山下洪诸畈，由清代嘉庆开科状元赵文楷之子赵畇、赵畯建于道光末年。状元府为砖木结构，坐东朝西，共有主辅房屋 80 余间。大门为四开，平时只开两边单扇小门，逢红白喜事就开中间两扇合门。府内共有天井 20 多个，一进三幢，中堂厅最大，有四根大柱，两侧走廊均有圆门，可谓寺前河的"荣国府"。状元府附近有赵文楷之子赵畇墓等几十处赵氏后裔墓，且大部分保存完好。1959 年花亭湖蓄水时，状元府被拆。现仍保存了赵氏状元府的遗留文物；嘉庆御赐赵文楷"状元及第"玉玺和李鸿章为其姻兄赵继霖的题联："存澹泊怀殊俗嗜好，得雄直气为古文章。"现在太湖县政府正在筹建赵氏状元府。

赵朴初生平陈列馆　陈列馆面积 120 平方米，分为"奋斗一生、为国为民""书香门第、翰林世家""报效桑梓、不遗余力""佛学精湛、诗书留香""一生伟大、死而无憾"五个展室，收集的照片、诗书作品、遗墨、纪念文章等文物资料数百件。其中有赵朴初与中央三代领导同志的合影；有他从事外事、佛事活动的照片；有他关心家乡，写给省、市领导的书信；还有赵氏谱系、赵朴初母亲写的小说《冰玉影传奇》等。陈列馆集中展现了赵朴初其人、其事、其作，为研究赵朴初提供了翔实的资料。徜徉其间，我们无不被赵朴初的伟大精神和崇高的人格魅力所感动。

赵朴初文化公园　现在我们去参观赵朴初文化公园。赵朴初先生 1907 年 11 月 5 日出生于安庆天台里，五岁时随父母回到安徽太湖县寺前镇状元府祖居，直至 1920 年秋离家外出求学。他一生不断探索真理、追求进步，对国家和人民事业忠心耿耿、奋斗不息，成为著名的社会活动家，杰出的爱国宗教领袖，中国共产党的亲密朋友，享誉海内外的著名作家、诗人和书法大师，生前曾担任第九届全国政协副主席、中国民主促进会中央名誉主席、中国佛教协会会长等重要职务，为中华民族的振兴、为世界和平做出了巨大的贡献。

2000 年 5 月 21 日，赵朴初在北京因病逝世，享年 93 岁。为纪念赵朴初先生爱国爱乡的赤诚情怀，经全国政协批准，太湖县政府在他的祖居寺前镇建起赵朴初文化公园，为故乡人民及海内外宾朋提供一处凭吊、瞻仰之地。

赵朴初文化公园占地 23 公顷，建筑面积达 8000 平方米。公园分为三大部分，东侧是以气势恢宏的朴公陵等人文景观为主的纪念园区；中间部分是以纪念堂、报恩禅寺、上客房、纪念碑林为主的寺庙区；西侧为赵朴初祖居（兼陈列馆）。整个公园环境幽雅清新，竹影婆娑，梅香四溢。

赵朴初陵园以中轴线为神道组织其建筑。因山势转折，纵深 500 余米，竖向高差 70 余米，层层推进。自下而上，沿轴线配置广场、门坊、月塘、碑亭、瞻仰平台（雕像）、祭扫平台（树葬墓地）。神道宽 10 米，台阶 456 级。

陵园空间布局尺度适宜，组织序列变幻丰富，视觉效果完美，给人以神圣、庄严、永恒而又充满生气的感觉，形成强烈的纪念氛围；同时，注重朴实自然，充分体现赵朴初先生的性格特征和人格魅力。

陵园牌坊宽15.9米，高13.5米，采用著名的徽州青石牌坊样式，寓意一代状元、四代翰林之家。月塘350平方米，内植睡莲9珠。诗碑亭为重檐圆亭、方形基座，取"天圆地方"之意。亭内石碑刻有朴老名诗名句，正面为"自度曲"，北面为"生死观"。塑像高9.3米，神道最后为93级台阶，寓意赵朴初先生93年不平凡的生命历程。塑像采用著名的房山汉白玉，由名家精雕细刻而成，碑底座上嵌刻全国人大常委会原副委员长雷洁琼所书"赵朴初先生"五字。祭扫平台为半圆形，中央金桂树下即为地棺。陵园台阶、平台、栏杆等均以本地优质石材凿制而成，朴实庄重，也紧扣赵朴初先生生前钟情于石的性格特征。请看雕像背后的石墙屏风，上有赵朴初先生简介：

赵朴初先生早年就学于苏州东吴大学，1928年后，任上海浙江佛教联合会秘书、四明银行行长；1938年后任上海文化界救亡协会理事、中国佛教协会主任秘书、上海少年村村长；1945年参与发起组建中国民主促进会，1949年任上海临时联合救济委员会总干事、中国人民保卫世界和平委员会常委、副主席，亚非团结委员会常委；1953年后，任中国佛教协会副会长、中国红十字会副会长、中国人民争取和平与裁军协会副会长；1980年后，任中国佛教协会会长、中国佛学院院长、中国藏语系高级佛学院顾问、中国宗教和平委员会主席、中国书法家协会副主席等。赵朴初同志一生致力于中外友好交流活动，始终关心祖国的和平统一大业。他佛学造诣极深，在国内外宗教界有着广泛的影响，深受广大佛教徒和信教群众的尊敬和爱戴。他的一生，是不断探索真理、追求进步的一生，是在中国共产党领导下，对国家和人民事业忠心耿耿、奋斗不息的一生。

赵朴初陵园

纪念碑林　中间部分是纪念碑林，建筑面积 2300 平方米，镌刻着赵朴初先生的诗词、题词手迹，共有 4000 方碑。这些诗词、题词，表现出他的浓浓乡情。走进纪念碑林，如同走进了艺术殿堂。

这块碑文的《自度曲》，是 1990 年 9 月 29 日 84 岁高龄的赵朴初先生偕夫人回到阔别 64 年的故乡，进行为期 3 天的视察后所写。赵朴初先生说："我少小离家，现在是老大方回，我是太湖的儿子，我思念我的家乡，甚至做梦也想……"他情意深长地将这次回故乡视察作的一首《自度曲》赠送给县人民政府："老大始还乡，惊见人天尽换装。喜学舍工房，新兴穷镇，茂林佳橘，旧日荒岗。更雄心，三年五载熙湖，绿遍东西南北方。神驰远景无疆，仅尽情领受，千重山色，万顷波光。不教往事惹思量，任故宅水深千尺，抑又何伤。问还余几多光热，报我乡邦？"拳拳之情，力透纸背。

搭架起赵朴初先生与家乡联系桥梁的数第二块碑，是他为县办文艺刊物《长河文艺》的题词。那是 1978 年秋，《长河文艺》的编辑想扩大刊物的影响，就抱着试一试的心情给朴老写了一封信，请求为其刊物题词。半个月后，赵朴初先生就回了信，为《长河文艺》写刊名两幅，题词一首。词是这样说的："攀科学之高峰，溯真理之长河；开百花之芳园，扬革命之洪波；托衷情于片纸，望故乡而高歌。"

太湖产茶历史悠久。1986 年太湖创制"天华谷尖"茶叶。赵朴初先生品过家乡茶后乘兴写了一首《题天华谷尖茶》："深情细味故乡茶，莫道云踪不忆家。品遍锡兰和宇治，清芬独赏我天华。"为便于人们理解诗意，朴老还特别作了近百字的"注"。当走近这块碑刻时，我们似乎闻到了天华谷尖茶的芬芳。碑林中有赵朴初先生于 1994 年 5 月为北京振兴太湖县联谊会的题诗："千里集同乡，欣看雁作行，不言廉颇老，犹愿共翱翔。"有他为太湖中学的题词、贺联："难学能学，难行能行""学问日新，德业日新""好学敏求九十载春风扬我邑，诲人不倦千百年化雨满神州"。还有他为太湖师范的题词："必须学而不厌，才能诲人不倦。"1995 年，安庆举办第二届黄梅戏艺术节，赵朴初先生写了一首《黄莺儿》以示祝贺："妙乐自天成，皖山青，皖江青，珠喉水袖倾观听。风云叠层，悲观古今，红楼柔曼岩劲。益求精，绕梁飞镜，不尽故乡情。"碑林中还有赵朴初先生为太湖县人民医院、安庆日报题写的院名和刊名……参观纪念碑林，欣赏朴老的诗词、书法，确实是一种难得的艺术享受。

桃花岛　桃花岛占地 200 多亩。2001 年 4 月，为纪念赵朴初先生逝世一周年，中国佛教协会组织中、韩、日佛教界在这里开展纪念赵朴初先生逝世一周年植树扶贫活动。来自中、韩、日等各大寺庙的高僧大德在桃花岛上栽下了一棵棵纪念之树、致富之树、希望之树。桃花岛也因此闻名于世。

佛 图 寺

游客朋友们：

现在我们乘车前往佛图寺景区游览。

佛图寺坐落于花亭湖北岸的佛图山脚下。佛图山山势险峻，景色奇异。清代内阁中书、直隶清河道鲁之裕曾云："太湖之胜……则必以佛图为最。"

屏风石　山下的小溪边，一石平面如削，宛如一块屏风，人称"屏风石"。石上有明万历元年（1573 年）秋太湖知县干大谟题刻的《游佛图寺》五言诗一首，虽大部分已脱落，但仍有少数字可分辨。

飞来泉　有一道极细的泉水，从数十米高的悬崖跌落，溅起的水花，像无数颗珍珠从天而落。泉旁的崖壁上有"天上来""飞泉""尘襟洗尽""且来观"等石刻。

天就门　路中有两石对峙，上覆一巨石，恰似一门。门额有明末太湖知县李盛英题刻的"天就门"三字，字体苍劲有力。门内石壁上有罗汝芳于嘉靖三十四年（1555 年）题刻的"闽狮界陈时范仰山林鹏肝近溪罗汝芳乙卯秋书在石纪游" 24 个行书大字。史载"罗汝芳，江西南城人，明嘉靖年间任太湖知县，仁政爱民，颇有文才，喜爱山水"，在太湖很多地方都留有他的石刻。

佛图寺　过天就门，便是佛图寺的遗址了。佛图寺，东晋元帝大兴年间天竺高僧佛图澄所建，所以叫"佛图寺"。佛图寺一进两幢，下幢宽敞，为进香拜佛之地；上幢地势较高，是藏经说法之所。

佛图澄（232—348），西域人，天竺刹宾小王的长子。西晋怀帝永嘉四年（310 年）东来洛阳。石勒建立政权后（319 年），请他以方术为军队服务，传播"好生恶杀，省欲去奢"教义，深得石勒、石虎的信赖，参议军政大事，并尊为"大和尚"，"事必先咨而后行"。由于佛图澄及其弟子的广泛活动，佛教大为盛行，建有寺庙 893 座，大江南北各地僧侣多去受学。公元 319 年佛图澄来到今太湖县传教，并建佛图寺。寺院香火最盛时房屋达一百多间，可惜在 1958 年被全部拆毁。

天生塔　沿寺后小路而上，便是耸立于悬崖绝壁之上的"天生塔"，又称"天柱塔"。塔高约 8 米，由五块略呈方形的岩石叠成，下小上大，顶平且方，险绝天工，有向南倾斜的感觉，游人无不惊叹大自然造物的神奇。塔下石壁上刻有明朝罗汝芳书楷体阴文"天柱峰"三字。"乾坤一柱"这四个字是清朝阮裕所刻的楷书阴文。

刚才，大家看到寺前有一天然石门，亦称"禅门"。门由三块巨石二峙一覆形成，是进佛图寺的必经之门。

这鬼斧神工的天柱塔与天就门是如何形成的呢？太湖民间流传着一个"姑砌山门嫂砌塔"的神话故事。传说很久很久以前，有一姑一嫂两位仙女，一天夜里飞过太湖上空，觉得太湖山清水秀、人杰地灵，是一个好地方，未来必是佛教圣地。她俩对大尖山更感兴趣，预感到这里将有一高僧来此建寺，便想助他一臂之力，为寺增一景点。嫂为人忠厚，勇挑重担，承担造塔的任务，山门则由姑来完成。大尖山附近没有巨石，两位仙女决定到县东南的香茗山去取石，约定鸡叫完工。谁要是在鸡鸣时未完成任务，即告失败，不得再继续施工。姑为人乖巧，又争强好胜，她驾云飞渡很快就从香茗山搬来了三块巨石，砌就了天就门。而嫂呢？虽然她的仙道比小姑要大，能一手挟一块巨石，但她为了让石塔更美观奇特，决定让塔身下小上大，顶尖且圆，因此在寻找合适的石块上费了些时间。待她刚寻着一块塔顶石，飞到寺前河的上空时，便听到了鸡叫。为了践约，她不得已只得将石块丢掉，自认失败。因此，至今库水淹没的寺前河中还留着一块"塔顶石"。回到天庭后，姑才告诉嫂，其实当时时间还早，鸡并没有叫，是她开了一个玩笑，故意学鸡鸣，让嫂嫂功败垂成。嫂听后并没有生气，笑着说："你真鬼，当心找不到老公！"

寺后有"生白洞"，洞上方石壁上有无名氏书楷体双钩文"生白"二字。请各位游览时注意安全。

千百年来，佛图寺吸引了众多的文人雅士，并留下了大量的石刻和诗篇。1981 年，佛图寺摩崖石刻被收入《中国名胜词典》。

狮　子　山

游客朋友们：

现在，我们来到了位于花亭湖西牛镇的狮子山。这里山峦起伏，群峰逶迤，薛义河绕山流过，远看群山似九龙腾云，近看像狮子戏水，山清水秀，云雾缭绕，特有灵气。这里既是禅宗二祖坐禅之处，也是中国禅宗文化的发祥地。

二祖慧可是北魏的高僧，卓越的禅宗学者。他为了师从达摩，求得心安，曾不惜长夜立雪，断臂残身，以诚心感动达摩，继承达摩的衣钵。公元 561 年，二祖慧可为躲避北周武帝宇文邕"断佛道二教"之灾，不顾年逾古稀（75 岁高龄），离开嵩山少林寺，跋涉千里，来到太湖狮子山，在葫芦石洞内面壁参禅。他在香囊石上建造禅堂，拜佛诵经，重开道场，收徒传道。他以"物与民胞共寒暑"的旷达胸襟，努力实现"调和风雨万邦同"的慈悲心愿。开皇十二年（592

年），他离开太湖。二祖最大的功绩是将印度佛教与中国传统文化结合起来，创造了华夏的佛教禅宗文化。正如佛教领袖赵朴初先生所说的那样："慧可是中国禅宗的始祖"，"没有二祖（慧可），就没有中国的禅宗。"

二祖禅堂 现在我们看到的就是二祖禅堂，原称"二祖寺"，为大唐名相狄仁杰所建，可惜毁于"文革"中。1980 年，寺庙由住寺僧人宽净化缘修复，虽不算气派，但墙壁用石条砌成，非常坚固。20 世纪 90 年代初，赵朴初先生十分重视二祖禅堂的修复工作，由全国各大寺庙方丈组成"二祖道场修复委员会筹备委员会"，赵朴初先生担任名誉主任。2001 年 10 月，二祖禅堂修复竣工，了却了赵朴初先生"愿于空后能成住，不负当年立雪人"的心愿。殿内保存有宋代铜签一百支，签板二十块，二祖佛像一尊（系唐宋雕塑）。禅堂大门两侧有一副对联"嵩岳传灯悟彻拈花妙谛，神州显化同瞻慧日光明"，生动地记载了这座禅堂的不凡经历和开山祖师的无量功德。

狮子山 大家请看，狮子山像不像一尊卧佛？相传，二祖断臂立雪的事迹感动了上苍，在他圆寂之后，玉皇大帝为了表彰其潜心佛教、不畏艰难的精神，将其列入仙班，并将其遗骸石化成如今的卧像，让天上人间共瞻其容，以激发世人向善之心。这一传说表达了太湖人民对二祖的敬仰。

葫芦石 据《安庆府志》记载："葫芦石在薛义河，相传二祖秘记存焉。"葫芦石为二祖打坐石龛的一部分，位于二祖禅堂的石壁上。石龛共分为三部分：基石、背靠石、立于背靠石之上的葫芦石。基石横空突出，背靠石约高 80 厘米，仅容一人打坐靠背。葫芦石为二祖用神功摄来，石罩头顶，随风摇动，危如累卵，取"醍醐灌顶"之意。

仰天锅 相传，二祖慧可从河南嵩山少林寺来到狮子山后，找到一块形状像锅的大石头，当作炊具，采摘的野果、野菜就放在石头上面，不知是佛祖神光普照和保佑，还是二祖的诚心感动了山神，食物竟然不煮自熟，免除了二祖许多劳苦。后人称"仰天锅"，有人说是"仰天锅里煮乾坤"。

不涸泉 二祖到达狮子山后，到处寻找山泉，因地处荒野，虽然找了很多地方，但水都不能喝。有一天，突然找到一眼小泉，他尝尝清冽可口，便一饮而尽，正准备离去，却发现泉水又恢复如初。从此，二祖诵经口渴之际就到这眼泉水前解渴，无论春夏秋冬，泉水从不干涸，所以被称为"不涸泉"。

狮子山是镶嵌在太湖的一颗硕大无朋的佛珠，光照千年，远昭千古，引来了许多虔诚的人士观光朝拜。唐代名相狄仁杰被贬任彭泽县令时，曾专程来太湖二祖禅堂朝拜，并题联"香烟缭绕芳千古，圣泽长明照万秋"，颂赞这位杰出的佛学家。1995 年，日本东洋大学田村晃佑等三位教授专程赴二祖禅堂考察，并题写"祖狮西来意"中文条幅，表达对二祖的敬仰。

汤湾温泉疗养度假区

游客朋友们：

现在，我们的游船驶入了青石河。青石河古称芹河，又名猫石河，因河两岸青石林立，峭壁悬崖，所以得名"青石河"。旁边的赵河乡以盛产板栗闻名，被安徽省人民政府授予"安徽栗乡"的称号。这里的板栗树漫山遍野，栽培历史悠久，可以上溯到明代。板栗主要品种有红光栗、大油栗、紫光栗等，颜色鲜艳，个大饱满，耐贮藏，口感好，风味独特，年产量十万公斤，畅销于安庆、芜湖、南京、上海、广州等地，近年来远销日本、韩国、东南亚等国家，是太湖县重要的出口创汇特产。

汤冲村　汤冲是一个风光秀丽的小山村，享有"温泉润凝脂、浴汤赛华清"之美誉的汤湾温泉就在这里。经国家和省有关部门测定：汤湾地下热水日涌流量超过 1500 吨，日补给量达 1670 吨；水温稳定在 47.2℃，水质纯正，清澈透明，无污染，化学性质稳定，含有偏硅酸、锶、氡硒、锂和钾、钠、钙、镁等人体必需的宏量元素和对健康有益的微量元素。其中偏硅酸和锶含量均超过国家规定的饮用天然矿泉水指标的 2 倍以上，含氡量完全达到医疗热矿水认定标准，是优质含硅酸、锶矿泉水和医用氡热矿水。在这里的温泉洗浴，可消除疲劳、镇静安神、促进体内新陈代谢。温泉浴对皮肤病、风湿病和心血管病等 10 多种疾病有防治特效。

温泉山庄　这座依山傍水而建的温泉山庄，设有标准客房 30 间和一个大型舞厅。客房备有 24 小时供应的温泉，可接纳 70 人住宿与开会，每天可容纳 500 人入浴。属于二期工程的室内游泳池、医疗保健室、保龄球室等设施和第二宾馆楼正在筹建。

温泉游泳池建于温泉眼附近，按标准游泳池设计，池旁建有更衣室、休息室等辅助设施。它四周青山环绕，空气清新，景色秀丽，可长年接纳游客，也可作为游泳运动队冬训基地。

花亭湖温泉度假村　度假村由南京金埔园林公司投资建设，占地面积约 2000 平方米，分为上、中、下三层：一层为大客厅，设有 7 个大浴池，1 个桑拿池；二层设有标准间 19 个；三层有餐厅、会议室和多功能厅。度假村能同时容纳 30 人入浴，70 人就餐，可为游客提供食宿、桑拿、按摩、足疗等多功能服务。

汤湾温泉是皖西南不可多得的休闲疗养基地，欢迎各位游客再次光临。

海 会 寺

游客朋友们：

海会寺位于花亭湖东 15 公里处的白云山山南，因古代白云祖师曾在此修行而得名。白云山松竹掩映，郁郁葱葱。玉带河穿行于山石之间，沿河而上，有塔林、仙人打坐、东山古镜、仙人醉酒等胜景。宋淮西金事干事王伦游览后赞叹："淮西山水胜者，白云山亦在 二数。"

海会寺全景

琵琶桥 位于玉带河上，是清光绪年间修建的单孔石拱桥，因形似琵琶而得名。此桥经一百多年流水的冲刷，石头与石头之间露出深深的缝隙，呈现出一副斑驳嶙峋之态。人站在桥上，向四周远眺，只见青山环绕，翠竹荫蔽，吸水崖瀑布顺崖而下，五折四潭，盘旋湍急，宛如银链。

止泓亭 宋嘉定年间，安庆郡丞赵希发巡视太湖时，在玉带河边修有供人休息的凉亭，名"止泓"，并题诗一首："止泓清而明，如彼秋月满。以此观我心，澄源斯近本。"海会寺前建有"着衣亭"，为进香者更衣的地方。修建这两亭的意思是进香面佛应心如止泓，衣冠整洁，不可胡思乱想，亵渎圣灵。可惜两亭毁于兵燹。

海会寺 建于唐玄宗天宝二年（743 年）。相传，释道寺的海会和尚云游至此，开山建寺，故名"海会寺"。

海会寺背依白云山，面对玉带河，左有东山古镜，右有响水崖泉。海会寺自

禅修圣境　好戏安庆
——安庆旅游景点导游词

唐宋以来，灯传不绝，为淮西名刹，盛称"圣众会合之座"。海会寺建寺约300年后，一代高僧白云守端禅师来寺住持，弘扬佛法。从此，海会寺便逐渐辉煌起来。相传，鼎盛时期寺内有僧人3000，道士800。如果这一传说是真的，那么当时的海会寺是释道相容的寺院，近4000人的生活和学道参禅，该有多大的地方？当地农民说，离寺四五华里的105国道旁，至今还有拴马桩遗址。太子山一带山上至今还有许多僧坟。

白云守端禅师，俗姓葛，衡州人。他是禅宗达摩二十一世、南岳十三世、临济九世，世称"白云祖师"。守端未成年时，便皈依茶陵郁禅师，后来参见临济八世杨岐方会。宋庆历六年（1046年），杨岐方会临终前以临济正脉付守端。守端得临济正脉后，游庐山，高僧圆通讷禅师推举他为江州（今江西九江市）承天寺住持。不久，舒州（今潜山县）太守移文守端，守端遂到舒州的太湖县法华寺，随后又移住白云山海会寺，并以白云山为自己的法号，名"白云守端"。

在这之前，也就是宋天圣十年（1032年），太湖知县李淳，在海会寺建有藏经阁，并撰有《太湖县白云山海会寺建经藏记》。藏经阁藏有大量的佛教典籍，吸引了许多高僧来这里礼佛、参学。

清康熙四十二年（1703年）至今的海会寺，已经历了多次修复。1982年，海会寺被安徽省人民政府批准为重点寺观。1984年，时任中国佛教协会会长赵朴初为海会寺题写了寺名。1987年，海会寺被收入《中国名胜辞典》。

1986年9月，日本驹泽大学石井修道、永井修道、松冈文雄等19人，来海会寺礼佛、观光、考察。石井修道认为，日本临济宗、杨岐派是从太湖海会寺传法去的，白云禅师真是功德无量。1994年，日本东洋大学文学部田村晃佑博士、里道德雄教授、川崎未智已助教三人来海会寺考察，也称太湖为中国禅宗的发祥地。

海会寺依山而建，面积约1200平方米，有上、中、下三殿，每殿宽约18米。从下到上，每殿之间有天井廊沿和台阶。廊沿与台阶由方石砌成。廊柱木质圆形，柱础为方石。这里是下佛殿，殿内有四根两人合抱的高大圆柱，柱础刻有各种图案的花纹，四柱支枋，方斗式的平托盘，彩绘斗拱，小砖望板，殿阁恢宏，气势轩敞。殿内有四尊"护法天神"，身高均一丈有余，甲胄光亮，威风凛凛。这是中佛殿，面积324平方米，黄瓦红墙，古朴庄严。内有8根大柱托架，供奉三尊大佛，有四大天王、观音、文殊、普贤及十八罗汉等神像，设长明灯。殿额高悬清慈禧太后敕赠的"真如自在"匾额。上佛殿两柱有浙江知府李式金所书的楹联："识破鲁班上大夫，此道中别开生面；参透天竺真佛子，这住处独避云山。"上殿两端廊门下，有各成直角相对应的回廊式房屋数间。寺中这一千年古树罗汉松，高25米，干围5米，树枝作龙势，叶呈剑状，苍劲古朴，为世上罕见。

1999 年，海会寺又建成地藏殿和观音殿，五殿相依，蔚为壮观；1996 年，由省佛协安排，从缅甸请进释迦牟尼玉佛像一座；1997 年，购进新修大正《大藏经》一套。该寺现有比丘尼 14 人，香火盛旺，闻名遐迩，盛名不亚于当年。

旅客朋友们，花亭湖水明如镜，花亭湖美景说不尽。257 平方公里范围内，美景如珍珠，如翡翠，星罗棋布。一段段历史故事和神奇的传说令人着迷，想必大家已陶醉其间。感谢大家一路上的支持与配合！如果有缘，希望大家再来花亭湖旅游观光，我也能再次为大家做导游讲解。谢谢大家！

（责任编辑：李　荣）

十四、五千年文博园

景区简介

　　五千年文博园坐落在人杰地灵的安庆市太湖县，以"中华文化主题公园"为建设定位，以创建"中华民族的精神家园"为目标，致力于打造一座世界朝圣东方文明的艺术殿堂。园区先后被文化部命名为"国家文化产业示范基地"，

五千年文博园导览图

被国家旅游局评定为"国家 AAAA 级旅游景区";2012 年成为网民最关注的"中国十大文化旅游景区",入选"长三角 100 个不得不去的地方"。园区包括一期"一梦千年"景区和二期"十里画廊"景区。

一期"一梦千年"景区

游客朋友们:

大家好!五千年文博园,是由安庆市五千年文博园投资有限责任公司严格按照国家 5A 级景区标准打造的一座中华历史文化主题公园,2006 年 5 月被文化部命名为"国家文化产业示范基地"。园区共分两期:一期为"历史人文主题公园",名叫"一梦千年",占地 600 亩,总投资 7.2 亿元,于 2008 年 8 月开工建设,2011 年 5 月 1 日建成开园;二期"十里画廊",占地也是 600 亩,总投资 10.8 亿元,是主题公园和休闲度假景区,重点打造成"三园一塔":中国水乡文化园、中国三百六十行文化园、中国地质博物馆和展示我国 56 个民族风情的中华民族塔。

我们现在所在的是一期景区,基本路线是:前厅大门—九龙喷泉—主大门—寻根问祖—中华孝道园—龙行天下—三教合一广场—树屋—东南西北中—五千年文化长廊—徽州文化村—文化古栈道—国际诗林—炎黄二帝—八卦—孔子列国行—问天阁—龙飞凤舞—徽州文化村就餐—万佛塔—华夏爱情文化园—中华百工坊—华表广场—博物馆群—四大名著—拜岳楼—摩崖茶楼—丽江客栈—皖街"986 天记忆"展览馆—五千年根雕文化园—皖街。

前厅大门 前厅大门由 7 块巨大的毛青石条相砌而成,总高 5.3 米。横在上方的青石条重达 32 吨,长 10 米,宽厚均 1 米,上刻有我国现代著名革命诗人和剧作家贺敬之题写的"五千年文博园"六个镏金大字。

门前这对石狮出自"石雕之乡"福建惠安,雕刻精美。石狮自古有辟邪的作用,因为狮子是兽中之王,霸气十足,所以又表达了"尊贵"和"威严"。雄狮居左,右爪玩弄绣球,象征着统一寰宇和无上权力;雌狮居右,左爪戏弄小狮,象征着子嗣昌盛、繁衍绵延之意。

除了具有古文化元素的石狮外,门边还建有镇宅招财的两座大理石风水轮。风水轮随着中华文明不断发展演变,至少已有千年历史。经云:"山管人丁水管财"。厅门前的风水轮有水有轮,寓意"顺风顺水",也寓意游客来此必将"健康财富滚滚来"。

五千年文博园前大门

九龙喷泉　九条造型古朴的中国龙口喷清泉，汇于池中。中间为头龙，身长十余米，盘旋在高 8 米的主山峰上，其余八条龙以头龙为中心向两边排开，神态各异，构成一幅九龙戏水的风景画。两边为六只龙龟，传说龙龟是上古龙神的儿子，背负洛河神书，上知天文，下知地理，博古通今。很多人可能在想，为什么要设置九条龙呢？龙是中华民族的象征，而九是最大数，这也寓意着中华民族是最大的一个民族。

主大门　入口两侧各有一只雄伟庞大的麒麟，一文一武。左麒麟脚踩竹篓，代表"文"；右麒麟脚踏宝剑，代表"武"。麒麟是中国古代传说中主太平，能带来丰收、福禄、长寿与美好的一种仁瑞之兽，与龙、凤、龟并称为"四灵"。

中间这条长 28 米的"九龙御道"，由产自雕刻之乡——河北曲阳的草白玉雕刻而成。九条龙奔腾在云海间，神态各异，栩栩如生。它们从体态到神情都出自我们文博园自己的创意，不同于当今中国任何一处的"九龙"，体现出我们文博园与众不同的特色。

沿台阶而上，眼前这座徽派门楼便是主大门了。大门为二层结构，底层采用花岗石建成，设三道门洞。门柱墙上分别嵌有门神"秦叔宝"与"尉迟恭"的青石浮雕。二层采用仿木质结构，刻有大禹治水、文王求贤、天官赐福、郭子仪上寿等故事图像。雕饰细腻，高雅华丽。屋顶采用传统歇山式，亭角翘举，上覆徽瓦。屋檐下方悬挂"五千年文博园"匾额。这六个镏金大字是著名书法家、美术评论家及诗词作家沈鹏先生所题。

门右手边的是"福如东海"文化墙。东海是我国四大领海之一。这面墙是由东海运来的一百多块石头组成。一百个不同字体雕刻的福字，演绎出"福如东海"这一具有深远历史文化内涵的主题。与"福如东海"相对的便是"寿比南

184

山"文化墙了，上边几棵古松寓意着"长寿"，下边是石刻的幼儿启蒙读物《三字经》。

寻根问祖文化墙 山墙上以阴刻和阳刻两种不同方式雕刻了具有浓厚中华文化色彩的"百家姓"。阴刻与阳刻都是我国传统刻字的两种基本方法。以活字印刷的方块字模为表现形式，阴刻为凹形状，字体是正的；阳刻为凸形状，字体是反的。墙面是以原采石场的断面为基体进行表面艺术处理，中间的古典图案起到了点缀的作用。姓氏是人的符号标志，是家族血脉的传承。游客可以在游览五千年文博园寻根问祖文化墙的同时，寻觅自己的姓氏之根。

沿阶梯而上，右边山墙上是百善图，百个不同字体的"善"字，时刻提醒着我们要存善心、行善事、扬善念。

中华孝道园 园中雕刻了我国古代"二十四孝"故事，以此来弘扬中华孝文化。"孝"为中国古代重要的伦理思想，是中国文化的核心、中华民族的传统美德。地面上由汉白玉拼接而成的一个大大的"孝"字，人行其上，寓意"人在孝上走"，百善孝为先，这也正好呼应了那边墙上的"百善图"。

龙行天下 由中华汉字龙和山水盆景龙组成。地面上是中华汉字龙，总长约500米，宽3.3米。它的创意是在龙鳞上雕刻《康熙字典》上的47035个汉字，在青石条组成的龙肚子上雕刻了我国34个省级行政区及其城市区域划分，总共有467个城市。

在汉字龙的上方平行的是山水盆景龙，由数千吨的奇石和盆景组成。奇石主要有灵璧石、钟乳石、木化石、千层石，其中灵璧石为我国"四大奇石"（灵璧石、太湖石、昆石、英石）之首，称为"天下第一石"。灵璧石，又名磬石，出自于安徽灵璧县，是我国传统的观赏石之一，目前故宫、孔庙珍藏的编磬都是由灵璧石制作而成。

前方是"摩崖石刻文化墙"，左上方是"汉武拜岳"雕像，汉武帝曾封天柱山为"南岳"，因此我们现在称天柱山为"古南岳"。沿着左边的古城墙上去，是落差30米的摩崖瀑布，它是充分利用采石场的断面打造而成的。

大家看，前方那座白色的牌坊上面刻有"三道并流"四个大字。这是由原国家文物局局长、故宫博物院院长吕济民博士所题。"三道"是指中华汉字龙的龙道，现在我们人所行走的人道和下边那条旅游观光车所走的车道，龙道、人道、车道三道并流。

三教合一广场 五千年文化广场又称为"三教合一"广场。"三教合一"为五千年文博园和谐文化最显著的体现，将孔子列国行群雕、老子雕像、释迦牟尼卧佛共同构成儒、道、佛"三教合一"的和谐境界。

老子头像高15米，两手臂张开间距有185米，可以说是世界上最大的老子头像。老子身上雕刻了非常幽默的六个大字"老子天下第一"。老子，又称老聃、李耳，是我国古代伟大的哲学家和思想家、道家学派创始人。其被唐皇武后封为太上老君，是世界文化名人和世界百位历史名人之一。存世有《道德经》，又称《老子》。其作品的精华是朴素的辩证法，主张无为而治。其学说对中国哲学的发展具有深刻影响。在道教中老子被尊为道祖。

在"老子天下第一"六个字下方的树根里摆放了一个用樟木雕刻的大根雕"茶马古道"。茶马古道是指存在于中国西南地区、以马匹为主要交通工具从云南往西藏运送普洱茶的民间商贸通道，源于古代西南边疆的茶马互市，兴于唐宋，盛于明清，二战中后期最为兴盛，是中国西南民族经济文化交流的走廊。到前方我们还可以看到山坡上一条长 500 米，以立体雕像展示的茶马古道。

在"三教合一"四个字的左下方有一尊卧佛，是释迦牟尼佛像，代表了佛教。左上方是"孔子列国行"雕像。孔子带着他的弟子周游列国，边讲学边宣传他那以礼治国的政治主张。孔子，代表了儒家。

左手边的"饮中八仙"是指唐朝嗜酒的八位学者名人，也称"醉八仙"，分别是李白、贺知章、李适之、汝阳王李进、崔宗之、苏晋、张旭、焦遂。

右边是仿照原始森林打造的树屋，是喝咖啡吃简餐的地方。树林里，小猴儿正在树枝上玩耍，树下几只恐龙正要到水边饮水。长着很多只角的是戟龙，绿色那只是恐爪龙，后边三只一样的小恐龙是角鼻龙。

东南西北组景　"东"为"东方之冠"，指的是一个由缅甸黄金樟雕刻成的雄狮。黄金樟是缅甸三大国宝（黄金樟、玉石、紫柚木）之一，是高档木材中的首选极品。"南"为"南国之恋"，是从岳西县深山老林里移植过来的一株小小的相思树，有 1700 多年历史。唐诗写道："红豆生南国，春来发几枝。愿君多采撷，此物最相思。"因此我们称它为"南国之恋"。"西"为"西域之神"。大家请看，我们前方的这些大石头是不是像人在朝拜一样呢？"北"为"北国之春"，阴沉木上大雁北飞，寓意着春天的到来。阴沉木，又称乌龙木、乌木、沉木、炭化木、东方神木等，系古时沉于水土之中的木材。根据科研机构的检测，阴沉木一般深藏于地下达 3000 至 12000 年之久，有的甚至达数万年之久。更令人称奇的是它不变形、分量重、密度高、不会被虫蛀，有的阴沉木可与紫檀木媲美，堪称树中之精、木中之魂。故世人将阴沉木视为辟邪、纳福、镇宅的宝物，有"纵有黄金满箱，不如乌木一方"之说。"中"便是高 21 米的中华汉字龙的龙头，称为"中华之魂"。

五千年文化长廊　"五千年文化长廊"七个大字是由我国著名学者、书画家、诗人范曾先生所题。首先映入眼帘的是历史上各个朝代具有代表性的 21 位帝王雕像，按 1∶1 仿青铜制作，按照古代的历史顺序依次展开。从盘古开天地开始，到三皇五帝、夏商周秦，一直延伸到宋元明清，再到孙中山的"天下为公"、毛泽东的"江山如此多娇"，塑像神态各异，形象逼真，如手持利剑的周武王、翻阅竹简的齐桓公、高瞻远瞩的秦始皇……与史料中记载的各个皇帝的特性相吻合。每位帝王的正面底座上均刻有他们的帝名、庙号和简介。我们在欣赏这些威严的帝王塑像的同时，更加了解了他们在历史上留下的功绩。每位帝王之间还配上各个朝代不同造型的器皿，如三足圆鼎、四足方鼎等，为五千年文化长廊更增添一丝文化气息，具有深刻的史料价值和文化价值。

左边的是"千米浮雕文化墙"。上面雕刻了我国历史上一些著名的大事件。它就像一幅长卷，讲述了我国五千年的巨大变化。从盘古开天辟地到封建文明极度繁荣的明清时代，辉煌与成就，苦难与挫折，数不清的英雄豪杰、文人志士都以仿青铜浮雕的形式得以立体再现。

这是日晷，又称为日规，是我国古代利用日影测度时刻的一种计时仪器。其原理就是利用太阳投射的影子来测定并划分时刻。日晷通常由铜制的指针和石制的圆盘组成。晷面上刻有 12 个汉字（子、丑、寅、卯、辰、巳、午、未、申、酉、戌、亥）分别代表了十二个时辰，一个时辰为我们现在的两个小时。

右边下方是五千年根雕文化园。展馆面积有 3.4 万平方米，展示的根雕作品多达 5.7 万件，其中单件 5 吨以上的巨型根雕就达百件。众多作品都是获得"上海大世界吉尼斯之最"和山化奖的。

沿着千米浮雕文化墙继续前行，前方这是大克鼎，是周孝王时期的器物，又称为克鼎、膳夫克鼎，与毛公鼎、大盂鼎并称为"海内青铜器三宝"。此鼎 1890 年于陕西省扶风县出土，现藏于上海博物馆。

大家请看"不到长城非好汉"，相信大家都已看出这是微缩版的长城了。"不到长城非好汉"，是毛泽东在 1935 年 10 月红军长征翻越六盘山后所作的《清平乐·六盘山》词中的名句。

徽州文化村　它是由 6 座不同风格的徽派建筑组成的农家乐土菜馆。它将徽州石雕、徽州版画、徽州篆刻、新安派绘画、徽派盆景融于其中。游客们在欣赏徽州文化的同时，还可以在这里品尝到美味的徽菜。

徽州文化是中国三大地域文化之一，是指古徽州一府六县物质文明和精神文明的总和，它并不等同于安徽文化。徽州有着悠久的历史，其前身经历了从"三天子都""蛮夷"之地，到春秋属吴、越、楚，秦置黟歙，然后成为新都郡、新安郡、歙州的漫长历程。宋徽宗宣和三年（1121 年）改歙州为徽州。在此后的866 年中，徽州的名称一直沿用，直至 1987 年国务院批准设立地级黄山市时止。现在我们讲的徽州地域包括：黄山市的歙县、黟县、休宁县、祁门县、屯溪区、徽州区、黄山区和黄山风景区，宣城地区的绩溪县和江西省婺源县等。尽管千百年来，朝代不断变更，名称不断变化，但徽州的地域相对稳定，这就为徽州文化体系的形成和发展创造了良好的条件。

　　徽州文化内涵十分丰富。徽州人在文化领域里创造了许多流派。这些流派几乎涉及当时文化的各个领域，并且都以自己的特色在全国产生极大的影响。徽州文化的主要内容有：（1）新安理学。这是程朱理学的正宗流派，奠基人程颢、程颐及理学集大成者朱熹，祖籍均系徽州篁墩。它从南宋前期到清乾隆年间，在徽州维系了600多年，对徽州社会经济文化都有很大的影响。（2）徽州朴学。也就是徽派考据学。其主要代表人物是婺源县的江永和屯溪的戴震。它作为乾嘉学派中的皖派，直接继承了汉古经学，把经学研究从纯考据的藩篱中解救了出来。（3）新安画派。开先河的为元代的程政。明朝开始形成新安画派。明末清初，江韬（浙江）、查士标、孙逸、汪元瑞"海阳四家"异风突起。他们主张师法自然，寄情笔墨，大胆创新，给明末清初画坛带来新的生气。近代的黄宾虹，丰富和发展了新安画派。（4）徽州篆刻。徽派篆刻始于明朝的何震，其后著名的有汪关和以程邃为首的"歙中四子"、以黄士陵为代表的"黟山派"。徽州篆刻讲究用笔运刀，刀随意动，章法整齐活泼，一改当时篆刻庸俗怪异、擅改篆字形义、趋向屈曲乖谬的风格。（5）徽派版画。这是画家、刻工、印刷通力合作的产物。肇端于墨模镂刻，于明万历年始兴。徽派版画以歙县虹村黄姓为中心，有"徽刻之精在于黄，黄刻之精在于画"之说。从明万历年到清初的近百年中，黄姓有300多人从事刻书，其中三分之一从事版画镌刻。徽派版画以白描手法造型，典雅静穆，抒情气息浓厚。明代胡正言（休宁人）印刷的《十竹斋书画谱》《十竹斋长笺谱》为徽派版画的最高成就。（6）徽剧。这是徽州艺人在明清时期吸收弋阳腔和西秦腔等的基础上，经过衍变形成的。到清代中期，徽剧风靡全国，已经形成了一个唱、念、做、打并重的完美剧种。"四大徽班"由扬州进京，把徽剧推向顶峰。清道光年间，徽剧与汉剧结合，产生了京剧。当时活跃在城乡的徽剧班社有47个，大的班社有艺员180多人，可谓声势浩大、繁荣昌盛。（7）徽州刻书。它始于中唐，盛于明，万历年间达到鼎盛。至崇祯年间，徽州刻书跃居全国之首。徽州刻书有坊刻、官刻、家刻和书院刻。著名的坊刻有歙西鲍宁耕读书堂，于天顺年间所刻的《天原发微》5卷，现存北京图书馆；著名的家刻有歙县汪启淑的飞鸿堂，刊有自撰的各种图书12种，近300卷。（8）新安医学。"起自北宋，盛于明清，从宋代至清末，涌现著名医家543人，撰、辑医籍460多部，其中部分医籍东传朝鲜、日本"。（9）徽派建筑。它集徽州山川风景之灵气，融风俗文化之精华，风格独特，结构严谨，雕镂精湛，不论是村镇规划构思，还是平面及空间处理、建筑雕刻艺术的综合运用等，都充分体现了鲜明的地方特色。尤以民居、祠堂和牌坊最为典型，被誉为"徽州古建三绝"，为中外建筑界所重视和叹服。(10)徽菜。南宋年间发端于歙县，是全国八大菜系之一。徽菜重（讲究）油、重色、重火功，而且选料精良，制作考究，擅长炒、炸、烧、炖、溜、焖，加上火腿佐味，冰糖提鲜，料酒除腥引香，使徽菜的风味更加鲜明。名菜有火腿炖甲鱼、红烧果子狸、清蒸石鸡、虎皮毛豆腐、凤炖牡丹、红烧划水、香菇盒等。

此外，还有徽派雕刻、徽派盆景、徽州漆器、徽州竹编、文房四宝（徽墨、歙砚、澄心堂纸、汪伯立笔）、徽州民俗、徽州方言等，这些都是徽派文化的重要内容。

文化古栈道 栈道长1080米，将我国历史上脍炙人口的寓言故事、成语故事、谚语一一呈现于此。走过长长的仿木质文化栈道，便进入了国际诗林（这四个字由贺敬之所题）。2010年5月，文博园承办了第十三届国际诗人笔会，众多海内外著名诗人在这里留下了描述文博园的诗文，刻在这里大大小小的鹅卵石上。在阴沉木林中间，是30多位古代著名的诗人的雕像。他们或沉思或吟诵，神态各异，形象生动。

炎黄二帝 坐着的是神农氏炎帝，他右手持耒（古代的一种农具），盘膝而坐；站着的是轩辕黄帝，他手握利剑，高大威严。作为炎黄子孙，我们都应虔诚地膜拜祭祀自己的祖先。

问天阁 它是文博园的最高景点和中心建筑。"问天"二字取自于中国最伟大的浪漫主义诗人屈原的一首诗《天问》。该诗共373句，1560字，自始至终以问句构成，一口气对天、地、自然、社会、历史、人生提出173个问题，被誉为是"千古万古至奇之作"。我们登阁凭眺，满目佳景，不仅可将整个景区的旖旎风光尽收眼底，同时又能深切地感受到文博园的独特历史文化氛围。

知恩报恩牌坊 这几个字是我国前任佛教协会会长赵朴初先生的字迹。牌坊高9.6米，宽28米，以草白玉为材质，石砌整块雕刻而成。六柱五开间的门楼式牌坊，流檐飞脊、斗拱花翅，梁、柱前后均饰以龙纹镂空浮雕，图案优美，立体对称，技艺精湛。六尊石雕太狮，倚六根草白玉巨柱，蹲于牌坊基座之上，形神兼备，活灵活现。背面是"厚德载物"四个大字，意思是以高尚的道德品质、博大精深的学识培养学子成才。上方是盘龙和金凤，龙飞凤舞，龙凤呈祥。龙头下方有一个可容纳十几人的观景台，登高望远，俯瞰全园景色。

万佛塔 由河北曲阳的草白玉筑砌而成。塔共7层，呈8面，高33.3米，雄伟挺拔。塔外壁雕满佛像，造型栩栩如生，具有唐代遗风。整塔雕有5800余尊佛像，故称"万佛塔"。万佛塔每层飞檐上挂有铃铛，风吹铃响，清脆悠扬。塔内呈八角桶状的空腹结构，内砌筑梯道，盘旋而上。万佛塔雕刻精细、气势恢宏，为五千年文博园的标志景点之一。

禅修圣境　好戏安庆
——安庆旅游景点导游词

华夏爱情文化园　梁祝故事是中国四大民间传说之一，被誉为"东方的罗密欧与朱丽叶"。距今已有 1600 多年的历史。文化园中矗立着一座"梁祝化蝶"青石雕像，造型选用民间传说故事中最靓丽的化蝶情节。雕像后衬以红色蝴蝶，底部配上悠悠飘扬的祥云，感觉梁山伯与祝英台从中升起、相依相拥。他们缠缠绵绵似要化为美丽的蝴蝶飘然飞去，象征着"有情人终成眷属"，牵引着人们走向爱情的殿堂。

爱河：是指佛法说爱情如河流，人一沉溺即不能脱身，因以为喻。爱河，河流名称，在今中国台湾高雄市境内。

月老：即月下老人。月老在中国民间是一个家喻户晓的婚姻之神，主管着世间男女的婚姻。文化园里矗立着一座半月牙形的月老脸部立体雕像。像高 10 米，宽 10 米，长长的白眉和胡须，一脸慈祥的笑意，神形兼备，尤其是一双炯炯有神的眼睛，总好像用希冀的眼光祝福天下有情人终成眷属，祝福天下所有的家庭和谐共处。雕像以其美好的寓意吸引了大量的参观者特别是甜蜜的情人们前来驻足许愿。有道是：月相赐缘能谈密语，老人牵线可结同心。

鹊桥：牛郎与织女是一个千古流传的爱情故事，是中国民间四大爱情故事之一。相传他们被银河隔开，只允许每年的农历七月初七相见。为了让牛郎和织女能顺利相会，各地的喜鹊就会飞过来，用它们的身体搭成一座桥，让牛郎和织女在此相会，此桥就叫作鹊桥。文化园里的鹊桥景点，以牛郎织女的经典爱情故事为主题，为天下有情人架设一条真实版的爱情长廊。鹊桥长约 50 米，高约 7 米，在桥的顶端牛郎与织女约 2 米高的雕像深情相对。全桥采用石雕的云彩图托起，桥身和桥面由 999 只喜鹊组成云鹊图，再现喜鹊搭桥的盛况。

同心锁：相传月老有一件宝物同心锁。相爱的男女只要被同心锁锁住就会永不分离！如果恋人的爱情能够感动月老，他就会赐给恋人同心锁，让恋人从此生生世世永结同心。

天涯海角："天涯海角"并非地理位置上的尽头，而是意境意义上的天涯海角。史载，"天涯"两字为清雍正年间崖州知州程哲所题，铭刻在一块高约 10 米的巨石上（岩石下方有郭沫若咏"天涯海角"的三首诗题刻）。"海角"两字刻在"天涯"右侧一块尖石的顶中端，据说是清末文人题写。这两块巨石通称"天涯海角"。传说一对热恋的青年男女分别来自两个世仇的家族，双双发誓不管到天涯海角也要永远在一起。在其族人的追赶下，两人被迫双双逃到此地。而后两人跳进大海，化成两块巨石，永远相视相对。后人为纪念他们的坚贞爱情故事，在此石头上刻下"天涯""海角"。现在恋爱中的男女也常以"天涯海角永远相随"来表达自己的心迹。离"天涯"摩刻左侧几百米，有一尊高大独立的圆锥形巨石，这就是"南天一柱"奇景。它拔地而起，大有独立擎天之势。"南天一柱"据说是清代宣统年间崖州知州范云榜所书。"南天一柱"来历还有传说。相传很久以前，陵水黎安海域一带恶浪翻天，人民生活困苦。王母娘娘手下的两位仙女知道后偷偷下凡，立身于南海中，为当地渔家指航打鱼。王母娘娘恼怒，派雷公电母抓她们回去，二人不肯，化为双峰石，被劈为两截，一截掉在黎安附近的海中，一截飞到天涯之旁，成为今天的"南天一柱"。

月老雕像

四大发明园 四大发明即造纸术、指南针、火药、活字印刷术。此一说法最早由英国中国科技史专家李约瑟提出并为后来许多中国的历史学家所继承，普遍认为这四种发明对中国古代的政治、经济、文化的发展产生了巨大的推动作用，并且这些发明经由各种途径传至西方，对世界文明发展史也产生了很大的影响。

钻木取火：这一发明来源于我国古时的神话传说。燧人氏是传说中发明钻木取火的人。据《韩非子·五蠹》记载："民食果蓏蚌蛤，而伤害腹胃，民多疾病。有圣人作，钻燧取火，以化腥臊，而民悦之，使王天下，号曰燧人氏。"

京剧脸谱：京剧中的标志性元素。京剧大约形成于 150 年前，由于京剧中每个历史人物或某一种类型的人物都有一种大概的谱式，就像唱歌、奏乐都要按照乐谱一样，所以称为"脸谱"。京剧脸谱已经被大家公认为是中华民族传统文化的标识。红色的脸谱表示忠勇义烈，如关羽、姜维、常遇春等；黑色的脸谱表示刚烈、正直、勇猛、粗率，甚至鲁莽，如包拯、张飞、李逵、项羽、杨七郎等；黄色的脸谱表示彪悍、阴险、凶狠残暴，如庞涓、宇文成都、典韦；蓝色或绿色的脸谱表示一些刚强骁勇、粗犷、桀骜不驯的人物，如窦尔敦、马武、程咬金、公孙胜等；白色的脸谱一般象征阴险狡诈的坏人，如曹操、严嵩、赵高、秦桧、司马懿等。

禅修圣境　好戏安庆
——安庆旅游景点导游词

甲骨文：是中国已发现的古代文字中时代最早、体系较为完整的文字。甲骨文主要是指殷墟甲骨文，又称为"殷墟文字""殷契"，是殷商时代刻在龟甲兽骨上的文字。它是 19 世纪末年在殷代都城遗址即今河南安阳小屯被发现，继承了陶文的造字方法，是中国商代后期（公元前 14—前 11 世纪）王室用于占卜记事而刻（或写）在龟甲和兽骨上的文字。

华表广场　华表相传既有道路标志的作用，又有过路行人留言的作用，在原始社会的尧舜时代就出现了。那时人们在交通要道设立一个木柱，作为识别道路的标志，后来的邮亭、传舍也用它做标识。它的名字叫作"桓木"或"表木"，后来统称为"桓木"。因为古代的"桓"与"华"音相近，所以慢慢读成了"华表"。在这根木柱上，行人可以在上面刻写意见，因此它又叫"谤木"或"诽谤木"。"诽谤"一词在古代是议论是非的意思，就是现代的提意见，所以它又具有现代"意见箱"的作用。据史书记载，尧时的诽谤木以横木交于柱头，指示大路的方向。天安门前的华表仍然保持了尧时诽谤木的基本形状。

圆明园　坐落在北京西郊海淀区，与颐和园相毗邻。它始建于康熙四十六年（1709 年），由圆明园、长春园、万春园三园组成。园中有园林风景百余处，建筑面积逾 16 万平方米，是清朝帝王在 150 余年间创建和经营的一座大型皇家宫苑。1860 年 10 月，圆明园遭到英法联军的洗劫和焚毁，此事件成为中国近代史上一页屈辱史。

安庆园　大家看，这是我们安庆的古雷池，大家应该听过一句成语"不敢越雷池一步"。古雷池位于望江县雷池乡，在望江县城东南 10 公里处，紧靠长江北岸，面积有 100 平方公里，入江的地方叫雷港。因为古雷水从湖北黄梅流到雷港积成池，所以叫作雷池。东晋咸和二年（327 年），历阳镇的一个将领叫苏峻，他联合寿春镇的将领祖约一起叛乱，向京都建康（也就是现在的南京）进攻。忠于朝廷的江州刺史（相当于现在的司令员）温峤，准备增兵保卫建康，当时掌管中央政权的庾亮知道后，担心手握重兵的荆州刺史陶侃乘虚而入，因此，在给温峤的一封信中说："吾忧西陲，过于历阳，足下无过雷池一步也。"意思是叫温峤坐镇原防，不要越过雷池向东去。后来用以表示不可逾越的一定范围，"不敢越雷池一步"的成语就是这样得来的。

六尺巷：在"桐城派"的故乡——今安徽省桐城市的西南一隅，在市区西环城路的宰相府内（省康复医院内）。六尺巷，东起西后街巷，西抵百子堂。巷南为宰相府，巷北为吴氏宅，全长 100 米、宽 2 米，均由鹅卵石铺就。

据《桐城县志》记载，清代（康熙年间）文华殿大学士兼礼部尚书张英的老家人与邻居吴家在宅基的问题上发生了争执。由于牵涉到宰相大人，官府和旁人都不愿招惹是非，纠纷越闹越大，张家人只好把这件事告诉张英。家人飞书京城，让张英打招呼"摆平"吴家。

张英大人阅过来信，只是释然一笑，赋打油诗一首，交来人带回。诗曰："一纸书来只为墙，让他三尺又何妨。长城万里今犹在，不见当年秦始皇。"家人见书信后立即将垣墙拆让三尺。大家纷纷称赞张英和他家人的旷达态度。所谓"宰相肚里能撑船"。宰相一家的礼让举动，让吴姓邻居大为感动，吴家也把围墙向后退让三尺，于是形成了六尺巷。这条巷子虽长不过几十丈，留给人们的思考却很长。

牌坊：是古代官方的称呼，老百姓俗称它为牌楼。作为中华文化的一个象征，牌坊的历史源远流长。据考评分析，牌坊在周朝的时候就已经存在了。最早的牌楼是以两根柱子架一根横梁的结构存在的，旧称"衡门"。牌坊与牌楼是有显著区别的，牌坊没有"楼"的构造，即没有斗拱和屋顶，而牌楼有屋顶，它有更大的烘托气氛。但是由于它们都是我国古代用于表彰、纪念、装饰、标识和导向的一种建筑物，而且又多建于宫苑、寺观、陵墓、祠堂、衙署和街道路口等地方，再加上长期以来老百姓对"坊""楼"的概念不清，所以到最后两者成为一个互通的称谓了。

在等级制度森严的过去，立牌坊可是一件极为隆重、极不容易的事，并不是你想立、你有钱就可以立的。根据当时的规定，凡是进入国子监读书和获得举人以上功名的人，方可经地方官府审核批准后，由官方出资建功名坊。至于立贞节牌坊、仁义慈善牌坊、功德牌坊者，要求就更严格，须经当地官府查验核实后逐级呈报，最后由皇帝审查恩准，或由皇帝直接封赠，方能建造。即使允许建造，建造什么规格的牌坊，也有严格的等级限制，如只有帝王神庙、陵寝才可用"六柱五间十一楼"，一般臣民最多只能建"四柱三间七楼"。但孔庙的"万古长春"坊仅是一个破例，因为人家可是"孔圣人"。所以在当时来说，如果一个人能获得皇帝降旨建造牌坊，那对这个人、这个家族乃至这个地方来说，都是一种至高无上、无与伦比的殊荣。

五千年根雕文化园 根雕是以树根（包括树身、树瘤、竹根等）的自生形态及畸变形态为艺术创作对象，通过构思立意、艺术加工及工艺处理，创作出人物、动物、器物等艺术形象作品。根雕艺术是发现自然美而又显示创造性加工的造型艺术。所谓"三分人工，七分天成"，就是说在根雕创作中，大部分应利用根材的天然形态来表现艺术形象，小部分进行人工处理修饰。因此，根雕又被称为"根的艺术"或"根艺"。根雕木有荔枝木、鸡翅木、樟木、黄杨木、榧木、花梨木、缅甸黄金樟、红豆杉、檀香木、海南黄花黎、楠木、金丝楠木等。

海南黄花黎：属于国家一级珍稀植物，别名降香黄檀，仅产于中国海南岛海拔 350 米以下的山坡。据史料记载，海南花黎在唐朝时就已经是海南贡御皇宫的特产。从明至清的几百年间，海南花黎以行云流水的木纹纹理、如玉般圆润剔透的质感，引发了文人士大夫们的狂热追逐，继而征服了北京紫禁城的主人。明朝天启皇帝甚至为此放弃管理国家的天职，躲在后宫里当起木匠，史称"木匠皇帝"。在明清两代，用花黎木制作出的家具，不仅成了皇家专享的贡品，也成为封建统治等级制度的象征。

楠木：是一种极高档的木材，其色浅橙黄略灰，纹理淡雅文静，质地温润柔和，无收缩性，遇雨有阵阵幽香。南方诸省均产，唯四川产为最好。明代宫廷曾大量伐用。现北京故宫及京城上乘古建多为楠木构筑。楠木不腐不蛀有幽香，皇家藏书楼、金漆宝座、室内装修等多为楠木制作。如文渊阁、乐寿堂、太和殿、长陵等重要建筑都有楠木装修及家具，并常与紫檀配合使用。楠木属国家二级保护植物，也是我国的特产树种

金丝楠木：名气很大，是我国特有的珍贵木材，但绝大多数人只是听过没有见过。因为自古以来金丝楠木就是皇家专用木材。历史上金丝楠木专用于皇家宫殿、少数寺庙的建筑和家具，古代封建帝王龙椅宝座都要选用优质金丝楠木制作，民间如有人擅自使用，会因逾越礼制而获罪。古往今来，无论是皇帝大臣还是皇亲国戚，无论是群众、制作厂商还是学者、古典专家，无不称赞金丝楠木的珍贵。放眼世界，在营造援外的中国式园林建筑时，英、美、法、德和瑞士等国均指定要用楠木，可能他们认为楠木树干粗长通直，尖削度小，很适合使用。正如中国林业科学院木材工业研究所研究员杨家驹所说的那样，金丝楠木是国人引以为自豪的瑰宝，这也使庭院建筑的中国风味更浓。

根雕老虎

二期"十里画廊"景区

各位游客：

大家好！欢迎来到五千年文博园二期"十里画廊"景区参观游览。

"十里画廊"景区，占地面积 600 亩，总投资 10.8 亿元，于 2011 年 10 月开园建设，2014 年 9 月 30 号对外开放。"十里画廊"是将华夏千年的往事融入总长 2000 米、举世无双的四副立体图画之中，分别由"烟雨江南"文化园、"创意石界"文化园、"三百六十行"文化园和"清明上河图"文化园等景区组成。

"烟雨江南"文化园　"烟雨江南"文化园以具有 1700 年历史的观音河为基础，将我国江南著名水乡的十二大名景全部重建于此。水乡两岸以雕塑的形式展现中国历史典故，小桥流水、乘船摆渡、渔歌互答，完美地再现中国水乡的悠远情韵。

天桥：桥长 150 米，宽 13 米，是文博园一期"一梦千年"景区与二期"十里画廊"景区连接的纽带。天桥两边有精美的苏式彩画作为装饰。彩画原是为了使木结构能防潮、防腐、防蛀，后来才突出其装饰性。宋代以后彩画已成为宫殿不可缺少的装饰艺术。彩画可分为和玺彩画、旋子彩画、苏式彩画。苏式彩画源于江南苏杭地区民间传统做法，俗称"苏州片"。一般用于园林中的小型建筑，如亭、台、廊、榭以及四合院住宅、垂花门的额枋上。

面前的水域就是观音河。在中国传统文化里，观音是最和蔼可亲的菩萨，他有温柔的怜悯心和深切的同情心，向来是大慈大悲救苦救难的代名词，也是世间真善美的化身。而河水本性阴柔，利万物而不争，与观音的形象在很大的程度上有着相通之处。另外，"观音"还有"官印"的谐音，故以此命名，还寓意官运亨通、事业学业有成的美好愿景。

桥右边是一面大型的彩绘石雕墙，这是目前国内最大的一面彩绘石雕墙。所表现的主题为"记乡愁"，也是希望站在天桥之上忘得见山、看得见水、记得住乡愁。画面以灰白为主体，将烦琐而复杂的山川、树木、云水等自然景物表现在眼前的墙面上，好似烟雨中的江南水乡，成为优美的绘画艺术作品。

迎面看到的两块大型奇石，一块是灵璧石，上面刻画了几条活灵活现的金龙鱼，喻义招财进宝；一块是泰山石，我们利用泰山石本身富有的波浪形纹路打造出一条天路，上面再现昭君出塞的盛大场景。

双龙桥：桥长 54.4 米，桥身为汉白玉铺装，为双拱石桥。桥的左右两侧对称地雕有铜质双龙，龙头雕在桥拱圈最高处，龙尾雕在桥拱圈最低处，好似巨龙在导引河水平安通行。桥上的两条龙，皆呈行龙姿态，龙珠放在中间，显示出活泼生动的气势。双龙戏珠象征着人们对美好生活的追求，更象征着吉祥如意。

九曲桥：那弯曲横跨于水面的桥梁蜿蜒曲折，像条白龙匍匐于水面上，又像一根玉带迤逶伸展，名为九曲桥。为什么一定九曲呢？按我国传统文化习惯，"九"是数字中最大的单数，具有吉利之意，古有"九九归一"和"九五之尊"之说，均是对"九"这个充满吉祥、尊贵的吉数的集中概括。故曲桥往往取名"九曲"，实有取其吉祥如意之意，意味着弯曲最多、最富吉祥，在走过九曲十八弯之后，将送走一切曲折和困难，带来顺利和平安。

廊桥：位于十里画廊景区的中轴路段，又叫作虹桥、蜈蚣桥等，是有顶的桥。廊顶既可以保护桥梁，也可以遮阳避雨，供人休息、交流、聚会。从这边进入主景区，我们可看到水乡客栈。客栈墙壁上有用铜铸的两棵大树，名为铜钱树。古人云：山管人丁水管财。游览水乡美景，住水乡客栈，保证大家财源广进。

晋熙楼：高29.06米，面积1482.6平方米，为三层仿古建筑。因为五千年文博园处于太湖县晋熙镇，太湖县历史上曾经名叫晋熙县，县治一直在这个镇，因县名而得名。"晋熙"是光明兴旺的意思。一楼与二楼都是用作黄梅戏表演舞台。

葫芦桥：因桥下水面犹如一个葫芦而得名。这片水域是本地水网的重要组成部分，桥右岸展馆内摆放着各个朝代历史人物的石雕像，游客在乘船游览之时欣赏历朝历代人物，犹如穿越千年。左边是游船靠岸的葫芦桥码头，游客可以登岸正式进入景区参观游览。

状元文化墙：展现的是历史记载中各具特色的不同状元，如身份最高的状元、最侥幸的状元等等。历史上有正式记载的状元共592位，其中太湖县就有三位。这是非常难得的。因此太湖县流传有"一门四进士，十里两状元"的佳话。中间这三位就是太湖本地三位状元。他们分别是元代黄信一，清代李振钧、赵文凯。其中最出名的当属中间这位"平民状元"赵文凯。他是原佛教协会会长、全国政协副主席赵朴初先生的六世祖。

"创意石界"文化园　由一园四馆组成，分别是创意奇石园、远古沧桑馆、自然天成馆、大象无形馆和天人合一馆。该园区的艺术价值和视觉震撼将超过根雕馆群，是将无言的奇石世界赋予其生命与情感，是对奇石文化最深层次的解读。

鱼翔浅底：是一块由泰山运来的重达300多吨的泰山石。石上白色部分全是天然形成的，后稍加修饰打造成大海中的波浪，同时顺着泰山石的纹路雕刻了208条鱼的形象，正好营造出毛泽东所写的《沁园春·长沙》中"鹰击长空，鱼翔浅底"的画面。《沁园春·长沙》是毛泽东于1925年晚秋所作。当年32岁的毛泽东离开故乡韶山，去广州主持农民运动讲习所，途经长沙，重游橘子洲，感慨万千，通过对长沙秋景的描绘和对青年时代革命斗争生活的回忆，抒写出革命青年对国家命运的感慨和以天下为己任、蔑视反动统治者、改造旧中国的豪情壮志。

佛文化：由九座佛教代表人物石雕像与九块巨大的灵璧石组成。大家可以仔细看下这佛手部的姿势，其实这是佛手印。佛像的各种手势代表佛像的不同身份，表示佛教的各种教义，是具有印度特点的人体语言，表达的含义极为丰富。常见的有说法印、无畏印、与愿印、降魔印、禅定印五种，即"释迦五印"。

千纸鹤文化墙：由大理石打造而成的千纸鹤和纸船，由文博园员工自己设计，表达深深的祝福，祝福五千年的文化随着千纸鹤和纸船一直传承下去。

屹立在我们面前的是一块泰山石，上面天然形成的纹路好似瀑布从天而降，表现的是唐代诗人李白的"君不见黄河之水天上来"的诗意。它的边上是诗仙李白的形象。泰山石上面还种了盆景，这也是首个在石头上面种盆景的景点。

梦回徽州：说到徽州，大家都会想到徽商。墙上是我们古徽州的一句谚语："前世不修，生在徽州，十三四岁，往外一丢。"意思是说徽州地区以前是山地极多田地极少、穷山恶水的地方，非常贫穷，如果说你前世没有很好的修为，这一世就只有生在徽州吃苦，男孩子到了十三四岁，要外出学徒，学不成不能归家。这也是徽商的一个起源。边上的铜雕展现的是徽州行当，有卖花生、卖莲藕等等。右边是采用灵璧石和铜铸成的徽州人家：粉墙黛瓦，高高的马头墙；铜铸的桥梁横跨于灵璧石纹路形成的河流之上。最左边是牌坊群。面前的门楼上展示的是徽派的砖雕。砖雕是由质地坚细的徽州青灰砖经精致雕镂而形成的建筑装饰，广泛用于徽派风格的门楼、门套、门楣、屋檐、屋顶、屋瓴等处，使建筑物显得典雅、庄重。它是明清以来兴起的徽派建筑艺术的重要组成部分。砖雕有平雕、浮雕、立体雕刻等不同形式，题材包括翎毛花卉、龙虎狮象、林园山水、戏剧人物等，具有浓郁的汉族民间色彩。

梦回徽州奇石馆，古人云："山无石不奇，水无石不清，园无石不秀，室无石不雅。赏石清心，赏石怡人，赏石益智，赏石陶情，赏石长寿。"观赏奇石，要讲究瘦、漏、透、皱、清、丑、顽、拙、奇、秀、险、幽等十二个方面，更主要的是要从质、形、色、纹、势等方面去把握奇石之美。

奇石馆展示了很多奇石，有象形石、玛瑙石、红珊瑚、肉石等。红珊瑚色泽喜人，质地莹润，产自100至2000米的深海中，与珍珠、琥珀并列为三大有机宝石，在东方佛典中亦被列为七宝之一，自古即被视为富贵祥瑞之物。天然红珊瑚是由珊瑚虫堆积而成，生长极缓慢，不可再生。而且红珊瑚只生长在台湾海峡、日本海峡和波罗的海三个海域，所以极为珍贵。肉石系天然石种，在自然界十分罕见，肉石珍贵在有皮。世间红白相间的石头比较多，但要有皮才算肉石。

禅修圣境　好戏安庆
——安庆旅游景点导游词

　　橱窗里展放的小型奇石是镇馆之宝板鸭。这板鸭是天然形成的，没有经过任何雕刻，无论是从形态上还是从色泽上都让人垂涎三尺。两侧摆放的是白灵璧石，产自安徽灵璧县境内。灵璧石，中国传统四大观赏石之首，有9大系列、150多个品种。其中磬石是灵璧石大家族中的王牌，被誉为王子。而白灵璧石被誉为公主。白灵璧石因其洁白胜雪、温润如玉的独特品质，不但受到观赏石界的追捧，而且受到玉玩界的赏识。因此有"南有黄龙玉、北有白灵璧"的说法。

　　另一件镇馆之宝是满汉全席。满汉全席是我国一种集合满族和汉族饮食特色的巨型筵席，起源于清朝的宫廷，原为康熙66岁大寿的宴席，旨在化解满汉不和，后世沿袭此一传统，加入珍馐，极为奢华。满汉全席上菜一般108种。菜式有咸有甜，有荤有素，用料精细。突出满族菜点的特殊风味，烧烤、火锅、涮锅几乎是不可缺少的菜点；同时又展示了汉族烹调的特色，即扒、炸、炒、熘、烧等兼备。这实乃中华菜系文化的瑰宝和最高境界。乾隆甲申年间李斗所著《扬州书舫录》中记有一份满汉全席食单，是关于满汉全席的最早记载。

　　这边我们看到的是典型的徽派盆景。徽派盆景是以古徽州命名的盆景艺术流派，以歙县的卖花渔村为代表，也包括绩溪、黟县、休宁等地民间制作的盆景。它是以古朴、奇特、遒劲、凝重、浑厚为其特色，开创一派独特的艺术风格，已有800多年的历史。其中游龙梅桩驰名海内盆苑，并于清乾隆年间在绩溪仁里等地形成了每12年一举行、规模宏大的徽派盆景展览。可以这么说，徽派盆景在中国盆景界的领衔地位是众望所归的。

　　现在映入眼帘的是一块巨大的泰山石，因来自泰山而得名，而且民间传说泰山石有镇宅辟邪的作用。这块石头上的纹路就像长江波涛汹涌的浪花，后方的墙上刻有苏轼的"大江东去浪淘尽，千古风流人物"词作名句，与泰山石上的大江浪相呼应。"故垒西边，人道是三国周郎赤壁"，苏轼怀念的千古风流人物就是前面的石雕像——周瑜。

　　这是"故宫方印"，我们将故宫收藏的200方官印雕刻在这石上，"官印"代表着功名。

　　状元楼：为景区内最有特色的代表建筑，分为地上5层，地宫1层，高36.98米，总面积2484平方米，是为纪念我国历史上的状元们而建。前面的台阶有点多，寓意着步步高升。沿着台阶而上，左边是灵璧石天然形成的五只正在舞动的狮子，取名为"狮舞天齐"。楼前的状元形象，体现出太湖县文风蔚然，"一门四进士、十里两状元"传为佳话。台阶的左右两侧有两只具有百年历史的石象，上面能看到风化腐蚀的痕迹。"象"和"祥"谐音，因此古今都代表吉祥如意。两只石象身上刻有龙纹，所以这两只石象肯定是和皇家有关联的，而且在"文革"的风雨中没有被损毁，非常难得，所以说这象还真挺吉祥的。

　　化石馆：在漫长的地质年代里，地球上曾经生活过无数的生物。它们的遗体或是生活时遗留下来的痕迹许多都被当时的泥沙掩埋起来。在随后的岁月中，这些生物遗体中的有机质分解殆尽，坚硬的部分如外壳、骨骼、枝叶等与包围在周围的沉积物一起经过石化变成了石头，但是它们原来的形态、结构（甚至一些细微的内部构造）依然保留着。从化石中可以看到古代动物、植物的样子，从而可以推断出古代动物、植物的生活情况和生活环境，可以推断出埋藏化石的地层形成的年代和经历的变化，可以看到生物从古到今的变化。

　　化石馆内收藏了动物化石、鱼化石、木化石、昆虫类化石等，具有极高的科学研究价值和欣赏价值。化石一号馆展示的动物化石有三趾马、库班猪、和政羊、铲齿象、鹦鹉嘴龙等。鹦鹉嘴龙又译鹦鹉龙，在希腊文中意为"鹦鹉蜥蜴"，是角龙下目鹦鹉嘴龙科的一属，生存在白垩纪的亚洲，约 1.1 亿到 1.3 亿年前。鹦鹉嘴龙和原角龙、三角龙等恐龙都具有一张类似鹦鹉一般带钩的鸟嘴。科学家从它的体形及生存年代来推断，认为鹦鹉嘴龙可能是大部分角龙类恐龙的祖先。这棵木化石长 30 多米，是几百万年或更早以前的树木被迅速埋葬地下后，木质部分被地下水中的二氧化硅（SiO_2）交换而成的树木化石，它保留了树木的木质结构和纹理。体形大点的是铲齿象，头部比较大，生活在距今 1000 多万年前。因其头部下方长着一对扁平的下门齿，形状像一个大铲子而得名。恐龙蛋化石是恐龙的卵经过长期地壳演变所形成的化石。恐龙蛋化石是非常珍贵的古生物化石，最早于 1869 年发现于法国南部普罗旺斯的白垩纪地层中。由于在全世界范围内发现的恐龙蛋化石的数量不多，见到的一般是蛋的钙质外壳，极少发现保存有某种恐龙胚胎化石的蛋，很难判断所发现的蛋化石是由哪类恐龙产的。墙上展示的都是鱼类化石，大致有四种：雅罗鱼、江汉鱼、狼鳍鱼、鳞齿鱼。

　　在化石二号馆首先看到的是幻龙化石。幻龙是远古时期鳍龙类的一种（其他鳍龙类包括蛇颈龙类和盾齿龙类），属三叠纪时期动物，据今达 2.43 亿年。它们体形大小不一，最小的只有 36 厘米，最大的长达 6 米，长有锐利的牙齿，捕食各种鱼类。另外幻龙的四肢相当发达，它们会爬上岸捕食或产卵。地上摆放的是鱼龙化石。鱼龙是一种外形类似鱼类和海豚的大型海生爬行动物，它们生活在中生代的大多数时期，最早出现于约 2.45 亿年前，比恐龙稍微早一点（2.3 亿年前），约 9000 万年前消失，比恐龙灭绝早约 2500 万年。在三叠纪中期，一群陆栖爬行动物逐渐回到海洋中生活，演化为鱼龙类。这个过程类似今天的海豚和鲸鱼的演化过程，但鱼龙类的直系祖先至今还未能确定。在侏罗纪，它们分布尤其广泛；在白垩纪，它们被蛇颈龙类取代。蛇颈龙目是白垩纪时期的海生顶级掠食动物。这边墙上展示的是海百合化石。海百合是一种始见于石炭纪的棘皮动物，生活于海里，具有多条腕足，身体呈花状，表面有石灰质的壳，由于长得像植物，人们就给它们起了海百合这么个植物的名字。海百合的身体有一个像植物茎一样的柄，柄上端羽状的东西是它们的触手，也叫腕。这些触手就像蕨类的叶子一样迷惑着人们，认为它们是植物。海百合是一种古老的无脊椎动物。在几亿年前，海洋里到处是它们的身影。旁边的地上摆放的是目前国内最大的海百合化石以及鱼龙和海百合在一起的化石。这边展放了900多条鳞齿鱼化石。鳞齿鱼是侏罗纪时期分布很广的鱼类，虽在四川等地早被野外地质工作者发现，但至今还缺少对这类鱼的记述。

木雕艺术馆：馆内收藏大量名贵精细的木雕作品。这个屏风中间由整块黄花梨木打造的百鸟朝凤，是浙江的东阳木雕。东阳木雕是以平面浮雕为主的雕刻艺术。它那多层次浮雕、散点透视构图、保留平面的装饰，已形成了自己鲜明的特色；又因色泽清淡，保留原木天然纹理色泽，格调高雅，所以又称"白木雕"。它自唐至今已有千余年的历史，是中华民族最优秀的民间工艺之一，被誉为"国之瑰宝"。对面展示的一组作品是黄杨木雕。历史悠久、风格淳朴的黄杨木雕是以黄杨木做雕刻材料的民间工艺品。它利用黄杨木的木质光洁、纹理细腻、色彩庄重的自然形态取材。黄杨木雕呈乳黄色，放置时间长久，其颜色由浅变深，给人以古朴典雅的美感。温州市乐清县是浙江省的黄杨木雕发源地。它和东阳木雕、青田石雕并称为"浙江三雕"。

走出奇石馆，看到的是龟兔赛跑石头和旁边的适者生存主题展示。"物竞天择，适者生存"出自达尔文的《进化论》，原指自然界生物优胜劣汰的自然规律，后也用于指称人类社会的发展规律。眼前看到的扎根在灵璧石缝隙里的这棵迎难而上的大树，虽然是用铜铸成，但它所蕴含的精神与真实的黄山松是一致的。黄山松的生长方式很奇特，它们都扎根在岩石缝里，没有泥土，枝丫都向一侧伸展。作为黄山的标志性景观，黄山迎客松已有1300多年的历史。为了生存，黄山松别无选择，它以惊人的坚韧、刚强突破了生命的底线，创造了奇迹。生命能够承受的底线到底是多少？这不是一个简单的问题，黄山松却以它的娟秀飘逸告诉世人：生命的承受力是远远超出了我们想象的。

在适者生存的对面，我们可以看到一片水域，中间有一个微缩版的湖心岛，可谓"背山面水，藏风纳气"。清澈的湖水、碧绿的小草，还有那典雅苍劲的罗汉松，别有境界。在岛屿旁边，我们还可以看到用石头砌成的石船，上面有很多的人物铜雕像，展现的是三百六十行里与水有关的行当，比如：捕鱼，叉青蛙等。

现在看到的灵璧石有个响当当的名字叫"独占鳌头"。传说鳌是海里的大龟或者大鳖，也是传说中的龙生九子之一。我们刚刚走过"状元楼"，古代的科举考试中把状元及第就称为"独占鳌头"，所以，元代杂剧里有句话说："殿前曾献升平策，独占鳌头第一名。"

"三百六十行"文化园　"三百六十行"文化园是以 20000 平方米古建筑和 1800 多件青铜人物雕塑组合而成，其规模为世界第一。整个园区依据各个行业的特点，分别将它们合理地与亭、台、楼、阁、廊、古树、奇石、水系等元素融为一体，艺术而真实地再现了康乾盛世时期三百六十行的历史原貌。这里不仅有全世界最大规模的人物铜雕群，更有传承至今的五十多个行业的永久性现场表演。

榜眼楼　二期文博园建有三座楼，分别是状元楼、榜眼楼、探花楼。榜眼楼是一座采用十字歇山顶的建筑，高 27.83 米，总面积 1311.3 平方米。沿楼梯而上，左右两侧是福建青石雕成的门神形象，然后是竹子制作的照壁。照壁是古代汉族传统建筑特有的部分。建筑照壁一是避免大门与宅院内门直通，防止走漏财运。二是辟邪。迷信认为恶鬼只能走直线，照墙可以抵挡他们，所以又常在照墙上饰以阴阳符号当作护符。三是控制气流，调节室内冷暖，有益于主人健康。四是回避视线，避免一眼窥见宅内。五是一种装饰。竹照壁使用具有生命力的竹子，既体现出景观设计中的色彩差异，又代表积极向上的含义，由此显示出与众不同。

探花楼　楼高 23.11 米，总面积 716.6 平方米。"探花"虽然代表了第三名及第，名位在"状元"和"榜眼"之后，但"探花"与"状元""榜眼"一起统称为"三鼎甲"，如鼎之三足，撑起了科举考试这一选才大鼎。鼎甲是进士之首，是最具代表性的群体。"探花"同样是天子门生，是一甲及第，是十分难得的荣誉，也是成千上万举子梦寐以求的目标。何况"探花"与"状元""榜眼"都是不相上下的优秀，只是因皇帝的好恶而名序有先后，不能笼统认为"探花"就比"状元""榜眼"低一等。例如明成祖永乐二十二年（1424 年），探花孙曰恭原拟其为一甲第一，不料成祖发觉"曰恭"二字写在一起读"暴"，心中不悦；又见一人名为邢宽，便道："孙暴不如邢宽。"于是，他定邢宽为一甲第一，孙曰恭为一甲第三。这能说孙曰恭就不如邢宽吗？

汴梁古街　汴梁是北宋时期的首都，也就是今天河南省的开封市。北宋时期开封是"东京汴梁"，曾经富甲天下，作为宋朝的国都长达 168 年，历经九代帝王，在当时是中国政治、经济、文化中心和繁华的世界大都会。北宋画家张择端绘制的巨幅画卷《清明上河图》，生动形象地描绘了东京开封城的繁华景象。

呈现在大家面前的汴梁古街尽可能还原东京汴梁城的繁华景象，既有动静结合又有古今穿越。静的是一百八十行的铜像雕塑；动的是各式各样的行当买卖，都是现做现卖。大家可以现场互动参与制作，以及讨价还价等，感受古代京城汴梁的生意场景，体验一次真实的宋代老百姓生活。

"清明上河图"文化园　走出百工街，站在清明桥上，面前出现的就是十里

禅修圣境 好戏安庆
——安庆旅游景点导游词

汴梁古街

画廊最后一个组成部分——"清明上河图"文化园。《清明上河图》原画长 528 厘米，为北宋画家张择端所作，现藏北京故宫博物院。《清明上河图》以长卷形式，采用散点透视的构图法，描绘了北宋京城汴梁及汴河两岸的繁华、热闹的景象和优美的自然风光。画中主要分为两部分：一部分是农村，另一部分是集市。画中有 814 人，牲畜 60 多匹，船只 28 艘，房屋楼宇 30 多栋，车 20 辆，轿 8 顶，树木 170 多棵。往来人物衣着不同，神情各异，栩栩如生。

"清明上河图"文化园建于长 500 米、高 55 米的 25 度斜坡之上，按实际比例，以近大远小的透视艺术完整再现清明上河图中汴河两岸车水马龙的盛景和北宋中期东京汴梁繁华的城市生活。以获得 3 项国家发明专利的斜坡建筑艺术主体再现张择端笔下的汴梁繁华景象，近看是城，远看是画。

烟雨楼 中国园林讲究"园亭合一"，"无园不亭"，"无亭不园"。在建筑艺术上，亭集中了中国古代建筑最富民族特色的精华，不仅可以休憩、遮阳遮雨，而且是园林中最典型和最常见的点景和赏景建筑。

而湖心亭更是所有亭阁建筑中最常见的。"江山无限景，都取一亭中。"湖心亭把外界大空间的景象都吸收到这个小空间中来，为游人提供了一个远观景物的极佳视角。

游客朋友们，走出了烟雨楼也就观赏完了整个"十里画廊"了，不知道大家有没有一种从画中走出来的感觉呢？又或者觉得意犹未尽呢！非常感谢大家一路上的支持与配合！希望大家再来五千年文博园参观游览！

（责任编辑：吴紫英）

十五、大别山彩虹瀑布

景区简介

大别山彩虹瀑布风景区位于安徽省岳西县黄尾镇境内，距岳西县城和霍山县城均为34公里，离济广高速六潜段黄尾出口1.5公里。风景区方圆40平方公里，核心景区面积3.2平方公里。目前已经建好的有五大区域，分别是黄龙岛服务区、白龙岛拓展亲水区、彩虹瀑布游览区、猴河峡谷秀水区和高空栈道体验区。特色景点有华东最大的彩虹瀑布和原生态太极谷等二十多个，集峡谷、瀑布、丽水、文化于一体，是国家4A级旅游景区、中国体育旅游精品景区、国家水利风景区、中国旅游景区品牌示范单位、安徽旅游品牌100强。

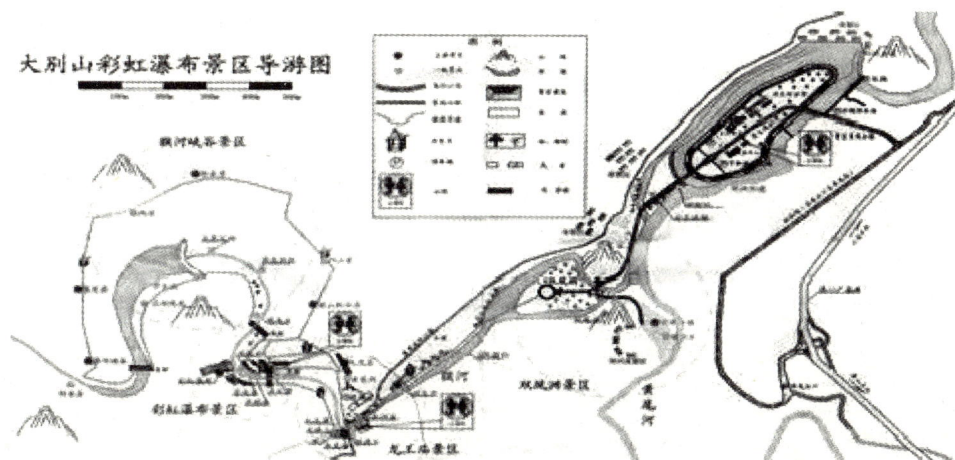

大别山彩虹瀑布景区导览图

亲爱的游客朋友们：

大家好！欢迎各位来到大别山彩虹瀑布风景区游览观光！

大别山彩虹瀑布景区位于岳西县黄尾镇境内，是国家4A级旅游景区、国家水利风景区、中国体育旅游精品景区。目前景区已经建好的有五大区域，即黄龙岛服务区、白龙岛拓展亲水区、彩虹瀑布游览区、猴河峡谷秀水区和高空栈道体验区。特色景点有华东最大的彩虹瀑布和原生态太极谷等二十多个景点，是集峡谷、瀑布、丽水、文化于一体的山水景区。

彩虹瀑布远景

黄龙岛服务区

我们现在所处的位置就是黄龙岛服务区，面积3万平方米，这里有近800平方米的游客服务中心，各种服务设施齐全，能够满足游客的休息、上网、咨询、电话、购物等需求。大家请看，这里是瀑布文化室，里面展示着世界各地的瀑布景观；前边是购物中心，里面品种齐全，尤其是地方特色产品十分丰富，像香菇、木耳、茶叶、布鞋、工艺被等等，可以满足大家的各种购物需求；那边是游客自助餐厅，餐厅面积300多平方米，能同时容纳200人就餐；在游客中心的前后是15000平方米的大型生态停车场，可以同时停放200辆小车、50辆大巴，可以说，目前在岳西还没有哪一个景区游客广场有比这里更大的。

好，各位朋友，王婆仅是卖瓜的，而山水不是靠夸的，到了北京知道社会主义好，到了上海知道计划生育好，到了苏杭知道小桥流水好，到了西安知道历史文化好，到了我们彩虹瀑布就知道大自然有多美好。"梦幻彩虹"瀑布，这个山、水、梦境交融的地方，好与不好，正期待着您的解读哦。现在就随我往景区里面走，去领略一下"梦幻彩虹"瀑布的雄奇与震撼吧。

　　大家看到没有，一进景区，这路的两边有很多的石头，这就是奇石走廊。你们看，这些石头形态各异，都产自我们景区的河床里。据地质部门勘测，景区内奇石有 80 多万立方米，其市场价值超亿元。我们景区选择了一部分放置于道路两旁供各位游客朋友们观赏。游客朋友们请看，在我们正前方有一块大石头，上面刻有"大别山彩虹瀑布风景区"几个大字，这个石头非常特别，它叫"团圆石"。团圆石的两边有很多株红色的杜鹃花，在我们这边叫作映山红，等一下大家跟我进入景区可以看到半山腰上漫山遍野都是这种映山红，颜色鲜艳，品种繁多，令人眼花缭乱。需要在团圆石这边拍照合影的朋友抓紧时间哦。好了，各位游客朋友，拍好照的请随我往检票口那边入园。

团圆石

白龙岛拓展亲水区

　　好，游客朋友们，现在我们已来到白龙岛拓展亲水区。大家请看，在左前方是沙滩浴场，在沙滩浴场里，我们可以游泳、打水仗；沙滩浴场和白龙岛，是由黄尾河与猴河两条河冲积而成的。大家请看，左边穿过沙滩浴场的是黄尾河，右边自然是猴河了，两河在这里相遇，历经多次洪水冲刷后就形成白龙岛了。

　　白龙岛为什么叫拓展亲水区呢？因为这里不仅有沙滩浴场，而且在猴河里还有橡皮艇漂流项目和观鱼、摸鱼、垂钓项目，同时这里还是 CS 镭战和拓展训练等一些参与性项目的主要活动场所。

禅修圣境　好戏安庆
——安庆旅游景点导游词

好，各位游客，大家随我手往右边看，那里有一大片茶园，大概有 400 多亩，那是岳西翠兰的生产基地之一。大家知道，岳西位于大别山腹地。据唐朝茶圣陆羽《茶经》记载，岳西一带土壤肥沃，气候温和，雨量充沛，昼夜温差大，适合优质茶生长。其中"岳西翠兰"尤负盛名。岳西翠兰外形优美，芽叶相连，自然舒展，因酷似小兰花而得名；岳西翠兰茶汤翠绿明亮，香气持久；茶味醇厚而回甘。岳西翠兰的茶园大多分布在海拔 600～800 米的深山峡谷之中，周围树木葱茏，百花溢香，云雾弥漫。早在 1985 年全国名优茶评选会上，岳西翠兰被评为全国 11 种名茶之一。2010 年，岳西翠兰被国家主席胡锦涛作为国宾礼品赠送给俄罗斯总统梅德维杰夫；2011 年，全国"两会"又把岳西翠兰作为指定用茶。由此可看出岳西翠兰的品质了。

大家可能不知道，岳西是国家级贫困县，可也是国家生态示范县，全县森林覆盖率达 72%，空气当中的负氧离子含量极高（25000 个/立方厘米），几乎处处都是天然免费氧吧，彩虹瀑布景区更不例外。岳西人虽然目前不富裕，可岳西人十分懂得生活，可以说岳西是"生活品质之地"。为什么这么说呢？因为岳西有"五好"，哪五好呢？住得好，吃得好，喝得好，用得好，玩得好。

在来岳西的高速公路上，我想大家一定看到了很多的小洋楼、小别墅吧？这些可都是岳西当地农民自己修的哦，有的家庭更"夸张"：四层小别墅还装电梯。住不可谓不好吧！这里空气清新，非常适宜休闲、度假。

为什么说他们吃得好呢？要知道中国这么大，56 个民族，有名的菜系也就 8 个，而其中的徽菜可是不能小瞧的！徽菜中的岳西地方菜更具特色。首先岳西菜属客家体系，由于大别山独特的地理位置和环境，所以岳西的菜肴有三大特色：一辣、二咸、三油。辣是为了去湿气，咸是为了加力气，油是为了中和水的剐人；同时，岳西人吃的有山珍，像木耳、香菇、蕨菜、苦菜等等。野味有野猪、野兔、野山羊等等。说到这，我想大家肯定也会在心里嘀咕着这岳西人还真有口福。

喝得好，自不用说了。刚才也说了，岳西是著名的茶叶之乡，岳西翠兰属于绿茶，喝绿茶可以提高免疫力、降血压、降胆固醇等等，好处多多。再让大家看看我们彩虹瀑布的水，你们看，水质清澈，上游无污染，直接就可以饮用，再加上水中有丰富的矿物质，能够补充人体所必需的微量元素，同时又具有减肥、瘦身的功效，是天然的纯净水、剐水，由此不难看出岳西人的确是喝得好了。

说岳西人用得好，则是因为他们都盖蚕丝被、工艺被，垫棕床。蚕丝被的特点就是"轻、薄、柔软"，透气性保暖性吸湿性都很好，对于患有高血压、心脏病、风湿病的人或是容易患上呼吸道感染的人尤为适用。工艺被品种繁多，出口欧美，不仅舒适保暖，而且漂亮、美观；棕垫更是天然透气、保暖。所以说，岳西人吃得好喝得好用得好住得好，他们怎么会不被人羡慕呢？又怎么会不好好享受这样的生活呢？

至于说岳西人玩得好，则是因为岳西值得玩的、值得看的资源太多了。专家们说我们岳西是"生态发育并保存完好的天然大花园"，学者们说我们岳西是长江中下游的清凉世界和休闲度假胜地。岳西不光有山有水，还是集山、水、林、寺、泉、山寨、峡谷、瀑布和红色旅游于一体的综合性旅游资源大县。这里不仅是安徽省第一任省委书记王步文的故乡，还是红 28 军活动的大本营。岳西，不仅有被称为"中华禅宗第一山"司空山，以及与公皖山——古南岳天柱山"两山竞长、相约为偶"的母皖山——明堂山；还有森林覆盖率达 98%、年平均温度 14 摄氏度的国家森林公园——妙道山；更有"南北过渡，襟带东西"，被专家誉为"天然物种基因库"的国家级自然保护区——鹞落坪和被称为华东第一瀑的彩虹瀑布。看山如观画，游山如读史。仁者乐山，智者乐水。我相信各位朋友能通过我刚才的简短讲解，了解一些岳西和彩虹瀑布所包含的独特的吴楚文化和楚汉文化。

彩虹瀑布游览区

好，各位游客朋友，我们现在即将到达的是猴河漂流的上码头，猴河漂流为橡皮艇漂流，全程 1.7 公里，漂流时间 40 分钟左右，漂流终点站在景区的游客广场后边。猴河漂流各种配套服务设施齐全：在上码头有休息亭、购物处，每个游客都配备了救生衣、安全帽，并提供放水袋，供游客存放电子产品等；在下码头，有淋浴间、换衣房，可供游客换衣、洗澡。整个猴河漂流，有急有缓，湍急的地方惊险刺激，平缓的地方水面如镜，游客可尽情戏水，十分惬意。

好，大家随我往前走。现在在我们到达的是游客次级接待中心，游客在这里进行第二次检票后就进入彩虹瀑布核心景区了。

大家看到，在游客次级接待中心旁边，有一座旧房子，看起来比较破败，这就是龙王庙了。龙王庙位于猴河下游河道中，庙宇虽小，但几百年来一直是山中居民的精神寄托。有碑记载，龙王庙至今历经三次整修，上一次整修是清光绪十三年（1888 年），据此推算小庙至少有二三百年的历史了！

相传乾隆年间，黄尾河地区连降暴雨，山洪暴发，其境内有一高山，山体突然起蛟，泥石堵塞河道，洪水泛滥成灾。在其起蛟的悬崖之上，突见一岩洞，其洞深不见底，水声轰鸣，一时间传言四起，有说此洞直通东海，是蛟龙出海之洞，因此被称为"龙宫洞"。其后当地乡民集资，在其下游龙潭岸边建造龙王庙，以祈求龙王保佑，风调雨顺。大家若是虔诚的信徒，不妨进庙朝拜一下数百年香火不断的龙王庙，祈祷风调雨顺。

　　两三百年后的今天，龙宫洞早已洞壁塌陷，洞口处杂树丛生，龙宫洞已成飞禽走兽的藏身之地。2011年的7月中旬，黄尾地区连降数日暴雨，洪水暴涨，一天早晨七点多钟，村民吴仁巡察大堰渠道，经过龙宫洞山体对面时，偶然发现龙宫洞口处，冒出阵阵青烟。吴仁好生奇怪，这下雨天龙宫洞口处怎么冒烟呢？正疑惑之时，突然雷声轰轰，大雨倾盆，一声炸雷震耳欲聋，只见龙宫洞口处流出一股混浊的黑水，紧接着大量的泥石流倾泻而下，大有地动山摇之势。吴仁心中好生害怕，赶紧跑回村庄，喊来众多乡亲观看。上午九时许，雨过天晴，艳阳高照，只见从龙宫洞倾泻而下的水流，溅起蒙蒙烟雾。这时有人惊喜地发现，烟雾之中呈现出一条暗淡的彩虹，一经指点，众人称奇。

　　水利专家柯先生闻知此事后，现场实地勘察，发现一个天大的秘密，龙宫洞竟然与上游水电站的蓄水库相通。于是他突发奇想，迅速筹集资金，成立大别山彩虹瀑布开发公司，清理龙宫洞出口，在其上游进口处建造闸阀，人工调节瀑布水流，使今日的彩虹瀑布，更加气势磅礴，雄奇壮观。

　　大家看，前面就是我们的核心景区了，也是我们景区的特色景点——彩虹瀑布。彩虹瀑布位于猴河中下游，瀑布高80米，宽25米，平均流量2.0至5.0立方米/秒。水流自猴子崖飞泻而下，气势磅礴，响声如雷。来，大家随我往前面的彩虹桥走去，我们站在彩虹桥上面，朝水面看，就可以看到一道道绚丽的彩虹。我们站在不同的方位上，都可以看到不同角度的彩虹，这叫人行虹移。大家肯定想问彩虹是怎么形成的，彩虹是气象中的一种光学现象。当阳光照射到半空

彩虹瀑布近景

中的水雾，光线被折射及反射，在空中形成拱形的七彩光谱，这就是彩虹。大家现在了解了彩虹是怎么形成的，解除了心中的疑惑，现在就抓紧时间和彩虹、瀑布留影合照吧。在这里给大家 10 分钟时间拍照，10 分钟之后我们在这里集合，前往猴河峡谷。

猴河峡谷秀水区

猴河峡谷发源于大别山主峰白马尖、天河尖，谷深 500 多米，峡谷幽深，水质清澈，潭潭相连，可与九寨沟相媲美。沿着曲径通幽的林荫步道往里走，大家可见到怪石嶙峋，似巨鳄，像蛟龙，如卧虎，令人赞叹大自然的鬼斧神工。

好，我们现在就到达了卧虎潭，大家看到前面是"鹰窝崖"，因崖壁倒悬具有天然避雨功能，山鹰在此安窝，鹰窝崖因此得名。游客朋友们，爬过这几个台阶，我们就可以抵达猴河峡谷的中心点了，大家可以看一下这边有一个水电站，水电站旁边那个大坝，叫猴河大坝，坝高 20 米，库容量 15 万立方米，来水面积 60 平方公里。大家再抬头往右上方看，有没有看到一个栈道，这就是我们景区的高空栈道体验区。我们看到的也只是栈道的一小半。大家知道吗，栈道的上面属于六安市霍山县，栈道的下面属于安庆市岳西县。栈道就是一个分界线。我们黄尾镇就位于霍山县与岳西县的交界处，横跨在两大县城中间。眼前这个栈道高 250 米，长 300 多米，宽 2 米，台阶 2770 多级，步步向上，非常陡峭。很多体验过的游客说，爬上我们的高空栈道，会有一种"会当凌绝顶，一览众山小"的感觉，这样才算征服了整个彩虹瀑布。站在栈道上，整个猴河峡谷的风光尽收眼底，非常壮观！这么一说，各位是不是都跃跃欲试，想去挑战高空栈道啊？等我们眼前的游程结束，有兴趣、不恐高的朋友可以去体验体验。

好了，我们再走两分钟就可以到达峡谷中心，里面是我们攀岩、滑索的基地。

我们到这边的小木屋来休息一下吧，坐下来慢慢看，这里面的空气非常清新，大家可以多做深呼吸！大家看，在我们的对面有一个崖壁，这个崖壁高 43 米，宽 5 米多，这个就是我们的攀岩基地，爱好运动的朋友可以自费上去挑战。在我们的头顶上有两道钢丝道，这个钢丝道就是滑索，这个是刺激性项目，追求刺激的朋友也可以上去挑战自己。我们在这休息 20 分钟，休息好了，从那边的峡谷浮桥返程。

来，游客朋友们请带好你们的随身物品，我们继续往前走，大家过这个浮桥的时候小心一点，限载人数 10 个，不要摇晃，步子放稳，慢慢通过。我们过了这个浮桥就已经是走返程的路线了，大家可以看一下，对面有一个山洞，等一下

禅修圣境　好戏安庆
——安庆旅游景点导游词

攀岩区

我们穿过那个山洞就回到了彩虹瀑布。大家请看，在我们的左边有一个大潭子，由此往上数一共有 5 个，叫五连潭。这几个潭子都是天然形成的，碧绿色的水看起来像是一块块翡翠，漂亮极了。

再往前面走，就是彩虹仙翁。大家请看对面，从侧面看是不是像一个仙风道骨的老翁的脸？它有光滑的额头，长长的胡须，五官那一块，有两只眼睛在笑眯眯地看着我们，嘴角往上扬，就像一个慈祥的老爷爷，它就是彩虹仙翁。这一块石头也是天然形成的，下雨天的水流冲刷出它的面部，就像刀刻出来的一般，栩栩如生，不禁让人感叹大自然的鬼斧神工啊！

走过五连潭桥，沿台阶往上，五分钟路程，前面有个彩虹隧洞。这个隧洞是人工开凿的，前后共花费了大半年的人力和物力。隧洞全长 202 米，走到洞口大家有没有感觉到一股凉风迎面吹过来，使人神清气爽？越往里走，越发感到凉快；而每到冬天，这里面却非常暖和。在我们两边有很多彩虹瀑布景区图片，大家可以边走边欣赏。出了洞口，大家有没有听到巨大的水流声？是的，我们又回到了瀑布边，不过是瀑布的另一边。这边有一个高高的观景台，大家可以上去看看，从高处看瀑布，又是不一样的感受。

好了，游客朋友们，今天的彩虹瀑布行程已经结束了，感谢大家这一路上的合作与支持，服务不周到的地方请大家多多包涵！希望大家下次再光临我们的景区或者岳西时，能有缘再次为大家服务！最后，祝愿大家身体健康，万事如意，看到彩虹，心想事成，谢谢！

（责任编辑：何刘杰）

十六、妙 道 山

景区简介

　　妙道山国家森林公园位于大别山腹地岳西县五河镇境内，是佛教禅宗临济祖师的寓修地，因临济祖师传道诵经精妙绝伦，被时人称为"妙光善道"，山因此而得名"妙道山"，2014 年荣膺国家 4A 级旅游景区。妙道山景区包括"中华一绝"紫柳园、"千年佛踪"祖师峰、"大别山上小黄山"聚云峰等五大核心景区，集高山、湿地、峡谷、森林四种大别山典型地貌于一体；集原生态休闲文化、民

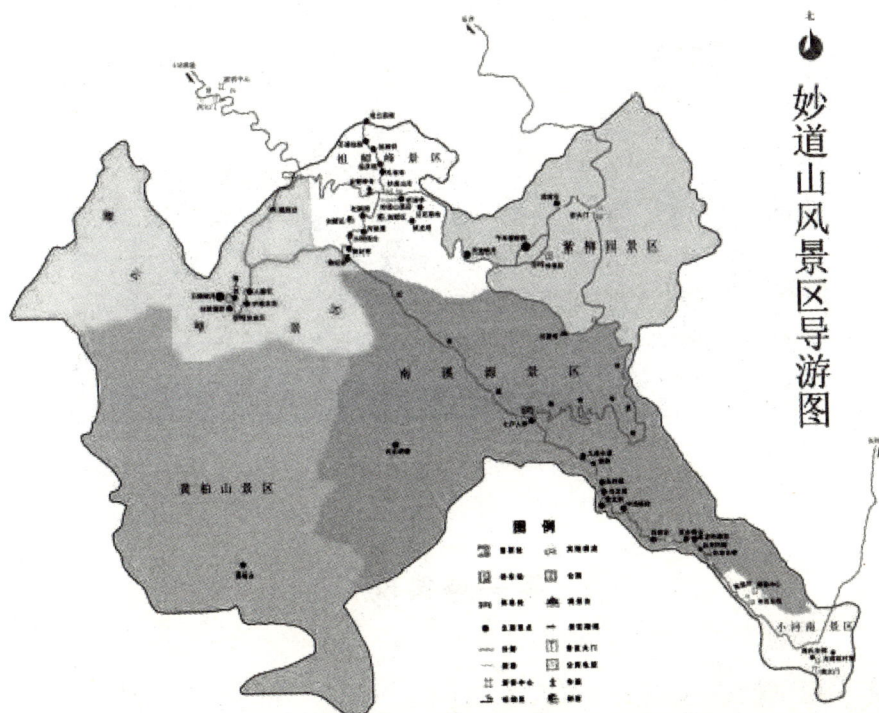

妙道山风景区导览图

俗文化、禅宗文化、红色文化四大大别山旅游体验于一身。"大山深处有妙道，一日看尽大别山"。妙道山既是一座天然氧吧，又是一处美丽神奇的花园；既是观光度假的胜地，又是休闲避暑的天堂。

亲爱的游客朋友们：

大家好！欢迎大家来到天然氧吧、避暑胜地妙道山风景区旅游观光！

妙道山风景区位于岳西县西南部五河镇境内，因相传佛教临济祖师卓锡于此弘扬佛法，被赞誉为"妙光善道"而得名。景区总面积45平方公里，其中核心景区面积4.7平方公里，森林覆盖率98%，1992年被批准为国家森林公园，2014年被评为国家4A级旅游景区。妙道山风景区属典型的中山地貌，山势呈双狮环抱之形，主峰聚云峰，海拔1465米，是岳西县69座千米以上的高山之一。妙道山风景区分为聚云峰、祖师峰、紫柳园、南溪园、小河南五大景区，现已开发景点110多处。其自然景观集雄、险、奇、秀于一体，汇林、瀑、峡、洞为一处。

妙道山风景区一角

聚云峰景区

我们现在来到了妙道山主景区之一的聚云峰景区，位于妙道山西面，其主峰聚云峰，海拔1460米，为妙道山标志性景观，以峰险、岩危、林茂、松奇著称，步移景异，美轮美奂。景区内有玉兔望月、石刻残雪、鸣琴、盘龙洞、妙笔生花、石狮啸月、纱帽石、孔雀开屏、结义松、七贤松、天生石佛、拜佛台等主要景点，大家可以边走边欣赏哦。

沿着平缓的步道前行一公里，就到了主峰脚下。"石狮啸月"近在眼前，昂扬的头颅，矫健的前肢，威武的背脊，在月明之夜，犹如一头硕大的雄狮，伏地昂头，对月咆哮！对这一壮景，清末诗人王筱轩有诗赞曰："石牛有迹亦堪奇，况更形声肖狻猊。风过月明三五夜，时惊老衲误披衣。"

现在我们经过的景点是"妙笔生花"，一石一松，位于峭壁间。松在石上，石似砚台，松如狼毫，仿佛哪位高人以天为纸，以溪为墨，才情绵绵不绝。古松名叫"妙笔生花"，相传乃一代才女香妃的传世之笔。左边堆叠而起的几块方石，即"香妃印台"。再往前走，有块大石头，叫"纱帽石"，长约 10 米，宽高均约 8 米，极像古装戏中上大夫所戴的乌纱帽。相传从明朝永乐年间（1403—1425）开始，历朝历代，都有达官贵人骑着马，坐着轿，专程前来焚香朝拜，以求加官晋爵，据说有求必应呢。从这顺着台阶，可以到达天门台，沿路步移景换，美不胜收。三棵古松，位于四周峭壁如削、断崖千尺的天门台。其一敦实而剽悍，像虎目圆睁的张飞；其二伟岸而雄强，像美髯飘拂的关云长；其三雍容而华贵，颇有帝王气象，像是刘备。三兄弟根须相连，枝丫相挽，手足情深，故称"结义松"。

妙道山自天门台、"结义松"上行 50 米，就到了拜佛台，这是游人能够登上的最高点，海拔 1460 米。站在这里，险峻的正顶已近在咫尺，仿佛触手可及，却又险不可攀，至今还无人登临。向前看去，那就是"天生石佛"，你看他天庭饱满，双眼微合，鼻梁中挺，还有那丰盈的下巴和灵秀的颈项，一副慈眉善目的富态之相。雨后初晴，偶尔会出现一道七彩虹，笼罩在大佛的头顶上，那就是神奇的佛光，是石佛显圣的吉祥征兆。过去，不论什么人，只要看到佛光，便要立刻下拜，因为看到它极不容易，所谓有缘者方可一见，"拜佛台"亦由此而来。我们在拜佛台上举目四望，东南方的天柱山、西向的司空山、北面的明堂山，还有大大小小的峰峦丘壑，都尽收眼底，豪迈之情油然而生。

祖师峰景区

游客朋友们，我们现在来到了祖师峰景区。祖师峰为妙道山第二高峰，海拔 1432 米。常言道："天下名山僧开拓"，妙道山亦不例外。晚唐有一高僧，法号义玄，来妙道山结庐修行，传道讲经，时人尊为临济祖师，而其开创的佛教禅宗南宗南岳系临济教派，至今仍宗风不衰，远传海外。而后人为纪念这位开山鼻祖，将背后这座山峰取名为"祖师尖"，将他在半山中参禅打坐的石室取名为"祖师洞"。祖师峰四周群山簇拥，山中薄雾缭绕，如笼轻纱；山间公路如玉带蜿蜒，潇洒随意地系在山腰间，构成一幅天然秀美的图画。

祖师峰

　　现在大家看到的寺庙叫金璧寺，始建于唐宣宗李忱大中十五年（861 年），距今已 1100 多年。北宋 1023—1056 年间，相传，宋仁宗有个国舅名叫李三，为了躲避宫廷权力之争，来此寓居修道，自号"步三道人"。宋仁宗念及亲情，敕赐禅基建金璧寺，并题额曰："金璧禅林"。当年金璧寺规模宏伟，僧徒数百，属 24 座，名重一时。后经战乱，均已废毁。现仅在原基恢复主寺。寺基东首的山岗，广植松杉，满目葱茏。建于山中的"听涛亭"，是听松涛的好去处。每当山风吹来，满山松树时而沙沙作响，时而呜呜狂啸，仿佛天籁之音，令人心旷神怡，宠辱皆忘，别有一番滋味。由此往前，有座石塔，叫"镇龙塔"。根据古代的风水学说，这条山岗位于金璧寺的左侧，故称为"青龙岗"，为防青龙兴妖作乱，则立塔镇之。塔边有一石棺，名为"飞来玉椁"，长约 1 米，宽、高各一尺许，形象端严，雕工精巧，前面有"卍"字（音"万"，吉祥之义），后有莲花，棺盖刻满云状花纹。从石材的质地看，绝非产自本地，故此就当它是"飞来"的吧！

　　由金璧寺往后，进祖师门，沿着石阶，可以直登祖师尖，沿途将欣赏到孔雀石、临济塔、祖师洞诸景点。临济塔，高 3.5 米，共三层六面，每面都有荷叶图案，并以石雕的荷瓣作为底座。因为荷花"出淤泥而不染"，是圣洁的象征，所以后人造此塔以彰祖师的功德。据《潜山县志》记载，位于半山腰的祖师洞是临济祖师进山时寓居修道之处。洞旁有一眼小井，是祖师取水饮用的地方。井水从细如丝线的岩缝里渗出，本来洁净而透明，润在石壁上，却是一片殷红，像是从石缝滴出点点胭脂一样，所以古人称为"石滴仙脂"，是妙道山一景。

紫柳园景区

　　游客朋友们，我们现在来到的是紫柳园景区。紫柳园景区位于妙道山东部，核心景点为"千年紫柳园"。一棵棵紫柳历经千年风烟，沧桑之中透出古朴雄浑之姿，能令人思接千载，神游八极。紫柳园景区内除紫柳园外还有森林浴场、奇松谷、天池映月及天生石镜等著名景点。奇松谷，是一处上好的观景点。人站在观松台上，可以欣赏到妙道山壮美的森林景观。高大古朴的黄山松，有的错落在丛林之间，有的屹立于绝壁之上，直如旗杆，曲如苍龙，枝如铁骨，冠如华盖，无不让人称羡大自然的造物之功。另外，随着季节更替，妙道山四时之景亦各不相同，可谓是："春来山花烂漫，姹紫嫣红；入夏浓荫蔽日，群山叠翠；秋后层林尽染，五彩斑斓；冬至雪压青松，银装玉挂。"时变景亦变，美不胜收。

紫柳园

　　千年紫柳园是块高山湿地，位于妙道山东部的峻岭茂林中。这里平均海拔1080米，里面生长着1300多株紫柳树，最大树龄已逾千年，因为紫柳园拥有这三个"一千"（即千米湿地上生长着千余株千年紫柳），所以被国内旅游界誉为"中华一绝"，亦是妙道山的精华景点之一。紫柳，在植物分类学上属杨柳科柳属，是一种耐湿生的落叶乔木。作为珍稀的"生物活化石"资源，紫柳具有独特的科研价值，每年都吸引着众多的科技工作者前来参观考察。千年紫柳，聚天地之灵气，阅世事之沧桑，大多生得曲折盘桓、老态龙钟、古朴雄浑，每一棵都

215

是一个天然的盆景，而整个紫柳林，就是一个天造地设的大盆景园。"太白醉酒""四世同堂""柳园晴雪"，株株不同，让人置身其中，百看不厌。紫柳园中，最精彩的景观名"柳园晴雪"。每年五六月间，千余株紫柳次第开花，柳絮漫天飞舞，茫茫一片，犹如六月飞雪，银装素裹，异常壮观。

小河南景区

小河南景区位于妙道山南麓，五河镇双河村境内，也是妙道山南溪源景区的入口处。双河村小地名"小河南"，河流纵横，水量充沛，山峦秀美，从明清到民国，古建筑文物甚多，现为岳西县乃至皖西南颇有名气的"古建筑文化自然村落"，还是有"戏曲活化石"之称的"岳西高腔"的发祥地。

小河南景区内，保存有六行堂（"蒋氏支祠""小河南会议旧址"）、凹上老屋、李冲下屋、水口亭、河东花屋、王二房屋、蒋屋、乾隆禁碑等大量的明清时期古建筑，以及崇祯四子永王慈照墓、猪栏寨、国盛公祠堂等景点。下面我们要去的古建筑六行堂，即"蒋氏支祠"，是很有研究价值的乡土传统建筑，也是一处著名的红色景点，现为县级文物保护单位。它建于道光元年（1821 年），坐西南朝东北，有房屋 75 间，占地面积 1172 平方米，平面为一轴三进带左右跨院的四合院形式，整体建筑呈"凸"字形布局，硬山顶，马头墙，小青瓦，清水墙，抬梁式屋架，三合土地面。六行堂气势宏伟，建筑结构精巧典雅，内有古戏楼，雕梁画栋，古气氤氲。据传，祠堂内原藏有 8 幅长 2 米、宽 1.5 米的山水人物画像，均系"江南第一才子"唐伯虎真迹，可惜已经遗失。遥想当年，威震鄂豫皖边区的中国工农红军第二十八军政治委员、为坚持鄂豫皖边区的革命斗争立下赫赫战功的高敬亭将军，曾多次在此主持召开重要会议，红军将士们多次在此商议军情、休整抗敌。

在六行堂（"蒋氏支祠"）内有一处红色景点小河南会议旧址。因该祠堂属于河南村，所以将红二十八军在此召开的一次重要会议称"小河南会议"。1936年 10 月，中共皖鄂边特委书记何耀榜在此召开了潜山、桐城、舒城、岳西等 10县的县委和工委会议，宣布奉命成立中共皖鄂边特委，布置筹集粮款、建立根据地、扩大武装、成立岳霍工委等 5 项任务。

不知不觉我们到了古民居凹上老屋，它坐西朝东，始建于清代早期，门前有"文官下轿、武官下马"字样的旗杆石。一进大门呈八字形，门头上悬匾额一块，中厅面阔 3 间，七架抬梁式结构，悬匾"淳厚遗乡"，落款"康熙二十六年"，后进神堂悬（神龛）匾"仁寿流芳"，落款"康熙三十年"，神龛左侧有菩萨像。这座建筑大门形式独特，十分少有，内部保存较好，古匾尚存数块，具有一定的研究价值。

古民居李冲下屋建于清代，坐东朝西，分为两处：上堂屋一进门厅，二进中厅，后进堂屋隔扇完好，中厅后檐和后厅前檐各有弄道直通两边，简约实用，便于居住。下堂屋三进两披屋，前厅大门缩进，二道门有横杠抵门；二进照壁上书"居易以俟"四字，古朴有力；三进为板壁结构，每边 7 根木柱，后为神龛。一进后檐和三进前檐各有巷道直通两边，独立成户结构，小巧玲珑，便于居住；又与中间主体相连，构成既相连又独立成一体的格局，十分实用。2009 年中央电视台摄制组曾在此摄制大型纪录片《黄梅戏》。因其保存较好，具有有一定的历史、文物价值，2007 年被公布为县级重点文物保护单位。

大家往前看，那座古亭名叫"水口亭"，建于清光绪二十四年（1898 年），四方八柱，石柱接木柱，歇山式顶，亭高 4.1 米，边长 4.3 米，建筑面积 20 平方米。亭为八卦顶，内供菩萨像，既是本地居民重要的宗教活动场所之一，又是一座集路亭和景观亭双重功用的亭子，还属于截水聚财的风水文化建筑，极具岳西地域特征。

古民居河东花屋坐南朝北，三进两天井，一进门厅，二进中厅面阔三间，二进七架梁，两侧隔扇保存完好，三进一间，三进及二进前檐有门通两侧，整个建筑中间主体部分凹进，两侧房屋向前凸出，但改建严重。整个建筑保存完整，内部隔扇梁架别具一格。

古民居王二房屋坐西北朝东南，始建于清代，一主一副两道大门位于老屋的两侧，中间紧靠池塘，因风水因素而改变了大门的位置。房屋面阔八间，从左右大门进，走过一段回廊，前厅门朝后，中厅面阔三间，五架抬梁式，有二门、石头杠栓，后进为堂屋，中厅前后两侧，各有一道门通向两边，整个天井在中厅外围成一圈，呈"回"字形结构。整个建筑前后三进，方便实用，适宜居住。

古民居蒋屋坐东北朝西南，始建于清代，一进门厅，左右各一间，二进中厅面阔三间，七架梁，中门板壁完好，门厅后檐圆弧门通两侧，三进三间均有天井相连，现两头已改建。

现在我们要观赏的是乾隆禁碑。乾隆禁碑立于清乾隆四十七年（1782 年）。碑为青石质地，高 1.3 米，宽 0.7 米，完整无损。碑文计 482 字，楷书阴刻，现已模糊不清，内容大致意思为：禁止乱砍滥伐，禁止擅自宰杀耕牛，粮食公平买卖，禁赌、禁盗等，近似现在的乡规民约。

国盛公祠堂是一处红色景点，大家看马头墙上布满了机枪弹洞。1947 年农历除夕之夜，刘邓大军一支小分队 20 余人因坚持赔偿农民王刘氏一口小锅，推让间延误了时间，被国民党军包围，机枪封锁住各路口。王刘氏与女儿小转为掩护解放军突围，一死一伤。当地村民以国民党军无故打死百姓为理由，前来抗议，乘乱将8名战士成功转移，藏在旁边老屋的稻仓内，其余全部壮烈牺牲。

南溪源景区

南溪源是妙道山最大的一个景区，以"大别山大峡谷"为核心，全长约10公里，山环水绕，流泉飞瀑，俨然一幅不间断的泼墨山水长卷，因而又享有"十里画廊"的美誉。南溪源共分上、中、下三段，目前开发的是上段，从妙道山庄至香妃池，长约1公里。大峡谷主要由奇石景区、飞龙瀑景区、青龙洞景区这3个分景区和20多个景点组成。兼"奇、峻、险、清、幽、秀"于一身，集"石、峰、林、瀑、溪、潭、桥"于一体。

在这幽幽的林间小径上，首先映入我们眼帘的是号称"妙灵云秀，径幽兰香"的兰花基地。兰花是中国传统名花，香气袭人，高洁清雅，被喻为花中君子。

现在大家看到的是杜鹃园，那漫山遍野的杜鹃让人仿佛置身于世外桃源，我们不妨一起进去陶醉一番！

青龙洞

一口气下完170级台阶，我们来到了这片绿荫掩映的地方。大家请看，这就是南溪园的第一道水景"泻银瀑"，这是南溪源的第一道水景，落差约30米，银白色的山泉从高处倾泻而下，散成轻绡，飘飘洒洒，直入深潭，出口处则是绿树掩映，花草丛生，把整个瀑布映衬得格外亮丽而又鲜活。水榭楼台瀑，亦称"九曲飞翠瀑", 落差 100 余米, "九曲飞翠", 水流层层跌落, 时而交汇, 时而分开, 丝丝相扣, 曲折多姿, 飞溅的无数小水珠, 更是沾衣不湿, 润物无声, 恰如晴空细雨, 煞是有趣。"川心瀑", 流水从岩顶泻下, 突然分流成三挂白练, 形成了一个巨大的"川"字, 因而得名。

由川心瀑顺流而下, 在不知不觉中, 我们已经进入了香妃谷。相传宋仁宗的四太子厌倦了宫廷的权力纷争, 决心归隐山林, 于是和才女香妃一起来此山谷隐居, 因此山谷得名香妃谷。香妃谷是植物的天堂, 物种极为丰富, 拥有国家级保护植物几十种。这种红梗绿叶的高大乔木名叫香果树, 是国家二级保护植物, 如此成片地集中生长, 实属罕见。

顺台阶而下, 走上这座铁桥, 我们已经屹立在古亭瀑布的源头之上。从这往下看, 流水从岩顶泻出, 飞流直下, 气势磅礴。古亭瀑布因为瀑布出口处有一古亭而得名。而这座古亭也因为其极佳的观赏位置被称为"观瀑亭"。相传四太子和香妃在此隐居之时, 时常前来观赏瀑布, 吟诗作画, 所以此亭又被称为"香妃亭"。不同的观赏角度有不同的韵味, 下面我们就一起下到香妃亭去体会另一种美妙境界吧!

南溪源的中段和下段, 多为深潭瀑布, 人称"九瀑十三潭", 较为著名的有玉杯潭、震音潭、飞龙瀑、日月瀑等。

好了, 今天的妙道山之旅已经结束了, 感谢大家这一路上的合作与支持, 服务不周到的地方请大家多多包涵。妙道山妙不可言! 希望大家再次光临我们景区, 如果有缘, 我会很乐意再次为大家服务! 最后, 祝愿大家身体健康, 万事如意, 谢谢!

(责任编辑: 何刘杰)

十七、明 堂 山

景区简介

　　明堂山位于大别山腹地安徽省岳西县西南部河图镇境内，国家4A级旅游景区，总面积50平方公里，主峰海拔1563米，与潜山天柱山遥相呼应。明堂山距岳西县城40公里，毗邻济（南）广（州）高速公路和岳（西）武（汉）高速

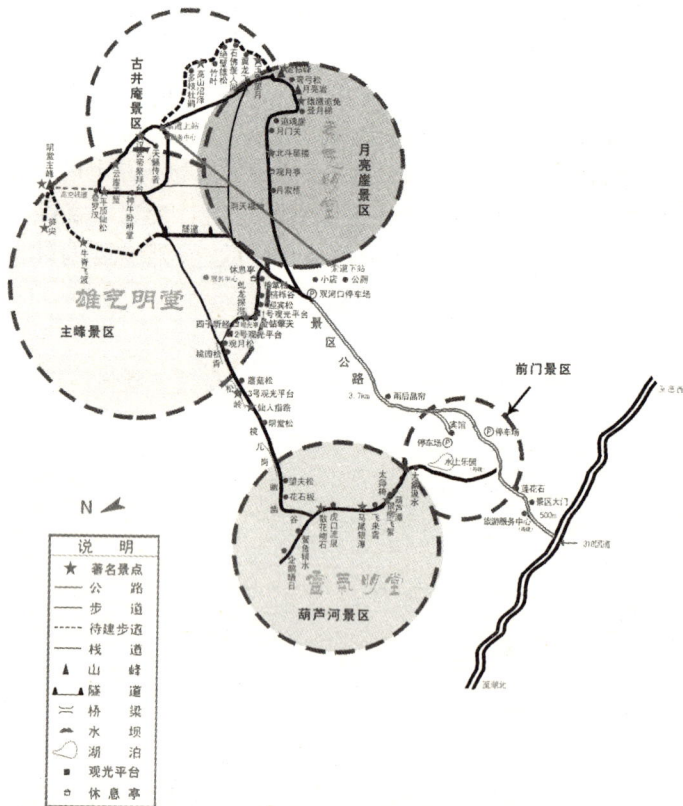

明堂山风景区导览图

公路，紧傍 318 国道，交通十分便利。"明堂山"因相传汉武帝封禅古南岳天柱山时，曾设祭拜之"明堂"于此山而得名。民间因其隽秀婀娜的山形与天柱山的雄伟挺拔相呼应，且同属皖地、仅隔百里，有"两山竞长，相约为偶"之说，故又称天柱山为"公皖山"，明堂山为"母皖山"。又因其主峰石壁上有一天然雄鸡图案，且由北望之群峰形若鸡冠，故又名"鸡公山"。景区共分为明堂主峰雄奇区、青松岭奇松区、葫芦河峡谷区、月亮秀崖区、古井庵寻幽探险区等五大景区。

亲爱的游客朋友们：

大家好！巍巍大别山，隽秀明堂山，欢迎大家来到国家 4A 级旅游景区明堂山风景区旅游观光！

明堂山位于大别山腹地安徽省岳西县西南部河图镇境内，为国家 AAAA 级旅游景区，总面积 50 平方公里，主峰海拔 1563 米，因相传汉武帝封禅古南岳天柱山时，曾设祭拜之"明堂"于此山而得名。民间因其隽秀婀娜的山形与天柱山的雄伟挺拔相呼应，且同属皖地、仅隔百里，有"两山竞长，相约为偶"之说，故又称天柱山为"公皖山"，明堂山为"母皖山"。又因其主峰石壁上有一天然雄鸡图案，且由北望之群峰形若鸡冠，故又名"鸡公山"。景区共分为明堂主峰雄奇区、青松岭奇松区、葫芦河峡谷区、月亮秀崖区、古井庵寻幽探险区等五大景区。"一滴水，两边排，半入长江半入淮"。明堂山地处江淮分水岭，吴头楚尾之地，是皖山之母，皖水之源，是大别山的缩影。明堂山自大别山入皖境，突起三峰，锐插霄汉，奇秀无比。主要特点可用"三佳四绝五传奇，六台七彩八珍稀"两句话概括。

明堂山主峰

主 峰 景 区

各位游客，大家好！我们现在来到了明堂山主峰景区。主峰景区是明堂山核心景区之一，是"雄气明堂"的精华所在，地势最高，奇松最多，山势最奇特，景色最雄奇。主峰景区有 1000 米以上高峰 10 座，其中主峰由三座山峰组成，右边是明堂天子峰，中间是神女峰，左边是圣母峰。明堂天子峰海拔 1563 米，因汉武帝封禅古南岳，设祭祀明堂于此山而得名。"明堂出天子，天子坐明堂"，家喻户晓。据古太湖县志记载，明堂山为大别山群山之冠，是大别山的缩影，"三峰锐插霄汉，奇秀无比。"大家知道吗，主峰景区是新开发的景区，还有很多新名堂等待大家发现，也还有很多新景点等待大家命名呢！

索道上站　各位游客，我们现在已经出了索道上站，马上就可以进入主峰景区。到主峰景区有两种走法：一种是沿大理石台阶上主峰，有 188 步，这种走法叫步步高升；另一种是沿着左边稍微平坦的线路走，这种走法叫悠闲自得。

天子松台　这是从索道上站到汉武帝祭拜台的第一个观景台。看奇松，到主峰。旁边这棵参天的大松树，名叫天子松，树高 20 米，树围 2 米，树龄 300 年以上，它象征着汉武大帝。汉武帝是中国历史上文治武功都非常出色的皇帝，多次出兵匈奴，为中国北部边疆的安全和稳定做出了重大贡献。拇指峰台是到祭拜台的第二个观景台。传说汉武帝和大诗人李白都在此赋诗，又名赋诗台。在这个观景台上看对面的主峰像大拇指一样。竖大拇指的手势，世界公认是表示好、高、妙、一切顺利、非常出色等类的信息，同时称赞别人很棒、很厉害，对别人表示赞许。大家看这个拇指峰，雄伟不雄伟啊。

群仙会松　这里古木参天，奇松云集，生长百年以上的古松有数十棵，一棵棵苍劲挺拔，郁郁葱葱，就像群仙集会一样，故名群仙会松。大家先看群仙会松，等一会上面还有仙人伞、长须鹿松更奇特呢！

登峰台　这是距祭拜台最近的观景台。登上此台，就可以上祭拜台朝觐汉武帝，可观赏明堂主峰无限风光，可谓"登峰造极，好运齐来"，达到人生的辉煌顶点。同时，大家不要忘记，前面的石阶旁，还有两棵都枝杜鹃，它开的花，色彩缤纷，馨香四溢。花瓣可不像映山红，而有碗口那么大呢。

祭拜台　这是汉武帝祭拜台。公元前 106 年，汉武帝刘彻南巡封禅古南岳——公皖山天柱山，设祭拜之明堂于母皖山明堂山，明堂山因此得名。明堂山因汉武帝设"明堂"名扬天下，主峰被称为"明堂天子峰"。后人在主峰东侧云崖天堑设台纪念汉武帝，称为"汉武帝祭拜台"。在祭拜台上还可以欣赏旭日东升、晚霞夕照、云海飘移、天籁传音等自然景观。

回音台　回音台凌空而筑，对面是明堂天子峰万丈悬崖，前面有牛脊飞渡幽深峡谷，一声呼喊，遍山回音，令人震撼不已。这里经常云铺幽谷，雾掩危崖，一片云天浪海。云雾时涨时消，山峦时隐时现，宛若蓬莱仙境。

回音台

太子峰　太子峰位于天子峰前侧，海拔 1400 米，略低于天子峰（海拔 1563 米）。大家知道，太子是天子特别选中的，对天子要特别忠诚。你看，太子峰也是天子峰的忠诚卫士，是天子峰的天然护卫屏障。

金刚石　这一对金刚石位于天子峰前排，为天子峰的守护神。你看它们千万年来忠于职守，尽职尽责，守护着明堂天子。

云崖驿站　大家走累了吗，现在就到云崖驿站了。往北是东河冲景区；那里不仅森林茂密，珍稀树种繁多，而且还有玉兔望月、腰么石等奇石。往南到观光栈道，您可以欣赏主峰的险峻和雄奇。云崖天堑是明堂山十二大精华景点之一。明堂山主峰东侧有断崖，宽约五尺，深不可测，两边有平台，相传原有桥名"神功虎胆桥"。

神牛卧明堂　大家看这个石洞像什么呢？那位游客说像牛鼻子，是的，确实像。传说太上老君骑青牛经过明堂山，青牛看到明堂山风景太美丽，不愿离开，便挣脱了太上老君手中的绳索，藏在此地。

拜相台　拜相台又名凌空台，前面三面悬空，在此左看青松岭，右看天子峰。大家知道吗？清朝初期，荆王朱常揣在明堂山聚兵反清，时有"河图府，虎场县，东河冲金銮殿，屯兵养马踞岚川"之说。荆王朱常揣曾在此登台拜相，并题诗："抬头见青天，明尖在眼前。朱砂悬半壁，古松万万年。"

大鲵攀壁　大家在观光栈道上，可以看到对面的三座山峰，最高的叫明堂天子峰，中间的叫神女峰，下边的叫圣母峰。天子峰下面有块奇石，就像河里的娃娃鱼（学名大鲵）一样，故名大鲵攀壁。传说是河里的大鲵听说攀上主峰就能上天成仙，就沿着主峰石壁往上爬。天公知道后，怕大鲵上天成仙后河中其他鱼类都要上天成仙，天宫实在太拥挤了，就阻止了大鲵攀爬，大鲵就变成了这块奇石。

高空玻璃栈道　明堂山高空栈道由绝壁栈道、玻璃栈道、玻璃屋、玻璃眺望台及玻璃桥构成，总长 1300 米，宽 1.5 米至 2 米，落差达 400 米。栈道沿崖壁修建，环绕主峰景区（天子峰、神女峰、圣母峰）一周，形成"四面春景"的独特风光。

玻璃栈道长 130 米，玻璃屋长 60 米，眺望台为 U 形，外围直径为 5.4 米，位于神女峰，为高空环线的中段。玻璃桥长 200 米，位于神女峰和圣母峰之间，成为安徽省首家高空玻璃栈道。

龙凤松　这棵松树前面主枝像龙，后面主干像凤，故名龙凤松。游客从索道上站来到这里，叫进龙门，马上可以观赏主峰景区精华景点的无限风光；从祭拜台经过这里叫出龙门，立即能饱览金钟峰与月亮岩的神奇景象。

百米长廊　这是百米长廊，在此看对面月亮岩有两弯新月，人们说一弯是天空中的月亮，一弯是水中的月亮。而水中的月亮正好是从天空中倒映下来的，变成了两弯新月。

骆驼峰台　这个观景台旁边的古松顶部像白玉冠一样，故名玉冠松。从台上看前面的山峰，高低错落，蜿蜒起伏，像奔跑的骆驼一样。特别是深秋，满山植物变成黄色，就像骆驼身上长满了黄毛，此台故名骆驼峰台。

母皖松　明堂山又名"母皖山"，它不仅与天柱山"相约为偶，互相竞长"，而且是皖水的发源地。母皖山上这棵参天古松，终年经受风吹雨打，雪压冰摧，雷鞭电击，仍然刚劲挺拔，郁郁葱葱，故名"母皖松"。

青松岭景区

大家都知道，我们的景区叫"明堂山风景区"，前面我介绍了其名字的由来，可您知道关于"明堂山"的来历还有另一种说法吗？前面说的是与汉武帝有关，另外一种说法就是和诗仙李白有关了。相传大诗人李白于唐至德元年（756 年）避难出江西九江经司空山进明堂山结庐而居，他遍游山光水色，称此山"大有名堂"，后因谐音称此山为"明堂山"。

合家欢松 大家看这棵树一干四枝，中间的是一对双胞胎孩子，两旁的是它们的父母，它们相亲相爱，其乐融融，故名合家欢。旁边的这座亭名为合家欢亭。

龙雀台 它是青松岭景区的第一个观景平台。在观景台上可观赏龙爪松、孔雀开屏松、连理松、姊妹松和珍稀古树。大家一路辛苦，请在此稍作休息，请大家一定要注意安全。在这里，我们眺望明堂山美景，欣赏奇松异树。大家请看这棵巨大的古松树，弯曲盘旋，盘根错节，我们叫它"龙爪松"。看这边的松树，一十两枝，似一对相亲相爱的两口子，又像一对孪生兄妹；我们称它为"夫妻松"，又称"连理松"，祝愿天下有情人终成眷属。西边的这棵松像孔雀开屏一样，我们叫它"孔雀开屏松"。

瞭望亭 在此亭可以登高望远，一览众山。当每次清晨或雨过天晴时，这里是茫茫云海。人站在此台，整个青松岭景区的秀色美景和大小群山尽收眼底。

合家欢松

请看右前方，远处是禅宗圣地"司空山"，正前方的那座山像倒扣的一只面盆，它就是国家级森林公园"妙道山"。

龙凤台 它是青松岭景区的第二个观景平台。观景台左边的山峰叫青龙山，右边的山峰叫丹凤山，台上的三棵松名叫"桃园三结义"，三棵松并肩排列，枝繁叶茂、郁郁葱葱，像三国时期桃园三结义的刘备、关羽、张飞三兄弟一样，朝夕相处、患难与共、永不分离，我们称它为"结义松"。还有称作孙悟空、猪八戒、沙和尚三兄弟，台边两棵松树为唐僧和小龙马。

天子台 它是青松岭景区的第三个观景平台，是青松岭看主峰最好的位置。请大家注意安全，不要多人依靠在护栏上。在这里我们可以以明堂山主峰为背景拍照留念。观景台北面是明堂天子峰、圣母峰和神女峰，旁边有蘑菇松、明堂松、桃园松、仙人指路松。在此登高望远，我们还可以遥望司空山和妙道山的远景。据说主峰原来只有一个山峰，怎么变成了现在的三个山峰呢？相传很久以前，公皖山天柱山与母皖山明堂山本是一对夫妻，两人打赌看谁长得快长得高。按照封建社会的观点，男人可是要比女人长得高大威猛才对，可哪里知道母皖山竟比公皖山长得更快、更高大。此事被守候的天兵天将知晓后，立即告知玉帝。玉帝大怒，亲自前往观察，果然如此，便抽出神鞭连抽三下，喝令母皖山停止生长。从此以后，这主峰便形成三峰，峰之间的三道深谷，就是当年玉帝留下的神鞭鞭痕了。

鲫鱼背　我们现在走过的地方叫"鲫鱼背"，是今天游玩的最惊险的地方。这里路窄，台阶陡峭。有句话叫作"走路不看景，看景不走路"，请大家行走时，一定要手扶护栏，注意安全。现在，我们沿着这条山岗而下，走大约1.5公里就到达明堂山风景区最有名的一条大峡谷——"葫芦河峡谷"，途中要经过"桃儿岗"和"幽幽谷"等景点。

仙人指路　大家看岩边的这棵古松，松枝平展，旁逸横出，名叫"仙人指路"，是风景区最美丽的奇松之一。

桃儿岗　我们现在经过的山岗叫"桃儿岗"，这里生长着大量的野生的猕猴桃、山楂、板栗等，到了秋天，山体一片金黄，美不胜收。

幽幽谷　我们现在已进入了"幽幽谷"，这是一条长达600米的天然峡谷，两岸崖壁陡峭，峡谷中有娃娃鱼、石鸡等野生珍稀动物，大家可以观赏，但不能抓，更不能带走。

花斑石传说　在明堂山还有许多优美动人的传说故事，其中对面高山上的花斑石传说是最动人的。相传在秦朝时期，秦始皇修筑万里长城，召集全国能工巧匠，在我们大别山区也征集了大批的石匠。大家临走时相互约定，每个人在同一块大石头上凿半个方眼，等到返乡时，再将这半个方眼凿完，以示平安回家。我们可以想象，当年在秦始皇的横征暴敛之下，又有多少工匠能够平安回家，花斑石就是历史的见证。

葫芦河景区

各位游客，我们现在到了"葫芦河峡谷"，峡谷全长约2公里，走完峡谷就到了明堂山酒店。这里有大小形态各异的四级瀑布和各种奇形怪状的水潭及各种奇石，大家可以下水嬉戏，但一定要注意安全。

彩虹瀑　现在大家看到的这道瀑布叫"彩虹瀑"，是峡谷中的第四道瀑布，高约25米，也是整个景区最大的一道瀑布，晴天在阳光的照射下，瀑水飞溅，形成五颜六色，似虹非虹，让人眼花缭乱，蔚为壮观。

鳌鱼嬉水和企鹅晒日　下边不远处还有两个景点，有兴趣可去看一下。有一个形似神龟的巨石，长约6米，潜伏在河水中，正伸头喝水，我们叫他"鳌鱼嬉水"；河边岩石旁，一只高约 3 米的企鹅，展开双翅，紧靠石壁，懒洋洋地晒着太阳，叫"企鹅晒日"。

虎口流泉 大家请看，这一长形巨石约 8 米，形似一只老虎威武地伏卧在河边，昂着头，张开血盆大口正喝着清澈的河水。传说这只石虎是后羿的坐骑，当初驮着后羿追嫦娥时，实在太累，最后张嘴喝水时累死在葫芦河边，形成现在的河水从老虎嘴里流出，后人称此为"虎口流泉"。

马尾银瀑 这是景区的第三道瀑布，叫"马尾银瀑"，高约 20 余米，宽 3 米，终年飞瀑，瀑布自悬崖由下而上扇形展开，顶端呈勺形，勺口被大石所扼，一弯清流冲出勺口直泻而下，半空中抖开万缕银丝，形似马尾，蔚为壮观。大家请过来，站在瀑布下面，仰视感觉是天上飘来的雪花，洒在脸上、身上，仿佛有一种彻底洗去烦恼、疲劳之快感。传说李白郁闷时，到此散心并赋诗一首："闲游载酒一凭临，遥观流泉心触深，幸有暑雪沾衣襟，天下何处不甘霖。"

九叠瀑 葫芦河的第二道瀑布，位于葫芦潭下，高 14 米，宽 3 米。石岩呈殷红色，略微倾斜，石面参差不齐，水泻其上，折成九叠而流，似有九层，蔚为壮观，故名九叠瀑。朋友，您不妨数一数，它是不是九叠呢？

葫芦瀑 这是景区的第一道瀑布，名叫"葫芦瀑"，因其状似柳枝丝条，又兼天之银色，故又名"银柳飞絮"。瀑布高约 15 米，上部呈中圆弧窝状，水流到此密而急，前端岩壁直立狭窄，使直泻的水流直击底部的岩石，长年累月，随着四季的变换和水流的大小，就形成今日的前后一大一小、深浅不等的水潭。从上面看，水潭犹如一双明亮水汪汪的眼睛；从下面看，似一只葫芦平放在瀑布下口，正在盛装琼浆玉液。相传大诗人李白在此休息时，由于疲劳，不慎将装着美酒的葫芦碰倒，情急之下，准备拾起时，葫芦不见了，就形成了今日的葫芦瀑布。有诗为证："只见葫芦不见仙，林间日夜送潺源，飞流何必三千尺，次第欣看七叠泉。"葫芦瀑、葫芦河也因此得名。

各位游客朋友，前面快到了你们下榻的酒店，但愿大家一路上所看到，听到的明堂山的美丽景色和神奇的传说，能给你们留下美好的回忆，欢迎你们再来明堂山风景区。

月亮秀崖区

月亮秀崖区位于主峰景区的东面，景区环线全长约 3.5 公里，可以从索道上站乘索道返回。月亮岩景区因其间的高大崖壁上有一块岩石脱落形成的月牙状崖体而得名。月亮岩景区以山势险秀、生物群落原始而著称，其间散布着大量形态各异的石笋，尤以金钟峰、北斗星楼、鹰嘴噙月、月老峰等最为有名。整个景区松、石、崖浑然一体，奇特异常，各种植物繁多，色彩绚丽，并流传着嫦娥奔月的美丽传说。

月亮崖相传是嫦娥升天之地，下面就让我们沿着嫦娥奔月时走过的道路去探寻景区的险秀风光和仙人留下的踪迹。

河边休息平台　大家感觉有点累了吧，在这里稍做停留小憩一会吧。大家看前面这座雄伟的山峰，就是刚才在双河口停车场看见的"金钟峰"，从这个角度看是不是更像一口倒挂的金钟呢？"金钟峰"下的峡谷里有一个隘口，地势非常险要，当地老百姓曾称之为"鬼门关"，相传嫦娥奔月时曾走错路到达那里，被小鬼抓住关入"阎王府"，后被后羿到山间打猎时救起，一直送往嫦娥登月时的嫦娥妆台。

月索桥　大家现在看见的这座索桥是景区开发后重新修建的，相传后羿保护嫦娥奔月，途中到达此地，被沟壑截断去路，于是便用山上的常青藤编织了一条藤索桥并护送嫦娥过桥，此桥因而称为"月索桥"。

北斗星楼　过了月索桥之后，沿途耸立着各种小石柱。大家看到的这些小石柱是不是就像天然生长的小石笋，从高处俯瞰，这些石笋横空相隔五丈左右，一个比一个高，像登月宫时须走凌空仙桥而歇脚的仙楼，排列犹如七星北斗，所以称为"北斗星楼"。据传这些小石笋都是嫦娥登月时的歇脚所在地呢！

北斗仙翁　大家请站稳，回头看下面的这个小石笋，是不是像一个歪

月索桥

头嬉笑的白胡子老头，相传后羿保护嫦娥奔月过程中，一直是北斗仙翁在暗中帮助才成功的，这个酷似老人的小石笋就是当时仙翁的化身呢，所以古人又叫此石笋为"北斗仙翁"。

百图台　这是到月亮岩景区的第四个观景台。这里可以看到月亮岩下的石岩岩体上有很多奇形怪状的图案：神仙脚、孟姜女、牛头、马蹄、神兔、鲸鱼、猪八戒、老鼠偷油、印第安人、双手握单手等等。传说看到50个图案就能当知县，

看到 100 个图案就能当知府。

嫦娥妆台 大家现在到达的这个平台叫"嫦娥妆台",相传是嫦娥登月时最后化妆的所在地,平台外边是悬崖峭壁,下面沟壑纵横,峡谷幽深。

雏鹰献瑞 大家看月亮崖的下方,在绿树丛林之中,一块巨石冲天而起。从侧面看,就像一只雄鹰站在山腰,昂着头、睁着大眼,注视着月亮崖,仿佛看见猎物准备出击一样,栩栩如生。

月亮崖 大家抬头看,对面高大险峻的崖体便是著名的"月亮崖"。那凹进去的岩石是不是就像一个深灰色的月牙悬挂在半空之中。晚上月光照在崖壁上时,据传有人看见那月牙还闪闪发光呢?后人曾写诗赞道:"蟾宫烟霞摇光影,北斗星楼拥树荫,玉兔嫦娥今何在,岁月招来四海宾。"

登月梯与月门关 大家看前面的这块岩石直立陡峭,岩石外边沟壑幽深,要想上月亮崖就必须从岩体之中的这条缝隙中爬行而上,远望去有"一夫当关,万夫莫开"的气势吧!岩石上青松耸立,缝隙中石级路蜿蜒而上,险峻异常,直伸云端,构成一道天然的屏障。据传嫦娥在后羿护送下便是在此登到月亮上去的,所以人们把此地称为"月门关",把登山的石阶称为"登月梯"。

弯弓松 大家抬头看,眼前的这棵松树生长在岩缝之中,突兀而起,傲然挺立,形似一张弯弓,正对着月亮崖。据说这就是后羿护送嫦娥登月射杀捕捉玉兔的那只雄鹰时用的弓。嫦娥登上月亮后,后羿怅然若失,随手将弓抛落悬崖。不期此弓就演变成了这棵松树,所以人们就称之为"弯弓松"。

各位游客朋友,今天的行程到此就全部结束了,但愿大家一路上所看到、所听到的关于明堂山的美丽景色和神奇的传说,能留下美好的回忆,解说之中如有什么不妥之处,还请大家批评指正。欢迎各位再来明堂山风景区!

（责任编辑：何刘杰）

十八、天　　峡

景区简介

天峡风景区地处大别山腹地安徽省岳西县河图镇境内，是国家4A级旅游景区、国家水利风景区。独特的地理、气候条件形成了其特有的自然资源，形成了以"天峡九连环瀑布群"和"高山湿地公园"、原生态的"山水田园"和"峡谷奇观"为代表的"九瀑二园一奇观"的独特景观，素有"华东第一大峡谷"之美誉。天峡不仅是一处集高山、峭壁、峡谷、湿地、湖泊、岛屿、瀑布、洞穴、古庵遗址、珍稀动植物等于一体的生态休闲型景区，它还是一处集旅游观光、休闲娱乐、避暑度假、康体疗养、商务会议等于一体的综合型的生态旅游度假胜地，更是一处远离城市雾霾、脱离世俗烦恼、"洗尘、洗胃、洗肺"的一方净土。

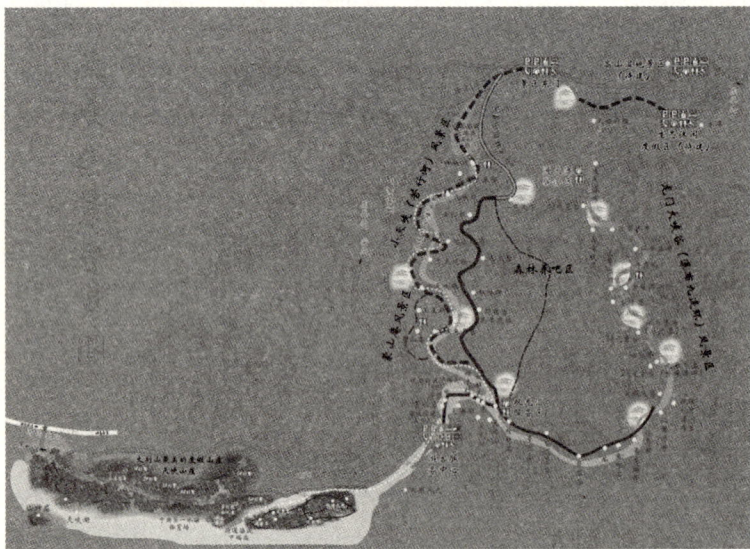

天峡导览图

　　游天峡，观九连环瀑布，赏千年古藤，玩滑道漂流，打中国第一水漂，住大别山最美的度假山庄。清凉水世界，自然在天峡，魅力天峡恭候您的光临！

亲爱的游客朋友们：

　　大家好！欢迎大家来到清凉世界、自然之家的天峡风景区旅游观光！

　　天峡风景区，原名为龙门大峡谷，地处大别山腹地的三大名山之间。它位于国家级森林公园妙道山西侧，大别山第二高峰驮尖、明堂山之南，中华禅宗第一山司空山之东。"妙道含羞身后站，明堂拱立面前排。司空一芴朝天峡，李白闲居壁地来"的诗句正是天峡位置的精确概括。据史料记载，汉武帝率文武百官南巡，因身边重臣桑弘羊迷恋山水景色，迷途于此，武帝差人四处寻找到此峡。回见武帝，遭怒斥，桑弘羊如实将峡谷的奇美险峻禀告武帝，他听罢大悦，叹曰："此山大别于他山，此峡大别于他壑也……"于是便有了今日的天峡。随着 2015 年 12 月 28 日岳（岳西）武（武汉）高速公路的开通，天峡，这只藏在深山中的金凤凰，终于插上了腾飞的翅膀，迎来了一个崭新的时代！

天峡景区一瞥

天峡风景区综合服务区

　　天峡风景区主要由六大景区组成，分别是"休闲度假区""九连环瀑布景区""苦竹河景区""蒙山庵景区""高山湿地景区""龙门深林养吧景区"。目前开放的为"休闲度假区""九连环瀑布景区""苦竹河景区"。现在我们来到的是休闲度假区——天峡山庄，是景区综合服务区和游客集散地。经过立于风景区

禅修圣境　好戏安庆
——安庆旅游景点导游词

入口两侧标志性的古树（右侧为香樟，左侧为银杏），映入眼帘的便是这碧波荡漾、面积达20000平方米的水面，这就是天峡服务区水上活动的重要场所——天峡人工湖。湖中建立了别有情调的水上餐厅，游客在尽情享受可口食物的同时，也可体验亲水般的感觉。目前我们把它作为一个露天的活动中心，人们可自发组织在这里享受和山水相连的篝火晚会，别有一番情调。

　　游客朋友们，现在我们看到的外形为八角形、玻璃顶的高大建筑，就是天峡风景区的标志性建筑——天峡山庄游客接待中心了。天峡山庄游客接待中心，建筑面积700平方米，为全木结构二层建筑，是由16棵直径为26厘米、长达12米的红松作为支柱支撑起来的庞大的空间。中心一层为游客接待处，接待前台是一棵巨大的古木经木匠精心雕琢而成，独具特色，背景墙则为安徽省著名画家隋鸿军所作的巨大的山水画，两侧为游客品茶和活动区，中间则是山庄游客晚上K歌、跳舞等的重要场所。大家晚上住在山庄可以和朋友一起过来，体验一下在山野间举办的公共聚会，那可真是一种享受哦。中心二层为艺术展览馆和会议厅。天峡接待服务中心功能完备，设施齐全，既具有浓郁的现代时尚的文化气息，又不乏古朴而又原始的大别山地方格调。

　　走出服务中心，正前方是一个木制架构的广场，左侧是天峡风景区接待别墅区。别墅区占地面积1200平方米，建筑面积2500平方米，共有床位120个。其中四栋别墅借鉴美式乡村别墅建造，为全木结构，独立成栋，私密性特别好，并设有前院，同时又吸取中国元素，着重表现出"小桥流水人家"的生活情景。不同别墅内还设有阁楼、客厅、餐厅、厨房、会客厅、吧台、公共卫生间、独立卫生间、休闲阳台等，同时都配备了现代化的网络、通信、环保型冷暖设施。这里幽静、安全、舒适，是你旅游度假、办公等的好地方。天峡山庄5号别墅，也采取了全木结构建造，却借鉴了中国古典木质建筑的精髓，因地制宜，建筑高低错落，有机结合，围合成一个庭院，庭院水池上建有曲桥，桥下养殖各类观赏鱼、螃蟹等，并且种植了观赏水生植物。待到中秋时节，清晨漫步在曲桥上，院中的桂花香飘满整个院落，看那一颗颗红红的石榴高挂在枝头，别有一番风味。5号别墅内部设有标间、套间，部分房间采用更具时代特色的Loft设计理念，设有复式阁楼，融入了时尚个性化的元素。在这里您可以随心所欲地体验年轻而又时尚的自己梦想中的家、梦想中的生活，高大而开敞的空间，上下双层的复式结构，是您居住、办公、艺术创作的最佳场所。（怎么样，没有想到，在这个大山之中还可以体验到前卫时尚的Loft的生活方式吧！）

　　景观岛　景观岛为卵圆形，面积约10000平方米，是因峡谷之水长期冲击的泥沙在此长期存积而形成的，目前为天峡风景区早晚休闲的重要场所。清晨，徜徉在四面环水的小岛之上，呼吸着清新的空气，漫步山水间抑或是随心地打一套

天峡风景区鸟瞰图

太极拳，真的是一种完美的享受；晚上，岛上又变得异常热闹，在星光夜月的陪伴下和亲朋好友或是家人一边吃着美味的烧烤，一边看着大别山区的民俗表演，则更是另一番享受，有兴趣的朋友一定要体验一下噢……

清风口 夏日，人站在山的凹口处，只感到阵阵清风从山间的罅隙里吹来，清凉舒适，却又不感到干燥。它就是一个天然的空调机哦，非常奇特，有兴趣的朋友可以站在这里体验一下。

山神庙 山神庙，当地人也称之为"蒙山神社"，是因天峡风景区内有座蒙山庵而得名。这里是当地百姓初一、十五以及节日时节必到的地方，他们以不同的方式参拜这保佑一方百姓的山神。据当地百姓称，在清末，一山西吴姓人家，因躲战乱曾留住于此，遗憾的是夫妻两人都到了近 50 岁了，却一直膝下无孩，特别苦恼，一日在田间劳作，老夫妻俩想到这一生的波折，到老后还是无依无靠，孤苦伶仃，故而感到悲伤，双双跪倒在地，哭诉着请求老天怜悯，赐给他们一个孩子，让其到老也有个依靠。没想到，没多久吴姓老夫妻却真的老来得子，夫妻俩认为是感动了山神，所以在此建了这座庙，以感谢神明恩赐。后人沿用至今，以请求神灵赐福。

田园风光 春天的清晨，和煦的阳光洒在水田上，水牛在田里来回耕作，村民则忙碌着插秧，绿油油的一大片；田间高高的乌桕虬曲的身姿静静地倒映在水田中；远处白墙灰瓦的几户农家，冉冉升起的袅袅炊烟……这本来就是一幅优美的山水田园画卷。当春去秋来，那绿油油的禾苗变为金黄色的稻穗，嫩绿的乌桕变为紫红的颜色时，我们又会感叹大自然神奇地将田园变成了另一种的美。因此，我邀请大家，有时间一定要在不同的时节到天峡来，真切地感受这不一样的美。

景观岛

天峡风景游览区

经过景区游客服务中心，映入眼帘的就是高 10 米、宽 36 米的景观瀑布，正当艳阳高照时（一般在中午 12 点到下午 1 时），我们可以看到一道彩虹悬挂在瀑布中间，好似给景观瀑布加上了一把七彩锁。沿阶梯而上，我们看到的是天佛山脚下一片宽广的湖面，天佛山就倒影其中。湖中心有浮桥横跨上面，浮桥长 40 米，宽 1.8 米，共有 80 个浮桶连在一起。游客朋友们，看看头顶的天佛，走在软绵绵的浮桥上，看着湖中的鱼儿游来游去，听着倾泻而下的瀑布水声，你们是不是又有不一样的感觉呢？自然和人工在此交汇，它不仅有自然的山水，更有人工架设的浮桥和瀑布，却又是那么和谐、融洽。

天佛山　站在浮桥上仰望，天佛山就在头顶，其因山体像一个大肚弥勒佛而得名。相传，汉末道人梅子真在司空山炼丹，在九九八十一天的时候突然下起了雨，道人在照例巡视丹炉时，发现有二龙正在舔食丹砂，正欲抡起拂尘击打，忽见两道青烟腾起，二龙升天而去，后恐被玉帝惩罚，躲避在此，呼呼沉睡，然而这一睡就是几千年，可是他们却万万没有想到，他们熟睡的口水成了其灾难的罪魁祸首，在其沉睡后，其口水却源源不断地流个不停。开始时，百姓看见原本不见下雨却有水流沿着山体哗啦而下，很是奇怪，但看着清澈的河水给他们的生活和农作物用水带来的便利时，也便忘记了先前的怪异现象。可是百年过去了，河水一直上涨不停，百姓的农田面积一直在缩减。频频出现洪涝灾害，不仅冲毁农田，甚至将村民房屋摧毁。正在村民绝望之际，一道佛光显现，挡住了猛兽般的洪水，而此时河水也趋于平静，原来是佛祖驾临，于是老百姓无不跪拜。为了让二龙不再祸害一方百姓，只见佛祖手指指向一块石头，瞬间变成了一座形如大佛一样的大山压在白龙的尾部，使其陷入山谷之中动弹不得。其所在的地方就是今天当地百姓所称的"龙门沟"。而黑龙则痛哭流涕，跪地苦求佛祖能够放过他们，佛祖念及黑龙忠诚，就施法将其困在白龙身旁陪伴，顷刻间又多出了一条小峡谷，即哭主河，由于时间的变迁，当地人已经把其称为苦竹河。

天龙洞 天佛山下，天佛湖边，有一长约 500 米，宽约 3 米，高 3 米的洞穴，其内冬暖夏凉，气温年保持在 14℃ 左右，是蝙蝠、松鼠、白鼠、野猪等的栖息地。因处于天佛山下，白龙之尾，故称之为"天龙洞"。有兴趣的朋友可以结伴同行，但要注意安全哦……

檵木林 金缕梅科檵木属，通常为灌木，稀为小乔木，高达 12 米，直径为 30 厘米；花期 5 月，果期 8 月。根、叶、花、果入药，能解热、止血、通经活络；木材坚实耐用，常被当地人用于制作象棋的原料。因其是群居性树种，故一般在其势力范围内很少有其他树种。

油麻藤 别名牛马藤、常绿油麻藤、大血藤。关于此藤还有一段神奇的传说：相传王母娘娘携仙女下界到同天瀑布沐浴，因被峡谷的奇美所吸引，非要一探其究竟，于是她和仙女们一起徒步游览龙门大峡谷。当来到引勺瀑布时，王母已累得头重脚轻，没有一点力气，但又不想就此离开，于是停下歇息。此时最精灵古怪的小仙女看到那长着一簇如风铃般的紫色花朵，形状扭曲怪异、沿大树盘旋而上的植物，非常好奇，于是随手扯下。可是瞬间花朵缤纷四溅，就如同一粒粒珍珠撒向河谷，只剩下一个光秃秃的、形状怪异的主干来，于是她灵机一动，将其化作一手杖，献给王母娘娘，使其走完全程。

双龙汇与双龙潭 经过木桥，穿过一段浓荫的沿河步游道，我们听着忽远忽近的潺潺流水声，不知不觉间即来到了由两条山涧汇合而成的"双龙汇景点"。其汇合处有一完整的光滑的巨石，据说是二龙常常盘膝而坐的地方，双龙桥下的一汪潭水就是"双龙潭"。而建于交汇处的休憩亭，因人在亭中能听到两峡谷交汇时水流撞击的哗哗声，犹如二龙在低吟，故称之为"龙吟亭"。据当年村里一位长者说，在此看到有一条长约 2 米白色的大蛇和一条长约 1 米的青蛇在此潭中嬉戏，之后双双盘卧在大石上伸长着头交织在一起，因听到人的脚步声，顷刻间消失了。后就传言说是主仆二龙的化身。

巨石滩 巨石滩长约 500 米，分布着大小不一的巨石或于山边或于水边，有

禅修圣境　好戏安庆
——安庆旅游景点导游词

的高高站立着，有的卧躺着生态各异，每块巨石都不小于几十吨重。据说是当年龙妃惩罚村民时，教唆其侍女从他山搬运而来，投入洪水之中，以造成更大的破坏力，但当侍女还没有得逞时，其主人却被佛祖制服，洪流已被停止，巨石也搁置在一边，再也无法动弹，便形成了今日的巨石成林。如今游客可以在巨石上躺一下，也可以站在上面看看峡谷的风景（提醒游客注意安全）。

青龙瀑布　周围林密，水色清莹，水量骤升时，瀑布犹如一条小青龙在戏水而上，故名青龙瀑布。下方潭水因瀑布落差较小，水面平缓如镜，称之为浅水潭，炎热的夏日，游客可脱下鞋袜，挽起裤脚赤脚下水嬉戏，以体验清凉的冷泉。

仙鹭瀑布、银蛇瀑布和天熊瀑布　仙鹭瀑布最上方经长年流水不停地冲刷而形成的浑圆石头，犹如仙鹭从水面伸出的头部，雪白的瀑身就同如仙鹭拍打水面的双翅，整个瀑布看起来好似仙鹭受惊之后，鸣叫着，拍打着翅膀在做一个腾飞的动作，故而得名，下面的潭水为"鹭鸣滩"。这里还有个美妙的传说，当年龙妃虽被佛祖压于山谷之中，侍女传讯于爱妃当年在龙宫之中所养的一只仙鹭、白色的巨蟒和一只大熊，让其商议如何救出主人，最终决定于次日子时先到峡谷之中一探究竟再从长计议。它们的阴谋早已被佛祖所知，是夜子时刚到，仙鹭、巨蟒、熊刚汇聚于此，只听到隐约传来"阿弥陀佛……"的梵音，仙鹭等立马感到不妙，急忙准备离去，却被佛祖施法困于原地不能动弹，即形成了现在的天熊瀑布和银蛇瀑布，天熊瀑布旁边的巨石，如天熊回头张望而得名。而银蛇瀑布，其位于峡谷的南侧山坡，由于坡陡林密，瀑布从空蜿蜒而降，犹如银蛇狂舞。下方潭水为白龙潭。也有传说当年王母娘娘和七仙女到处游玩时，一只仙鹭下凡觅食偶遇王母等人，正准备起飞时，却被王母看到了，她并没有责罚它，只是对仙鹭微微一笑便走开了。仙鹭为了记住那个仁慈王母的美好瞬间，将那一刻定格在这里。

珍珠瀑布　瀑布在一宽阔的河滩滚动而下，如珠帘垂挂，其延伸的瀑身在狭长的峡涧中跌宕起伏，似断线的珍珠洒落其间，故称之为"珍珠瀑布"，其下宽阔的水面，周围绿色植被倒影水中，潭水如碧绿的翡翠一般，称为"翡翠潭"。当地百姓有传说是，当年小仙女因为贪恋嬉闹，不小心将身上的一串饰珠挂到了路边伸出的藤条，一颗颗如小精灵般落入河谷中，形成了今日的珍珠瀑布。也有的说是小仙女摇下的藤的花朵撒落到河谷之中形成的。

银勺瀑布（也称为月牙瀑布）　银勺瀑布如同一个巨大的古司南倒挂崖壁，仿佛在给游人指引着游玩的方向。每当枯水时，瀑布顺峡谷夹缝弯曲而下，如残月挂空，故也称"月牙瀑布"。

仙女瀑布　两侧山陡林密，瀑布若隐若现，如仙女下凡，瀑布下方有潭如镜，为仙女梳妆所用，故名梳妆潭。

凌霄瀑布　瀑布顺着陡峭的山壁直立而下，气势恢宏，落差约 60 米，宽约 14 米。因瀑布形状类似一只梭子，故其下方潭水为织女潭。

通天瀑布　它源于国家级森林公园妙道山西南麓，一路轻吟而来，钻山河、越绝壁、穿石窟后，其高达百米的瀑身，悬挑在崖壁之上，一瀑三叠，奔腾直下，空谷雷鸣而百鸟不惊，倾宇罕见。故前人有诗赞曰："漫将白练说匡庐，此更垂空任云舒。罅里惊飞帘万丈，动魄还在雨晴初。"这里有个非常美丽的传说，那是在小仙女下凡之前，因王母厌倦了瑶池的生活，整日闷闷不乐，却听到厅外侍女们在谈论，佛祖惩

珍珠瀑

罚龙王妃之事，于是想到为何不去人间走一遭呢，既可了解凡间的疾苦，又可以一解心中的烦恼，随即一人只身下凡到人间。她从东向西，由南向北，几乎走遍了人间的每一处。这日，王母云游四海准备返回天庭时，至一大山之巅，忽感到香汗淋漓，口渴难耐，于是俯视一看，只见一长达百米的洁白而又狭长的瀑布，犹如随风飘落的白丝带挑在崖壁上，摆弄着婀娜的身姿，特别惹人喜爱。她沿瀑布而下，手捧清凉的山泉一饮而尽，甚是畅快。这时，只见瀑身下一池碧水将王母映入池中，王母突然有了沐浴的冲动，她忽而追逐着水流而下，忽而沿瀑布而上，忽而躺在大石上享受万物之灵气，沐浴着阳光……玩得甚是欢畅。也许是玩得太忘我了，日落西山，天色渐晚，四处已黑起来了。这时王母才想起了回天庭，却一时不知道如何离去。于是她抬头望去，看到挂在崖壁上的瀑布好像一直延伸到天的尽头，如同一条通向天庭的通道。只见王母"嗖"的一声便顺着瀑布而上，瞬间消失了。自此以后，老前辈们说，每当皓月当空之时，总能听到瀑布之下有女人在水中嬉戏之声，但不见其人，说是王母经常携仙女下凡，到此沐浴来了，而瀑布就是他们上天入地的通道。

到此为止，我们已领略了天峡风景区的"九瀑九连环"瀑布群的惊心动魄，现在我们一同去体验一下小天峡的秀美幽深。

小天峡　大别山小天峡景色优美，环境幽深，峡内小溪潺潺，溪石密集，走进小天峡就好似进入了一个画廊。这里有高大的古松、优美的瀑布，有随意分布

的巨石滩。人站在木栈道上，欣赏优美的峡谷风情，聆听鸟儿清脆的歌唱，是多么令人陶醉。你或可脚踏溪石，在上面蹦蹦跳跳，寻找儿时调皮的回忆；抑或与情侣、爱人、小孩一起嬉戏在浅滩，享受着大自然的美好，又有了更多的回归大自然的野趣。

　　好了，今天的天峡之旅已经结束了。感谢大家这一路上的合作与支持，服务不周到的地方请大家多多包涵。天峡风景区二期旅游开发工程——通天坪山顶度假公园即将对外开放，希望大家再次光临我们景区。如果有缘，我会很乐意再次为大家服务。最后，祝愿大家身体健康，万事如意，谢谢！

（责任编辑：何刘杰）

十九、天悦湾养生度假区

景区简介

　　天悦湾养生度假区是大别山（岳西）国际养生文化产业园一期项目，位于大别山腹地——岳西县新城区，睡佛山下，衙前河畔，环境优美，四季无霾。产业园总规划 6000 亩，是以健康养生文化为核心打造的国际性生态旅游示范园区、国家级养生养老标准化建设基地和中国中部候鸟式养老示范基地。天悦湾度假区依托高品质的珍稀纯天然温泉，开发出温泉公园、慧可居精品酒店、慧可居公寓酒店、温泉文化体验等一条龙养生度假旅游产品，向广大游客提供优质健康服务。2016 年天悦湾养生度假区成功晋升为国家 4A 级旅游景区，成为岳西县继明堂山、天峡、彩虹瀑布、妙道山后的第五家国家 4A 级旅游景区。

天悦湾养生度假区导览图

亲爱的游客朋友们：

大家好！欢迎各位来到天悦湾旅游体验！

天悦湾温泉公园

天悦湾温泉位于岳西县历史名镇天堂镇与温泉镇之间。据碑文记载，这里明代就建池供人沐浴治疗疾患。康熙《安庆府志》有关天堂镇的记载是："年有温泉可浴。"古人有这样的诗句赞誉："浑身爽如酥，祛病妙如神；不慕天池鸟，甘做温泉人。"

天悦湾温泉公园，依山傍水，由日本专业温泉设计公司设计，总投资1.3亿元，于2014年元月19日竣工开放。公园突出温泉沐浴文化和养生文化主题，体现温泉娱乐性与参与性。天悦湾温泉公园分为花卉养颜区、养生药浴区、绿色农品区、天悦湾主题区、激情动感区、乐活美食区、至尊汤屋区、SPA泳馆区等功能区，有42个各具特色的户外温泉泡池，并配套设有室内温泉旅游池、温泉理疗房、干湿蒸"净桑"室、香熏屋、健身房、娱乐室等。

天悦湾温泉日接待规模为2000人左右，已接待来自韩国、日本、俄罗斯、美国、英国、法国、澳大利亚、新加坡等国家的入境游客。

温泉公园一瞥

下面大家就跟我一起去感受天悦湾温泉的魅力吧！

现在我们所在的位置是温泉大堂。大堂的左边是男宾更衣室。男宾更衣室特设有贵宾更衣室，有特殊要求的游客可以在贵宾更衣室享受独立的个人空间。右边是女宾更衣室。大家男左女右各自进去换好泳衣，同时请大家寄存好贵重物品。如果没带泳衣，可以在大堂右边的商场购买适合您的泳衣。我们所在的二楼中间是水吧，为大家提供酒水饮料。公共休息厅在水吧的后面。为了给您一个安静的休息环境，我们避开水吧工作人员的打扰。水吧正对面有个迷你咖啡厅。咖啡厅的露天阳台上有药膳大师为大家烹饪的各种养生粥。有需要的游客可以去品尝一下。休息厅的正对面也为大家准备了贵宾休息室。大家可以在这里看看电影，在美妙的声乐画面里惬意地休息。在女宾室的正楼上，有小单间可以享受中医理疗。男宾的正楼上有我们精心为您准备的泰式按摩和养生SPA，同时还为吸烟的游客们准备了吸烟室。大家玩累了可以来这里有选择性地找到适合您放松的方式。

接下来我带大家一起到室内SPA泳馆区看看。这里设有海豚SPA池、高温池、游泳池。游泳池为标准短池22米×9M，4泳道恒温温泉水。海豚SPA池功能有：喷射浴、泡泡浴、鸭嘴喷射浴等多种，通过强力活水按摩喷头在水中冲击人体、按摩肌肉，可消除身体部位的酸痛及松弛全身筋脉及神经，增强机体的免疫功能。

各位，现在我们可以到露天温泉区去参观体验了，下楼时请小心台阶。在去露天温泉区参观之前，我向大家介绍一下"古法药浴坊"。

在全天然无辐射的木桶里泡浴，对身体是十分有益的。木桶内装有特制的、由中药和天然温泉水混合制作的药水。中药是中华民族的瑰宝，与天然的温泉水配合，能达到调理身体、治疗肾虚、活血化瘀、清理宿疾、补血补气及祛湿等功效。我们这里有省内外知名老中医，根据顾客的身体状况配制中药，以达到更好的温泉养生保健效果。

现在我们所到的区域就是露天温泉公园。

天悦湾温泉出露在太古界花岗岩断裂带中，是纯天然温泉。出水温度最高达61摄氏度。经安徽省地质调查院出具的监测报告称，天悦湾温泉品质优良，属于碱性碳酸氢钠泉和偏氟、硅酸热矿水，含镭、氡、钠、钙、镁、氨、钾、铁等20多种对人体有益的微量元素，具有调理肌体和保健等多方面作用，可养颜美容、舒缓神经，并具有辅助疗治神经痛、皮肤病、银屑病、关节炎、脊椎炎等功效，同时能促进局部组织再生。

园区有42个各具特色的户外温泉泡池。现在，映入眼帘的就是我们的花卉养颜区。这个区域有8个泡池，分别为沉鱼、落雁、闭月、羞花、玫瑰、百

禅修圣境　好戏安庆
——安庆旅游景点导游词

露天温泉

合、菊花、金银花等，特别适合女士。建议女士们在鲜花的陪伴下泡个养颜美肤浴。

这个区域是绿色农品区，有许多果树，是结合岳西县当地农产品为大家精心准备的泡池。有安心泉、翠兰泉、香醋泉、酒仙泉、咖啡泉、鲜奶泉、生姜泉、瓜果泉等8个温泉池。您在轻悠悠的白色雾气中，伴着茶香、醋香、酒香、咖啡牛奶香、瓜果香，沐浴其中，你会感觉生活是多么美好啊！

大家来看，这个池子里有好多漂亮的小鱼儿自由自在地游来游去。这可不是养鱼池，而是我们温泉公园里唯一个小鱼温泉。喜欢它们的游客可以下去感受一下它们的热情，让它们来亲吻您的每一寸肌肤，让您感受到别样的欢乐。当您需要补充营养和水分的时候，旁边水吧的工作人员会及时为您提供服务。

大家是不是觉得空气里弥漫着中草药的味道？对了，现在我们将要去的是养生药浴区——七藤汤泉。目前，它在全国独一无二。

七个温泉池里配放不同的藤制中药，比如首乌藤、大血藤、忍冬藤等疗效特别好的藤属中药。所有这些藤都有活血通筋的效果，还有祛风、利湿、平肝、治疗风湿关节痛、腰痛、头痛、失眠等作用。《本草汇言》中说："凡藤蔓之属，皆可通经入络。"顾客在进入汤泉浸泡前饮用一种特别配制的药膳汤，让身体不管是由内到外、还是从外到里都得到一种调养，使筋脉通、气血顺。

七藤汤泉是根据四季养生原理配制藤药的。

春季藤池（立春—立夏）：所用藤应以养肝为主。七种藤为鸡屎藤、海风藤、金刚藤、小筋骨藤、常春藤、伸筋藤、钩藤。

夏秋藤池（立夏—立冬）：夏秋以养肺脾为主。藤池所用藤为鸡血藤、扭肚藤、油麻藤、大血藤、天星藤、扶芳藤、四方藤。

冬季藤池（立冬—立春）：冬季以养肾为主，藤池所用藤为石南藤、丁公藤、雷公藤、千金藤、青风藤、天仙藤、忍冬藤。

跟七藤汤泉相连的是酊水水疗。66 味中草药，经 49 天精心制作而成，被誉为"神水"，能治疗骨刺、关节炎、痛风、颈椎病、筋骨拘挛、顽脾等。由精通中国传统文化与养生精髓的专家设计，包括"气"平衡、阴阳按摩等。

在水疗开始之前，大家需先喝一碗特备的药膳汤，它能使身心宁静放松，让你接下来的水疗更加完美有效。酊水水疗不但能让你通筋活络，还能焕发无穷潜能，配合之前喝的药膳汤，让你在内外协调之卜达到活血去痛、强健体魄的效果。

我们现在来到的地方是天悦主题区。这里是文人骚客的挚爱，洋溢着深厚的文化氛围。天悦主题区也是我们天悦湾温泉最富有特色的区域。这里有天悦湾泉、兰馨泉、竹风泉、茶语泉、禅悦泉，共 5 个温泉池。兰花蕙质芳心，竹子高风亮节。君子爱茶，智者乐学。泡在这里不仅能愉悦身心，还能陶冶性灵。

天悦湾泉池

大家稍作调整，随后我们要去的地方是至尊汤屋。为了显示您的尊贵，我们温泉公园特意临河岸修建了 4 座独立的温泉汤屋，有 2 间单人间和 2 间标准间。

每座汤屋都为您准备了独立而隐秘的露天泡池。这里鸟语花香，流水潺潺，大气而简约的布局让您感受到不一样的禅泉文化。大家请往那头看，那些都是纯木头材料的汤屋，特别生态环保。住在木屋里感受天地之灵气、精气，吐纳自然之气，有益身心健康。

现在我们所到的是乐活美食区。乐活美食区采用大别山特色山珍、蔬菜、水果，将及本土饮食传统与温泉食疗相结合，创造出新的大别山温泉饮食文化。乐活美食区有对弈池4个温泉池、石板浴25个躺位、食汇堂、水吧池。

下面我为大家介绍一下红酒雪茄汤：红酒有很多优点，富含各种氨基酸、矿物质和维生素等人体必需营养品，有降低血脂、软化血管、增强心血管功能和心脏活动，以及美容、防衰老等功效。顾客能在得天独厚的天悦湾一边享受红酒雪茄带来的轻松，一边感受宁静和美好。如果顾客有特别想要的红酒或者对某种雪茄情有独钟，可以实现私人定制。一杯红酒，一支雪茄，一种态度，一种人生。

各位随我来参观一下溶洞温泉。这里是不是很有古意呢？这里的古法油疗特别神奇。了解医学的朋友应该知道，经络之"气"输注于体表的部位，又是疾病反映于体表的部位。《黄帝内经》指出："气穴所发，各有处名。"我们将茶籽油、芝麻、黄瓜、柠檬等，配合多种中药酝酿出的一种中药油，采用古法——重力滴定的方式，即根据不同穴位需要不同滴定高度的原理，把中药油从高处悬挂的漏斗中滴到人体的穴位上，从而达到活络经脉、通筋排毒、清理宿疾及美容的治疗效果。

我们再来体验一下古法针灸。沿着这条鹅卵石道赤脚走一走，您就知道您的身体状况如何。脚底越疼就越说明您的身体越差，但越走你的身体会越好。《黄帝内经》说："经脉者，人之所以生，病之所以生成；人之所以治，病之所以起。"人体共有361个对称穴位，720多个穴位中有280个集中在脚底部位。鹅卵石针灸刺激脚底的穴位，从而达到疏通经络、调和阴阳、扶正祛邪的作用。鹅卵石经过细心挑选，精心打磨，选择和摆放都经过细密的考虑，对促进血液循环、调节呼吸、清理血管中沉积已久的絮状物、疏通经络的疗效更加显著。

各位一路参观欣赏，现在到达的这个区域设有海浪池、滑道、亲子戏水池。这里既是孩子们的乐园，也是我们成年人在这里找回自我、找回童真，可以尽情欢笑、追逐的好地方。

我将温泉公园的情况向大家介绍了一遍，谢谢您的倾听和提问，谢谢您的笑声和掌声。现在，您可以选择自己钟爱的方式在这里开心地享受我们精心为您准备的一切。我很高兴为大家服务，您有任何需要，都可以随时吩咐我，或者吩咐这里的工作人员。祝各位泡得愉快，玩得开心！

慧可居精品酒店

　　各位朋友，你们现在看到的是慧可居精品酒店——它被中国饭店协会评为"2014 中国最佳精品酒店"称号。慧可居精品酒店，是安徽天悦湾旅游开发有限公司经营的一个以禅文化为主题的高端旅游接待和禅文化体验型精品酒店，也是华东首个最纯粹的展示素食文化特色服务的精品酒店。酒店占地 10 亩，建筑面积 14000 平方米，总投资 1.2 亿元。慧可居精品酒店秉承"健康、厚德、坚韧、精进"的企业精神，以"责任心、感恩心、包容心、敬畏心、利他心"等"五心"为文化核心价值，以"安心之家，礼宾天下"为服务理念。

　　慧可居酒店坐落在睡佛山卜，衙前河天悦湾旁，山水环绕，灵动和谐。你们看，那就是睡佛山，很像一尊悠然仰卧的大佛吧。人们世世代代在这里沐浴着大佛的恩泽，过着幸福、祥和的生活。睡佛山有清朝乾隆年间军机大臣、体仁阁大学士戴衢亨所赠的一副嵌字楹联："存宽大以养和平之福，守淡泊而立悠久之基。"概括了这里日出而作、日落而息的几千年来农民的生存基调。这里的儒、释、道文化都较发达，特别是中华禅宗。

慧可居精品酒店

　　我们再转过身来，端详天悦湾慧可居精品酒店，它的建筑风格很有特点吧！人字形屋脊，体现着"天人合一"的自然理念。谁能讲出"慧可居"三个字的含义？我来告诉大家：慧可居有两层意思。第一层意思：慧可，禅宗二祖慧可圣名。慧可是中华禅宗第一传人，他的"安心禅"，可以为现代人提供获得心灵快乐的方法。什么是"安心禅"？禅于心，禅于身，禅于天地万物……对于我们来说，禅是一种心境。在慧可居，我们可觅得一份超脱世俗的逍遥任性。第二层意思是，宋代山水画家郭熙曾云："可行可望不如可居可游之为得。"

　　慧可居精品酒店的设计全面契合人们对禅宗文化的追求。"宁静、幽雅、朴素"的禅意空间，是慧可居室内设计体现的一种高境界，主要是为创造空灵、简朴的意境。室内所呈现出的闲寂、幽静、自然和简素的意象，让人生出目无杂色、耳无杂音、心无杂念之感。这也是我们慧可居特色之所在。整体设计贯穿禅意文化，自然表现而不显造作之感。

慧可居精品酒店高5层，中间有一个天井，就是古人所说的"四水归堂"的意思。酒店的左边是客房部，右边是餐饮部和会务部。我们穿过大堂，来到酒店的露天休憩平台，一边看天悦湾美景，一边听河水淙淙，一边品品茶、发发呆，还可以打打网球，是非常惬意的享受。慧可居六道养生，恰到好处地分布在合理的空间。什么是六道？六道即茶道、香道、书道、剑道、花道、琴道。

多功能宴会厅和大堂吧分别能同时容纳250人、84人同时就餐。酒店四楼的会议室拥有多功能厅1个、其他风格不同会议室3个，各项配套设施高档完善，可满足不同的会议需求。设有风格迥异的豪华包厢9个，其中24人台中餐包厢1个，14人台中餐包厢4个，10人台中餐包厢4个，中型宴会厅1个，可拆分为4台桌包厢2个。

慧可居精品酒店拥有客房60间，其中标间31间，单间20间，豪华单间3间，连通房1间，套房3间，总统套房1间，无障碍房1间，每个房间都拥有独立的温泉泡池、景观阳台。

下面我请诸位到四楼禅修室参观一下。岳西是中华禅宗文化的发祥地。慧可居精品酒店是一个以禅文化为主题的高端旅游接待和禅文化体验型精品酒店。因此酒店特设的禅修场所，可以让您体验不一样的视觉享受和禅宗文化带来的心灵洗礼。

经常有游客问我，慧可居有什么特色菜吗？是不是全素食？慧可居的饮食，并非全是素食。禅文化主题酒店不等同于寺庙。慧可居的菜肴既融合了鄂菜、赣菜的诸多特点，又具有浓郁的岳西地方特色，是徽菜的特殊组成部分。经过权威美食家的遴选和徽菜大师的精心烹制，不仅色香味俱全，还具有养生、养颜、食疗的功效。当然素食是不可少的，它以高山蔬菜为主，尤其是菌类最具特色，例如养生剥皮菇，仅产于群峰逶迤、林壑幽深的皖西南大别山腹地，而全国其他地方没有，属牛肝菌的一种，经生命科学院专家研究发现，其含有多种微量元素和丰富的氨基酸。

您可以选择自己钟爱的方式在这里开心地享受我们精心为您准备的一切。很高兴为大家服务，大家在这里有任何需要，都可以随时吩咐我及这里的工作人员。祝大家在这里住得愉快，玩得开心！

（责任编辑：何刘杰）

国家级文物保护单位

二十、世太史第（赵朴初故居）

景区简介

世太史第，又名赵朴初故居，位于安庆市迎江区天台里街。始建于明万历年间，清代续修续建。初为明刑部给事中刘尚志私宅，清同治三年（1864

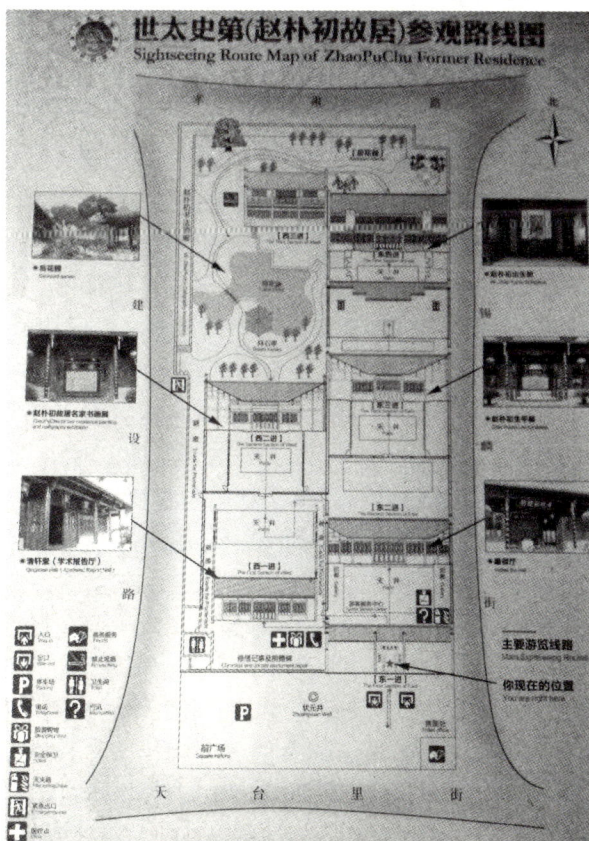

世太史第导览图

年），曾任翰林院主修的赵畇购得，始为赵氏府第。因赵氏族中自赵文楷始，后有赵畇、赵继元、赵曾重四代翰林，故又称"世太史第""四代翰林宅"。清光绪三十三年（1907 年），赵畇曾孙、全国政协原副主席赵朴初诞生于此。建筑坐北朝南，砖木结构，平面呈长方形，占地面积 4000 多平方米，建筑面积 2773 平方米。世太史第风格融北方古建的恢宏、粗犷及南方徽州古建的细腻、精致于一体，有着浓郁的地方特色。2006 年被国务院公布为第六批全国重点文物保护单位。

亲爱的游客朋友们：

大家好！欢迎大家来到世太史第（赵朴初故居）参观游览！

"世太史第"始建于明万历年间（1573—1619），初为刑部给事中刘尚志私宅。明崇祯四年（1631），其子刘若宰高中文科状元，辞官返乡另立状元府，宅舍他人。清咸丰十一年（1861）八月，两江总督曾国藩攻陷安庆城，曾设外江粮台于宅内。清同治三年（1864 年），翰林院主修赵畇辞官返乡，主讲安庆"敬敷书院"，购此宅并作修葺，始为赵氏府第。因赵氏家族自赵文楷始，赵畇、赵继元、赵曾重四代都是翰林，故旧称其宅为"世太史第"。宅内原有赵畇女婿李鸿章题写的"四代翰林"金字悬匾，惜为日寇所掠。清光绪三十三年（1907 年），赵畇曾孙、著名社会活动家、杰出的爱国宗教领袖、全国政协副主席、世界宗教者和平大会副主席赵朴初先生就诞生在这里，故亦为赵朴初故居。2001 年，安庆市人民政府多方筹资 1300 余万元修复故居，于 2003 年 11 月 1 日修复竣工对外免费开放。2006 年被国务院公布为第六批全国重点文物保护单位。

各位朋友，我们现在的位置是世太史第南面修建的 642 平方米的花岗石铺地广场。修复后的世太史第占地面积 4463 平方米，建筑面积 2773 平方米。故居平面布局呈长方形，面宽 42 米，进深 84 米，分东路四进，西路三进，共七进五院落。主体建筑坐北朝南，砖木结构，外墙为青砖勾缝清水墙，古朴典雅。除西三进为三开间外，各进均为五开间，面阔约 20 米，沿南北走向两条中轴线规整排列。每进两侧由厢房或回廊贯通。东一进、东二进、东三进、东四进、西一进、西二进之间为起采光和承接四面檐水作用的天井。该宅西北部建有面积近 1000 平方米的后花园，配以小桥、瀑布、六角亭、古树、荷花池，生趣盎然。园内西侧建有 31.9 米的长碑廊，镶嵌 11 块赵朴初先生书法作品碑刻。

东一进为门厅，外墙磨砖对缝，嵌大型"五蝠捧寿"图案砖雕。门楣上镶阳刻楷书横匾"世太史第"，两侧楹联"江山如画""物我同春"。白石门框线雕刻飞禽、走兽、花草图案，细腻逼真，手法精湛。门前廊鹅颈轩顶，穿插枋刻缠枝花草和瑞兽纹。砖雕、木雕、石雕"三雕"工艺在此得到了充分体现。此进现为游客服务中心。

世太史第门厅

　　东二进面阔五间、进深三间，与东一进以东西侧回廊相连接。正面悬挂原中央政治局常委李瑞环题"赵朴初故居"匾额。前檐柱上方置凤形斜撑，造型优美，柱础亦精雕细琢。明间抬梁式结构，梁柱枋用材较大，加工精细。展厅正中立赵朴初先生半身铜像，高2.28米。铜像后屏壁上雕刻赵朴初先生亲笔遗偈。屏壁上木枋悬挂李鸿章题写的"四代翰林"匾额。东西两侧隔板墙上悬挂参观故居的领导照片。东西厢房展陈赵朴初先生书信和相关照片。此进为赵朴初先生瞻仰厅。

世太史第展厅

　　东三进为两层建筑，上为阁楼，下层正面面阔五间、进深三间，两侧建有厢房，中间为天井，起通风、采光、排水作用，呈"回"字形布局，雕花格扇门窗，占地455平方米。此进为赵朴初生平展，共八章十九节，精选图片149张，书法作品17幅，百余本出版物和赵朴初先生生前用过的文房四宝等物品。展览生动翔实地介绍了赵朴初先生爱国爱教的伟大一生。

　　穿过最后一道隔断清水山墙，进门即进入东四进。该进为赵朴初先生出生地，占地452平方米，面阔五间、进深三间，上下两层，下层明间为厅堂，平綦顶，地面铺青灰色磨面方砖，两侧次、梢间为卧室，地铺木地板。上层与下层结构一致，两侧边楼与前进隔断墙相衔接，与主楼相连处为骑楼。此进梁柱用材粗大，梁柱随圆就方，恰到好处，有元代遗风，为明末建筑。格扇门窗亦造型别致，粗中见细，富于生活气息。上层现陈列"安庆历史文化名城展"；下层为赵朴初先生出生地与生活起居复原展厅。

　　西一进与东二进建筑结构一致，面阔五间、进深三间，抬梁式结构，梁、柱、枋用材较大。大厅梁柱四根粗壮高大，空间开阔，桁上直铺望板，方格门窗，前门为六面落地长窗，门上悬挂"清轩堂"匾额，后设小戏台，背面为团龙照壁墙，东西两侧各为避道与西二进回廊相连，占地610平方米，现为学术报告厅。

　　西二进建筑结构和建筑年代与东三进相近，分上下两层，上层为阁楼，下层正面面阔五间、进深三间，两侧为厢房，呈"凹"字形布局，占地393平方米，现为赵朴初故居名家书画展厅，中国书法家协会原会长沈鹏先生亲题展标。展厅分期陈列中国当代书画名家及佛教界高僧大德为纪念赵朴初先生所精心创作的二百余幅书画作品，两侧展厅为书画展销区。

　　西三进为两层楼，抬梁式构架，砖木结构，外墙清水，置雕花门窗。建成时间相对较晚。

　　现在我们来到后花园。后花园占地982平方米。园内西侧建有32米书法碑廊，镶嵌11块赵朴初先生书法作品碑刻。园中拜石亭是以赵朴初先生的母亲笔名命名的。两侧悬挂"必须学而不厌，才能诲人不倦"抱柱联，以弘扬赵朴初先生设立"拜石"奖学基金捐资助学的精神。园中有小桥、池水、古道、花草、树木、桂竹，花红树绿，四季常春，生趣盎然。

　　世太史第风格融北方古建的恢宏、粗犷及南方徽州古建的细腻、精致于一体，有着浓郁的地方特色。七进五院一园一场，布局规整，结构合理，气势恢宏。整体布局为深宅大院，综合性功能齐全。在功能区域处理上，利用东三、东四、西三隔断墙封闭大门，又灵活地使各进自成独立庭院。建筑结构上，七进主体建筑有三进采用了望板直接铺在桁条上，取代原有椽子中间环节，合理地减少

世太史第后花园

了制作安装工序和结构衔接点，形成皖西南地域古建筑的一大特色。

　　介绍了世太史第独特的建筑特色，下面我们再次来到"赵朴初生平展"展厅。展览分八章："书香门第""济民救国""宗教领袖""友好使者""一代大师""亲密合作""故乡情结""明月清风"。通过书画、文献、影像等多种载体，详尽记录了先生93年的人生历程。

　　在"书香门第"板块，我们看到赵朴初先生1907年11月5日出生于安庆世太史第，在赵氏宗谱中为"荣"字辈，取名荣续，但未以此行名，所以知者甚少。其父炜如公取"返朴归真，悟初笃静"之义，别为命名朴初，今已成为世人共知共仰之名。

　　"济民救国"这一板块展示了1937年上海"八一三"抗战后，时任"中国佛教徒护国和平会"总干事的赵朴初呼吁"停止内战、共抗外敌"，组织上海僧侣救护队，开赴吴淞前线救护伤员，收容青壮年难民送到新四军。1945年，他组建"中国民主促进会"，发扬民主精神，推进中国民主政治之实现。

　　在"宗教领袖"板块，我们看到赵朴初先生是杰出的爱国宗教领袖，在国内外宗教界有着广泛的影响，深受广大佛教徒和信教群众的尊敬和爱戴。他佛学造诣极深，《佛教常识答问》等著述深受佛教界推崇，多次再版，流传广泛。他恪尽职守，殚精竭虑，为宗教与社会主义社会相适应的理论与实践做出了杰出贡献。

　　"友好使者"板块展示了赵朴初先生一生致力于中外友好交流活动，充分发挥了宗教在国际交往中的积极作用。他多渠道、多层次、主动地开展同港、澳、台的联系，多领域、多形式地加强海外联谊，以民间外交的形式，广泛传递着中国维护和平的信念和要求，推动着国际和平和友谊。他东渡扶桑，西进美国，架东南亚各国佛教"友好之桥"，结中、韩、日之"黄金纽带"，充分发挥了民间外交的"不可替代的"积极作用。

作为"一代大师"，赵朴初先生是享誉海内外的著名作家、诗人和书法大师，又是一位慈善家，长期从事社会救济、救灾工作。他率先垂范，个人为扶贫救灾和希望工程捐出资金达240万元。他在遗嘱中所表达的生死观，充分展现了一代大师的心灵境界。

在"亲密合作"板块，我们看到赵朴初先生是著名的社会活动家、伟大的爱国主义者，是中国共产党的亲密朋友。他一生追求进步，探索真理，孜孜以求，矢志不移。在近70年的漫长岁月中，他与中国共产党风雨同舟、亲密合作，为中国人民解放事业和社会主义建设事业，为造福社会，振兴中华，做出了不可替代的卓越贡献。

月是故乡明，情是乡人重。在"故乡情结"板块，我们看到，多年来赵朴初先生捐款奖掖学子，解囊以济乡民，引资兴建学校，募捐以赈灾民，累计达数百万之巨。他捐文物彰显家乡文明，赠墨宝教诲子孙后代。他为家乡的繁荣富强呕心沥血，在故乡人民心中树起了一座永恒的丰碑。

赵朴初生平展厅大门

最后我们来到"明月清风"板块。赵朴初先生一生淡泊物外，唯公是务；他学兼古今儒释，思想深邃，却虚怀若谷，谦和平易。2000 年 5 月 21 日，敬爱的赵朴初先生离我们而去了，留下了宝贵的财富和智慧。但他没有真正离去，他在清风里，在明月下，他永生在我们每个人的心中！

纵观赵朴初先生 93 年的心路历程，可以毫不夸张地说，赵朴初先生的一生，都是为民主而奋斗，为提升新中国的形象而精进，为构建和谐社会而奔波。赵朴初先生在诸多领域做出的历史性贡献，印证了中共一大代表李维汉说的话："朴老学问大得很"，印证了毛泽东主席称其为"懂辩证法的和尚"。众多的观众留言表露了他们的心声："道骨仙风气象，骚人墨客襟怀。""抚今追昔大学问，翘首明天好文章。""缅怀先生，奋斗中华。"

游客朋友们，世太史第参观游览到这儿就结束了。感谢大家的光临，再见！

（编撰：何刘杰）

二十一、迎江寺-振风塔

景区简介

　　安庆迎江寺位于安庆老城的东边，濒临长江，占地 3 万余平方米，创建于明朝万历四十七年（1619 年），还有一种说法是建于北宋开宝七年（974 年），由邑绅阮自华在此募建。明光宗皇帝御书敕名"护国永昌禅寺"。清顺治七年

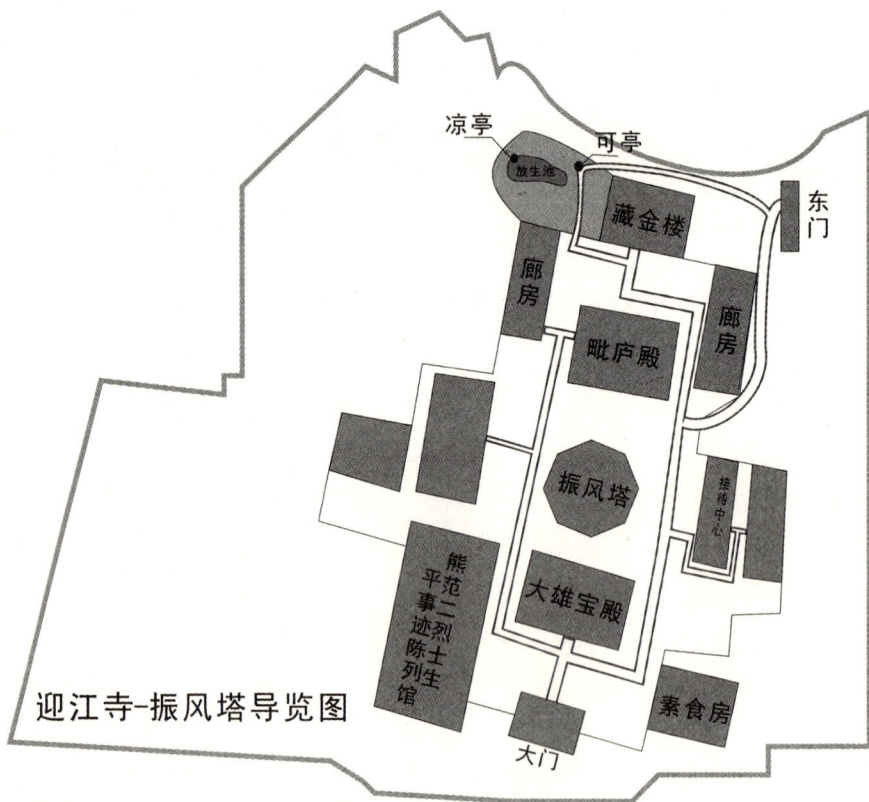

迎江寺-振风塔导览图

（1650 年）敕改"迎江禅寺"。乾隆皇帝御赐"善狮子吼"匾额。清朝初年重建，康熙二年（1663 年），巡抚张朝珍修大殿和山门，至此迎江寺方成规模。后来迎江寺历经战火毁坏，各朝代均有整修和扩建。清末至民国初年，在无凡、竺庵二位老和尚先后募化重修下，寺庙规模渐渐扩大，并被称为安徽省的首刹。振风塔位于迎江寺内，原名万佛塔，又名迎江寺塔，后取名"振风"，有"以振文风"之意。建于明隆庆四年（1570 年），是长江沿岸的著名古塔之一。素有"过了安庆不看塔"之誉。

游客朋友们：

大家好！欢迎大家来安庆迎江寺参观旅游！

迎江寺坐落于历史文化名城安庆城的东南边。它上接匡庐，下临九华，北揖天柱，南濒长江，可谓得天地之灵气，占人文之辉光。迎江寺自建立以来，历朝香火兴盛，延绵不绝。1949 年后，政府曾多次对寺庙进行修缮保护。1983 年，迎江寺被列为汉族地区佛教全国重点寺庙。

迎 江 寺

大门 现在我们所在的位置就是迎江寺的大门口了。大门上的"迎江寺"三字相传是光绪皇帝在 1882 年题写的。细心的朋友肯定发现了，这"迎江寺"的"寺"字怎么少了一笔呢？难道这堂堂天之骄子也会写错字么？其实这有一个传说，是说这是光绪帝有意而为的。因为当年光绪帝虽贵为天子，但江山实际上掌控在慈禧的手中，这不能不说是一种遗憾！江山尚不圆满，何况这寺庙的名字呢？于是他就将"寺"字少写了一笔，让这匾额也留下了一点遗憾。当然这只是民间的一个传说，至于其中的真正原因恐怕也只有光绪皇帝自己知道了。

大家肯定早就看到大门旁的两个大铁锚了。这一对大铁锚重量约为 3 吨。一般铁锚都是在船上的，

迎江寺大门

禅修圣境　好戏安庆
——安庆旅游景点导游词

那这两只铁锚为什么会出现在迎江寺门口呢？据民间传说，安庆地形如船，塔为桅杆，若不以锚镇固，安庆城将随江东去，故而将一对大铁锚放置在这里。还有一个传说是这样说的：相传安庆是一艘大船，振风塔是桅杆。在塔建好之后，有一位姓周的举人要来安庆任知府。他听说安庆是一舟，他这周知府一来，不就是舟上加舟，肯定要翻船的嘛！所以他迟迟不敢来上任。他母亲听说后就想到了一个办法。她告诉儿子说自己姓毛，如果和儿子一起去上任不就镇住长江水了么！周知府深以为然，欣然带母亲一道赴任，并且在上任的前一天，叫人在迎江寺的门口放上两只大铁锚。就这样安庆一直风平浪静，直到今天。这对大铁锚也就成了安庆迎江寺的标志。

藏经楼

天王殿　下面请大家随我进入寺庙内参观。迎江寺的建筑以四进殿堂及一座塔为体。这第一进是天王殿。殿高 10.4 米，面积约 300 平方米，正中坐一尊袒胸露腹、张口憨笑的弥勒佛像。弥勒佛也是民间所称的布袋和尚，正所谓："大肚能容，容天下难容之事；开口便笑，笑世间可笑之人。"弥勒佛也称未来佛。释迦牟尼曾预言，他将在 56.7 亿年后降生在印度，普度一切众生。殿两侧分列"四大天王"，分别是东方持国天王、北方多闻天王、南方增长天王、西方广目天王。在民间俗称风调雨顺四大天王。每尊塑像高 3 米多，气势威严。我们转到弥勒佛的身后，这尊塑像就是韦陀，是传说中保护佛法的神将。韦陀手中的法器叫作金刚杵。这金刚杵放置的位置也是有讲究的。放置在头顶或平放手中是指可以接待远方僧人食宿，而竖直立在地面是指寺院的规模较小，不接待远方游僧寺内食宿。

大雄宝殿 现在我们看到的是第二进大雄宝殿。这"大雄宝殿"的牌匾为已故佛教协会会长赵朴初先生生前所题写。"大雄"为佛的德号，是指佛有大力，能降四魔。大雄宝殿内高 17.72 米，面积 409 平方米。殿内有三尊大佛，居中是娑婆世界的教主释迦牟尼佛，东西两侧为消灾延寿药师佛和阿弥陀佛，也称作三方佛。大家经常听到僧人口中念诵阿弥陀佛，其实就是在向阿弥陀佛致敬的意思。殿后骑狮的为文殊菩萨，骑象的为普贤菩萨。两厢佛台上供降龙、伏虎等十八罗汉塑像，姿态各异，造型生动。

大雄宝殿

毗卢殿 我们现在来到的是第三进毗卢殿。毗卢殿高 17.7 米，面积约 580 平方米。殿内正中间供奉的是毗卢遮那佛，左边是大梵天王，右边是帝释天神。毗卢遮那佛背后的悬壁上塑的是高达 10 多米的海岛观音图，图上有《华严经》中善财童子五十三参等 100 多个人物塑像。海岛观音图下方塑有"四海龙王朝观音。整个塑像精美逼真。

藏经楼 第四进藏经楼，楼高 16.2 米，面积 981 平方米，分上、中、下三层。藏经楼为现代式重檐歇山顶，小青瓦屋面，是近代寺院建筑。内藏稀有国宝《妙法莲花经观世音菩萨普门品》的金粉写经。庄重而秀美的赵体小楷书法，线条流畅、栩栩如生的菩萨度化图，每一次欣赏都能给人带来美的享受。中层供奉的是西方三圣像。楼下为法堂，供讲经说法和重大宗教活动之用。

振　风　塔

现在我们来到的是素有"万里长江第一塔"之称的振风塔。振风塔建于明隆庆四年（1570年），原名"万佛塔"，是长江流域少见的迎江七级浮屠。相传安庆振风塔是为振兴安庆文风而建。在明代以前，安庆没有出过状元，文风凋敝。一些星相家端详安庆地形后，煞有介事地认为，安庆一带江水滔滔，文采难以在此扎根，须建塔镇住，才能不让文采东流。此说虽然荒诞，但有趣的是，安庆自建振风塔之后，境内文风果然昌盛，人才辈出。明清两代，不仅出了大思想家方以智，父子宰相张英、张廷玉，状元赵文楷，书法大家邓石如等，学者、作家更是数不胜数。以桐城籍文人为开创者和主要作家的散文流派——桐城派，雄踞清代文坛200余年。

振风塔是阁楼式的砖石结构，高72.74米，在全国108座砖石宝塔中位于第二，仅次于河北保定的开元寺塔。大家可以数数看，振风塔一共有七层，从塔底到塔顶，每层按比例逐渐缩小，塔内共有168级台阶，每层有石栏环卫。塔中心为八角瓜皮顶空厅。这振风塔最有意思的地方就是塔门了。游人登上第二层以后往往入而碰壁，找不到再往上的塔门，因此人声笑语不绝。一旦得门而上，则又勃然而悟，其乐无穷。塔外形呈八角状，每层檐角发戗，戗下系铜铃，随风作响，悠扬远送。塔的底层供奉一尊5米高的接引佛，二层供弥勒佛，三层供五方佛，四层以上有浮雕佛像600多尊。塔顶为八方体须弥座，上接半圆形覆钵和5个铁球（佛称相轮），1个葫芦宝瓶，用铜轴串在一起构成塔刹。浑厚的塔身衬着造型优美的塔刹，巍然高耸，直入云霄。振风塔不仅是迎江寺的明珠，也是安庆市建筑中的骄傲。登上塔顶能欣赏到安庆城与长江的美景。安庆老十景中的"塔影横江"讲的就是振风塔的夜景，描述的是一幅晴空月夜美丽奇异的图画。

传说每年八月十五中秋之时，冰轮高挂苍穹，江中塔影之旁突然幻出无数塔影，五彩纷呈，煞是神妙奇绝。此为万里长江两岸群塔集会安庆，向振风塔作一年一度的"朝觐"盛况。为此，振风塔又有"长江塔王"之说。数百年来，风雨沧桑，"长江日浩荡，塔影流不去"。振风塔又有"过了安庆不说塔""万里长江第一塔""宝塔王"的美称，引得历史上许多文人墨客慕名而来，留下许多美好的诗篇。2006年5月25日，振风塔作为明代古建筑，被国务院批准列入第六批全国重点文物保护单位。

此外迎江寺还有宜园（放生池）、大士阁、慈云阁、迎江楼等建筑，结构崇宏辉煌，从5公里开外即能见其雄姿。迎江寺的素食文化也有很久的历史，约有

振风塔侧影

100 多年，精制各种素菜 400 余种，风味独特，游人到这里还能一饱口福。

各位朋友，迎江寺的参观游览马上就要结束了，感谢大家对我工作的支持与配合！最后祝愿大家走的时候带点我们迎江寺的佛气和振风塔的灵气回家，保佑您全家"事事顺利、万事如意"。期盼大家再来迎江寺礼佛登塔，感受古城安庆的厚重文化。谢谢大家！

（责任编辑：李　荣）

二十二、白崖寨

景区简介

　　白崖寨景区是全国重点文物保护单位和省级风景名胜区。白崖寨位于安徽省安庆市宿松县趾凤乡境内的白崖山上，因建于白崖山而得名。此寨始建于元朝末年，因其地势险要，易守难攻，而成为历代兵家必争之地。作为一座历史悠久、规模宏大的军事古寨堡，被誉为"南国小长城"。白崖寨历经近700年的风雨剥蚀，仍基本保存完好。因此，白崖寨作为中国历史留下的寨堡文化和军事文化遗存，具有重要的历史、艺术和科学价值。

白崖寨景点导览图

各位朋友：

大家好！欢迎游览风景秀丽的"南国小长城"——白崖寨，预祝大家在今天的旅途中玩得开心，玩得愉快！

白崖寨景区是全国重点文物保护单位和省级风景名胜区，位于安徽省安庆市宿松县趾凤乡境内的白崖山上，因建于白崖山而得名白崖寨。

它以古城墙为主要标志。城内外的景点共有 70 多处，包括自然风光、历史古迹、古代建筑、新增景点、奇峰峭石、摩崖石刻、古树名木、趣闻逸事等，素有"东方的古堡""南国小长城""皖西南一张急待开发的旅游王牌"等称誉。早在 20 世纪 80 年代，曾有省专家考察团一行 20 多人专程对白崖寨进行了考察认证，对白崖寨的自然风景和历史人文景观作了很高的评价，认为其开发价值不可估量。

古城堡始建于元末（1330 年）。各位朋友一定也听说过，白崖寨最早是元朝末年本地（现团林村）义民吴仕杰为御敌而建。所以从那时算起古城已有 700 多年历史了。寨内还有吴仕杰的坟墓和其祖坟。当时的城郭内只有四座山峰。后来明、清都做过维修和扩建。明朝时对寨墙作过维修，到清代，当地在京城为官的刑部主事贺欣、工部主事贺顾兄弟俩把自家所属的山场也围了进来，并捐谷捐钱作为长期维修之资，形成了今天的南国小长城。古城周长 5 公里，城内游览面积 8 平方公里。白崖寨城墙全部用大块片石所砌，顺山脉走向或沿山腰而筑，曲折蛇行，环绕东峰、中峰、西峰、北岭、雁恋坡、大印坡六座山峰，莽莽苍苍，酷似一座小长城。700 年来，虽几经兵乱和风雨剥蚀，但整个寨墙基本保存完整。在寨墙东西南北的关隘口，共开五座城门，南面攀龙门、听雨门、东面朝九门，北面乘风门、西面百花门，现仅存"听雨""朝九""攀龙"三门。其实白崖寨当初共有六座城门，但为什么后来只有五座呢？据说当初光绪皇帝在位时，不许地方造城，更不允许城开六门，因紫禁城是六座门。当时主修城门的宿松人贺欣、贺顾以为在京城为官，无视禁令，后遭人告密，不得已就将朝九门和乘

白崖寨城墙鸟瞰图

风门之间的那座门封了。所以就只有五座城门了。

白崖寨居高临下，寨内既可屯兵操练，又有大片田地可供耕作。明末农民起义军领袖张献忠率兵连破宿松47寨，兵部尚书史可法率官兵退守白崖寨，凭险固守。起义军围困山寨，日夜攻打，史可法见义军声势浩大，准备以身殉职，危急之中，朝廷派总兵左良玉率大队官兵来援，史可法转败为胜。清朝咸丰年间，太平天国西路军围攻据寨抗守的清军，终因寨墙高险，屡攻不克。太平军无功而返时，气得大骂清军："远望白崖寨，近看是危崖。老子破不开，只等天来败。"1932年，鄂、豫、皖红军主力以白崖寨为依托，在此成立红27军，为白崖寨书写了光辉的一页。

白崖寨峥嵘突兀，景观繁多，山水古迹构成了一个神奇的世界。

现在请大家向左看，梯田这上面有一块突出的大石头，其形状古怪奇特，像兽像禽，像凤喙又像龙角，站在不同的角度，会呈现各种不同的形貌，真是"横看成岭侧成峰"，只好叫它"随缘"罢了。听任各位所念所想，缘就是缘，我们相逢是缘，同游更是缘，相信大家不会忘记今天的缘，祝愿大家在生活、工作中事事逢缘，处处有缘，朋友、知己不妨在此留个缘影。

关帝庙

鸟语崖　我们现在已经位于五座城门之一的攀龙门外，这里就是鸟语崖。请大家往两边瞧，仔细听，是不是鸟语花香、生态十足呢？看，峭石耸立，佳木繁荫，溪流淙淙，叶绿花艳；听，树梢枝头，是百灵鸟在婉转歌唱还是画眉在互诉衷情或者是山雀、黄莺在对歌游乐呢？还有许多不知名的鸟儿叽叽喳喳，多么美妙的曲调，多么悠闲的妙境，真的是令人向往。

灵湫飞瀑　鸟语崖下的这条溪流就是灵湫飞瀑。叫飞瀑，或许您认为有些夸张，但是，夏季黄梅时节才是观赏它的最佳时候，各位朋友，不要错过这个机会哟。白崖寨最壮观的瀑布要数安岭瀑、龙井瀑和折岭瀑，要到西阳尖才能望到。

船形石与船舵石　大家请看，那边河床中有一巨石，便是船形石，石内是个天然船舱。除了船形石外，咱们这儿还有船舵石。传说当年关羽乘舟云游四海时，路经此地，被白崖山秀美风光吸引，从此弃舟徒步，上山一路观赏，很是开心。不知不觉，他在山上逗留了多日，结果，船舵被水冲走，至今还搁浅在山下关门石的河滩之中，称船舵石。后人为了纪念他，在城内还特意修建了关帝庙。

攀龙门　前面那座门就是十里长城五座城门之一的攀龙门了。高高的城门，两边是巍峨的城墙，是不是有一夫当关、万夫莫开的气势呢？之所以叫攀龙门，是因为此门地处两峰的狭谷口，左右山势险峻，门外西边的山石裸露，形如龙脊，俗称龙骨石，故取名攀龙门。这是当时寨主进出山寨的主要通道。大家如果站在大印坡上还可以看到，攀龙门外二山峭石凤羽，像一对凤凰翘首展翅；关帝庙后的山峰顶尖圆如球，古代风水大师取山之形态，采地之灵气，命此地为双凤朝北斗。等会大家都跃过龙门去，到龙门上去走走、瞧瞧，龙门一定会给咱们带来吉祥好运的。

攀龙门

"最上一乘"石刻　各位朋友，我们马上就要从新开凿的攀崖险道登上听泉亭，即将看到史可法亲手题刻的"最上一乘"了。这里原来是道天堑，悬崖峭壁，无法攀登。大家看，城墙上下没有连通，如今虽然变成了通途，但是非常陡险，最大坡度有70度，全长120米，共有台阶400多级，请大家一路小心，互相帮助照应。老幼及体弱者，有高血压、恐高症者最好不要攀登，或结伴攀行。不过，从来都是无限风光在险峰，在山顶上我们可以看到悬崖之上的珍奇——天然盆景，那里也是远眺近观长城雄姿的最佳地方。步道中间巨大的石壁上还有毛泽东的"雄关漫道"手书体石刻。请大家一路慢行，安全第一，千万别攀之过急。

　　朋友们，史可法亲手题刻的"最上一乘"到了。史可法是我国明末的民族英雄，在历史上同岳飞、文天祥齐名，曾经同张献忠激战于此。当时史军败退守寨，处于劣势，陷入困境。史可法夜不能寐，独步于此，吟出了悲壮的千古绝联："听涧底泉声，呼天地是歌是泣？看阶前月色，问英雄还死还生！"后来左良玉搬来援兵，史公转败为胜，史将军再次来到此处，犒赏三军，并亲手题刻了这"最上一乘"。大家看，石刻遒劲隽永，可谓力透石壁。如今兴建这听泉亭，既是为了纪念这位大英雄，又是方便大家观光休息，静心听一听两边潺潺的溪水声，是不是更加心旷神怡了呢？大家看，在前边的杉树林中原来有史公祠，但年久已毁，正待复建。前边还有"鳄鱼听经石"，相当逼真。当然在对面观望最好。

　　藏龙潭　沿西边的城墙前进，在前面拐弯处的外面有一巨石，远看形若纵身欲跳的青蛙，近观像条大鳄鱼向上爬行，俗名青蛙石（又称鳄鱼石）。沿城直上是西阳尖，人站在西阳尖上，可观看落日夕照。

　　西阳尖原有一亭名叫惜字亭，亭边有一石池，名化字池，是古时白崖寺庙僧崇尚古文化而建造的。据说庙僧中安排有小僧身背竹篓，到处收集字纸，然后送到化字池集中焚烧，说是字为圣人所造，而有字之纸不能乱丢，要尊重爱惜，敬而焚之。

　　让我们继续前行，前面山坞中有一方碧池，名曰藏龙潭。潭水清澈，水平如镜，山花烂漫，树绿山青倒映潭中，犹如一幅生动的画卷，四季变换着不同的画面，春花夏草秋山冬雪，皆有特色。现已扩建，画面更大。

　　栀花石　游客朋友们，沿中峰直上，近处还有两处奇景：一处是栀花石，另一处是石僧拜佛，可惜"不识庐山真面目，只缘身在此山中"。这里就是栀花石。山体像一朵巨大的栀子花，但是必须到对面大印坡上才能看到，而且在清晨看最好。那时太阳刚从山头冒出，缕缕金光洒在含有云母的崖石上，反射出一片白色的霞光；由于石缝之中遍生黄杨，四季青绿，巧妙地把山体分割成许多小块，恰如栀子花花瓣，整个山体则像一朵硕大盛开的栀子花。山风吹来，树动花摇，精妙绝伦。而石僧拜佛，近看不过一突石而已，对面观看则大不一样，好像一僧碰到了难解的大事，正在虔诚地祷告苍天，祈保平安无事之态。

　　再往上便是白崖胜境了，人站在竹海边，石笋上，白崖美景，尽收眼底，远村近落，一览无余。

旗杆石、点将台与跑马埂 各位游客，在西阳尖主峰与雁恋峰之间，便是史可法将军当年操练兵马，点将兴师的场所，那里有旗杆石、点将台、跑马埂等。这些遗址肯定会把我们的思绪带到战火纷飞的古战场。目睹史可法留下来的军事设施，我们会有一种身临其境、重温历史的感觉。

美女泉 沿跑马埂往东北行走，可以看到两山之间，绿莘如茵，小沟壑之中涌出一股清泉，晶莹闪亮，甘甜可口，名曰美女泉。很奇怪的是，泉水两天后会自然消失。山民们由于受封建思想的影响，不饮此泉，更不愿接近泉眼，以至这里成为一块秘密禁地。传说还有红色美女泉，如果看到非常难得。那么美女泉为什么会变成红色的呢？据专家化验分析，此迷终于得解。原来这里山体丰厚，植物种类多，石体含有多种矿元素，有十几种有益人体健康的微量元素，其中硒含量不低。全于出现红色是因为含铁量高，若遇干旱天气，泉源不足，泉路不畅，铁与水氧化生成铁锈之故。

这座关帝庙，又称白崖寺，最初亦为元末寨主吴仕杰所建，后几经兴废，晚清时规模最大，最后毁于土改后。据说晚清时气势最辉煌。庙堂分上下大佛殿，共有房屋34间。关羽神塑高丈余，黑发长须，面目凛然，手执一卷《春秋》，不怒自威，栩栩如生。香客不断，敬者如云。现在所看到的为20世纪90年代后，民间自发捐建的，远不及当年的气势。

那边新添置了一幢两层竹木结构的服务部。备有山珍野味，方便面食，娱乐游戏，茶饮糕点等，请各位选择享用。

九曲居遗址 我们现往东行进，快要到当年扩建城池的主人贺欣、贺顾生活过的地方九曲居遗址了。九曲居是清吏部主事贺欣于光绪三十年（1904年）所建的一座山庄。其选址和建筑设计独具匠心。九曲居即九个弯曲，为双九曲：外九曲是指从趾凤河至听雨门要转九个山弯才到；内九曲是指住房按易经八卦设计，九曲连环，结构复杂，故称双九曲居。这些都说明，这里作为京官告老还乡的归地，实属世外桃源、蓬莱别墅，最能体味隐逸之趣。关于房屋的建筑和安排，传说主人是请高师设计谋划，按周易八卦演排而建的，共四重四十八间，六个天井。内厅外堂，浑然一体；小姐绣楼，独耸后山。传说主人卧室的窗户可以看到山外很远的地方，名曰"千里窗"。在山坞低处设计出这一点，是难得的。真正的九曲居，现在已不存在了，我们只能看到被改建的普通民房和部分废墟。目前幸存的还有两间厢房，其地面是用特殊配方制作、用三合土铺成的，坚如水泥，其墙壁、门柱依然如故，门楣上的题款，字迹清晰可辨，是难得的考证资料。

九曲居四周所种的树木花草很多，有千年蜡树、金桂银桂，九曲松则有800年的历史，虬树劲叶、雄奇壮观，可与黄山松媲美。还有古天竺、百头雀舌黄杨等。到九曲松下留影特别有纪念意义。

九曲居东边，还有香炉石、龙头岩、朝九门、听雨门等。听雨门在寨子东南，也是保存最完好的城门。为何叫听雨门呢？因为对面山尖名叫"听雨尖"，尖上有一寺名"雨山寺"，是古代求雨的地方。雨山寺的钟声能清晰地听到，说话的声音似乎隐约可见。古时对面求雨，山民总是在听雨门观望，所以那里叫听雨门。朝九门是因为对面东山头就叫九连城，所以叫朝九门了。大家有兴致也可以去看看。

这里名为大印坡，是因为在关帝庙左侧山形如一方大印，所以得名。

九曲居遗址

凤卧龙栖　游客朋友们，现在我们已经进入凤卧龙栖景区。1932 年 10 月，始建于白崖寨的红 27 军 79 师，在师长徐海东、政委王建西率领下，与国民党安徽省省长陈调元部 46 师在白崖寨展开激战。红军歼敌一个团，击毙、俘敌 1200 多人。白崖寨战斗是红 27 军组建后打的首次胜仗。10 月 10 日，红 27 军军长刘士奇、政委郭述中，副军长吴保才等领导在白崖寨关帝庙召开会议，成立了蕲（春）、宿（松）、太（湖）工作委员会，在百花门附近兴建了红军烈士墓。全军高级将领在此巨石前击掌庆功，并题刻了"凤卧龙栖"，以示白崖寨是藏龙卧虎之地，从而为白崖寨增添了光辉的一页，留下了革命战争的不朽史章。

各位游客，这里是望江亭，此亭坐落在寨的南面。秋高气爽之际，长江、龙湖，清晰可辨，故名"望江亭"。它是白崖寨的标志性建筑，在沪蓉高速公路或合九铁路上的乘客能清楚地望见。它与对面的"听泉亭"一大一小，遥相呼应。

　　朋友们，虽然舍不得，但还是不得不说再见了，感谢大家对我工作的配合和支持。在这次旅游过程中，我还是有很多地方做得不到位，希望大家谅解。同时也希望大家回去以后，在和自己的亲朋好友回忆这次的愉快旅行时，除了慨叹这里古城墙的雄伟壮观，描述这里环境的清幽古朴外，还不要忘记加上一句，在我们这里有一个导游小A，那是我的朋友！

　　最后，祝大家旅途愉快，以后若有机会，盼望大家再来！

（责任编辑：石望东）

二十三、文和园

景点简介

　　文和园是清朝重臣张廷玉的陵园，位于桐城市龙眠街道双溪村。整个陵园既展现园林建筑植被的风雅，又不失墓地庄严肃穆的氛围。1998 年，安徽省人民

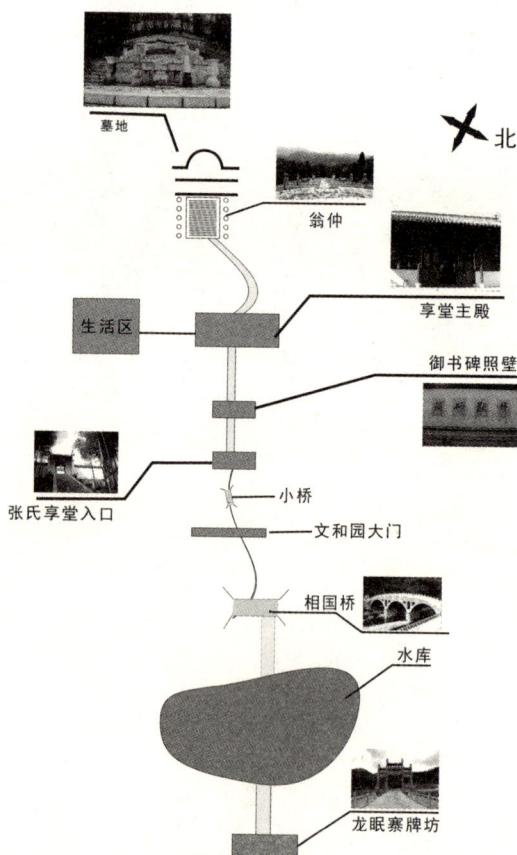

文和园导览图

政府公布张廷玉墓地清代石雕刻群为省级重点文物保护单位；2013 年，该景点被国务院认定为"全国重点文物保护单位"

各位游客：

大家好！欢迎来文和园参观游览！

文和园是清朝重臣张廷玉的陵园。"文和"是他的谥号，后来墓园也就用其冠名。它位于桐城龙眠街道双溪村，占地面积 7000 平方米。整个陵园分墓区和享堂两个部分：墓区庄严肃穆，气势恢宏。石狮、石虎、石羊、石马鳞次栉比，文俑、武俑、龟趺相对排列，石香炉、石供桌、石烛台陈列墓前，苍松、翠柏、银杏绿树成荫。享堂内则陈列了张廷玉坐式绣像、香炉、供桌，两则悬有张英、张廷玉亲笔楹联。整个陵园既展现园林建筑植被的风雅，又不失墓地庄严肃穆的氛围。1998 年，张廷玉墓地清代石雕刻群被安徽省人民政府公布为省级重点文物保护单位，2013 年，又被国务院认定为"全国重点文物保护单位"

文和园外景

游客朋友们，对于张廷玉，大家也许并不大熟悉。但是，提起他的父亲张英，想必大家一定不陌生，肯定会马上想起六尺巷，想起那首耳熟能详的打油诗："一纸书来只为墙，让它三尺又何妨。长城万里今犹在，不见当年秦始皇。"而张廷玉就是老宰相张英的次子。

张廷玉（1672—1755），在康熙年间（1700 年）中进士，官至内阁学士（从二品）、吏部侍郎；雍正年间（1728 年）升为保和殿大学士（相当于宰相），兼吏部尚书、军机大臣，并担任《明史》的总纂官。乾隆二年（1737 年）封三等勤宣伯爵，开创了清朝文臣的爵位达到伯爵的先例；乾隆四年（1739 年）封三等勤宣伯爵、加太保衔，是康熙、雍正、乾隆三朝元老，做了50年官。在中国历史上，张廷玉虽不是最著名的宰相，却是中国历史上连任24年、任期最长的一位宰相。任上深得雍正、乾隆两代皇帝的信任。大家都知道，雍正生性多疑，但唯独相信张廷玉。两人"名曰君臣，情同契友"。这一点与张廷玉的性格有直接关系。良好的家风使张廷玉养成了为人谨慎、不事张扬的性格，一向恪守"少说话多做事"的原则。他有一句名言叫"万言万当，不如一默"。雍正也曾称他"外和平而内方正"。乾隆称赞他"在皇考时勤慎赞襄，小心书谕"。

作为军机大臣，张廷玉制定了军机处一整套严密的规章制度，不仅避免了军事情报的泄密，而且影响了后世的公文奏折制度和档案管理学科。作为朝廷重臣，张廷玉身兼数职，兢兢业业，恪尽职守。据说雍正皇帝一天要召见他两三次。而他刚从皇宫出来，等着向他汇报工作和批阅文件的经常有几十人。所以张廷玉经常坐在轿中批阅文书，处决事务，晚上回家后还要点蜡烛继续处理当天没完成的事情，并准备次日要办的事情，所以往往要到深夜二更才能休息，黎明时分又要布置当天的各项事务。这种对工作的态度，以至于连雍正皇帝也不好意思地说："尔一日所办，在他人十日未能也。"也就是说你一天所办的事情，换其他人来十天都办不完。

张廷玉位高权重，却从来不贪污收贿，就连正常的人情往来，如果馈赠的礼物贵重的话，他都退回不收。这些都被雍正皇帝看在眼里，因此对张廷玉相当信任。有一次（1730年）雍正御赐白银两万两，张廷玉辞谢不肯收。雍正不许他推辞，说："汝非大臣中第一宣力者乎！"这句话是什么意思呢？即你难道不是大臣中第一尽力的人吗？我这是赏赐给"全国第一劳模"的奖金。

作为一个汉族官员，张廷玉被雍正视为股肱大臣。据记载，雍正皇帝身体不舒服时，凡是有密旨，只交给张廷玉一人来处理。事后雍正说："彼时在朝臣中只此一人。"即这样的机会在文武百官中只有你一人，也就是我只相信你的意思。有一次，张廷玉生病好几天才痊愈。雍正对身旁的侍从说："朕的肱骨（大腿和胳膊）不舒服，好几天才好。"大臣们得知后争相前来问安，雍正却笑对群臣说："张廷玉生病了，不就是朕的左膀右臂生病了吗？"又有一次（1733年），张廷玉回家乡桐城祭祖，动身前一天，雍正赠给张廷玉一件玉如意，祝他"往来事事如意"；同时还赠送了一些物品和书籍。当时有部《古今图书集成》只印刷了64部，雍正一下御赐张廷玉2部。雍正还曾御赐张廷玉一副春联："天恩春灏荡，文治日光华。"后来年年春节张家都用这副春联。雍正临终前，委任张廷玉和鄂尔泰（1677—1745，满族人）为顾命大臣，共同辅佐乾隆登基；并恩准张廷玉死后可以配享太庙（也就是陪伴着清朝皇家的列祖列宗，享受皇家的祭祀）。整个清朝的汉族官员中，只有张廷玉一人有此礼遇和荣耀。张廷玉直到78岁才得到恩准，得以告老还乡。83岁高龄的张廷玉在桐城去世后，乾隆奉雍正遗命下诏以皇族礼仪厚葬，赐张廷玉谥号为文和。所以张廷玉也被称作张文和公，配享太庙。

因为受到老宰相张英良好家训的影响，张廷玉对子女的要求也非常严格。张廷玉的次子张若霭，雍正年间（1733年）参加科举考试。雍正看到一份考卷的文笔"颇得古大臣之风"，钦点为一甲中的第三名，也就是探花。没想到止是张廷玉的儿子，但张廷玉却坚持不受，说："天下人才众多，三年一次大考，个个都盼鼎甲。臣本人现居高位，而臣子又登一甲的第三名，

张廷玉像

占天下寒士之先，于心实有不安。请列二甲，已为荣幸。"雍正只好改定张若霭为二甲第一名。

好了，关于张廷玉的传说故事，咱们暂且就说到这儿。

各位朋友，接下来给大家介绍一下今天咱们将要参观的文和园。文和园俗称"小宰相坟"，是按照张廷玉的父亲张英墓（"老宰相坟"）的规制修建，与老宰相坟相距约2000米，从而留下"父子双宰相，归葬同一方"的佳话。文和园园区建筑依山构筑，因地制宜，布局主次分明，空间错落有致，色调朴素淡雅，鳞次栉比的古建筑和秀丽的自然风光交相辉映，相得益彰，成为龙眠山独特的风景。在风水学上，文和园葬在凤形地，坐西朝东，北傍狮形地，南倚"金交椅"，前有境主庙水库和龙眠河，面山瞰水，气势开阔。墓冢背后的龙眠山三面环绕，叫作"后有靠"；前方的境主庙水库仿佛一面镜子，叫作"前有照"。所以文和园所处的地方可谓是一方风水宝地。

朋友们，越过前面的相国桥，顺着丘陵的地势，有一片茶园，这是生产龙眠贡茶的地方。张廷玉曾经说过"余性嗜茶"，也就是说，我是喜欢喝茶达到上瘾程度的人。张廷玉虽然品尝遍各省顶级名茶，但是对家乡的龙眠贡茶仍情有独钟，每年桐城老家都要采购新茶，专程送到京城。张廷玉盛赞龙眠贡茶"色澄秋水，味比兰花"。

游客朋友们，爬过这林荫下百余步台阶，是不是眼前有豁然开朗的感觉呢？看，跃入眼帘的是一座巍巍青山，一个依山的墓园。园区修竹低垂，松柏青翠，山鸟时鸣，松涛阵阵，真是道骨清风绝佳地，清幽不与世间同。置身其间，可谓神清气爽，心灵澄静，思古之幽情油然而生。

　　进入这道园门，大家可以看到院落里竹林石径，清幽宜人。穿行在这片竹海中，是不是就像穿行在碧玉的丛林，穿行在竹文化的长廊呢？大家都知道，古代文人对竹子有着特殊的偏好，赋予竹子许多高贵的品质，比如竹竿笔直，象征正直；竹管有节，象征有气节、有节操；竹管空心，象征虚心、可包容；竹质不容易弯曲，象征威武不能屈；竹叶冬天常绿，象征贫贱不能移；竹子开花便会死去，象征富贵不能淫。清朝文人郑板桥一生爱竹，他评价竹子："未出土时先有节，已到凌云仍虚心。"意思是竹笋还没长出土层的时候，就有气节、有节操了；就算竹竿长得再高，仍然会虚心向上。北宋大文豪苏东坡说过："无肉令人瘦，无竹令人俗。"没有肉吃会使人瘦弱，没有竹子会使人俗气；"宁可食无肉，不可居无竹。"所以宁愿吃饭时没有肉，也不能住的地方没有竹子。文和园里到处茂林修竹，更突出了这里的风雅和清静。

　　各位游客，穿过这片竹林，张氏享堂就在我们眼前了。享堂是安放死者牌位画像、供奉祭祀物品的地方，也可作为死者亲属祭祀先人和长期守孝居住的场所。请大家随我进去参观。大家看，门内照壁上，迎面有"赞猷硕辅"四个大字，这是雍正皇帝的御笔。这四个字是什么意思呢？"赞"是辅佐、帮助；"猷"是谋划；"硕"是大；"硕辅"指的是贤能的辅佐大臣。"赞猷硕辅"，意思是辅佐皇帝出谋划策的贤能宰辅。大家请看照壁里面，有"调梅良弼"四个大字，同样也是雍正皇帝的御笔。"调梅"的本义是用盐梅调味（相当于醋），使食物味道鲜美。比喻宰相执掌政柄，治理国家。"良弼"是贤能的辅臣。"调梅良弼"，意思是宰相是治理国家的贤能辅臣。这照壁上的八个大字充分体现出皇帝对张廷玉的极大信任和肯定。

　　照壁后面就是祭祀性建筑——享堂了。它面阔三间，硬山抬梁式木构架，灌土山墙，粉墙黛瓦，体现出皖南徽派建筑向皖中徽派建筑过渡的地域特征。享堂明间厅堂墙壁两边还悬挂着古今许多名人的楹联诗句。这副"无声色玩好之嗜，退食泊然无谋营"对联，就精辟地概括了张廷玉身居庙堂之高，却甘于宁静淡泊的一生。正中屏风上绘的是张廷玉高大的画像。大家看，画像中主人公正襟危坐，栩栩如生。那目光是如此的睿智、坚定，显得宠辱不惊，是不是让人情不自禁地想到张廷玉历事康、雍、乾三朝的艰辛，想起他主修《明史》等典籍的繁忙？或者也会想到他开清初汉臣爵位达到侯伯、死后配享太庙之先例的荣耀呢？享堂正殿外，还有一副抱柱联："和气频添春色重，恩光长与日华新"，这是张廷玉的次子张若霭题写。张若霭擅长书画，可惜年仅35岁就病死了（比张廷玉早死9年）。白发人送黑发人，对张廷玉打击很大。这是享堂正殿。左墙上这首七律诗："早年橐笔最知名，野鹤悠然远世情。策杖漫寻驱犊路，课耕还听读书声。桂香秋雨尊中落，浮渡晴岚户外生。遥忆家山隐君子，忘机久与白鸥盟。"

张氏享堂照壁上雍正的题词

是老宰相张英（1691年）书写的。张英的这首《辛未秋赋小诗》是"为真翁老表兄"祝寿而做。大家看右墙上，那是"清朝第一家训"——张英《聪训斋语》："治家之道，谨肃为要。《易经·家人卦》，义理极完备。其曰：'家人嗃嗃，悔厉吉。妇子嘻嘻，终吝'。嗃嗃近于烦琐，然虽厉而终吉；嘻嘻流于纵轶，则始宽而终吝。余欲于居室自书一额，曰：'惟肃乃雍'，常以自警，亦愿吾子孙共守也。""《易经》一书，言谦道最为详备：天道亏盈而益谦，地道变盈而流谦，鬼神祸盈而福谦，人道恶盈而好谦。又曰：日中则昃，月满则亏。天地不能常盈，而况于人乎？况于鬼神乎？于此理不啻反复再三，极譬罕喻。《书》曰：'满招损，谦受益。'古昔贤圣，殆无异词。"我们都知道创建湘军的曾国藩，在文化上师从于桐城文派。他把张英的《聪训斋语》奉为经典，认为"句句皆吾肺腑所欲言"，希望家中子弟人手一册，经常学习反省。张英的这些至理名言直到今天，对于建设和谐社会仍有教育意义。

现在我们已经到了正殿后的庑廊下。大家肯定看到了这里摆放着一些残砖碎瓦，这些原本都是墓前牌坊上的构件。张廷玉墓御制牌坊建于清朝乾隆二十二年（1757年），原本位于墓区御制碑刻的台阶下，四柱三门，青灰色石质，雕刻有丹凤朝阳、双狮绣球、松鹤梅竹等精美浮雕图案。1965年，牌坊自然倒塌，民间说这是张廷玉预知到自己在劫难逃的征兆。不久后，"文化大革命"开始，1968年，文和园遭遇灭顶之灾。自1995年起，文和园重新修复。到今天，咱们终于有了这样一个精神场所，可以瞻仰先人、发思古幽情。

享堂已经参观结束了，咱们接下来就是参观墓区了。文和园依山就势而修建，层次分明，沿着苍松翠柏间的石阶，上行百余步就会到达墓地。请大家随我一起拾级而上。墓地位于半山腰，整体上，东向略偏南，周围松柏环绕，含青吐翠，居高临下。近山如螺，碧玉滴翠；远山如眉，粉黛含烟，气势蔚为壮观。墓地以墓冢为中心，其下三层地墁石祭台扇形展开，上有供桌、香炉、烛台、香筒等石祭具。再下设九级拜台，依山势递降，中间是汉白玉铺成的神道。神道前方为礼制性建筑牌楼、望柱，两旁自上而下依次对称排列文臣、武将、马、豹、羊、狮、赑屃负御记碑等石像生。整组墓表装饰物展现了张廷玉无上的威仪和恩荣，也见证着文和园的历史沧桑。看，这就是赑屃驮碑，赑屃是龙生九子中的老大，性善负重，一般用他来驮御制石碑，寓意死者的丰功伟绩重于泰山。请大家顺我手指的方向看，左碑上刻的是"天恩谕祭"，意思是天子下旨祭祀臣子。接下来，请大家自由参观。

张廷玉墓地

　　各位游客，参观就到这里，我们的整个行程即将结束了。希望今天的参观能够使大家对墓园主人张廷玉有进一步的了解和认识，也希望我的讲解能够让您满意，谢谢！

（责任编辑：汪　毓）

二十四、桐城文庙-六尺巷

景区简介

桐城文庙-六尺巷是国家文物保护单位，3A级旅游景区。桐城文庙位于城区市民广场，始建于元朝延祐初年（1314年），是元明清以来桐城祭孔的礼制性建筑群。文庙建筑群布局工整，宏伟堂皇，以大成殿为中心，以南北中心线为对称轴，由门楼、宫墙、泮池、泮桥、大成门、崇圣祠、土神祠、东西长庑等建筑构成。主体建筑大成殿供奉先圣先师孔子、"四配"及"十二哲"塑像，形神兼备，栩栩如生。文庙内设有桐城派文物陈列馆、桐城精品文物馆和严凤英艺术生涯陈列室等。

桐城文庙简介及导览图

六尺巷位于桐城城区，是市重点文物保护单位、全长100米、宽2米，鹅卵石路面。景区还有诗画照壁、诗山、曲廊、围墙及"懿德流芳""礼让"两牌坊等景点。据姚永朴《旧闻随笔》《桐城县志略》载：老宰相张文端公（清康熙文华殿大学士张英）居宅旁有隙地，与吴氏邻，吴氏越用之。张氏家人驰书于都，公批诗于后寄归，云："一纸书来只为墙，让他三尺又何妨。长城万里今犹在，不见当年秦始皇。"家人得书，遂撤让三尺，吴氏闻之感其义，亦退让三尺，故六尺巷遂以为名焉。六尺巷故事是明礼诚信、敦睦友善、相敬和谐的活教材。

游客朋友们：

大家好！欢迎大家来桐城文庙-六尺巷参观游览。桐城位于安庆市境内，早在公元757年就建县了，至今已有1200多年的历史。桐城是安徽历史文化名城，人杰地灵、翰墨飘香，自古就名人辈出，像李公麟、方以智、张英、张廷玉等都是桐城人，其中以姚鼐、方苞、刘大櫆、戴名世为代表的桐城文派，前后雄霸文坛近300年，因此桐城又有"文都"的美誉。

桐城文庙

丰厚的历史文化带来了丰富的文化遗存，今天我们要游览的第一个点，就是与桐城文化有着密切联系的桐城文庙。文庙又叫孔庙，是明清以来当地祭祀孔子的地方，桐城文庙是悠久丰富的桐城文化的标志，是饮誉海内外的"桐城派"的象征，也是桐城市的博物馆。它始建于元代，虽历尽岁月沧桑，却不失"流韵遗风"的秀丽之美。

文庙门楼

门楼 大家看，这就是文庙的门楼了，它左右是红色的外墙，这上面"宫墙万仞"四个字，相传是慈禧的手笔，而这门楼上的"文庙"二字是赵朴初先生所题的。大家有没有注意到这门楼大梁上刻着的花卉图案，非常精致。这里有李白醉酒、陶渊明赏菊等内容，让它看起来充满文化色彩；而天官赐福等作品，都是用来鼓励古代学子们奋发读书的。

棂星门 走过门楼，眼前这个四柱三门式的建筑就是棂星门。"棂星"又名天田星，据记载，棂星是传说中的谷神，汉高祖命令祭天时要先祭棂星，以祈求五谷丰登。在宋代时将棂星门移到文庙，意为以尊天之礼尊孔，也就是说用尊重上天的那种敬意来尊崇孔子，这就体现了孔子至高无上的地位。棂星门是由汉白玉建成的，整体风格精巧雅致。

泮池泮桥 大家跟着我继续前进。现在我们看到的这个水池叫泮池，上面的桥叫泮桥，以前的书生考中秀才以后由此桥渡过泮水，进入大成殿祭孔。我们桐城出过很多的状元，这些状元们都曾经走过这座桥，所以民间又称这座桥为状元桥。

泮桥及大成门

大成殿 过了"状元桥"，现在路过的是大成门。大家请跟着我继续往前走。前面那个高大的建筑就是大成殿，是祭祀孔子的中心场所。"大成"二字出自《孟子》"孔子之谓集大成"，赞扬孔子思想集古圣贤之大成。大成殿高达 17 米，总面积 425 平方米；殿面阔五间，进深三间；殿内供奉着五大圣人的塑像。正中间那尊为至圣孔子，意为圣人中的圣人，至高无上。大家请看，孔夫子头戴十二旒之冕，身穿十二章王服，手持震圭，威严肃穆，使人肃然起敬。孔子身后两侧塑像为四配：东边是复圣颜子、述圣子思，西边是宗圣曾子、亚圣孟子。大殿东西两头也有十二尊塑像，称十二先哲，他们是子贡、子路、冉求等 11 位孔子的弟子，还有一位是宋朝著名理学家朱熹。大成殿里的题额和对联，据说大多出自清代多位皇帝之手呢！

　　各位游客朋友，出了大成殿，我们能看到大殿前东西两侧两条长庑，原是孔圣人的弟子和贤人配享的地方，现在已经改为严凤英纪念馆和展览馆了。大殿后，西侧是桐城文派发展历史陈列馆，东侧是精品文物陈列馆。大家可以根据自己的兴趣进殿或进展览馆参观。

六　尺　巷

　　桐城享有中国"文都"的美誉，在众多的文物遗存中，六尺巷遗址可谓闻名遐迩，它是桐城祖先留下的珍贵文化遗产。六尺巷位于桐城西后街，我们首先看到一座四柱三间的石牌坊，上面写着"懿德流芳"四个字，这是一座为旌表礼让而立的牌坊。牌坊后面是一面诗书照壁。照壁上的绘画向人们介绍了巷道的由来。

　　据史料记载，清朝大学士张英居宅旁有一小块空地，与吴家相邻。吴家建房时占用了张家的空地，张家人写信告诉了张英。张英看完家书后，并不赞成家人为争夺地界而惊动官府的行为，于是，提笔在家书上批诗四句："一纸书来只为墙，让他三尺又何妨，长城万里今犹在，不见当年秦始皇。"寥寥数语，寓意深长。于是，张家人向后撤让了三尺地基，吴家被张英的大度所感动，也效仿张家向后退让了三尺地基，就形成了一条六尺宽的巷道，被乡里人称为"六尺巷"。

　　故事中的主人公张英是清代名臣、文学家，历任工部尚书、礼部尚书，官至文华殿大学士，实握宰相之权，家乡人称他为"老宰相"。张英

六尺巷牌坊

虽然身份显赫，却并没有仗势欺人，一封书信平息了一场风波，张、吴两家的礼让之举，至今仍传为美谈。

由于历史的因素，宰相府早已毁废不存，六尺巷仅为遗址，2000年，桐城市政府在六尺巷遗址上就地恢复原貌，增设了牌坊、照壁、山石等景致。其中，巷道东头的单门牌坊上雕刻的"礼让"二字道出六尺巷的精髓，一个"让"字体现了中华民族传统美德，也充分展示了中华传统文化"和为贵"的优秀精神遗产。

六尺巷自形成之后，使城内城外多了一条便捷通道，城内居民出城可免去绕城的烦恼，城外樵夫进城省了许多脚力之苦。大家争相传颂，交口称赞，使得六尺巷的故事广为流传。人们不仅为吴氏见贤思齐的举动而感佩，更为张英谦逊礼让豁达大度的精神所折服。

六尺巷

六尺巷的故事超越了时空，虽然时隔近三个世纪，却始终没有被人们淡忘。慕名寻访观光的游客在此驻足流连，络绎不绝，也得到历任党和国家领导人的高度重视。1956年11月30日，毛泽东主席在接见苏联驻华大使尤金时，巧借张英之诗，批评苏联犯了大国沙文主义错误，危害社会主义国家之间的团结，奉劝苏联要平等待人，从而赋予这首诗以深刻的政治内涵和深远的历史意义。

2006年11月21日，原国务委员唐家璇专程来到六尺巷，并挥笔题词："桐城六尺巷，和谐名城扬。"

2008年2月21日，原国务院副总理吴仪专程考察桐城文化并参观六尺巷，吴仪严肃地说："六尺巷的故事告诉世人，大度做人，克己处事。"

禅修圣境　好戏安庆
——安庆旅游景点导游词

2014 年 11 月 15 日，中央政治局常委、中纪委书记王岐山低调造访安徽桐城"六尺巷"。虽只停留短短的 20 分钟，但人们不由得将他与当前中央高调反腐相联系，令人深思。

2016 年央视猴年春节联欢晚会安徽籍知名艺人赵薇演唱歌曲《六尺巷》，一下传唱大江南北，六尺巷的知名度再度走高。而这首歌的词曲作者也都是我们安徽人，由安徽宿松籍知名军旅词作家贺东久作词，安徽桐城籍青年歌手张正扬作曲并作为原唱。

六尺巷的故事是对中国优秀传统道德的一种生动诠释，在构建和谐社会的今天，更不失其非凡的现实意义和重大作用。六尺巷故事现已收入"中国风景名胜词典"，入选安徽省第一批非物质文化遗产名录。六尺巷的故事还被创作成黄梅戏广为传播，成为宝贵的文化资源和精神财富。

如今，我们走在这六尺巷里，听着几百年前那个和谐礼让的故事，依然能够感受到中华民族睦邻友好的传统美德和名臣风范。

好了，今天的文庙和六尺巷之旅已经结束了，感谢大家这一路上的合作与支持，服务不周到的地方请大家多多包涵。希望大家再次光临我们的景区，如果有缘，我会很乐意再次为大家服务！最后，祝愿大家身体健康，万事如意，谢谢！

（责任编辑：李　荣）

知名景区景点

二十五、灵山石树

景点简介

　　灵山石树景区，位于安庆市杨桥镇龙山村境内，是大龙山风景名胜区七个景区之一，以石奇、洞幽、水秀为特色，共有景点30余处，且非常集中。相传曾有黄龙居此，因而山有灵气，凡人若能到此，便能家出才子，人获富贵，故称"灵山"。所谓石树，系象形而得名，树干树枝均由巨型球状花岗岩叠垒而成，纵观全貌，像一棵参天大树耸立于灵山谷内，故曰"灵山石树"。灵山石树从根部到树冠，有近百个洞室相连，全长1500米，洞中有洞，洞巷堆砌错综复杂，是参观探险觅奇的好去处，为3A级风景名胜区。

灵山石树景区简介及导览图

禅修圣境　好戏安庆
——安庆旅游景点导游词

游客朋友们：

大家好！欢迎您来到灵山石树景区游览观光！

灵山石树位于大龙山东南角，最高海拔 360 米，是大龙山七大景区之首。大龙山风景名胜区分为灵山石树、日照峰、龙山第一刹、石塘湖、鲍冲湖、洪桂山、龙湫池共七个相对独立的景区。石树风景区既是大龙山的组成部分，又是一座独立的山头，与大龙山主体几乎没有关联。

灵山石树景区大门

灵山之奇并不在高，它的独特之处在于山上的岩石，地质学上称它们为倒石堆崩塌。所谓石树，是因为它酷似由巨型球状花岗岩石叠垒而成的参天大树，从山麓直冲山顶，纵观全貌，好像在舒展着广阔的臂膀迎接八方来客。所谓"灵山"，相传曾有黄龙居住在此，因而山有"灵气"，故称为"灵山石树"，凡人到此就会家出才子，人获富贵。远观石树全貌，满山巨石逶迤相叠，有的似树枝，有的似树干，有的似树冠，有的似树根，完美地组合成一棵枝粗叶盛的参天大"树"，令人叹为观止。

灵山石树景区以"石奇、洞幽、水秀"为特色。站在石树门前广场向山顶看去，我们可以看到右边那块象形石，这就是"仙人对弈"的景点。相传，有一对僧友云游四方，一天他们来到此处，被这碧绿的翠竹、满山的红叶、旭日晚霞的自然景观所吸引，顿时棋瘾大发，竟坐在山顶"对弈"起来。看这石头，多么栩栩如生，其中一位似乎棋高一着，得意地仰天长啸；另一位则像是沉思不语，大有决心扭转局势、转败为胜的架势。这盘棋不知从何时下起，也不知何时结束。

再看山顶左侧有一巨石山巅，因其凌空横卧，似天外来客飞落此处，故曰"飞来石"；又因其外形酷似磨刀石，也叫"磨刀石"。上面刻有两米见方的四个大字"石树耸云"，形象地刻画了石树的雄浑气势。这块飞来之石，来自何处，众说纷纭。有的说是"女娲炼石所溅的遗骸"；也有人说，这块怪石是东海龙王驾云所带来的，但至今仍未得到考究。诸如此类的奇石还有"仙人指路""太白醉酒""求子石""船艄石"等等，这些象形石正是大龙山"石奇"之所在。

灵山石树题名石

接下来我们沿途再看看石树的其他景点。我们途经的这个小石桥旁，有一头石牛卧于碧潭之中。相传，这头牛是一位游仙的坐骑。有一天游仙骑着牛来这里游玩，一下子便被这里秀丽的风光所吸引，便坐山观景，再也没有下来。这头牛由于旅途奔波，十分劳累，就在此潭边休息，却被这碧潭水所吸引，禁不住一口一口地喝起来。潭水清澈见底，清凉爽口，老牛觉得一口一口喝不过瘾，干脆便躺在潭中尽情畅饮，谁知却"醉"在里面，再也没有起来。这就是"卧牛潭"景点的由来。

好了，现在我们来看一下灵山石树景区游览线路图。游览区大小景点30余处，游览路程4.5公里，以洞景、石景为主要特色。石树山上沿途景点分布比较集中，有"海龟观日""天狗望月""莲花吐蕊""童女献寿"等等。游览石树有两条线路：一条是从洞中直上山顶，另一条则是沿石阶而上。从洞中走别有一番探奇的乐趣，那么我们就先来领会一番"山重水复疑无路，柳暗花明又一村"的意境吧。

山脚有一个石洞，入口处上刻"通幽"，在无人带领的情况之下，你会为找此洞的出口和入口而费一番周折。洞全长 1500 米，进入此洞，泉水淙淙，清澈明亮，在石缝中忽隐忽现，长年不涸。沿洞深入，洞巷错落曲折，或豁然开朗，或狭窄低矮。洞中有洞，洞洞相连，近百个洞室或高或低，忽明忽暗，小者仅容一人，大者可纳百客。洞内泉水长年不息，每当炎热的夏季，洞内清凉异常，温度在 26 度左右，是避暑的好地方。通幽洞是大龙山最长的一条洞，但洞中洞最多的还得数七景之一的红桂山的万鹿洞（为什么叫万鹿洞呢，听老人们说，相传从前有个牧鹿人赶了万余只鹿入洞，所有的鹿都各寻小洞栖身，竟然使牧鹿人一只也找不到，可见洞中洞之多）。

指路石

　　出洞口后我们将会看到一块刻有"寿"字的景点。这"寿"字是安庆市一个八岁女童所写的，故称"童女献寿"。这个女童操蕾现已是中国书法家协会会员，她的父亲操乐舜，是一位有名的中医，也是我们安徽省书法家协会会员。另外，清末秀才光明甫老先生之墓也在灵山石树景区。光明甫老先生生于 1876 年，1963 年逝世，终年 88 岁。他去世时周恩来总理还赠送了花圈。他的一生都以满腔的热情投入社会主义革命和建设事业。新中国成立后，他曾任安徽省教育厅厅长、省文化馆馆长、省政协副主席、第二、第三届全国政协委员等要职。生前著作有《法制建国论》《辛亥尘影录》等。

　　再下来，我们便到了石树的"烟雨楼"。"烟雨楼"是供游客购物、小憩的地方，设有茶社、小卖部、摄影部、露天茶座等。每当春雨绵绵、细雨霏霏之际，远处的石树烟云会有一种神奇的朦胧之美；深秋初冬的早晨，由于云雾缠绕，山峰也显得缥缥缈缈，令人有置身于仙境之感，正是由于这种烟雨蒙蒙的感觉，人们便把这里称为"烟雨楼"。

不知不觉到了山顶，高处有一横卧巨石，凌空峭立，名叫"飞来石"。石上刻"石树穿云"四个大字，每个字2米见方，是由安庆本土回族书法家马东升手写的，非常壮观。

人站在山顶，烟波浩渺的石塘湖、景色秀丽的螺蛳山、错落有致的田园风光以及杨桥镇上的景色尽收眼底，"会当凌绝顶，一览众山小"的豪情也油然而生。周围怪石林立，形态各异，从不同的角度观察，有的像天狗吃月，有的如白莲吐蕊，或像仙人对弈，或像情人夜话，各尽其妙。沿山脊西行，山后有悬崖，中开一缝，高约15米，宽仅容一人侧身而过，极为险要，名曰一线天。

游览区内还有1株800年树龄的罗汉松，树围3米余，高数丈，枝繁叶茂，犹如巨伞。近旁有1株400年树龄的桂花树，郁郁葱葱，丌花时节，浓香袭人。罗汉松和桂花树恰如兄妹一对，具有很高的观赏价值，属国家保护植物。

奇石幽洞

游览区半山建有望江亭，风格别致，造型美观。亭旁有石，光滑的石壁上雕刻着一个红色的"龙"字，据说是出自一个叫邱建新的书法家之手，是其七岁为此山所题。

亲爱的游客朋友们，一路走来是不是体验到了幽洞探奇的乐趣？欢迎您下次再来体验！

（责任编辑：吴紫英）

二十六、铁砚山房

景区简介

　　铁砚山房是"千朝第一人"邓石如及第六代嫡孙"两弹元勋"邓稼先居住的地方，因此又称"两邓故居"，坐落在安庆市宜秀区五横乡白麟畈上。这里是四灵集聚之地。它南依大龙山，东有凤凰河，西有白麟山，北有赤龟山，拥有龙、凤、麟、龟四种灵性动物，故称四灵山水，又称"龙山凤水"。山房是邓石如祖父邓士元于清康熙中期所建。1986 年，由安徽省人民政府定为省级重点文物保护单位；1987 年，文化部拨专款重修，保存了故居的主体部分。继 2000 年怀宁县政府对故居进行维修后，2008 年 5 月宜秀区五横乡党委、政府又筹资对故居进行了维修，2012 年 6 月再次筹资百余万元对故居进行了较大规模修缮和布展。今天的铁砚山房占地近 2000 平方米，建筑面积 945 平方米，共三进，第一进为门厅，三开间，二、三进均为两层楼阁，主体建筑西侧为斋馆庭院。

铁砚山房简介及导览图

亲爱的游客朋友们：

大家好！欢迎大家来铁砚山房（两邓故居）参观游览！

铁砚山房是邓石如祖父邓士源于清康熙中期所建。邓石如一生浪迹江湖，曾在武昌湖广总督毕源幕里做了三年幕宾，乾隆五十九年（1794 年）辞别还乡。辞行前，毕源请江南有名的铁匠精心打造了铁砚一方，临行那天，邓石如与毕源依依惜别，毕源将铁砚交到邓石如手中，对他说："先生常说携一砚可以云游四方，然而普通石砚不过一两年就被先生磨穿，今天我赠先生铁砚一方，必能存世。"同时还赠银千两。邓石如回乡后，购买了田地 40 亩，第二年扩建房屋，并且以毕沅所赠铁砚命名其居为"铁砚山房"，亲书匾额悬于门前。为何是"研"字而不是"砚"呢，其实在古代研和砚是通假字。

"两邓故居"铁砚山房大门

据《怀宁县志》记载，原故居为徽派建筑风格，砖木结构、两层阁楼式建筑，古朴典雅，正屋九进，加厢房共 60 余间，内设"守艺堂""天极阁""抱翠楼"等，有古今名人李兆洛、曾国藩等题写的匾额、楹联和字画。旧时屋前有荷花池，屋后有花园，园内翠竹、金桂、银桂、木瓜、红梅、绿梅等花木数十种，竹树环合，绿荫葱茏，环境十分优美。同治六年（1867 年）其子邓传密重修。

现存故居占地面积 2000 平方米，建筑面积 945 平方米，共有三进，第一进为门厅，三开间；第二进正厅名叫"守艺堂"，三开间，两侧梢间为板隔住房；第三进名叫"燕誉居"，明间做通道，两侧次间、梢间均系板隔住房，现在的三进是邓石如、邓稼先生平陈列展。1986 年，铁砚山房由安徽省人民政府公布为省级重点文物保护单位。1987年，文化部拨专款重修，保存了故居的主体部分。继2000年怀宁县政府对故居进行维修后；2008年5月宜秀区五横乡党委、政府又筹资对故居进行了维修；2012年6月再次筹资百余万元对故居进行了较大规模的修缮和布展，并得到各级领导的大力支持。铁砚山房现为市爱国主义教育基地和市国防教育基地。

铁砚山房正厅守艺堂

邓氏家族自邓石如开始，代代名人辈出，先后有晚清时期的书画家邓传密、清末教育家邓艺孙、现代教育家邓季宣、现代美学家邓以蛰、两弹元勋邓稼先。他们都诞生于铁砚山房。这里蕴含着极其深厚的文化底蕴，具有浓郁的书香气息和丰富的精神内涵。

铁砚山房主体建筑为穿斗式砖木结构，共三进，现在我们走进第一进。第一进为三开间的门厅，有邓石如之子传密题写的"铁研山房"隶书门额。东西两侧是游客咨询服务中心和办公室。

现在我们正走进的是二进正厅守艺堂。堂外的抱竹联是邓石如撰文，以隶书书写一副长联："沧海日、赤城霞、峨眉雪、巫峡云、洞庭月、彭蠡烟、潇湘雨、武夷峰、庐山瀑布，和宇宙奇观，绘吾斋壁；少陵诗、摩诘画、左传文、马迁史、薛涛笺、右军帖、南华经、相如赋、曲子离骚，收古今绝艺，置我山窗"。上联摄景，五彩纷呈；下联取文，绮章叠秀。上下联气脉连贯，一气呵成。此联气势恢宏，构思奇特，正如南朝文论家刘勰所说的那样，是"视通万里""思接千载"。所以此联一直盛传不衰。

二进分为东西厢房和正厅。看我们的正前上方，中间守艺堂匾额为邓石如之子邓传密亲笔书写；两侧的母仪寿相和寿福王母的匾额是光绪年间为邓家老人做寿时赠送的匾额。厅上板壁挂四幅"熬陶孙诗评"木刻隶书屏；两楹有五言行书对联一副，上联："海为龙世界"，下联："天是鹤家乡"；厅北设条台、方桌和两张太师椅，东西两侧各列四张太师椅，中间木梁上悬六盏宫灯；两侧是书香门第、满门俊秀的邓氏家族历代名人简介。

这边是邓氏家族的族谱，我们沿着邓氏家族历代名人印迹一一品读。

根据邓氏家族的史料记载，邓家远祖原居江西省鄱阳县郊外农村。元朝末年农民大起义，江西省鄱阳县及附近各省长期战乱。明太祖朱元璋统一中原后，鉴于战争造成的人口转徙和死亡情况严重，下令重新安排人口。邓家便是在这种情况下，由邓家祖先邓君瑞带领全家从江西迁移至安徽怀宁县城外20公里的白麟坂，从此，邓家就在这依山面水的"白麟坂"建起了家园。后来传到邓石如已是13世了。在邓石如成为清代大书法家、篆刻家时，家族已发展成三个大村庄：邓家大屋、邓家老屋、邓家燕屋。

邓士源是邓石如的祖父，为人憨直、朴实，酷爱明史和书画，终身布衣素食，守着田园之乐。

邓一枝是邓石如的父亲，他博学多才，善长诗文、摩印、篆刻，不随时俗，因家境贫寒，他为了一家老小的生计，终年在当地或外地教书。所以邓石如是出身在寒士之门，祖辈"潜德不耀"的人品、"学行笃实"的学业以及傲岸不驯的性格对他的成长具有潜移默化之功。

邓石如生于清乾隆八年（1743年）四月二十九日，卒于清嘉庆十年（1805年）十月初四，享年63岁。他原名邓琰，字石如，取"人如顽石，一尘不染"之意。自嘉庆元年（1796年）始，为避清仁宗颙琰的名讳，便改为以字为名，字改顽伯。因家住在大龙山下、凤凰桥边，故又自号完白山人、龙山樵长、风水渔长、笈游道长、古浣子等，是中国清代书法家、篆刻家，清代书法金石学家和文坛泰斗、经学宿儒，邓派的创始人。他的一生，伴随着刻苦自励、倾注艺术的全部生活内容，几乎就是"交游"二字，不求闻达，不爱慕荣华，不为外物所动，不入仕途，始终保持着布衣本色、我行我素、自由自在的"逍遥"人生。正是这样一介布衣，成长为伟大的艺术家，全靠坚定不移的信念、顽强的意志和刻苦的锻炼。在三进邓石如生平展将较为详细地介绍了他的一生。

邓传密是邓石如的儿子，邓石如逝世的那年，他才11岁，后在父亲旧友李兆洛的帮助下，继承了父亲的先业，咸丰、同治年间在书坛上享有一定的盛名。他毕其一生都在极力搜集邓石如的遗墨、金石，并以唐人双钩之法摩之。邓传密晚年主讲于石鼓书院。

邓艺孙，字绳侯，是邓石如的重孙，1857 年出生，卒于 1913 年，享年 57
岁。他是清末教育家，曾任安徽都督府教育司司长，创办了省立图书馆、几所中
学及女子师范。邓艺孙 7 岁丧父，便随祖父邓传密（时任石鼓山书院山长）到湖
南读书。他天资聪颖，诗文书画皆清回绝俗，深得曾国藩、左宗棠等长辈赏识。
14 岁时祖父在家病逝，后便跟随孝廉方正王子成读书。17 岁时，他补了怀宁县
邑庠生。邓艺孙对《诗》《书》《三礼》有深入研究，笃信儒家传统。在当时欧
风已吹遍中国，资产阶级民主、自由学说如巨澜狂飙猛烈冲击时，他坚持国学和
圣贤道统与之抗辩。后来他发现东西方学说有互通之处，就放弃了自己原来的观
点，博得学者们的尊敬。

邓仲纯，邓稼先二叔，医生，侠肝义胆古道热肠，与老舍为好友。1930 年 8
月，邓仲纯到青岛，任国立青岛大学校医兼任国文系讲师；1932 年，国立青岛
大学改名为国立山东大学，他继续在该校服务。邓仲纯、邓以蛰与陈独秀系怀宁
同乡世交，情同手足，早年一同留学日本。1937 年 "七七" 事变后，陈独秀从
南京狱中释放，次年 8 月初，邓仲纯终于在重庆上石板街寻访到陈独秀，遂接陈
独秀一家到他所在的江津去居住。邓仲纯在江津开了一家 "延年医院"，此后邓
仲纯便是陈独秀的义务保健医生兼通讯员。陈独秀直到病逝，都得到邓仲纯、邓
季宣兄弟和邓蟾秋、邓燮康叔侄的悉心照顾，丧事也是邓氏叔侄协同民国江津县
政府料理。

邓季宣，是邓稼先的四叔，毕业于安徽省立甲种农业学校、北京高等法文学
堂，1919 年赴法国勤工俭学，先后在里昂大学、巴黎大学攻读哲学。1928 年，
他学成回国，历任上海复旦大学、光华大学文史教授、安徽大学哲学教授兼预科
主任、国立四川女子师范学院哲学教授、安徽省督学、安徽省立高级工业职业学
校、安徽省立宣城师范学校、国立第九中学及安徽省立安庆女子中学校长等职
务；新中国成立后，历任江苏省立图书馆、南京图书馆馆员、江苏文史馆研究员
等职。1957 年，他被错划为右派，1972 年在安庆含冤去世。1979 年 3 月，南京
市委统战部为他平反昭雪。邓季宣热爱祖国，博学多才，有着深厚的中西文化底
蕴，治学严谨，办学认真，校纪严明，不仅传授文化科学基础知识，更注意培养
学生爱国、进取、正直、友爱的优良品质，培育出了 "两弹元勋" 邓稼先、赵
仁凯、汪耕、夏培肃等十多位中国科学院、中国工程院院士，出类拔萃的学子遍
及海内外。他是一位著名的学者、教育家。

邓以蛰，字叔存，邓稼先的父亲，1892 年 1 月 9 日生于铁砚山房，卒于
1973 年，享年 83 岁。他是邓石如的第五世孙，教育家邓艺孙的第三子，现代美
学家、美术史家、教育家，幼年时曾受过其父邓艺孙的严格家教。他于 1917 年
赴美，入纽约哥伦比亚大学学习哲学与美学，是我国留学生到欧美系统学习的先

行者之一；1923 年回国，补聘为北京大学哲学系教授；1927 年到厦门大学任教，1928 年转至清华大学。1933—1934 年，他出游西欧意、比、西、英、德、法等国，访问很多艺术博物馆，归国后写成《西班牙游记》一书。20 世纪 20 年代前后，邓以蛰、宗白华两位先生各自驰名于北方与南方文坛，故时人有"南宗北邓"之称；50 年代初，全国高等学校院系调整，邓、宗两位先生相继来到北京大学，与朱光潜先生一同执教，为北大三位著名美学教授。值得自豪的是，这三位美学大师都是我们安庆人。1962 年，他把家中珍藏的邓石如大量的书法篆刻作品捐赠给北京故宫博物院，受到文化部的嘉奖。

邓稼先，邓石如六世孙，邓以蛰长子，为研制原子弹、氢弹，呕心沥血，死而无憾，被誉为中国"两弹元勋"。稍后我们会在三进中对邓稼先的生平有较详细的介绍。

许鹿希，1928 年 8 月生于上海，许德珩（著名政治活动家、教育家、学者）之女，"两弹元勋"邓稼先的夫人。1953 年，她在北京医学院毕业后，留校任教，教授解剖学，先后被聘为讲师、副教授、教授等职，是北医大较早确认的博士生指导教师之一。她于 1950 年加入中国共产党，先后出任过解剖教研室党支部书记和基础医学系党总支书记等职务，为基础医学系党的建设做出了贡献；同时，先后培养硕士研究生十名、博士研究生两名、博士后出站一名。在邓稼先整整消失的 28 年间，许鹿希信守离别时相互扣付的诺言，无怨无悔地等待。

燕誉居

好了，我们再看西边的厢房，邓稼先便是出生在这间屋子里，现在这儿依然保存着他儿时睡过的木床、用过的柜子及其他物品。邓稼先在这里出生8个月后便随着母亲和两个姐姐去了北平，当时邓稼先的父亲在北京大学和清华大学文学院任教。

现在我们面前的是故居第三进燕誉居。"燕誉居"是邓传密的手书匾额。右上角悬挂的是邓氏子弟邓子涟手书的"心存忠恕"牌匾。"忠恕"二字可以说是中国传统伦理教育和处世哲学的高度概括。所谓忠，即尽力为人谋，中人之心，故为忠；所谓"恕"，即推己及人，如人之心，故为恕。在论语中，曾子对孔子的思想就做了一次总结："夫子之道，忠恕而已矣。"（语出《论语·里仁篇》）。

进门中间的卷帘是邓石如第七代旁孙邓晓峰题写的"山房铸国器　铁砚磨忠魂"。三进的室内主要展示了与邓石如、邓稼先有关的各种图片、资料和实物。陈列内容按照邓石如、邓稼先生平历程设计布展。我们先看邓石如，共分七大板块，陈列内容图文并茂，因缺失邓石如的图片，我们请了安庆市知名书画家、安庆师范大学书画院的陆平老师为邓石如画了七幅生平经典画，展示出了邓石如的一生。接下来我们再看邓稼先，按照求学报国、壮我国威、鞠躬尽瘁、时代楷模等四个部分展示，陈列内容也是图文并茂，用大量的珍贵图片与实物展示了邓稼先的无私精神及其对我国国防事业的巨大贡献。

邓石如、邓稼先生平展厅

各位朋友，我们现在走进了后花园，现故居有东、西两个花园。据记载，原花园内种植翠竹、金桂、银桂、木瓜、红梅、绿梅等花木数十种，竹树环合，绿荫葱茏，环境十分优美。

　　大家看到，在我们出故居后门的右边比较破旧的房屋是邓家大屋，坐南朝北，占地面积602平方米。邓家大屋后进厅堂西山墙与铁砚山房第三进梢间东山墙相连，始建于清康熙中期，为邓石如曾祖父邓应朝所建，现存堂屋前后进及门头，正屋三进。一进抬梁式构架，五架梁，前后双步廊出檐，面阔9.8米，进深8.5米；二进门头上方门楣石雕"湖宁深处"，穿枋结构，五开间，面阔17.2米，进深8.6米；三进堂屋供奉先祖牌位。大屋主体结构基本保持原貌，只是室内阴暗潮湿，墙体剥落，保护状况不佳。

　　好了，我们再往前走。看花园的西墙内侧，我们精心选择了邓石如碑刻作品22幅展示给大家。我们知道，邓石如书法篆刻诗文等艺术创作之所以能取得如此杰出的成就，达到较高的造诣，都得益于自身的刻苦钻研、躬身践行和有胆有识。当时，世风颓萎，文字狱迭兴，社会矛盾日益加剧。文人学士或随波逐流、卑躬屈膝，安享荣华富贵；或埋头于八股文章，或悲观处世，遁入空门，隐逸于田野山林。邓石如以布衣之身，两袖清风，对艺术始终锲而不舍，以其超凡的毅力和才华，惊天动地，在书法史上创造了奇迹，给乾嘉之际派别纷争的艺坛带来一股清新的气息，也铸成了自己在书坛、印坛的领袖风采，数百年来，一直为后人敬仰和效仿。

　　各位朋友，今天的讲解到此就结束了。在此，告诉大家一个好消息，目前，宜秀区正推进两邓故居文化旅游产业园建设，整修邓石如墓园、建设邓稼先科技广场、邓石如碑林，新建现代农民书画一条街，着力把故居打造成知名的文化旅游园区、国家级爱国主义教育基地、国防教育基地和全国知名书画研究基地。我诚恳地邀请各位朋友再次光临，欢迎大家在闲暇时携家人及亲朋好友来宜秀，到五横休闲旅游观光。朋友们，再见！

（责任编辑：吴紫英）

二十七、永顺植物园

景区简介

永顺植物园，也称秀水苑，地处安庆市宜秀区杨桥镇，北依安庆市大龙山国家森林公园，东临石塘湖景区，西靠安枞公路，距安庆市中心10公里，距安庆天柱山机场3公里。该园规划面积2400亩，核心景区占地300余亩，拥有各种植物上千种，旅游资源丰富多彩、特色鲜明，是集科普研究、旅游观赏、休闲娱乐、会议会展、体验农趣等功能于一体的大型综合性度假区，是首批全国农业旅游示范点之一，是国家3A级旅游区。

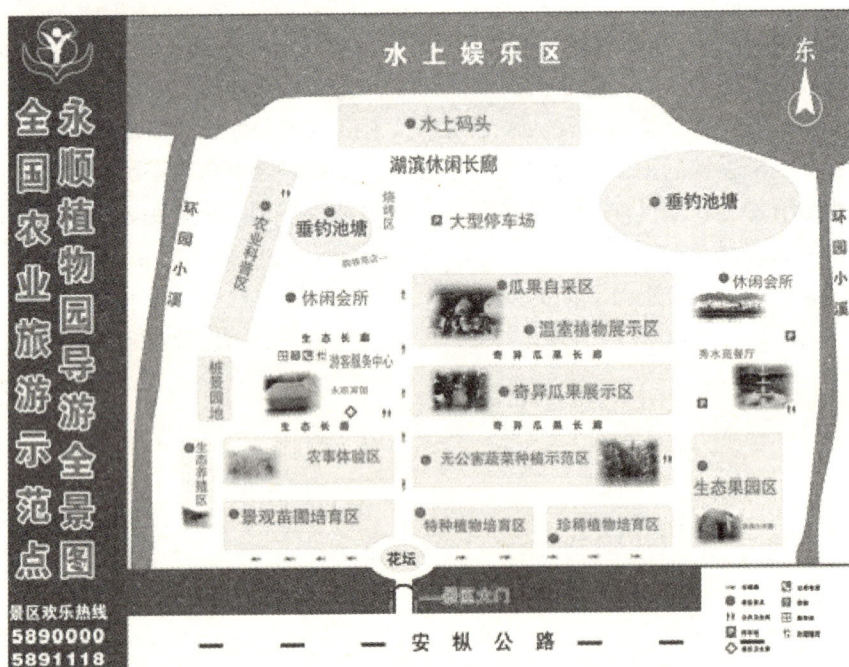

永顺植物园导览图

游客朋友们:

大家好!欢迎来到安庆永顺植物园!

永顺植物园也叫秀水苑,成立于2000年,坐落于安庆市宜秀区杨桥镇余湾村,拥有各种植物上千种,是首批全国农业旅游示范点之一,国家3A级旅游景区。

永顺植物园大楼

永顺植物园地理位置优越,北依安庆市大龙山国家森林公园,东临石塘湖景区,西靠安枞公路,距安庆市中心10公里,距安庆天柱山机场3公里。优越的地理位置和现代农业特色,使植物园曾被确立为"国家农业综合开发杨桥镇优势农产品大棚基地",被安庆市科学技术协会认定为"安庆市科普示范基地",被宜秀区文明办、宜秀区教育局确定为"宜秀区未成年人综合素质教育基地"。

近年来,随着乡村旅游的迅猛发展,植物园不断开发新的项目,打造宜城最大的生态环保型农家乐胜地,先后建设了快乐大本营、自助烧烤、垂钓场、瓜果采摘观赏区、网球场、乒乓球室、多动能会议室、客房、餐厅、棋牌楼、休闲别墅区及休闲大草坪。植物园已成为集科普研究、旅游观赏、休闲娱乐、会议会展、体验农趣等功能于一体的大型综合性度假区。

永顺植物园种植有上千种蔬菜、果树、花卉和各种园林植物,既有千日红、石竹、矮金牛、芦荟等观赏性植物,又有可供采摘的无公害瓜果蔬菜如西瓜、香瓜、蛇瓜、小番茄、白菜秧、南瓜、空心菜、茄子、玉米、辣椒等,不仅为游客提供自采蔬果的农家乐趣,还为安庆知名酒店天域花园酒店餐厅提供部分蔬果产品,让游客品尝真正的农家土菜。

秀水苑园名石刻

　　植物园建有集会议室、客房、餐厅包间及棋牌室、乒乓球室于一体的多功能休闲中心秀水苑。该苑既可以为客人们提供举办大型会议、企业培训、商务洽谈、朋友聚会、婚庆礼仪等活动的场所，又可以为游客提供一个放松身心的优雅环境。中心有客房单间 4 间，豪华标间 14 间，豪华餐饮包间 12 间和能容纳 12 桌的宴会大厅。其中杀猪汤为秀水苑特色农家菜，吸引了各方游客。杀猪汤是农家每逢过年杀猪时招待亲客的一道农家菜，有着浓烈的过年气氛，又因猪是由自

奇异瓜果观赏园

家粗粮喂养，所以肉质鲜美、汤汁醇厚、脂肪含量少、营养丰富，适合各类人群食用。另有农家菜冬瓜烧腊鸡曾被评为宜秀区"十大"农家招牌菜。

　　植物园中有鱼池，占地面积近 20 亩，能容纳一百多人同时垂钓，休闲氛围浓郁；近些年还举办了垂钓大赛，吸引了来自四面八方的垂钓爱好者。

　　植物园还备有烧烤设备，喜欢野炊和烧烤的游客既可自带食物，也可在植物园购买食物烧烤，体验动手制作的美味。

瓜果棚

　　游客朋友们，植物园还将不断开发新的休闲娱乐设施，如篮球场、网球场、游乐场，增设水上步行滚筒、草地滚筒及儿童蹦蹦床等项目，为各种类型的游客提供愉快舒适的休闲服务，努力打造品牌，使之成为优秀农家乐示范点。

（责任编辑：吴紫英）

二十八、小 孤 山

景区简介

　　小孤山，位于安徽省宿松县城东南 65 公里的长江之中，南与江西彭泽县仅一江之隔，西南与庐山隔江相望，是万里长江的绝胜，被誉为长江绝岛、江上第一奇景。小孤山与彭泽县的龙宫洞、湖口的石钟山、鄱阳湖的大孤山（鞋山）相距也只有几十里，地形险要，是历代兵家必争之地，有"安庆门户""楚塞吴关"之称。主要景点有海门石刻、启秀寺、半边塔、梳妆亭、御诗碑等。

小孤山导览图

游客朋友们：

大家好！欢迎游览美丽的小孤山！

很高兴能为大家提供讲解服务，希望大家可以在小孤山玩得愉快！

小孤山属于安徽省省级风景名胜区、省级重点文物保护单位、省级重点寺庙，也就是说，是三位一体的一座山。它位于宿松县城东南 65 公里的长江之中，东距国家级风景名胜区天柱山不远，南与江西风景名胜区龙宫洞相邻，乘船过江 47 公里就可以到达，西距江西湖口省级风景名胜区石钟山只有 48 公里。

江绝岛

小孤山海拔 109 米，相对高度 83 米。与其他名山相比，小孤山不算高，方圆不过一里多，四面江水滔滔，独立无依，真是名副其实的既"小"又"孤"，显得有些袖珍。但它的形成至今却有三四亿年，名胜古迹遍布，被称为海门第一关。为什么叫海门第一关呢？因为海水到此不再西上，绕山一圈，又回到东海，涨水季节很明显。从自然景观的角度上讲，小孤山有"四象"之说：所谓"四象"就是站在一公里以外的东南西北四个方位看，小孤山会呈现出不同的姿态。所以又有这样的说法："东望一支笔，西看似悬钟，南看太师椅，北望啸天龙。"甚至连南宋爱国诗人陆游曾经在他的《入蜀记》里也说道："姿态万千，信造化之尤物也。"当地人也叫她小姑山，这里的姑是姑嫂的姑；称对岸江西彭泽的澎浪矶为彭郎矶，从而又有"小姑嫁彭郎"的传说。以至于宋代大文豪苏东坡在他的一首水调歌头词里面也写道："舟中贾客莫漫狂，小姑前年嫁彭郎。"大家一定好奇，为什么叫小姑山呢？那小姑又是谁呢？民间传说她是一位纯情美丽的少女，与彭郎相爱，但终难成眷属，于是投江殉情。在小姑投江处慢慢升起一座

303

禅修圣境　好戏安庆
　　——安庆旅游景点导游词

孤山，人们称她小姑山，而彭郎眼见小姑已身化孤山，便也毅然投身长江，化作一座石矶，这就是与小姑山遥遥相对的彭郎矶。千百年来，小姑山与对岸的江西澎浪矶就这样隔江相望，任凭风吹雨打，岁月流逝，始终一往情深。

　　小孤山之所以出名，主要有四个特点："奇、秀、险、独"。所谓奇：就是人们感到奇怪，江南是连绵起伏的群山，但江北就只有这一座独立无依的小山；所谓秀：就是山体秀丽，尤其是春夏季看上去，山上树木葱茏、山体如盆景，所以小孤山又有"江上盆景"之称；所谓险：就是山势陡峭险峻，上山仅一条路，有的地方悬空托起，那奔腾的万里长江就在大家的脚底下，十分惊险；所谓独：就是孤的意思，也就是独立而不依，尤其是涨水的季节，四面环水，小孤山就位于水中央，需要渡船才能上山，所以小孤山也就有了"长江绝岛"的美誉。从人文景观的角度上讲，传说中的大禹以及秦始皇、明太祖、清乾隆皇帝等历代帝王都在此留下遗迹。许多文人墨客还给小孤山取了诸多美名，如江上明珠、江上盆景、海门石柱、蓬莱仙境等等。小孤山不仅风景优美，而且还是一座佛教名山，主要建筑是启秀寺，始建于唐代，寺庙坐落在半山腰，寺内供奉的是小姑娘娘像，所以民间又称启秀寺为"小姑庙"。当然，也有人认为小姑就是圣母妈祖，因而启秀寺也是内陆地区海拔最高的一座妈祖庙。小孤山就像万里长江中的一颗璀璨的明珠，吸引了众多游客前来观光。

　　各位朋友，下面请大家跟着我游览以上的各个景点。首先请各位顺着我手指的方向看，那叫"龙角石"，刚才我们说了"北望啸天龙"，传说小孤山是啸天龙的化身，这就是龙的角。明代哲学家、南京兵部尚书王守仁有诗句："看尽东南二百峰，小孤山上是真龙。"

　　一天门　各位朋友，咱们现在已经到了一天门，也就是山门。这是一个佛教术语翻译过来的。再看我们现在脚下踩的这一级台阶，就是过去旅游开发之前，通往小姑娘娘梳妆亭的第一级台阶。从这级台阶到山顶梳妆亭正好是365级，与一年的365天相等。每一级台阶就象征每一天，一天一级，天天向上。拾级而上，意味着年轻人事业兴旺，步步高升；中年人升官发财；老人年延年益寿。大家再请看那门头上横着的匾额，里面有"启秀寺"三个字，这是元代俞瀚所书。山上的寺庙就叫启秀寺。所谓"启秀"，意思是"启发当权者培养提拔后起之秀"。再看那竖着的匾额，上面有四个大字和两个小字御题，御题就是皇帝的题字。四个大字"灵昭江屿"，是乾隆皇帝下江南上小孤山时题写的，很多人以为是满文，因为乾隆皇帝是满族人，实际上这是篆体字。那么"灵昭江屿"是什么意思呢？它指的是小孤山的香火旺盛、灵气十足，佛光映照长江边上的这座小岛屿。

　　龙耳洞　穿过山门，映入眼帘的是"曲径通幽"四个大字。这四个字的意思是山道弯弯曲曲可以通向最神秘的"龙耳洞"。龙耳洞离下面"龙角石"只有15米，是一形似耳朵的溶洞，里面冬暖夏凉。明代舒芬有诗曰："太古出水一龙头，龙头顶上起琼楼，角旁有穴龙耳洞，佛可龛之人可游。"这个洞600年前可是救了一位皇帝呢。传说朱元璋就是在这里躲过人生一劫的：当年朱元璋被陈友谅重兵包围，在突围时，黑暗中遇一红灯指引，进入此山的龙耳洞，追兵被洞口重重蛛网所阻；又说是朱元璋进洞后，一群蜘蛛迅速吐丝成网，追兵看蜘蛛网完整，以为没人进去，就没有进洞搜索，朱元璋因此逃过平生一险。这句"丹邱未必人能到，珠树惟应鹤可栖……"是明安庆知府叶梦熊所题的。他是我们宿松县人。

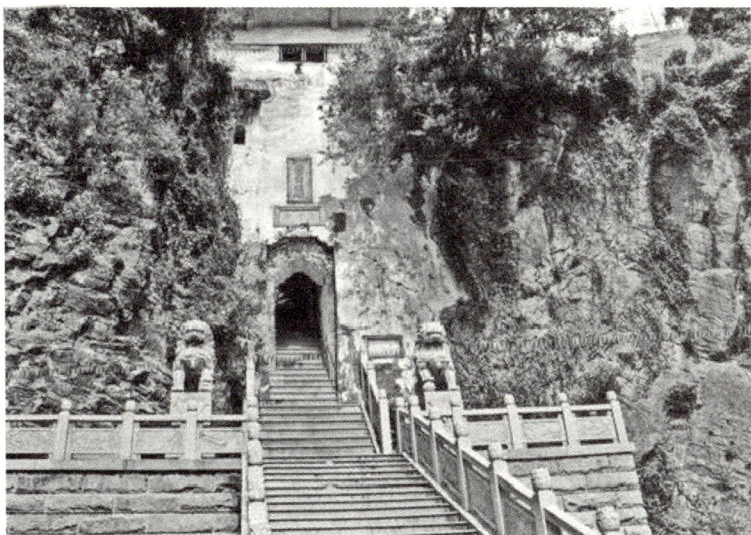

启秀寺

各位游客，这是灵宫殿。这拿斧子的叫山神，拿叉的叫水神。传说他俩当年在这沿江一带兴风作浪，残害人民。后来天妃林小姑派"王灵官"捉拿他俩。王灵官手持钢鞭，脚踏风火轮，威风凛凛地收服并看管他们。从此之后，他们改邪归正，修身养性，变成了菩萨。别看他们面目狰狞，现在可是行善积德了。过去旁边有副对联曰："到此何须害怕，回头不必担心。"比如说今天大家到此，他们表示欢迎，等回去时他们为大家送行，也就是为大家保驾护航。

先月楼 各位朋友，现在我们来到的是先月台（正阳台）。请看这古代的小城墙，上面每块砖上均印有"启秀寺"几个字，这是当年朱元璋亲自下令专为启秀寺所制的砖。请大家从北面往下看，那是御笔河。这一带古为江滩。明朝初年，朱元璋在上游鄱阳湖被陈友谅长期围困时，粮草无济，他便派心腹俞通海向

禅修圣境　好戏安庆
——安庆旅游景点导游词

宿松义勇首领石良求援，并传口谕："谁送粮，封宰相。"石良积极响应，准备选择附近江面狭窄又便于隐蔽处渡江。但因山南江流过急，风险很大。朱元璋知情后，即在呈文上御笔一挥，同意在山北另开一河，分流解急，由石良率部三千，连夜开挖三十里，安全渡江，胜利解围。此后，石良屡立战功，均有封赐，年迈时，自愿还乡，朱洪武给封田造宅，封他为"田园宰相"。传说这就是"御笔河"的来历。

请大家转过身来看看，这幢建筑叫"藏经楼"，是 1996 年重建的。那上面"藏经楼"三个字是 1996 年山上的住持专门到北京请赵朴初老先生题写的。"藏"字为什么左边的那个偏旁没有呢？这是赵朴初老先生有意这么写的。因为这楼里有大藏经，收藏起来了。

现在我们已来到了"关公殿"门口。这殿始建于唐代，在明代的时候得以定型，以后只不过是维修。请大家看看这副清代王冈作的对联："碧汉空中悬古寺，白云堆里响残钟"，横批是"护国佑民"。这副对联，作者运用夸张的手法，以赞美的口吻描述了小孤山，说明了寺庙建在这半山中的神奇和伟大，同时教育僧人要爱国、为民。2004 年重修的是三大殿。首先请大家参观下佛殿，也就是大雄宝殿。此殿原名"先月楼"，取"近水楼台先得月"的诗意。"大雄宝殿"几字是赵朴初先生专为我们小孤山启秀寺题名的。这个殿是供僧侣们每天做早晚功课的地方。大型佛事活动也在这个殿里举行。请大家抬头看，正面是西方三圣，中间是佛祖"释迦牟尼佛"，左边是"阿弥陀佛"，右边是"药师佛"；再看两侧，左侧是普贤菩萨，右侧是文殊菩萨；再看东西两方，每方九尊，共十八尊，名叫十八罗汉。好，如果大家的佛心表达过了，请跟我到中佛殿去看看。

朋友们，我们现在来到的是"中佛殿"，也就是"小孤（姑）娘娘殿"。我们这里还称她"圣母娘娘"，因此也叫"圣母殿"。小姑娘娘、"圣母娘娘"指的是同一人，实际上就是福建莆田的"妈祖"林默。她是宋都巡检林愿的第六女。据说她出生时就有祥光异香，羽化后，常朱衣乘席渡海，驾云游岛屿间，志在乐善好施，扶危济困。大家都知道，"妈祖"是东南亚一带家喻户晓的海上保护神，那我们内陆为什么也供奉她呢？原因有二：一是据说古时候，就在对面澎浪矶与小孤山之间的长江中，由于江面狭窄，水流湍急，经常出现翻船的事故，为了摆脱这一局面，大家纷纷要求在此供奉妈祖神像，以保佑在此过江的船员们上下平安。说来也奇怪，自供奉了妈祖以后，这一带就太平无事了。难怪人们说："小孤娘娘眼观六路，耳听八方，心动神知，有求必应。"自宋代在此立庙之后，历朝多加封，典型的封名为"助顺、安济、惠济、广济、先人"。明代这里香火特别旺盛，洪武二年（1369 年）朱元璋亲临环山祭奠"妈祖"，并赋诗曰："龙舆凤驾出京都，百万雄师驻小孤。"另封"妈祖"为"天妃圣母"。二是因为我们这里的江水和海水是紧密相连的，海水到此不复西上，涨水季节，水漫上来的时候就非常明显了，潮起潮落，宛如就在大海边。为此，元朝俞瀚在西壁上刻"海门第一关"的意思就不言而喻了。

明代嘉靖皇帝也于1547年在山下近两公里处御建大型"护国寺"，一进九重，规模宏大，雕梁画栋，俨若王居。

为什么嘉靖在此有如此壮举呢？传说嘉靖登基之前，曾在地方做官。时值其先皇重病缠身，一道圣旨传嘉靖回京役政，途经小孤山一宿，他乘机暗求和尚代为抽签，以卜吉凶，得第二灵签，文曰："莫谓深山夜雨稠，欣然一阵晚丰收。得如卯向归龙虎，涌出乌云照九州。"嘉靖惊喜，暗许宏愿：如有九五之份，愿重修庙宇，再塑金身。回到京都，先皇驾崩三日。由于丧事、国事烦琐，竟将许愿遗忘。某夜宫中忽现一神女，若即若离……惊醒是梦，嘉靖猛悟，即诏示沿江七府，聚集敕建"护国寺"。"护国寺"年久遭毁，其遗址有大量珍贵文物，部分埋入地下，亟待挖掘。如果"护国寺"至今完好，那将是一份珍贵的历史文化遗产。

请大家随我一道去参观一下上佛殿，也就是"观音殿"。这尊观音是缅甸国家佛教协会赠送给我们小孤山启秀寺的。它由一块完整的缅玉雕刻而成，价值极高。

各位游客朋友，三殿已全部参观了。下面请大家跟着我沿东环路去"金鸡阁""半边塔""观涛亭""烽火台"游览。

小孤山庙宇远景

禅修圣境　好戏安庆
——安庆旅游景点导游词

"金鸡阁"是一只彩色凤鸡，传说是海神的化身，它随时腾飞去搭救水上的遇难者。

各位游客，这就是半边塔，一半在外面，一半在里面，三方五层，构思奇特。塔内供"送子观音"一尊。因此也叫"送子塔"。不少善男信女前来膜拜求子；也有来求生女的。如今男女平等，古今中外女子胜过男子的有不少范例，母系社会还是女性当家哩！

这是一座蓄水塔，塔里的水主要是供僧侣饮用和消防使用。这塔原为宋代"放翁亭"遗址，清代作为儒学堂，因年久被毁了。南宋著名诗人陆游在此题咏很多，如一首诗写道："江水东流直下吴，狂澜倒挽一人无，世间枉说奇男子，砥柱还须让小姑。"陆游这一拟人化诗意，歌颂了"小姑"力挽狂澜的高大形象，讽刺了南宋朝廷昏庸懦弱、苟且偷生的可悲局面。

请大家顺我手指的方向望，那对面伸向江里的石矶，就是"小姑与彭郎"传说里的"澎浪矶"。

这两山之间的江面是 570 米宽，是长江中下游江面最狭窄的地方，这里的地势险要，水流湍急，人们把它比作诸水咽喉，古代吴头楚尾指的就是这里。因此，这里也是古代的军事要地，上面的烽火台就是历代兵家的必争之地。据说，江西和安徽为了这座山还打过官司：江西人说这山是他们的，原因有二：一是山脉是属于江西的；二是当时主江面是在山的北边，从水域看是靠近江西的。但是涨水季节最长时间只有两个月，而枯水季节时长江主航道就在安徽，小孤山就坐落在安徽地界上，那自然属于我们安徽了。

请大家看这里是不是很险（指着观涛亭），这里就是我们在前面讲的小孤山四个特点中的"险"字的最好体现，往下去就是"观涛亭"，观涛亭地势险峻，为 1988 年新建。大家看，下面江水奔流，其中常见一大漩涡，人称"海眼"，宋末爱国诗人谢枋得有诗曰："人言此是海门关，海眼无涯骇众观。"也就是在这一带，凡遇大风前夕，有成群的江猪（即黑鳍豚）出没，江猎为国家珍稀保护动物。

关于白鳍豚和黑鳍豚，有这么一段神话传奇：东周列国时代，朝野沉沦。当时附近有一员外之女，名叫白著，年方十六，自幼多才。一个夏夜，她以蚊虫为题，信口成诗："身似芦花嘴似针，轻吹细唱入户门。满身白肉随你采，何必耳边说私情。"不料这首诗被后母偷听，诉之员外，同时怒斥女儿为人不轨，按名门家规，将她流放江心，随缘死活。白著漂到下江，奄奄一息，幸被一渔翁搭救，但后又被坏人卖入"离心院"（妓院）。三年之后，白员外经夏江经商，深夜半醉进入离心院，正巧点到青儿——白著化名，陪宿到天明，白著认出是父亲，但未当面揭破，当即写一纸条，包了几根花针，放入一只布鞋，分别时将一双布鞋相赠，请员外回到家中再穿。别后她投江自尽。员外在船至小孤山时想起夏江的情景，随手取鞋试穿，脚感刺痛，一看，只见一纸条上写明了女儿清白而悲惨的遭遇，员外顿感无地自容，自问："牛尽忠，马尽孝。雁尽节，犬尽义。我不如禽兽，何配人类？"于是他旋即离船入水，了却人生。后来传说白豚就是清白的白菩，黑豚是黑心的员外所变。

朋友们，这就是烽火台，也是小孤山的最高点，海拔 109 米的高度就是指这里。这里自南宋之后就设有炮台。由于地势险要，是历代兵家必争的要塞，古称"楚塞吴关"。三国东吴名将陈武（宿松人）曾屯兵于此，以防魏、蜀进攻；水浒中绰号"浪里白条"的张横、张顺（小孤山兄弟俩）和阮小七（附近汀洲人），自幼在附近习水练武。后来有元代的"红巾军"与余阙；明代皇帝朱元璋与陈友谅背水一战时，就占领了这个山头，并在这里还住了一个晚上；还有明代王守仁与朱宸濠；清代彭玉麟的湘军与太平军等，均在这里对垒交锋，进行过激烈的争夺。解放战争时期，刘邓大军在此驻军一批，陈赓部秦基伟十五军，后经山脚横渡长江，参与解放全中国。那为什么叫烽火台呢？据考证，南朝武昌至京口（现镇江市），列置烽火遂，小孤山为其中之一。山顶筑一台，日烧狼粪，夜烧明火，作为军事信号用以联络。当时台门有联曰："在漠烽烟直，长落日园亭。"

请各位继续随我向西山行进，小孤山真是一座宝山，野生名药草也很多。有荫东蒿、夏枯草、石乃菇、凤尾草、骨碎、何首乌、山药、石蒜，还有药用红头蜈蚣等。

御诗碑　各位游客，大家看这碑刻，它原本坐落在山下"护国寺"遗址处。正面镌刻明朝嘉靖帝的父亲（后追赠兴献帝）的御诗一章，前十句是写山的奇特险峻，后转为明媚秀丽的风姿；最后六句是感想，既有徜徉山水之志，又有泽润生民之心。碑下动物名叫"趺"，有人把它叫"龟"，有人把它叫"鳌"，传说是龙王的第四子。龙生九子，九子各有特点，它的特点就是"负重"。另有说法：因它不服家教国法，所以历代将圣旨碑压在它身上，不让它兴风作浪，以祈求四季平安。

各位游客朋友，大家看看这些石头，尤其是看那顶端的几个石头，是不是有些像群羊？传说苏武当年赶了一群羊经过小孤山，就在这个山头上住了一个晚上，后来就慢慢地长出了这个像羊的石头，人称牧羊石。后来人们为了纪念苏武牧羊，特地在这里建一亭子，叫牧羊亭，后来又叫小姑娘娘的梳妆亭。

梳妆亭　梳妆亭最早在南宋理宗宝庆二年（1226 年），由江湖知州历文翁所建。现亭是 1964 年新修的。古人云："欲穷千里目，更上一层楼。"上面是小姑娘娘的梳妆台，请上楼参观。从这里凭窗远眺，山下原有"胭脂港"和"娥眉

309

州"，天然布置。这台前原有清代太湖状元赵文楷的题联："江光铺白开妆镜，峰影浮青上晓鬟。"后赵文楷的第六世孙赵朴初先生在此认真书写了这副对联，现珍藏于启秀寺。

　　传说，距小孤山西南五华里长江南岸，彭泽县城过去有座山名叫镜子山，与小孤山相对的这一面，峭壁刀削一般，恰似上面有一面宝镜，娘娘就对着这面宝镜梳妆，后改为以长江为镜，面对三江水，脚踏四海云。在这里梳头，可以开启聪明智慧，白发可变黑发，无发可长发，身体健康，永葆青春。清代黎作梅先生还特地题写了一副对联："梳长生鹤发，妆不老峰头。"请各位面朝长江也梳理一下吧！

登山石阶

　　各位游客朋友，以上的景点，我们已基本看过了。下面我们可以到山下欣赏"拦江石"（又名"纪功石"）和古人的摩崖石刻群。据说公元前2200年，大禹治水，疏九河而到长江，就山刻石纪功。此后，公元前210年，秦始皇第五次东巡，从湖南乘船东下，经此刻"中流砥柱"于石壁，以宣扬其专制权威。枯水季节时，四个字依稀可见，属于宝贵的历史文化遗产。

　　临江一带的山壁上是石刻上套石刻，一文多刻的奇异石刻群。隋唐以前石刻，由于风化，大多难以辨认，仅存元代和清代的清晰可见。如清代兵部尚书彭玉麟题刻的"江上峰青，曲终人见"，是他在得胜后又与家人团聚时有感而作的。他反取唐代诗人钱起因婚变失意而在同一崖壁上题刻的"曲终人不见，江上数峰青"，两人的诗意形成对比。彭玉麟还风趣地将自己作"彭郎"的化身，有诗曰："书生笑率战船来，江上旌旗跃日开，十万貔貅齐拍手，彭郎夺得小姑回。"

　　这里曾有隋代杨益等一批权贵的著名石刻，现已风化无存。唯有元代俞瀚题刻的"海门第一关"较为完整。据考，就是从这里至隔江对岸，自元代起就有两根铁链跨两岸，人工可以操纵，既可阻御敌人，又可开放民船通过海门关。

　　除上述名人外，其他遗留诗文的还有宰相级的官员欧阳修、王安石、虞集、杨溥、阮元等；尚书级的有谢灵运、陆游、王守仁、王士祯等；还有历朝名士郦道元、李白、苏轼、吴澄、王思住、杨基、朱彝、袁枚、黄景仁、朱书、刘基、顾况等；现代有黄炎培、舒芜、夏明翰、吴昌期、郭清泉、陈所巨等；当代的也有，如刘奇葆、叶尚志等也留有名篇佳作，直至今天新人新作也在不断地出现，且更丰富多彩。

　　各位游客朋友，到这里我们已把小孤山整个游览了一遍。大家应该留下了一些印象并有所感受吧。当然，我希望是美好的。尽管小孤山的名气很大，但从开发、管理、经营、服务的意义上讲，与其他兄弟景点相比，还有很大的差距，未来还需政府的支持、社会的关心和我们的努力，早日让小孤山得到整体规划，综合开发，以一种崭新的面貌欢迎各位的再次光临！

（责任编辑：石望东）

二十九、孔城老街

景区简介

　　孔城老街位于桐城市孔城镇，已有1800多年的历史。明清时期，老街作为连接巢湖地区和长江地区的重要水运码头日益繁荣；太平天国时，孔城遭到破坏，但不久即恢复，现有老街即太平天国以后建设的。老街分为十甲，南北走向，呈S形，地势南低北高，总长约3公里，街道宽度为3米左右。街、巷路面

孔城古镇导览图

均为麻石所铺，总面积 17 万平方米。店铺房舍皆为青砖灰瓦，多具飞檐翘角，木镂花窗，鳞次栉比，颇具江南水乡特色。

各位游客：

大家好！欢迎您来桐城派故里、黄梅戏之乡——文都桐城。非常高兴能为大家提供服务，希望这次孔城之行能给各位留下美好的印象。也预祝我们这次行程圆满成功！

今天我们的主要内容是游览孔城老街，感受历史的沧桑巨变，体验老街文化和风土民俗。

老街入口

首先，我向大家简要介绍一下咱们桐城的概况。

桐城市位于安徽省中部，北距省会合肥市 105 公里，南邻安庆市 74 公里，是皖西南的交通枢纽，三大交通动脉 206 国道、合九铁路、沪蓉高速纵贯全境，可谓交通便捷，区位优越。

桐城在春秋时期为桐国，历经区划变迁，到唐至德二年（757 年）正式定名为"桐城"，并沿用至今，距今已有 2500 余年历史。1996 年 8 月经国务院批准撤县设市。桐城市现辖 12 个镇、2 个街道和 1 个省级经济开发区，国土面积 1571 平方公里，总人口为 75 万。

桐城是省级历史文化名城，自古英才辈出，人文昌盛，曾有"文章甲天下，冠盖满京华"的盛誉。特别是明清以来，桐城文化异峰突起，涌现出各类硕学通儒 1200 余人，逐渐形成了中国文学史上最大的散文流派——桐城派，影响遍及全国，绵延二百余年。

就是这一方热土，还孕育过一批名人名家，大家知道的有哪些呢？其中最著名的有父子宰相张英、张廷玉，桐城派鼻祖方苞、刘大櫆、姚鼐，抗英名将姚莹，美学大师朱光潜，哲学大家方东美，超导专家吴杭生等。

改革开放以来，桐城的社会经济文化各项事业成就显著，先后荣获"全国乡镇企业百强县""全国基础教育先进市""全国文化工作先进市"以及"安徽省卫生城市"等称号。在 2007 年国际徽商精英年会上，桐城还荣膺"徽商最具投资潜力城市"；不仅如此，在中国社科院可持续发展研究中心主办的首届中国和谐城市评选中，桐城成为全国 30 个"公众心目中的和谐城市"之一。

以桐城文化为主要特征的桐城旅游资源也十分丰富。城墙遗址、陵墓寺庙、碑刻雕塑、楼阁亭台、石桥古木、老街旧巷等文物遗存星罗棋布；灵山秀泉、江河湖库、名崖古瀑等自然景观遍及四野；经典文献及民间传说、民俗风情极具特色。总体上，桐城的特色旅游精品景区主要有"一城、一山、两湖、一街、一谷"。一城即桐城城区，一山是龙眠山，两湖为嬉子湖和仙龙湖，一谷是青草的三道岩，而其中一街就是我们今天即将游览的孔城老街。

孔城老街位于孔城镇。孔城镇在桐城市东部，与庐江县、枞阳县接壤，面积147.22 平方公里，辖 21 个村，2 个居委会，人口 8.1 万人，是桐城市的经济强镇和人口大镇。

作为一个千年古镇，孔城距今已有 1800 多年的历史。据记载，三国时吕蒙曾在此屯兵筑城；到隋唐时期，孔城渐渐形成镇的雏形；北宋时期成为江北名镇；明清时期发展到鼎盛，位居当时桐城境内枞（阳）、汤（沟）、孔（城）、练（潭）四大古镇之首。历史上，无论朝代如何更替，孔城作为水乡古镇和商贸重镇的地位始终没有改变。在经历了资本主义萌芽时期的商业文明洗礼后，名震海内外的桐城古文派的勃兴又给孔城注入了新的活力，从而重商轻文的局限被打破，相继涌现了大批硕学通儒。绚丽多姿的商业文化和传统的儒家文化相融合，

孔城老街鸟瞰

糅合进民间市井文化和传统庙会、手工工艺等地方民俗特色，逐渐形成了以商业文化为基础、水乡风情为特征、多元文化为内涵的古镇风情。

孔城镇山环水绕，风景如画，古代"桐城八景"中，就有三景位于孔城，它们是"孔城暮雪""荻埠归帆""桐梓晴岚"。

孔城老街旅游度假区由北京中坤集团开发建设，计划投资8.8亿元，共有入口综合服务区、古镇休闲度假区、滨水休闲度假区、商务会议活动区和观光游览体验区等五大功能分区。

入口综合服务区建设有景区标志性大门、观光码头、生态停车场、旅游商品集散中心和游客接待服务中心等项目。

古镇休闲度假区是项目的核心区域，主要面对大众游客。中坤集团将对古街巷和两边的古建筑进行统一规划和整修，并引入酒吧夜生活、美术画廊、音乐艺术表演和民俗文化展示等特色项目，丰富景区的内容。

滨水休闲度假区建设的主要内容是对孔城古河道两岸进行景观治理，在保持良好生态环境和自然风光的基础上，恢复桥、河、码头的古貌，并以古河道为背景，打造一台大型实景旅游剧，远期还将结合"引江济巢"工程，建设游艇俱乐部项目。

商务会议活动区将是一个高档住宿、会议、健康养生场所，规划建设一个拥有300~500间客房的五星级商务酒店，适度建设适合家庭度假的分时度假、酒店公寓等旅游度假系统。

观光游览体验区位于度假区的边缘，游客将可以欣赏田园风光，体验孔城的民俗风情。

现在我们已经到达孔城老街的入口，各位朋友请下车，让我们一起步行参观老街的古街古巷、古建筑，感受老街厚重的历史和独特的民俗。

老街概况 孔城老街已有1800多年的历史，明清时期，老街作为连接巢湖地区和长江地区的重要水运码头日益繁荣；太平天国时期，老街遭到破坏；现今的古建筑大都是清末民国初期建造的。老街南北走向，呈S形，地势南低北高，有一条主街，两条横街，另有三巷一弄。街道总长约3公里，街道宽度为3米左右，街、巷路面均为麻石所铺，总面积17万平方米。两边的店铺和房屋皆青砖灰瓦，多具飞檐翘角，木镂花窗，建筑风格古朴素雅，有着徽派建筑向江北延伸过渡的显著特征。老街从北向南被分成十甲，或许有些游客很疑惑，甲究竟是什么呢？孔城老街的甲既是区域标志，同时又是一种功能划分。每甲相对独立，具备防御功能，夜晚栅门紧闭，互不通行，是一个独立的城堡；不同的甲又有不同的功能。这在全国老街中实属罕见。例如，传统手工艺在一甲，布匹、药材经营在二甲，书院文化、商贾大户在三甲，政治、经济中心在四甲，小吃、京货在五甲，米行、酒坊在六甲，柴市、猪集在七甲，鱼行、菜市在八甲，茶楼、货运在九甲，客栈、旅馆在十甲。十个甲分类规范齐整。

孔城老街商宅大院有黄家大屋、蒋家大屋、姚家大屋、倪氏大宅、郑家大屋。黄家大屋即"满江村茶楼"，是典型的老街古茶楼酒肆，是人们喝茶、饮酒、化解纠纷的地方。除此外还有"万春园茶楼"，其经营的米饺小吃滑而不腻、唇齿留香。姚家大屋进深七进，天井里有两棵桂花树，树龄有150多年。八月桂花开，香气飘满整个街道。倪氏大宅为清末抚州知府倪朴斋老先生府邸，整栋房屋没有使用一根铁钉，实为建筑史上的奇迹。

老街上的著名商号有李鸿章钱庄，钱庄由西向东纵深七进。李鸿章钱庄是孔城商业发达之后为满足货币多样化的需求应运而生。当时孔城的洋货铺还有"亚细亚煤油栈"，为英国人经营；"美孚煤油栈"，为美国人经营；此外，还有铁器行、酒行、木料行、陶器店、糕饼店、杂货店、纱庄、布庄、香纸商号。其中瑞和祥布庄南侧山墙上"京广洋货绸缎布匹"字样，具有了现代广告意识。除此以外还有大中华卷烟厂、药房。特别值得一提的是还有瑞甫医院，这是一家西式医院，它开创了孔城老街西医治病的历史。

老街古建筑繁多，据调查统计，老街现存的古建筑面积约8万平方米，有118幢。房屋徽派风格，青砖黛瓦马头墙。商铺为前店后坊，临街商铺多达300家，是江北地区保存最为完整、体量最大、原汁原味的一条老街。

老街一甲　现在我们看到的是老街一甲，这里属集镇边缘接合部，建筑较中心街区房屋低矮，店铺以米行、杂货店、手工作坊、低档餐饮饭店居多，诸如早点铺、铁匠铺、木匠铺、篾匠铺、扎匠铺、银匠铺、理发店、衡器店之类，大多为中底层街民以手艺谋生的地段，具有典型的地方民俗特色。

现在我们所在的位置是老街二甲。

中大街36号　这栋建筑被称为蒋家大屋，是当时孔城富商蒋氏宅第，占地面积391平方米，建筑面积335平方米。整栋建筑前后四进，砖木结构，马头山墙，雕花门窗。前进临街大开间门面一间，北侧留巷道直通后院。

中大街6号　这就是黄家大屋，又叫"满江村茶楼"，是孔城官商黄氏宅第。黄家大屋主人黄宗吾，年轻时在江西省婺源等地从事木材生意，有了一定的积蓄后回到老街定居，清末建成这片房屋，以光宗耀祖。民国初期，其子黄志成创办茶楼，茶楼商号"满江村"，规模影响较大。孔城老街人有上茶馆的习俗，邻里间如果发生纠纷，也到这里和茶客诉说、调解，自知理亏的一方，往往会以主动付清双方茶钱的方式表示道歉，然后握手言欢，双方再次坐到一起喝茶聊天。这栋建筑坐西朝东，共三进，临街五开间，为穿枋式砖木结构二层楼房。现在临街的南部三间门面和后进房屋都已经毁坏，仅存前进二间和中进四间房屋。大家可以看到，这栋建筑选材精良，做工讲究。看，这里是第二进楼房，楼上周环回廊，护栏窗棂制作精细，雕饰奇巧。原来一、二进之间上下厢房相接，直接通达，整体建筑布局得体、构思巧妙，是古代茶楼酒肆的典型代表。

这是一人巷遗址。一人巷顾名思义只能容一人行走。之所以如此狭窄，是因为巷子一端商铺林立，这里所处的商业位置十分优越，寸土寸金，商铺之间寸土不让，当年相邻两家一家姓汪、一家姓陆，两家的房屋盖好后只留下这样一条窄窄的巷子。曾经的一人巷已经毁败，大家已见不到当年的景象。到这里均为二甲地段。

从一人巷开始到前面的公平巷门栅门为三甲、四甲地段。二甲、四甲不但是孔城政治、文化、教育中心，而且富商豪宅云集，建筑宏伟华丽。

四甲街右　来到老街不得不看的就是著名的"桐乡书院旧址"了。这里就是有名的桐乡书院遗址。桐乡书院是桐城市唯一保存的明清书院，清道光二十年（1840 年），由桐城派戴名世的后裔戴均衡捐钱修建，1986 年被列为县级重点文物保护单位。历史上的桐乡书院坐东朝西，左中右三路并列，规模宏大，设计精巧。左路是书院主体建筑，以大门为中轴线，纵深六进，依次是"前门""讲堂""内堂""回座""朝阳楼""后堂"。中路和左路之间是廊道，前后通达。中路一、二进平房的后面是"漱芳精舍"（独立的园林式院落，周围廊轩环绕，中间院落）。三、四进分别是管房、账房。右路一进和中路的前进平行连接，二进后面是封闭型独立院落。书院东南的房舍是学生课堂，中间是小操场；后面是仓房和厨房；再往南面，左路和中路的后面是"旷怀园"，园中垒筑湖、石、假山，种植异树奇葩，是师生课余休憩闲游的地方。

据典籍记载，桐乡书院落成开课之际，群贤聚首，学子云集，盛极一时。生活在清朝乾隆至咸丰年间的桐城大学者方东树曾用"峻宇遥峰通一气，秋阳暝色暖周堂"的诗句描写过桐乡书院的盛况。

桐乡书院自创立之日到 20 世纪末一直作为学校使用，50 年代后期，书院主体建筑大部分被拆除改造，现仅存主体建筑朝阳楼和账房、管房等局部建筑。前面的朝阳楼就是当年的"行政楼"。桐城素有"文都"的美誉，自古尊师重教，文风昌盛，大家从书院遗址的规模和朝阳楼的细致精巧就可以窥见一斑。桐乡书院还培育了许多名人，为孔城文化写下了浓厚的一笔，也是"桐城派"驻乡办学、教化桑梓的重要历史物证。

现在，请各位随我一起参观朝阳楼。大家请看，朝阳楼是东西向砖木结构，三开间，分上下两层。大家现在看到的这两块碑刻，一块是"桐乡书院记"碑，它是由清朝道光三十年（1835 年）翰林院编修、通政大夫罗惇衍撰刻的，另一块是民国九年（1920 年）所立的"楼房记"碑。

禅修圣境　好戏安庆
——安庆旅游景点导游词

桐乡书院大门

姚家大屋　现在的街道居委会，以前是孔城寄籍官商姚氏宅第，称为"姚家大屋"。姚宅坐东朝西，占地面积1014平方米，建筑面积790平方米。（门口）整栋建筑由大门往里面纵向延伸，七进均有院落，结构紧凑，用料精良，工艺朴实简洁，外观气势雄伟，堪称孔城官绅商贾豪宅的杰作。临街的前进中间是正门，两侧是店铺。门厅内收，以前门口还放置了抱鼓石，现在抱鼓石存放在朝阳楼。门内地面石板有门杠竖插凹宕四个，作用是加固大门，防止盗贼。南侧设置通道，以前为仆人丫鬟的通道，可以直达后巷。大家可以看到，从第二进开始，每进南侧增设一米多宽的独立小巷，与各院南墙庇廊通连，和七进主体建筑并行不悖，形制奇特。（第二进院落）现在我们看到的两株金桂，树龄已有150余年。屋子后面还有五进，让我们一起进去参观。

据考证，该屋主名叫姚子实，是清朝湘军头领，因为在和太平天国军队的作战中立有军功，并得到意外之财，遂于战后弃武从商，购建这座宅子，并定居孔城。民国时房屋传给后裔姚海如，解放前夕卖给姓吴的人家。新中国成立后到20世纪末，这座宅子一直是孔城镇政府机关所在地，现在是街道居委会的办公场所。

现在我们的位置在四甲中街街右，原镇医院就在此地。大家眼前的程怡丰木料行，是寄籍官商程氏的宅第。这栋建筑也有一百多年的历史，它坐西朝东，前店后居，面阔五开间，前后五进，占地843平方米，建筑面积610平方米。程氏祖籍在徽州，先辈曾做过扬州府丞，迁居桐城后，世代经商，字号"怡昌栈"。清咸丰以前，程氏富甲一方，商铺分号开在江淮二十多个州县，经营范围遍及上海、江苏、江西各个省市。后来，商铺在咸丰年间毁于战火，程氏家族在孔城的首富地位也有所下降。民国时期，程氏家族又在原址上兴办了"怡丰木料行"，规模仍然比较大。在老街居民搬迁以前，程氏的一支仍然住在这栋宅子里，院子里还收藏有老字号"怡昌栈"石匾一块。

各位游客，让我们继续向前走，看一看老街的其他部分。

五甲、六甲和七甲商铺密度较大，这里商业兴盛，历史上曾是老街最繁华的一段。

五甲街右 大家看这栋建筑，它被称为知府倪宅，是孔城老街仅存的官宦府邸，是清末梧州知府倪朴斋告老还乡时所建，距今已有一百多年的历史。这栋建筑坐东朝西，一进和二进被局部改造，三进、四进和五进都是五开间，前后进有左右厢房连接。这栋建筑格调高雅，局部装饰考究，现存的梁、枋、门、窗都有人物、花卉题材的精细木雕，图案生动、镂刻精美。现在我们看到的第三进是主体建筑，后檐粉墙上面的彩绘图案到今天还保存完好，色泽鲜艳。

七甲和九甲交汇处 各位朋友，现在我们已经到了七甲，历史上这里是吴大楼茶馆，从这个路口向左拐，一直向前走，可以抵达孔城河上的"都会桥"。这一区域是老街的九甲。在历史上，孔城水运发达，商业兴盛，各种货物在孔城河上的码头集散，九甲就是货物运输的主要通道，所以经常有大量的挑夫往返。

从这个路口一直向前走，就是老街的八甲，也是我们接下来要游览的路线。八甲和九甲处于孔城南端的结合点，这里到处是米市、鱼行，房屋规模虽比不上中心街区，但是街市依然非常繁荣、热闹。

八甲南端东侧空地、刘开故居遗址 现在，我们所在位置是老街八甲。大家可能已经注意到，八甲的街巷主要由单条石和杂石铺成，相比于中心街区，明显降了一个档次。各位请看眼前的这块空地，它就是刘开故居遗址。那么，刘开是什么人呢？刘开，也是桐城派的一位著名作家，字方来，又字东明，号孟涂，少年时拜桐城派著名作家姚鼐为师，尽得所传。刘开是"姚门四大弟子"之一，其余三大弟子，各位知道是哪些人吗？对，他们是方东树、歙县的梅曾亮以及上元也就是今天南京江宁的管同。刘开平生以教书为业，教学之余，潜心于散文创作和文法研究，留下的著作主要有《刘孟涂诗文集》14卷、《骈文》2卷、《广列女传》20卷、《论语补注》3卷。

孔城老街之所以店铺众多，商业繁荣，是因为老街边沿有一条孔城河，此河三面环绕孔城老街，与菜子湖及长江相通。街东面有水陆码头，货物进出十分通畅。水陆贸易辐射江浙两湖及江西地区，成为长江流域物资集散中心之一。

都会桥遗址 游客朋友们，我们面前的河流是孔城河的内河，想当年刘邓大军就是从这里渡江南下，推翻了蒋家王朝的。在历史上，孔城河曾是水路运输的要道，沿河建有多个码头，作为货物集散之用。河上，货船往来不绝，货物运输依赖舟楫和码头。每当黄昏，晚霞灿烂，孔城河上归帆泊岸，桅樯簇簇，芦荻萧萧，蔚为壮观。明代桐城县训导许浩有诗赞道："萧萧金风漾碧流，锦帆片片白云秋。晚来系缆知何处？只在清溪浅埠头。"这就是当年桐城的一大名景——"荻埠归帆"。今天，孔城河风光依旧，独缺锦帆归舟。随着孔城旅游度假区建设，相信"荻埠归帆"这一壮美景观一定会再现。请大家顺我手指的方向往前看，现在看到的大桥是后来兴建的，以前，孔城河上的桥叫都会桥，在历史上，它是孔城古镇东岸的唯一咽喉要道。此桥毁于 1969 年大水，桥址就在我们的正前方。大家仔细看，还可以看得见河间的木桥桩。据考证，都会桥是乾隆年间孔城的举人程翰昌修造，距今已有 200 余年的历史。原桥桥面是木结构，呈弧拱形，桥柱和桥身相连处放置两个铁蜈蚣，约一尺有余，造型生动逼真。大家可能疑惑了，放两个铁蜈蚣是什么意思呢？原来，它有两个目的：一是加固桥的卯榫结构，二是有暗寓镇蛟辟邪、排洪安澜的意思。大家向河滩上看，那里曾有我们的桐城一景——"孔城暮雪"。当然，那不是真的雪，而是由于孔城河上游汇集各山之水后，到这里水势减缓，流沙沉积，沙滩涌起，而沙石中含有大量的石英、云母等矿物质。每当黄昏，自都会桥上望去，平沙浩瀚，极目无垠，沙滩宛若白雪覆盖，从而形成"孔城暮雪"这一奇特景观。这和天柱山上的天柱晴雪景观是同类现象。今天，由于孔城河水量增加，流沙减少，"孔城暮雪"这一奇景已经难得一见了。大家随我手指的方向看，还可以隐约看见远处的桐梓山。之所以叫桐梓山，是因为古时盛产桐树和梓树。此山主峰海拔 188 米，山上树木繁茂，郁郁葱葱。每当雨后初晴，雾气升腾，漫没山林。远望，七色烟云，如彩带萦绕，青碧连云，似锦如霞。这就是古桐城八景中的"桐梓晴岚"。如今的桐梓山上栽培了千万株蜜橘，金秋时节，碧树金果，芳香四溢。而春夏之际，雨后放晴，山上树木葱绿，雾气迷蒙，更是美景不减当年。

老街一甲

各位朋友，现在我们所在的位置是老街的六甲。这就是孔城历史上非常有名的一条巷道——寺巷。

古时候寺巷非常热闹、繁华，孔城的宗教建筑（如东岳庙、火神庙、清真寺等）和娱乐设施（如万年台等）都在这条小巷附近。可惜，这些古建筑现在基本上已经毁坏了，寺巷也失去了往日的辉煌。

痘神庵　现在我们看到的这座庵堂叫痘神庵，里面供奉着掌管天花和麻疹的痘神娘娘和佛家诸祖。该庵约建于清朝末年或民国初年。传说在慈禧年间，孔城发生一场天花疫情，当地人许愿建一座专供痘神娘娘的庵堂后，天花疫情很快消失，痘神庵的香火也从此兴旺起来，现在还有不少信徒来此朝拜呢！

三甲东侧街后　这是程家祠堂，重建于1906年。这栋建筑是砖木结构，背街面河、坐西朝东，前后三进，占地面积995平方米，建筑面积558平方米。祠堂前进为三开间穿斗式木构架建筑，马头山墙，两侧是对称的装饰影壁。中进是祠堂的主体建筑，七开间。请大家抬头看，脊梁正中白底黑字楷书"大清光绪三十二年岁次丙午孟秋谷旦享远堂重建"。梁身彩绘日焰祥云图纹，两端彩绘是对称的莲瓣图案。正殿脊梁和四椽栿、平梁下面都有雕刻精美的斗拱瓜柱衬托。瓜柱两翼角背是精雕细刻，三架梁、五架梁端头也是彩绘象首形雕饰。正殿前沿金柱、檐柱间挑尖梁（也叫乳栿）雕刻着开窗人物图案，上面的蜀柱上是对称的水波莲花图案，上承札牵和梁栿类同，两端刻有圆雕象首。木构架雕刻部分都有彩绘，十分精致。后进是祠堂供奉祖宗牌位的地方，原牌位有两块，现藏在居住八甲的程姓人家。大家可以看到，后进面阔三开间，抬梁穿斗式结构，屋檐的檐柱设有花卉雕饰琵琶撑，正面马头墙槫头是深浮雕图案。程氏宗祠青砖黛瓦、高墙深垒，布局紧凑、工艺精巧，是桐城保存最好的祠堂建筑之一。

亚细亚煤油栈　现在我们看到的亚细亚煤油栈，由孔城商人何永康建造，专营美国煤油。这栋建筑坐东朝西，面阔三间，进深三间。大家看，这根脊梁上还写着"中华民国六年丁巳秋七月吉旦、西历一千九百一十七年"字样，给人一种历史如在眼前的感觉。看南边山墙外，店名"亚细亚煤油栈"这几个蓝框白底黑色大字，是不是透露着一种历史的沧桑感呢？

中大街23、25号　大家请看，这栋建筑叫郑家大屋，以前是孔城富商郑氏宅第。它坐东朝西，前后七进，占地面积约2000平方米，建筑面积680平方米。郑家大屋整体建筑是二层木构架结构，马头山墙，两坡屋面，青砖小瓦。门窗雕饰精细，梁枋局部点缀刻画、纹饰。宅区封闭严实，构筑坚固，中间有暗道夹壁，边侧直通巷道，逐进建筑隔砌封火高墙，总体和局部建筑都具备防火防盗功能。据了解，郑氏家族家业起自布庄，兴盛于烟厂，清朝到民国期间的"协华烟厂"曾经名动一方。

禅修圣境　好戏安庆
——安庆旅游景点导游词

各位朋友，大家请看墙壁的字，上面依稀是"抗战必胜、保卫桐城""大家起来"的字样，这是抗战时期的标语残留。看着这些标语，是不是又把我们的思绪带回到那个烽火连天、保家卫国的年代呢？

各位朋友，不经意间，我们已经绕孔城老街走了一个小循环，这次孔城之旅也已接近尾声，希望这样一个古色古香、充满桐城地域文化特色的古镇会给大家留下较深的印象，也希望大家下次有更充裕的时间来这里细品慢尝。最后，祝大家身体健康，工作开心。谢谢。

（责任编辑：汪　毓）

三十、大别山烈士陵园

景区简介

  岳西大别山烈士陵园坐落在大别山腹地的岳西县城，始建于1958年，占地6.6万平方米。它的前身是岳西县烈士陵园，2008年正式更名为大别山烈士陵园，2009年经国务院批准为全国重点烈士纪念建筑物保护单位，现为国家级烈士陵园，是重要的爱国主义教育基地和红色旅游景点。园内建有大别山革命烈士纪念馆、烈士纪念碑、红军亭、英雄群雕、百步台阶等重要纪念设施和建筑物，安葬着中共安徽省首任省委书记王步文等一批中华英烈。大别山烈士陵园现已成为革命老区开展红色旅游，弘扬爱国主义精神，进行党史、国防、廉政及革命传统教育的重要场所。

大别山烈士陵园导游图

禅修圣境　好戏安庆
——安庆旅游景点导游词

各位游客：

大家好！欢迎参观大别山烈士陵园！

陵园始建于 1958 年，占地 6.6 万平方米，它的前身是岳西县烈士陵园，考虑到民主革命时期岳西在大别山区的突出地位和重大贡献，经国家民政部批准，2008 年正式更名为大别山烈士陵园，2009 年经国务院批准为全国重点烈士纪念建筑物保护单位，现为国家级烈士陵园，也是安徽省爱国主义教育基地、国防教育基地、廉政教育基地、重点文物保护单位和重要红色旅游景点之一。

园内建有大别山革命烈士纪念馆、烈士纪念碑、红军亭、英雄群雕、百步台阶等重要纪念设施和建筑物，安葬着中共安徽省第一任省委书记王步文等一批革命英烈。

大别山烈士陵园大门

游客朋友们，这百米台阶上的英雄群雕取名为"前仆后继"。它形象地表现了革命先驱为人民求解放而英勇牺牲、不屈不挠、在掩埋同伴遗体后又继续战斗的悲壮场景。其中，中间人物的原型就是来自岳西的一位革命先驱——我们安徽省首任省委书记王步文。王步文，字伟模，1898 年生于岳西县温泉镇资福村。他是安徽学生运动的领袖，杰出的无产阶级革命家，为革命做出了卓越的贡献。1931 年 2 月，他被中共中央任命为中共安徽省委书记。他到了省委机关的驻地芜湖后，立即着手开展各项工作，使安徽党的工作大有起色。同年 4 月 6 日，因叛徒告密，王步文不幸在芜湖被捕并被押往安庆饮马塘监狱关押。在狱中，王步文受尽酷刑始终不屈服。5 月 31 日，王步文同志在安庆北门外英勇就义，年仅 33 岁。他的一位战友曾这样评价他："是革命家、是教育家、怀如此奇才，生而无愧；为革命死、为大众死、仗这般大义，死又何妨！"这是对他短暂而伟大一生高度的概括。

朋友们，眼前这高高矗立的烈士纪念碑建于1960年，上面的"革命烈士永垂不朽"是由朱德总司令亲笔题写的。碑高13.5米，象征着大别山区为革命牺牲的13万5千名在册烈士，碑座四周树立着38根大理石立柱，它是对岳西3万8千名烈士的纪念。岳西当时人口不足16万，烈士占到人口比例的近四分之一，而且绝大多数是青壮年，因此岳西也被称为烈士县。

现在我们已经来到陵园的核心建筑——大别山烈士纪念馆。它始建于1958年，重建于2009年，面积为800平方米。纪念馆坐南面北，正寓意着鄂豫皖红军心向陕北。展馆是集鄂豫皖革命斗争史介绍、文物博览、烈士事迹简介于一体的综合性展馆。重点展示了大别山区四大武装起义、三大主力红军诞生、鄂豫皖边区三年游击战争及刘邓大军千里跃进大别山的光辉史迹，介绍了王步文、王效亭、高敬亭等百余位著名英烈的英雄事迹，珍藏和陈列了革命文物（图片）455件（幅），其中国家级革命文物近百件，是安徽省建立时间较早、资料较全的史馆之一。

一走进纪念馆大厅，首先就会看到李先念主席、徐向前元帅的亲笔题字及鄂豫皖革命根据地的地形图。看，这是他们的亲笔题词。当年，他们都曾在大别山地区战斗过，对大别山革命根据地怀有深厚的感情。我的左边就是鄂豫皖革命根据地的形势图，从这张图中可以看到岳西处于大别山的腹部。大别山平均海拔都在1000米以上，地势险要，易守难攻，具有重要的战略地位。而鄂豫皖革命根据地创立于土地革命战争时期，时间长达10年，即1927年7月至1937年7月，是土地革命战争时期全国15块革命根据地之一，是仅次于江西中央革命根据地的第二大革命根据地。

展馆的陈列是以时间为序，以革命斗争史为缩影，分为六大主题，运用了油画、浮雕、场景等多种艺术形式和声、光、电等多种科技手段，具有极强的感染力和吸引力。接下来让我们随着图片和实物，静下心来慢慢感受那风云变幻、波澜壮阔的历史。

烈士纪念碑

禅修圣境　好戏安庆
——安庆旅游景点导游词

星火传播　1921 年 7 月，中共一大在上海召开，宣告了中国共产党的诞生。1922 年春，一大代表陈潭秋在家乡黄冈县成立了中共陈策楼小组。它是我们大别山地区最早的党组织。到 1927 年 6 月，鄂豫皖三省边区都出现了支部、特支、县委三级组织。

红旗漫卷　1927 党的"八七会议"以后，确立了土地革命和武装起义的战略方针。在它的指引下，大别山地区的革命斗争掀起了高潮。党领导的农民运动和武装斗争蓬勃发展。从 1927 年 9 月到 1930 年 2 月，先后爆发了黄麻起义、商南暴动、六霍暴动和请水寨暴动，组建了中国工农红军 31、32、33、34 师，形成鄂豫边、豫东南、皖西三块革命根据地。

大家看，这个板块介绍的就是发生在我们岳西县的请水寨暴动。

1930 年 2 月 4 日，在中共潜山县委的组织领导下，天堂镇及周边地区数千农民聚集请水寨，宣布举行武装暴动，当即成立中国工农红军潜山独立师。4 月中旬，又改名为中国工农红军第 34 师。5 月初，成立县级革命政权——潜山县革命委员会，初步形成以天堂镇为中心、面积约 1500 平方公里的革命根据地。这里成为皖西革命根据地的重要组成部分。

当时起义的总指挥王效亭，也是岳西县温泉镇人，1927 年由王步文介绍加入中国共产党，曾化名洪朗光，因此他领导的红 34 师也被称为洪朗光师。1931 年 11 月，王效亭在"肃反"中被错杀于河南省光山县，年仅 30 岁。

1930 年 3 月，接中共中央指示，中共鄂豫皖边区特委在黄安县箭厂河成立。之后，红 31、32、33 师统编为中国工农红军第一军，由许继慎任军长，徐向前任副军长。

1930 年 6 月，鄂豫皖边区第一次工农兵代表大会在河南省光山县王家湾召开，成立了鄂豫皖边区苏维埃政府，甘元景担任主席。至此，以大别山脉为中心的鄂豫皖革命根据地形成。

鄂豫皖革命根据地形成以后，根据地军民团结一致，连续粉碎了国民党军队的三次"围剿"，中共中央鄂豫皖分局、中共鄂豫皖省委、省苏维埃政府和中国工农红军第四方面军相继成立，土地革命深入开展，根据地的发展也进入鼎盛时期。

1930 年 6 月，中央军委巡视员朱瑞计划去六霍根据地成立由中央军委直接领导的中央独立第一师，在途经岳西天堂苏区时，有感于岳西革命的蓬勃发展，将红 34 师改编为中国工农红军中央独立第二师，由王效亭任师长兼政委。

这是一面英烈墙，墙上记录的是民主革命时期岳西牺牲的三万八千名烈士中有名有姓的两千名烈士，其中有八位杰出女性。

浴血坚持　1932 年 6 月，国民党反动军队对鄂豫皖革命根据地实施第四次

大别山烈士纪念馆

"围剿"。10月，中共鄂豫皖中央分局在第四次反"围剿"失败后，率领红四方面军主力撤离根据地向西转移。此后，中共鄂豫皖省委独立领导了坚持和保卫鄂豫皖革命根据地的斗争。1934年11月，中共鄂豫皖省委奉命率红二十五军长征。此后，鄂豫皖边区的革命斗争进入了异常艰难的时期。

1935年2月，中共鄂豫皖省委常委、皖西北道委书记高敬亭遵照省委长征前的指示，在岳西县凉亭坳重建红二十八军。此后，红二十八军以不足2000人的兵力，以岳西县鹞落坪游击根据地为中心，转战于鄂豫皖三省的45个县，与敌人发生大小战斗243次，平均每3天就有一次战斗，牵制敌正规军约17万人，有力地支持了主力红军的长征，配合了南方其他各省红军的游击战争，并且率先与国民政府成功谈判。毛泽东曾评价这支部队："很不容易、很有成绩、很了不起！"

红二十八军三年游击战争离不开岳西人民的支持与奉献，岳西是红二十八军的游击活动中心和大本营。岳西的党组织组建了多支游击队，有力地配合了红二十八军的作战。在红二十八军三年游击战中，许多群众用生命来掩护红军和养护红军伤员，付出了巨大的代价，徐大娘舍子救红军就是其中的一个代表。徐大娘是岳西县一个普通的农村妇女，当时收留了两名红军受伤战士。敌人在得到消息搜查未果后，就逮捕了她的独子，企图以此为交换。徐大娘以送饭为由，到狱中告诫她的儿子说："我们徐家人世代善良，不该说的不说，不该做的不做。"她的儿子遵从母亲的教诲，宁死都不吐露红军战士的下落，最后被残忍杀害。当这个噩耗传来时，两名红军战士泣拜在徐大娘的脚下，这位母亲强忍住悲痛说：一个换两个，值得！

抗日救亡　1937年7月，全国抗日战争全面爆发，坚持大别山游击战争的红二十八军为了抗日救国，不计前嫌，在岳西境内主动与国民党豫鄂皖边区督办公署进行和平谈判并取得成功。

和平谈判后，在1938年2月，红二十八军和鄂豫边区红军游击队改编为新四军第四支队，高敬亭任司令员，东进抗日，后成为皖中、皖东地区抗日的中流砥柱。在岳西中共组织的领导下，岳西人民也掀起了抗日救亡的热潮，许多青年走上抗日前线。1938年3月，岳西县第一支抗日武装——岳西人民抗日团成立，4月，岳西县民族抗日总动员委员会成立。随后，省民众总动员委员会派工作组相继来岳西，开展抗日救亡宣传活动。

大家请看，这是第31工作团团员在岳西的合影。中排右起第三人是时任岳西县委书记的王榕同志，新中国成立后他任国家人事局副局长。

当时岳西成立的由各界人士和人民群众参加的各种抗日救国团体有730多个，岳西的中共组织也得到了恢复和发展。

迎接曙光　抗日战争胜利后，国民党反动派发动了内战，大别山区各地党组织领导地方武装，坚持游击战争。1947年6月底，刘邓大军强渡黄河，挺进大别

李先念题词的革命烈士塑像

山，揭开了人民解放军大反攻的序幕。

1947年9月19日，刘邓大军三纵队占领岳西衙前，岳西解放。9月20日，中共岳西县委成立。随后，岳西人民在党的领导下，进行了保卫解放区的艰苦斗争，最终迎来了新中国的成立。

和平卫士 这是最后一个主题，叫和平卫士。新中国成立后，我国进入和平发展和社会主义建设时期。为了给国家经济建设提供和谐稳定的环境，许多优秀的岳西青年听从祖国召唤，在抗美援朝和保卫边疆的战斗中，涌现出许多先进人物，他们为我们岳西这片红色土地再添光彩。

这是在1979年对越自卫反击战中牺牲的烈士。他叫王灿，岳西县青天乡人，因两封家书而闻名全国。他应征入伍不到三个月，就为国捐躯。入伍时，部队考虑到他有一定的医疗知识，就把他编在医疗队，但他主动要求到尖刀班。在 次战斗中，他冲锋在前，最后壮烈牺牲。整理战场时，他的两封家书被一个知名战地记者发现，发表在全国各大报纸上，从而在全国掀起了一个向王灿学习的高潮。

这位是柳武峰烈士，来自岳西县田头乡，共青团员。1996年12月应征入伍，1998年8月6日在江苏盐城射阳巷上游泄洪疏通航道任务中，为保护战友光荣牺牲，时年仅20岁。他是我们岳西新青年的代表。

各位游客，从这里上51级台阶，就是陵园的最高点。那里青松环抱、翠柏簇拥，安葬着王步文烈士的遗骸，让我们一同去祭拜一下。

这里属于陵园的西南部，是零散烈士集中安葬区。这里安葬了红三十四师政治部主任陈履谦、新四军某部团长王宜春等近千名烈士。

大家看，陵园的西北部有一处山丘，那里安葬着红三十四师团长方乔南、红二十八军四路游击师政委林承祥、潜山工委书记吴云霞等各个时期为革命和建设而英勇献身的数十位先烈。

在陵园东北部，是一片美丽的梅桃园，那里一年四季花开不断。安葬着部分为革命出生入死、身经百战的红军老战士。

各位游客，大别山烈士陵园的参观到这里就结束了，愿英烈们的事迹能给大家留下难忘的印象，让飘扬的红旗能够为我们继续前进指引方向，也希望我的讲解能让大家满意，谢谢！

（责任编辑：汪　毓）

三十一、大别山映山红生态文化大观园

景区简介

　　大别山映山红生态文化大观园位于翠松掩映、风光秀丽的安徽省岳西县莲云乡境内，紧邻318国道，距离六潜高速公路岳西出口和岳西县城仅 3.5 公里。这

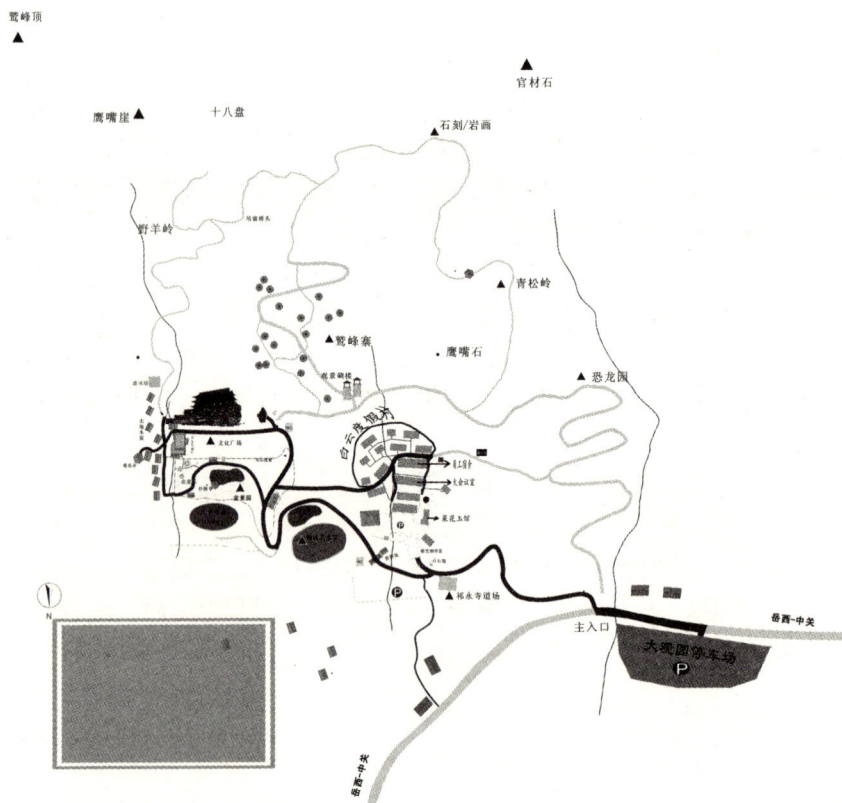

大别山映山红生态文化大观园导览图

是以映山红花卉为主题，集观光度假、商务洽谈、生态养生、佛教朝觐、娱乐健身、红色体验于一体的生态农林文化旅游度假景区。该景区曾被 CCTV4 评为"中国最美花园"，被 CCTV7 定为"美丽乡村中国行"拍摄基地，被中国红色文化研究院定为"红色文化教育基地"，是国家和安徽省休闲农业和乡村旅游示范点、安徽省文化产业示范基地，是安徽省"861"重点文化工程项目之一，也是安庆市重点旅游项目、历届"大别山（安徽·岳西）映山红旅游文化月"的主要活动场所。

游客朋友们：

大家好！欢迎大家来到杜鹃花海、根艺王国——大别山映山红生态文化大观园旅游观光。希望大家在这里游得舒心，玩得开心！

"大别山映山红生态文化大观园"又叫"安徽映山红博览园"，是安徽映山红博览园文化发展股份有限公司创建的文化旅游景区，景区按照国家 4A 景区标准开发，是以映山红花卉为主题，集观光度假、商务洽谈、生态养生、佛教朝觐、娱乐健身、红色体验于一体的生态农林文化旅游度假景区。整个园区因地制宜，合理规划，有"根雕艺术景区""映山红文化中心""奇石景区""盆栽、珍稀植物园景区""儿童游乐景区""红色文化体验景区""祈永寺道场""鹫峰山石寨景区"等，各景点的规划独具匠心又相映成趣。

大观园曾被 CCTV4 评为"中国最美花园"，被 CCTV7 定为"美丽乡村中国行"拍摄基地，被中国红色文化研究院定为"红色文化教育基地"，是国家和安徽省休闲农业和乡村旅游示范点、安徽省文化产业示范基地、安徽省"861"重点文化工程项目之一、安庆市重点旅游项目、历届"大别山（安徽·岳西）映山红旅游文化月"的主要活动场所。它位于翠松掩映、风光秀丽的安徽省岳西县莲云乡境内，紧邻 318 国道，距离六潜高速公路岳西出口和岳西县城仅 3.5 公里。在岳西县境内众多的旅游景区中，它距离县城天堂镇最近。因其优越的地理位置和深厚的文化内涵，每年都会吸引大批游客前来旅游观光、休闲养生。

下面请跟我来，让我们走进根雕艺术景区，走进翰林艺术馆，走进这座伟大的艺术殿堂。

根艺馆 各位游客朋友，这个根艺馆是映山红大观园内的重要景点之一，主要展示根雕艺术作品。这些艺术品都是大观园的创始人储德翰先生的作品和收藏品。储德翰先生是一个独具慧眼的根雕艺术家，从事根雕艺术工作已经有三十多年了，主要作品有大型根雕"虎啸山河""雄鹰展翅""东方雄狮""吉象""拓荒牛""孔雀开屏"，还有以"奥运"为主题的 208 件体育竞技运动型根艺系列作品，以及各种实用型根雕如茶桌、椅、凳、沙发、茶盘、根字等。他的作品曾获 1996 年北京第三届全国根雕作品展"佳作奖"，2000 年花卉博览会"银奖"，

禅修圣境　好戏安庆
——安庆旅游景点导游词

2004 年中国国际林博会"金奖"，2007 年中国国际林博会"特别金奖"等。

　　大家看，呈现在咱们面前的这些大气磅礴的根雕作品是不是每一件都栩栩如生，充满了艺术魅力和强烈的震撼力呢？看，这就是传说中的 208 件奥运根雕作品。它们囊括了奥运会 28 个运动大项，猜猜看，这是什么？这是拳击，这是临门一脚，这是吊环，这是花样滑冰，这是皮划艇……每一件都代表了一个小项。走在这样传神逼真的奥运根雕阵里，大家有没有产生一种身临奥运赛场的错觉呢？这套作品已被中国文艺家协会文化产业委员会授予"国外使节最喜欢的品牌和珍贵艺术品"称号了！

　　大家猜猜看，创作出这些奥运根雕作品，大概要花多长时间呢？为了这 208 件奥运根雕，储德翰先生耗费了很多心血，

奥运项目根雕作品

前后耗时近 7 年，翻越了很多高山深涧，熬过了无数不眠之夜。作品完工之后，储德翰先生又自费进行了大半年的全国巡回展出，每到一处，均引起轰动，反响很大。2007 年，储德翰先生应邀走进了中央电视台演播大厅，参加了奥运会境外火炬手的竞选活动。2008 年 1 月 18 日，中央电视台 7 套《乡约》栏目又走进岳西大观园，对储德翰先生进行了实地采访。节目播出之后，储先生一跃成为家喻户晓的根雕明星，《相约》主持人肖东坡更是亲切地称他为"奥运根雕王"。储先生出名了，208 件奥运根雕也出名了。但是，作为一个铁杆体育迷、一个爱国主义者，面对天价的收购价格，储德翰先生却毫不动心，他将这 208 件奥运根雕作品作为他的镇馆之宝而收藏。尽管他前半生生活贫穷，但这并没有让他失去作为一个艺术家的人格魅力和精神追求。这是一件多么不易的事情！因此，世界华商协会授予他"爱国企业家"称号，这确实是一个当之无愧的荣誉称号！

　　各位游客朋友，翰林艺术馆里除了这 208 件奥运根雕作品之外，还有很多大型根雕作品和根雕字、根艺茶几、影雕作品等。这些作品绝大多数都出自储德翰先生之手，可以毫不夸张地说，每一件都是珍贵的艺术品，例如这些茶几、凳子等。每年大观园都要对外销售很多艺术品，以至于现在很多人慕名而来，稍微慢一步的话，就可能买不到心仪已久的作品了。

看这边，这张龙椅，浑然天成，坐上去，你一定感觉自己身价倍增！这张巨大的香樟木桌，若是买回去放在厅堂里，也一定会使你的居室更加满堂生辉。

那些根艺字画，也很有艺术价值，大家不妨认一认，看看都有哪些你熟悉的字。

这是一只巨大的金钱龟，背上还背着三只小龟，充满了母性的光辉。大家知道，乌龟自古都是吉祥长寿的象征，像这么大、这么别具一格的子母金钱龟更是难得一见。所以游客朋友们，大家一定不要错过亲近它们的机会，上去摸一把吧！摸摸头，万事不愁；摸摸背，长命百岁；摸摸腿，顺风又顺水！

各位游客，大家仔细看这只巨型东方雄狮，身高足有十米，身形矫健，傲然仰首，须发凛然，森林之王的霸气显而易见。

看，这里还有好几幅咱们国家领导人与美国总统奥巴马的影雕像呢！这些也是出自储德翰先生之手，大家想知道作品是怎么制作出来的吗？原来先是把要雕琢的图像轮廓描绘在我们岳西本土生产的纯色花岗岩大理石上，然后根据黑白明暗成像原理，用特制的像针一样细小的合金钢钻头在大理石上雕刻，通过运用腕力调节针点疏密粗细、深浅和虚线变化而表现图像。所以，从这一幅幅影雕作品中大家可以看出，储德翰先生不仅是一位根雕大王，也是一位出色的画家。

也许正是拥有非凡的天赋、丰富的想象力、熟练的操作能力和源源不断的创作灵感，储先生才能化腐朽为神奇，创作出这些美轮美奂的作品来。正是这些作品震撼了无数前来参观的游客以及国家和省、市、县各级领导，也打动了那些见多识广的记者。现在"储德翰"这三个字已作为一个具有代表性的艺术品牌而广为人知。不仅如此，他创作出来的根雕作品也为他带来了巨大的财富。

在尝到根雕创作成功的甜头后，2004 年，"岳西县翰林根艺文化有限公司"宣告成立，势单力薄的个人经营终于变成有组织有计划的文化产业经营。可以说懂得借势造势的人才会使事业不断发展。储德翰先生迈出的步子更大更坚实了，获得的机遇和成功也更多更广泛了。于是，就有了今天大家眼前的大观园。

大观园总规模 1000 亩，2008 年由翰林根艺文化有限公司筹划并投资开发，并获得省、市、县各级政府的大力支持，被列为"十二五规划"重点项目和省"861"文化产业重点项目，是安徽省和安庆市文化产业园区。大观园建设工期分为三期，目前工程建设已进入二期。园区平均海拔 700 米，主峰鹭峰山海拔 900 多米。2010 年"五一"园区开始对外开放，短短一年多时间就为公司赢得很多荣誉，产生很大效益，如"省五星级农家乐餐厅""全省休闲农业和乡村旅游示范点"，并连续四届获得"省林业产业化龙头企业"和安庆市"农业产业化龙头企业"等荣誉称号，成为岳西县极具人气的人文与自然、文化与养生相得益彰的好去处。

禅修圣境　好戏安庆
——安庆旅游景点导游词

杜鹃花园区

奇石盆景园　各位游客，大家猜猜看这两个大字是什么？对，"山魂"！它是奇石盆景园的一块大招牌。大家看，那个"山"字是不是像含苞待放的花蕾呢？因为这里是以杜鹃花为主题的园区，名副其实成为花的海洋。请看"山魂"两边，还有几棵风骨嶙峋的树木，它们叫"多枝杜鹃"。因为多枝杜鹃生长在平均海拔1000米以上，所以也称为"高山杜鹃"。高山杜鹃珍稀难求，花期长，花朵大，花形美丽，白色的冰清玉洁，红色的似火如霞。它们各具特色，美轮美奂。大家再往左看，这块大石头造型很别致，像什么？对了，像一具石棺，它就是"升官石"，没有经过一丝雕琢，完全是大自然的造化。大家都知道，"升官"通常都和"发财"联系在一起的，如果您想在政界或者商界大有作为，您不妨上前去摸一下，保证想升官的升官，想发财的发财！

接下来，我带大家继续游览奇石盆景园。为了让大家对映山红有更多的了解，我先向大家简单介绍一下。映山红又名杜鹃花、山石榴、达达香，是我国十大传统名花之一，素有"木本花卉之王"的美称，是大别山区最常见、最美丽、也最容易成活的木本花卉之一。它的品种繁多，花色各异，各具特色。岳西是纯山区县，自海拔80米的低丘地带到1700米的高山上遍布多种杜鹃花。它不仅是岳西县最丰富的旅游资源之一，也是岳西县事实上的县花。越往山里，海拔越高，它们就生长得越繁茂；越是气候恶劣、环境艰险的地方，它们生长得越苗壮。在岳西大小山头上，悬崖峭壁上，每到春暖花开季节，随处可见大片大片的杜鹃花，密密匝匝的，开得蓬蓬勃勃、热热闹闹，为原本就如诗如画的生态旅游大县——岳西县增添了无穷的魅力和迷人的风韵。它们顽强的生命力、卓越的生存能力也正是岳西革命老区人民积极向上、不屈不挠追求幸福生活、建设美好家园的真实写照。

奇石盆景园鸟瞰

游客朋友们，咱们大观园里的杜鹃花更是闻名遐迩，这里汇集了大别山区各种各样的珍奇杜鹃花品种。大家可以看到，从园区入口到海拔 900 多米的鹭峰山顶，从宽阔平坦的水泥路边到怪石嶙峋的山崖上，到处都是杜鹃花。有最寻常的满山红、映山红、闹羊花和马银花；有美丽的云锦杜鹃，还有耐寒珍稀的多枝杜鹃；有成片成行的移栽杜鹃阵，也有大量盆栽的观赏型杜鹃园。一到四月，这里就是杜鹃花的海洋，花瀑飞溅，万红迸发，千余米的杜鹃长廊里花团锦簇，流光溢彩，游人如织，笑语喧哗，真的美不胜收。若是登上大观楼或者鹭峰山顶，俯瞰大观园，但见整个园区仿佛笼罩在一团红色祥云里，夺人心魄。

大家请看，除了映山红，这里还有大量的其他各种绿色盆景，有赤楠、刺柏、猫耳朵刺、珍珠黄杨、佛指银杏等，每一盆都是一件珍贵、精美的艺术品。路旁还有参天的白果树、桂花树、榆树等。

这里还有一块造型独特的奇石，下方有名字，叫"伟人"。各位游客，请发挥一下丰富的想象力：伟人像谁？伟人是谁？

游园游的是一种心境，接下来，如果大家想体验另一种心境，不妨到牡丹亭里小坐，看金鱼戏水。看见金鱼池里那个巨大的石龟没有？据说，如果有人能闭着眼睛用硬币砸中它，那么，这个人这一年一定会好运连连！

木屋别墅　各位游客，大家欣赏了珍贵的根雕艺术品，观赏了造型各异的盆景，如果还想感受大观园的清幽雅静，享受农家野趣的话，接下来就请随我一起去木屋别墅。看，我们这里的木屋别墅多么富有泰国风情。带有热带气息的棕树点缀其间，杜鹃花和兰花环绕左右。别墅内外装修全部取材于本地，原生态，无污染，安静怡人。大家放心居住的同时，还能沉浸在花香里，多美的享受啊！这里每套别墅都由标间、单间和客厅组成。若是几个朋友一起玩累了，住在小别墅里打打麻将、玩玩棋牌游戏不也是很好吗？当然，如果你是家庭度假，习惯了妈妈做菜的味道，没关系，我们还有带小厨房的家庭单元，可以让你住得放心，吃得开心。

远眺大观园

广场　游客朋友们，现在我们来到了映山红文化中心广场。广场占地12000多平方米，是每年四月份举办的"大别山（安徽·岳西）映山红旅游文化月"的主要活动场所。每届旅游文化节期间，这里都要举行多场次的文化演出，如民歌会、民俗风情展、黄梅戏演出等等，应有尽有。赶上大观园最美丽的季节，当你徜徉在花海中，耳听着悦耳的民歌小调和黄梅戏，欣赏着岳西浓郁的民俗文化表演，你一定会心旷神怡，觉得不虚此行。

除了文化月外，平时这里也经常举办各种类型的文化交流活动。遇到重要节庆日，更会有大量的演出交流活动供游客观赏、参与。比如在"六一"儿童节期间，这里还有最开心的迪斯尼儿童乐园，很多家长都会带着孩子来这游玩，骑着小跑车满世界兜转，到迪斯尼乐园里打几个滚，钻进水上乐园的大气球里翻几个跟头……不仅孩子们玩得开心，大人也游得愉快，两全其美，其乐融融！

各位游客，呈现在我们面前的大观楼是大观园景区的标志性建筑，建筑面积近6000平方米，地下和地上共5层，是一座综合性大楼，主要开展休闲娱乐和度假养生，这里会引进自然温泉、演出岳西高腔、黄梅戏等。看，大观楼下是不是还有一个貌似城门的入口？这个入口作用很大，这里将修建一条通往另外一个乡村的隧道，在山那边有整片的生态农庄，到时在大观园度假的朋友就可以享受自耕自种自摘小菜园的乐趣啦。

文化广场的右边是农家乐餐厅，大观园里农家美味任你挑选。岳西的任何风土小吃，著名的"岳西八大碗"，想吃啥你就点啥，保证让你回味无穷！

想必眼尖的游客已经看到那个"花山迷宫出口"的指示牌了。对，大观园不仅地上有大观，地下也有玄机。当你欣赏完大观园地上的美丽风景后，你还可以体验一下迷宫探险的乐趣。别以为它仅仅是一条简单的地下通道，进去了，探索过，你才能深有体会。

神奇的菜花玉　各位游客朋友，如果说大观园里的根雕、盆景、农家美味，甚至休闲养生项目大家在别的旅游景区也能享受到，并不稀奇，那么有一种旅游商品，来到了这里，无论如何不能错过，那就是大观园独有的珍贵玉石——菜花玉！菜花玉玉质晶莹，为半透明状，以鹅黄色为主，夹杂有白色，如同万千黄色浮在白乳之中，远远望去，与原野上刚开的油菜花十分神似，所以得名"菜花玉"。别看这名字非常朴素，价值却是普通玉石无法比拟的。因为菜花玉富含非金属元素硒（化学符号是 Se），而硒被国内外医药界和营养学界尊称为"生命的火种"，享有"长寿元素""抗癌之王""心脏守护神""天然解毒剂"等美誉，这些为菜花玉增添了一层神秘色彩。这可是经过国内著名玉石鉴定专家和专业鉴定机构鉴定后得出来的结论！因此，它极具收藏价值和经济价值。目前，我公司开发出来的菜花玉品种繁多，大小不一，有挂件、手链、手把件、茶壶、玉壶、大小摆件等，造型精美，形态各异，并且没有经过任何化学加工程序，属纯天然玉石产品，人们在把玩的同时，还能养生，两全其美。所以说，菜花玉，是您购买或收藏玉石品种的最佳选择。

祁永寺道场　各位游客，游览完大观园，如果您还有兴趣，不妨去感受一下佛家文化。大观园入口处还有"祁永寺道场"，是文殊菩萨弘扬佛法的道场，能让我们祛除浊气，亲近佛缘，感悟这里山水的灵性，让躁动的心情得到舒缓。

游客朋友们，今天的参观游览即将结束，希望大观园这个花的海洋、根的世界、美的天堂能给大家留下美好的印象。未来，这里还会建起一座座具有不同文化内涵和品位的艺术馆，搭建更多美丽的大舞台，演绎更多更美的剧目，到时欢迎各位再次光临！恭祝大家一路愉快！

（责任编辑：汪　毓）

三十二、司 空 山

景区简介

　　司空山，又名司空原，位于安徽省岳西县城西南70公里的店前镇内。相传战国时期，官居大司空的淳于氏归隐山中，于是便有了"司空山"之名。司空山是安徽省重点风景名胜区，国家3A级旅游景区，自古为佛教禅宗的圣地，是佛教禅宗二祖道场，中华禅宗第一山。总面积50余平方公里，主峰海拔1227米。一峰玉立，斜刺苍穹，无相寺依山而建，二祖寺高踞山巅，古寨墙顺山势蜿蜒，摩崖石刻遍布山间。司空山既有大自然的巧夺天工，又蕴含着深厚的宗教历史文化。二祖禅刹、太白书堂、南崖瀑布、赤壁丹砂、银河夜月、乌牛古石、洗马春池、北岭松风为司空山著名八景。

司空山景区导览图

亲爱的游客朋友们:

大家好!欢迎大家来到中华禅宗发祥地——司空山旅游观光!

相传战国时期有位淳于氏,官居司空,一生为官清正,后隐居此山,故山得名"司空山"。司空山主峰海拔 1227 米,山势奇特,拔地而起,如擎天一柱,矗立于大别山群峰之间,是一尊高达千米、长达 12 千米、坐东南朝西北、身披袈裟、面向西天佛祖参禅打坐的断臂坐佛,堪称世界第一天然大佛。司空山是一座历史悠久的佛教名山。公元 535 年,佛教禅宗二祖受达摩心法只身南下司空山避难,在此隐居参禅,开创中华禅宗一脉。慧可开宗说法,四方朝拜者络绎不绝,后世尊二祖大师为中国佛教禅宗第一人,二祖道场为中国佛教禅宗第一道场,司空山被誉为"中华禅宗第一山"。

司空山门楼

二祖寺下院 我们眼前的殿堂是二祖寺下院,又称"禅源殿"(禅源是指禅宗的发源,又有源远流长之意)。殿内供奉三尊石雕佛像,正中为佛祖释迦牟尼。左为禅宗始祖达摩,是释迦牟尼的二十八代传人,他在河南嵩山少林寺将禅宗衣钵传给慧可。右为二祖慧可,是慧可将达摩衣钵、袈裟、四卷《楞伽经》由嵩山带到司空山,并在此地传给三祖僧璨,僧璨将衣钵经书传给四祖道信,道信再传五祖弘忍,直至六祖慧能,实现了达摩来中国"一花开五叶"的心愿。

葫芦石 这块立于古道旁的葫芦石,上面刻有中国佛教协会原会长赵朴初先生题写的"禅宗第一山"几个大字。赵老的墨宝真的是苍劲有力啊!司空山人为纪念赵老对司空山开发的贡献,还专门在此给赵老立了塑像哦。

禅修圣境 好戏安庆
——安庆旅游景点导游词

一渡桥 我们脚下的这座石拱桥叫"一渡桥"取佛教普度众生之意，我们都是众生，可以放心走过去哦。

山门 这是一座二层重檐箭楼式仿古建筑，匾额上"司空山"三个大字也是赵朴初先生题写的。跨过此门，就进入司空山主景区了。

大唐古道 城门脚下这段苔藓斑驳的登山道路称为"大唐古道"，是司空山东门通往二祖禅刹朝山拜佛的主要通道。它始建于唐朝香火鼎盛时期，经历代维修保存至今。

大唐古道路名石刻

无忧谷 走过了洪河谷，现在我们进入了无忧谷。谷口高大的古松垂首恭立，似迎客的老僧恭迎各位进入佛门。谷内繁华修竹，茂密如墙。每到春季，木棉花临风怒放，花盘硕大，晶美如玉，与漫山遍野的杜鹃花竞相媲美，鸟语声声似对游人称山道水，流水潺潺如高僧诵课传经。来到这人间仙境，您还有什么人间的烦恼与忧愁呢？

太白书堂 入太白书堂，寻觅"太白仙踪"。这是司空山享誉千年的著名八大胜景之一。书堂东侧还有洗墨泉。院内巨石名叫"奎心石"，石上"太白仙踪"四个大字为明代江西进士太湖县令罗汝芳题刻，虽年代久远，饱经风雨的侵蚀，但那遒劲的字迹却依稀可辨。公元756年李白为永王李璘幕僚，李璘兵败受累，因久慕司空山为佛道名山，遂避居司空仙山，以汲取司空之灵气。在司空山的一年多时间里，李白留下了《舒州司空山瀑布》和《避地司空原言怀》等五首传世佳作。

望月台　站在望月台上，放眼望去，重峦叠嶂，郁郁葱葱，千峰竞秀，云雾缭绕，农舍村庄，星罗棋布。东北方较平缓的山岗，史称"北门走马岗"，古代游人自太湖乘竹筏、木船，下店前码头经走马岗上山，放马于"司空原"，过北寨门（现城门完好，寨墙保存有两华里），便可直登主峰，朝拜二祖佛堂了。

赤壁丹砂　《安庆府志》记载："……削壁上有丹砂，日照时，珠光夺目，雨后更红。"据清康熙年间著名山水诗人陈起源的《司空山见闻录》记载："……玩丹砂赤壁，顿觉光艳射眸，丹岩砂影，赤艳流空。恍如扶桑之旭日，佛顶之圆光，令人心骇神逸。"赤壁丹砂位于司空祖庭巅崖的西南、百丈高崖的石坎内。有一红色"心"形矿石，俗称"红桃子"。它古有盛名，不仅是司空名山唐宋八景之一，也是佛教禅宗二祖慧可普照之佛光、远扬之慈风、十级之浮屠、印证之佛心。

太白书堂院内的奎心石

二祖禅刹　二祖禅刹即"云中石屋"（被认为是中国历史上最早的禅寺），是佛教禅宗二祖慧可的道场。位于司空山主峰仰天窝，背倚峰顶悬崖，面对讲经台，左有翠岗拱抱，右有香泉潺湲，天造道场，超尘绝世。二祖禅刹由二祖寺和祖师洞、祖师殿三部分组成。门额上刻"祖刹重辉"四个大字。二祖佛龛楹联为："天堑长流，望河上，鱼跃鸢飞、冲开皓月；地维卓立，看山间，蛟腾凤起，顶戴苍穹。"

祖师洞称"二祖石窟"，是慧可初来司空山卓锡之处。后来他在石洞前建寺，称"二祖寺"。昔时殿宇辉煌，巍然耸立，为禅宗名刹。唐宋古楹联为："窥天柱而踞司空，山中狮子。继达摩以传僧璨，佛界神光。"

　　三祖洞　在二祖寺后，亦称"三祖石庙"，是三祖僧璨常住司空山时修禅之所。石洞东南面为巨石，中间裂缝如刀削，每天可于石缝中见太阳升起。相传此石缝为三祖僧璨大师信念所劈开。僧璨大师在司空山苦修数十年，参悟得证《信心铭》。他住持萝庵，曾作《礼三祖洞》诗云："真言一道众花凋，口款供通不打招。解脱固求谁缚汝，赚他道信小儿曹。"

三祖洞

　　传衣石　在三祖洞后，上有"二祖大师传衣之台""传衣石""空观"等石刻。一块大石前伸，仅可容纳两人打坐。此石是二祖慧可传衣钵给三祖僧璨之处，后称二祖大师传衣石。"传衣石"斗大三字为明代著名诗人、刑部尚书、时太湖县知事翁溥所书。传衣石上有一口如茶杯大、深三寸的石洞，为达摩"空观"塔基。旁有斗大的"空观"二字，为著名思想家、明初南京左参政、时太湖县令罗汝芳所书。打坐传衣石，如御座大鹏，青龙白虎，双翅翱翔；寺前供案，似瑞鸟昂首；后有千寻玉垒，为万丈屏风。

　　讲经台　在二祖寺前，为二祖讲经说法之处。清康熙贡生祝大忠撰联云："趺坐谈经，鹦鹉传音通梵语；居尊说法，松筠流翠滴高台。"

　　洗马春池　南宋末，安抚史张德兴在司空山筑四门并建"朝天宫"拥宋抗元，后人为纪念南宋安抚史张德兴在司空山抗击元军，将他常饮马、洗马之处，桃红柳绿的半亩方塘洗马春池列为司空八景之一。相传该塘与司空山瀑布都与东海相通，寒冬腊月时，四周冰天雪地，此塘却芳草萋萋，温暖如春，故得名洗马春池。

　　南崖瀑布　南崖瀑布为司空山第一胜景，"有飞泉迸出，直泻千仞，若匹练悬空"。李白司空山《瀑布》一诗，就是观南崖瀑布所作。司空山共有龙头岩、响水岩、箢子岩、南崖五大瀑布，落差均在百米左右，水溅如雷鸣，蔚为壮观。司空巅崖之西南，石坎之内，有一"心"形石，相传是达摩祖师为二祖所安的"佛心"。此心留在司空祖庭，以印证司空山为拯救芸芸众生有缘之地，是为"赤壁丹心"，饱受日月之精华，凝为治病救人的丹砂。山中印心石、心石、空谷石等无不体现司空山是"安心"之处！

银河夜月 据清康熙年间的《司空山见闻录》记载："乃因银河之水流至三河滩，迂回曲转，两岸青山夹走，弯环弓抱，水清沙白，浮光聚影，凭虚极目，秋月半轮，停渊幻魄返照高山而成。每当皓月当空之时，天上一轮明月，地上半轮沙月，水中一弯金月，三月争相辉映。"

北岭松风 据《司空山见闻录》记载："天梯上有平地十余步，为二祖禅椿，虹松拥翠，岗岚旗布，中有岭脊独高，起伏蜿蜒，如龙腾蛟舞，长六七里，即司空之北岭也。翠艳漫空，绿云迷壑，风气涛吼，恍如雷声，盛暑生寒。若风和日丽，八音俱全。如听羽曲，心旷神怡，眷然不肯离去。"自司空山普陀洞经北寨门至司空山极顶，岗岚起伏，蒲团古松遮天蔽日，常风起云涌，盛暑三伏不觉热，清凉世界，蚊蛆不生。人置身于北岭，如处梵宫，领悟人间仙境。

乌牛古石 经"十八盘"上"钯齿崖"顶或经司空山大峡谷进西城门到南走马岗，可见一高约五六丈、长十几丈的巨石，盘曲横眠，鼻垂路侧，有孔可伏行，这就是"乌牛古石"。它位于张德兴所建"朝天宫"之东，与"白人骑白马"相邻，相传为太上老君的坐骑。

介绍完了司空山著名八景，我们今天的司空山之旅也即将结束了。最后告诉朋友们一个好消息：2015年，安粮集团与岳西县人民政府正式签约，投资50亿元开发司空山风景名胜区文化旅游项目。项目旨在将司空山打造成世界级禅文化中心，建成国家5A级旅游景区以及全国重点风景名胜区。到那时，"中华禅宗第一山"的司空山将会以全新的面貌欢迎您的到来。我的讲解结束了，谢谢大家的支持与配合。欢迎大家再次光临司空山。再见！

（责任编辑：何刘杰）